JÜRGEN ROTH

Schmutzige Hände

Buch

Der Kampf gegen Drogenkartelle und organisierte Kriminalität bleibt ein vergebliches Unterfangen, solange diejenigen, die unerkannt mit Drogen und Waffen das große Geld machen, an den Schalthebeln der Macht von Politik, Nachrichtendienst und Kriminalamt sitzen. Bestsellerautor Jürgen Roth forschte nach den wirklichen Drahtziehern, sichtete unzählige interne Dokumente, Aussagen von Polizeibeamten, BKA-Verbindungsleuten und Berichte von Drogenfahndern. Er recherchierte jahrelang in den USA, in Südamerika, Spanien und Deutschland. Und er fand die mächtigen Helfer des Organisierten Verbrechens dort, wo sie am wenigsten zu vermuten sind: in den Zentren der politischen Macht und den Zentralen großer Konzerne. Erschreckend daran: auch demokratische Länder wie die USA und Deutschland sind betroffen. Doch die »Feldzüge« gegen die »Imperien des Teufels«, wie sie auf höchster politischer Ebene propagiert werden, bedrohen weniger die gigantische Wirtschaftsmacht aus Drogen und Verbrechen als vielmehr die Grundfesten demokratischer Staaten.

Autor

Jürgen Roth, Jahrgang 1945, ist einer der bekanntesten Vertreter des investigativen Journalismus in Deutschland. Seit 1971 hat er zahlreiche brisante Fernsehdokumentationen vorgelegt und eine Reihe höchst erfolgreicher Bücher geschrieben, u. a. »Armut in Deutschland« (1978), »Die Russenmafia« (1996). »Die roten Bosse« (1998) und »Der Oligarch (2001).

Jürgen Roth

Schmutzige Hände

Wie die westlichen Staaten
mit der Drogenmafia kooperieren

GOLDMANN

Umwelthinweis:
Alle bedruckten Materialien dieses Taschenbuches sind chlorfrei und umweltschonend.

Vollständige Taschenbuchausgabe Oktober 2001
Wilhelm Goldmann Verlag, München,
in der Verlagsgruppe Random House GmbH

Umschlaggestaltung: Design Team München
(Photo: Mauritius/Phototheque)
Druck: Elsnerdruck, Berlin
Verlagsnummer: 15134
AM · Herstellung: Sebastian Strohmaier
Made in Germany
ISBN 3-442-15134-1
www.goldmann-verlag.de

1 3 5 7 9 10 8 6 4 2

Inhalt

1. Statt eines Vorworts – Babylonisches Verwirrspiel oder: Die politisch korrekte Lüge

»Mundus vult decipi, ergo decipiatur« –
»Die Welt will betrogen sein, darum sei sie betrogen.«
(Papst Paul IV.)

Sie sind unangreifbar, mächtig und einflussreich, sie erpressen Regierungen, die sich wiederum ihrer bedienen – die auswechselbaren Protagonisten weltweit vernetzter krimineller Imperien. Wer, von Verschwörungstheoretikern einmal abgesehen, wagt überhaupt einen Gedanken daran zu verschwenden, dass politische Entscheidungsträger demokratischer Staatengemeinschaften und mächtige westliche Konzerne genau das fördern, was sie vorgeben, mit aller Härte und Entschlossenheit zu bekämpfen? Sie scheinen – ob bewusst oder unbewusst, sei einmal dahingestellt – offensichtlich mit jenen anscheinend finsteren Kräften zu paktieren, die sie in aller Öffentlichkeit verdammen. Schlimmer noch: Sie gehen enge Allianzen mit mächtigen internationalen Verbrechern ein, ermöglichen ihnen die Anhäufung immenser Reichtümer, verschaffen ihnen Prestige in den staatlichen Institutionen.

Nun wird jeder sagen, das sei blühende Phantasie, Verleumdung ehrenwerter Politiker, ein Horrorgemälde, barer Unsinn. Kann man sich dessen wirklich sicher sein? Wer hätte denn je geglaubt, dass sich Kardinäle, höchste Würdenträger der römisch-katholischen Kirche, als Komplizen der Mafia entpuppen? Oder dass der Bankier des Papstes, des Oberhaupts von immerhin rund 800 Millionen Katholiken, über Jahre hinweg ein Geflecht von Beziehungen zur Mafia aufbauen konnte? Man sollte also nicht so voreilig urteilen. Die Realität ist, jedenfalls in Teilbereichen, bedauerlicherweise eine andere. Das muss natürlich noch bewiesen werden.

Eigentlich könnte man glauben, es gebe in Europa keine größere Bedrohung als die sogenannte organisierte Kriminalität, die unaufhaltsam westliche Demokratien in ihren Grundfesten erschüttert. Ob in Talkshows oder in schlichten Filmen – der Öffentlichkeit wird seit Jahren das Schauspiel mit dem Namen Kampf gegen die Mafia geboten. Nichts ist den Regierenden zu teuer, um das Menetekel der von ihr ausgehenden Gefahr an die Wand zu malen. Hinter dem sterilen Begriff organisierte Kriminalität verbergen sich jedoch keine anonymen Figuren, sondern milliardenschwere Topunternehmer und Bankenimperien, mit denen man sich tunlichst nicht anlegt.

Organisiertes Verbrechen – das ist ein abstraktes Schreckgespenst, eine Begriffshülse, die in Wirklichkeit über das tiefe schwarze Loch der allgemeinen Unkenntnis gestülpt wurde. Unvorstellbare Zahlen sollen das schwarze Loch mit Leben füllen. Eine Billion Dollar – so hoch gehen die Schätzungen des Vermögens, das die organisierte Kriminalität weltweit jährlich erwirtschaftet. US-Experten sprachen 1997 auf einer Fachtagung in Berlin davon, dass den westlichen Volkswirtschaften durch das organisierte Verbrechen jährlich Schäden von 750 Milliarden Dollar zugefügt würden – überwältigende Zahlen. Es sind Zahlen, die niemand belegen kann, weil keiner weiß, wie sie eigentlich zustande gekommen sind. Als abstrakte Bedrohungskulisse wirken sie alle Mal.

Um der von der organisierten Kriminalität ausgehenden Gefahr einen Riegel vorzuschieben, wurde in den letzten Jahren ein Feuerwerk der Bekämpfungsstrategien entfacht unter der Devise des bundesdeutschen Innenministers Otto Schily: »Es geht heute nicht mehr darum, den Einzelnen vor dem Staat zu schützen, sondern den Einzelnen vor der organisierten Kriminalität.« Zahllose Gesetze, weltweit oder natürlich besonders intensiv in Deutschland, wurden erlassen oder erheblich verschärft. So wurden unter anderem der präventive Lausch- und Spähangriff, der große Lauschangriff, verdachtsunabhängige Kontrollen von Polizei und Bundesgrenzschutz legalisiert. Der Grund? Das organisierte Verbrechen sei so übermächtig, dass dessen Bekämpfung alles untergeordnet werden müsse, insbesondere eine vernünftige Analyse, warum eine solche bösartige Geschwulst derart wuchern konnte.

Im Szenarium der Abschreckungspolitik gegen die »moderne Geißel« werden sogar militärisch beladene Begriffe zur Selbstverständlichkeit. Vom »Krieg«, von »Feldzügen« und »Schlachten« gegen die organisierte Kriminalität ist zunehmend die Rede. Aber es bleibt nicht nur bei der Verwendung dieser martialischen Ausdrücke bezüglich politischer und polizeilicher Strategien, sondern auch das Militär selbst hat an der Bekämpfung des organisierten Verbrechens maßgeblichen Anteil. Ein kleines Beispiel: US-amerikanischen Presseberichten zufolge nahmen 1997 mehr als 8000 amerikanische Soldaten und Offiziere an sogenannten »Antidrogenmissionen« der USA teil. Und das nicht nur in Lateinamerika oder Südostasien, sondern auch auf eigenem Territorium. In Utah, einem konservativen Bundesstaat, unterstützten US-Soldaten die DEA, die amerikanische Drogenabwehrbehörde, beim Abhören von Telefonen. In Key West im Bundesstaat Florida richtete Washington für 31,5 Millionen Dollar einen Kommandoposten ein, wo Offiziere der Armee mit Agenten der DEA Seite an Seite zusammenarbeiten. Zwar widerspricht das der amerikanischen Verfassung, doch was soll das kleinliche Gerede, wenn es höheren Interessen, in diesem besonderen Fall dem Kampf gegen die Drogenkriminalität, dient?

Auch hinsichtlich der europäischen Sicherheitsinteressen beschäftigt sich so mancher hochrangige Offizier der NATO mit diesem Thema. Grotesk wird das, wenn man sich die beteiligten Staaten anschaut, zum Beispiel das NATO-Mitglied Türkei. Teile des türkischen Militärapparats stehen im engen Verbund mit rechtsradikalen Organisationen – deren Aktivitäten übrigens auch in Deutschland stetig zunehmen –, die gleichzeitig den Drogenhandel organisieren. Auf die Unterstützung der Mafia seitens des türkischen Militärs wird noch ausführlich eingegangen werden.

Gerade die amerikanischen Bundesbehörden, ob CIA, DEA oder FBI, samt ihrem jeweils amtierenden Präsidenten, reden seit Jahren vom »Drogenkrieg«. Sie wollen ihn weltweit gegen die Drogenbarone führen. Wurden 1981 anderthalb Milliarden Dollar für den »War on Drugs« bereitgestellt, so waren es 1998 bereits 17 Milliarden Dollar. Der oberste Drogenbekämpfer des US-Präsidenten, General Barry McCaffrey, Leiter des Office of National Drug Control Policy (ONDCP), wütet gegen die liberale holländische Drogenpolitik, spricht von »lebenden Zombies«, mit denen er in den Niederlanden konfrontiert wurde. Er übersieht aber eines: »Unter dem Banner des Krieges gegen die Drogen entstehen totalitaristische Züge, in denen die bürgerlichen Rechte Jahr für Jahr abgebaut werden. Millionen von ›cleanen‹ Bürgern müssen in den USA ständig damit rechnen, dass ihnen selbst auf der Arbeitsstelle Urinproben genommen werden.«[1]

Es ist eine schöne sterile Welt der allgegenwärtigen Kontrolle, die da entstanden ist, wo der Fund von ein paar Gramm Haschisch bereits den gesamten Polizeiapparat in Aufregung versetzt. Das hätte sich selbst Romancier George Orwell in seinen kühnsten Phantasien nicht vorstellen können. Die Schizophrenie dieser bizarren Politik wohl auch nicht. Denn gleichzeitig wurde in den Jahren 1991 bis 1994 auf Betreiben amerikanischer Behörden tonnenweise Kokain in die Niederlande geliefert, das dann auf merkwürdige Weise letztlich doch seinen Weg zu den Konsumenten fand. Ziel der Polizeiaktion war es, den Hintermännern großer Drogenringe auf die Spur zu kommen. Dazu bediente man sich des bekanntesten holländischen Drogenhändlers. Ihm schenkte man Vertrauen und köderte ihn mit dem Angebot, dass er bei einer eventuellen Verurteilung nur mit einer geringen Strafe zu rechnen habe. Doch die wahren Drahtzieher blieben im Dunkeln. Und so wurden große Mengen Kokain mit Hilfe korrupter Zoll- und Polizeibeamter über den Hafen Rotterdam eingeführt, während gleichzeitig kleine Drogenladungen in die Hände der Fahnder fielen. Die Abgeordnete Ella Kalsbeek, die gleichzeitig Vorsitzende eines nach ihr benannten Untersuchungsausschusses war, meinte zu diesen Mauscheleien: »Der Kommission liegen Dokumente vor, dass es Doppeltransporte von Kokain gegeben hat... Außerdem lassen Hinweise darauf schließen, dass noch weitere tausende von Kilogramm Kokain eingeführt wurden. Die Mitarbeit von Zoll und Polizei war dabei Voraussetzung.«

Denn während auf der einen Seite mit polizeistaatlichen Methoden versucht wird, die Drogenszene auszutrocknen, fördern andererseits nicht nur amerikanische Dienststellen und gewisse Politiker, wenn es staatspolitisch opportun erscheint, skrupellos mächtige Drogenhändler und deren politische Statthalter in jenen Staaten, in denen mafiose Strukturen und/oder das Drogengeschäft ein bedeutsamer Wirtschafts- oder Ordnungsfaktor sind. Immer wieder wird in diesem Zusammenhang der Name CIA genannt. Die Central Intelligence Agency, der US-amerikanische Geheimdienst, hat eine bewegte Skandalgeschichte in Bezug auf derartige Deals und bietet daher viel Raum für allerlei Verschwörungstheorien. Darauf kann mit gutem Grund verzichtet werden. Nicht jedoch auf die Aussage des ehemaligen Chefs einer DEA-Sondereinheit, Dennis Dayle: »In den 30 Jahren meiner Tätigkeit für die DEA und mit ihr verbundenen Institutionen stellte sich heraus, dass die wichtigsten Objekte meiner Ermittlungen immer für die CIA arbeiteten.«[2] Ist der Mann nun ein Spinner, der mit haltlosen Behauptungen hausieren geht, weil er frustriert ist? Wohl kaum. Er hatte immerhin bei der DEA eine verantwortliche Position inne und kann auf zahllose Belobigungen seiner Chefs in Washington verweisen. Dazu passt, dass einst große und mächtige Drogenbosse, so etwa der Kolumbianer Carlos Lehder, heute auf der Gehaltsliste der DEA stehen.

Die Vereinten Nationen wiederum veranstalten »Drogengipfel« wie jenen vom Juni 1998, bei dem jede Regierung dieses Globus stets von neuem hoch und heilig verspricht, mit allen zur Verfügung stehenden Heerscharen unerbittlich gegen den Drogenhandel vorzugehen oder – was austauschbar ist – das organisierte Verbrechen zu bekämpfen.

Von der »Macht des Bösen« sprach der UNO-Generalsekretär auf der Weltdrogenkonferenz, »von einem Übel, das die Grundfesten der Gesellschaft und die Sicherheit der Nationen erschüttert«. Das verkündete er 1987 in Wien und hoffte, dass sich nun endlich etwas bewegte. Es war eine Illusion, die wie eine Seifenblase zerplatzte. Damals, im Jahr 1987, wurde die Anzahl der Drogenabhängigen weltweit auf 20 bis 50 Millionen geschätzt. Heute sind es etwa 190 Millionen Menschen. Und noch eine andere eindrucksvolle Zahl: Schätzungsweise 400 Milliarden Dollar (umgerechnet etwa 760 Milliarden Mark) setzt die Drogenmafia jährlich um. Hängt diese Profitmaximierung wirklich nur damit zusammen, dass die Drogenabhängigen immer mehr werden? Oder ist der Drogenhandel inzwischen ein florierender Wirtschaftsfaktor, in dem alle Beteiligten enorm viel Geld verdienen und das politische Interesse, den Ast durchzusägen, auf dem man sitzt, sich in entsprechenden Grenzen hält?

Kein vernünftiger Mensch wird es bestreiten wollen – verbal bekämpft jeder die Mafia und den weltweiten Drogenhandel. Besonders wortreich tun das jene Regierungsrepräsentanten, die selbst mit Drogenclans und Mafiabossen kooperieren beziehungsweise direkt oder indirekt tief im Rauschgiftgeschäft verstrickt sind. So haben zum Beispiel die Delegierten der Türkei, Syriens oder Argentiniens, um nur einige zu benennen, im Jahr 1998 beim letzten Drogengipfel der Vereinten Nationen allen Appellen und Aufrufen gegen die Drogenkartelle heftig applaudiert. In solchen Ländern sind Drogengeschäfte zu einem Teil des politischen Systems geworden. Das erklärt vielleicht, warum bei diesen Antidrogenkonferenzen nicht einmal ansatzweise die Tolerierung bestimmter Rauschgifte diskutiert wird, denn das würde die Interessen jener Staaten verletzen, die mit Drogen Politik machen.

Dicke Schlagzeilen beherrschen dafür die Titelseiten der internationalen Presse, wenn wieder einmal einer der »größten Drogenhändlerringe der Welt« gesprengt wurde, wobei auffällt, dass seit Jahren solche und ähnlich klingende protzige Erfolgsmeldungen überall auf der Welt verbreitet werden. Ein solcher Triumph wurde beispielsweise im August 1998 verkündet, als Mitglieder einer der einflussreichsten Mafiafamilien Kanadas verhaftet wurden, die Caruanas. Das Vermögen des Clans wird auf drei Milliarden Dollar geschätzt. Über Jahrzehnte hinweg war er im Drogenhandel aktiv – von Venezuela aus, wo er engste Bindungen zum damaligen Staatspräsidenten Andrés Pérez pflegte, einem der reichsten Männer der Welt. Sein riesiges Vermögen verdankte er jedoch weniger seiner Tätigkeit als Rechtsanwalt als vielmehr seiner achtjährigen Regierungszeit. Hofiert wurde er über die

Jahre hinweg sowohl von konservativen als auch von sozialdemokratischen Regierungen in aller Welt. Der Grund: Venezuelas Wirtschaft boomte, insbesondere wegen der reichhaltigen Bodenschätze, von Erdöl bis zu Gold- und Diamantenressourcen. Gleichzeitig verfügt dieses Land über ideale Transportbedingungen, die es den kolumbianischen Drogenkartellen erlaubten, Kokain mit Bestimmung Kanada und Europa von den Häfen Maracaibo, Puerto Cabello und Puerto La Cruz zu verschiffen.

Das südamerikanische Land wurde zum Geldwäschedorado. Gerade deshalb konnte sich unter der Regierung von Pérez eine internationale Verbrecherkultur entwickeln, die für ein »demokratisches Land« einzigartig ist. »Caracas ist ein wichtiger Stützpunkt der italienischen Mafia«, erzählt der Verbindungsbeamte des deutschen Bundeskriminalamts (BKA) in Caracas. »Der Leiter der Drogenkommission ist ganz massiv gegen die Leute vorgegangen. Er hat es aber nicht durchhalten können und ist abgelöst worden.« Luis Hernández ist der erwähnte Ex-Chef der Drogenkommission. Über den Clan der Caruanas sagt er: »Sie sind der Kopf der Krake, wenn man sich die Merkmale anschaut, die Macht, den wirtschaftlichen Einfluss, das Netz, das sie international aufgebaut haben. Sie haben den Vorsitz, und zwar hauptsächlich über die Geldwäsche-Aktivitäten in der ganzen Welt sowie das Heroin- und Kokaingeschäft – ebenfalls weltweit. Hier bei uns sind sie unantastbar.«

Erst als der langjährige Freund des Westens, Andrés Pérez, abgewählt wurde, die Wirtschaftslage Venezuelas sich katastrophal verschlechterte und ein Teil des Bankensystems zusammenbrach, wurde es für die Caruanas im schönen Caracas eng. Die neue Regierung ließ einen Teil des Clans verhaften, der andere verzog sich nach Kanada. Das lässt den Schluss zu, dass kriminelle Großfürsten so lange ungeschoren bleiben, wie sie niemanden stören beziehungsweise den Regierenden, in diesem Fall jenen von Venezuela, auf ihre Weise dienlich sind.

Auf der anderen Seite beklagt jeder, der glaubt, etwas zur Problematik zu sagen zu haben, »dass man der Schwemme illegaler Drogen auf die Märkte machtlos« gegenüberstehe, »die kriminellen Imperien immer weiter wachsen«, so die europäische Polizeiorganisation Europol in Den Haag. Sie hat inzwischen eingesehen, »dass das Konzept der USA, den Drogenhandel an seinen Wurzeln, also in den Anbaugebieten Lateinamerikas, zu bekämpfen, als gescheitert angesehen werden muss«. Und so gelangte eine Gruppe hochkarätiger Persönlichkeiten, unter ihnen George Shultz, Javier Perez de Cuellar und der brasilianische Bischof Casaldáliga, bezüglich der UNO-Drogenpolitik zu der Erkenntnis: »Wir glauben, dass der globale Drogenkrieg zur Zeit mehr Schaden anrichtet als die Drogen selbst, und schlagen eine Drogenpolitik vor, die auf der Vernunft, der Wissenschaft, der öffentlichen Gesundheit und den Menschenrechten gründet.«

Aber was sind die wirklichen Gründe dafür, dass derartige Appelle ungehört bleiben? Warum redet niemand darüber, dass die großen Drogendeals Teil der Außen- und Sicherheitspolitik westlicher wie östlicher Staaten sind? Warum werden Drogenkartelle und kriminelle Syndikate zur politischen Manövriermasse westlicher demokratischer Regierungen? Unbestritten ist dabei Folgendes: Natürlich verzeichnen bei der Bekämpfung des organisierten Verbrechens und des Drogenhandels die Strafverfolgungsbehörden weltweit große Erfolge, selbst in den Mafiastaaten. Die internationalen Zollbehörden veröffentlichen monatlich detaillierte Angaben über die beschlagnahmten Rauschgiftmengen, ob Opiate, Kokain, Haschisch oder synthetische Drogen. In der Aufzählung fehlt kaum ein Versteck, das nicht gewählt wird, um Drogen zu schmuggeln, kaum ein Transportmittel, das keine Verwendung findet. Aufschlussreich ist eine besondere Rubrik: Wie kam es zum Aufgriff? Überwiegend, so die Liste, durch Zollbehörden, nicht weniger häufig durch Informanten. Bei der Erwähnung Letzterer wird man hellhörig. Informanten sind jene zwielichtigen Figuren, die in der Regel am Deal partizipieren wollen und für die Polizeibehörden Scheingeschäfte initiiert haben. Das mag ein Teil des Erfolgs im Kampf gegen das Drogengeschäft ausmachen, aber eben nur einen geringen.

Die Macht der kriminellen Bosse und ihrer Syndikate beruht

nicht allein auf ihrer Skrupellosigkeit, ihrer kriminellen Energie. Es sind bis zum heutigen Tag ihre Verbindungen in die Spitzen der demokratischen Staaten hinein, ihre Funktionalisierung für die Durchsetzung geopolitischer Machtinteressen. Auf die Drogen bezogen heißt das: Nicht sie sind das Problem, sondern es ist die skrupellose Politik, die mit ihnen gemacht wird.

Kein Zweifel besteht immerhin, dass man, was die Wahl vollmundiger Ankündigungen angeht, sowohl für den Kampf gegen organisiertes Verbrechen als auch gegen die Drogenkartelle gerüstet scheint. »Es darf keine Zufluchtsorte mehr geben, weder für Kriminelle noch für ihre Gelder«, betonten übereinstimmend die Regierungschefs der acht führenden Industrienationen der Welt bei einer Tagung am 16. Mai 1998 über den Kampf gegen die organisierte Kriminalität in der englischen Stadt Birmingham. Und die westlichen Medien zitierten den ebenfalls teilnehmenden damaligen deutschen Bundeskanzler: »Was Helmut Kohl umtreibt, sind mehrere hundert Milliarden Dollar, die international tätige Kriminelle jedes Jahr mit Geldwäsche, Waffen- und Menschenschmuggel, Betrug sowie Drogenhandel einstreichen.«[3]

Niemand wird bestreiten, dass er es ernst meinte. Doch die Regie führen häufig andere Kräfte.

Wie die westlichen Regierungschefs treffen sich seit Jahren mit schöner Regelmäßigkeit auch renommierte Fachleute aus Politik, Wirtschaft und von Strafverfolgungsbehörden an fast jedem Flecken dieser Erde, um darüber zu diskutieren, wie man durch gemeinsame Aktionen die stetig wachsende Gefahr des organisierten Verbrechens bekämpfen könne.

Organisierte Kriminalität, dieser Eindruck drängt sich auf, bietet sich für exzessive Tagungsorgien an. In Wirklichkeit sind solche Veranstaltungen durchaus groteske Inszenierungen. Eine wahrhaft illustre internationale Gesellschaft von Strafverfolgern, Ministerialbeamten und Politikern hat sich gefunden, die Millionen Menschen beschäftigt und Milliardensummen ausgibt, um der sogenannten internationalen Mafia den Garaus zu machen. Weil der Erfolg so mager ist, jagt ein Symposium das nächste.

Tonnenweise wird Papier beschrieben und bedruckt. Die Strafverfolgungsbehörden richten weltweit mächtige Institutionen ein, die – häufig von niemandem kontrolliert – vorgeben, den finalen Angriff zur Bekämpfung des organisierten Verbrechens zu führen. Eigentlich müsste doch irgendjemand die Frage stellen, warum trotz dieser internationalen Tagungen, aller Appelle, sämtlicher Gesetze, vieler Verhaftungen, manchmal sogar Gerichtsverhandlungen die organisierte Kriminalität ständig weiter wuchern kann.

Bemerkenswert in diesem Zusammenhang war ein Treffen deutscher, italienischer und schweizerischer Sicherheitsexperten in dem kleinen Dorf Menaggio am malerischen Comer See. Die Aufgabenstellung lautete, wieder einmal, »Innere Sicherheit und Bekämpfung des organisierten Verbrechens«. Gefordert wurden, wieder einmal, internationale Rechtsangleichung und natürlich die Notwendigkeit des politischen Handelns. Das steht zwar bereits seit über 15 Jahren zur Debatte – aber lieber eine weitere Tagung an einem idyllischen Fleckchen Erde als überhaupt nichts unternehmen. Gleichwohl fiel ein Wermutstropfen in das harmonische Stelldichein, als einzelne Experten wie der kalabresische Staatsanwalt Boemi die Justiz vor der »endgültigen Niederlage« sahen, »denn von Neapel bis Trapani ist das Territorium nur teilweise in der Hand des Staates«, resümierte er während der Tagung. Und das, obwohl bei mehr als 350 Operationen der italienischen Antimafia-Sondereinheit DIA rund 5000 Mafiosi verhaftet wurden, darunter die Nummer eins der Cosa Nostra, Leoluca Bagarella, und Mafiavermögen im Wert von umgerechnet vier Milliarden Mark beschlagnahmt wurde. Die einen, wie der immer optimistische Oberbürgermeister von Palermo, Leoluca Orlando, sprechen davon, dass sich der »Antimafia-Virus nicht nur in Sizilien ausbreitet«. Die anderen, wie der oberste Staatsanwalt von Palermo, Cesare Caselli, warnen hingegen vor allzu voreiliger Euphorie. Für ihn durchläuft die Mafia einen Generationswechsel. Zwar sei der Plan, die römische Politik und Justiz durch Mord und Terror in die Knie zu zwingen, gescheitert. Doch stattdessen unterminiere die »ehrenwerte Gesellschaft« leise und unaufhaltsam die oberen zehntausend Italiens. Cesare Caselli weiß, wovon er spricht. Er ist derjenige Staatsanwalt, der Giulio Andreotti wegen seiner Verbindungen zur Cosa Nostra vor Gericht gebracht hat, ein Prozess, der in Deutschland überhaupt nicht möglich wäre. Was nicht daran liegt, dass es keine deutschen Andreottis gibt, sondern daran, dass die italienische Justiz inzwischen unabhängiger und schlagkräftiger im Kampf gegen die Mafia wurde, als dies in den meisten Ländern der Welt der Fall ist. Andreotti war siebenmal italienischer Ministerpräsident und 33mal Minister. Die in den USA lebenden reuigen Mafiosi Tommaso Buscetta und Francesco Mannola gaben zu Protokoll, der christdemokratische Politiker habe sich vor einigen Jahren zumindest dreimal mit den Spitzen der Mafiahierarchie getroffen. Andreotti, inzwischen ein alter Mann, bestritt diese Aussage vehement: »An den Vorwürfen ist kein Wort wahr.« Für Indro Montanelli, einen der angesehensten Journalisten Italiens, stand »mit Andreotti unsere ganze Nation vor Gericht. Sollte Andreotti mafios und ein Mörder gewesen sein, dann würde das bedeuten, dass Italien 40 Jahre lang von einem Mafiaboss und Mörder regiert wurde.« Glücklicherweise hatte Andreotti viele Fürsprecher. Anfang Mai 1999, während einer Großveranstaltung des Vatikans in Rom, war auch Andreotti anwesend. »Als er vor laufender Kamera den Papst grüßte und vor ihm in die Knie ging, segnete dieser Andreotti so augenfällig, dass die Staatsanwaltschaft von Perugia sich tags darauf gezwungen sah, den Vatikan darauf hinzuweisen, dass man sich von einer solchen Geste nicht beeindrucken lasse.«[4] Das Urteil, das am 23. Oktober 1999 in Palermo gefällt wurde, überraschte in Italien eigentlich niemanden: Andreotti wurde mangels Beweisen freigesprochen. Andreotti ist daher heute ein Unschuldslamm. Gleichzeitig werden alle gegen die Mafia gerichteten Gesetze aufgehoben.

Die Erkenntnisse über weltweit miteinander verwobene Verbrechersyndikate und die von ihnen ausgehende Bedrohung für jeden demokratischen Staat sind weder neu noch falsch. Fakt ist: Unaufhaltsam wächst die Zahl der wirklichen oder vermeintlichen kriminellen Großkonzerne. Bernd Georg Thamm und Konrad Freiberg haben diese Tatsache in ihrem Standardwerk *»Mafia Glo-*

bal« nüchtern und präzise analysiert. Da werden penibel alle kriminellen Organisationen aufgelistet, die regional wie international prosperieren. Schön und gut. Das Buch wird wahrscheinlich nur von eingeweihten Strafverfolgern gelesen, die voller Zorn mit ansehen müssen, dass ihnen auf Grund bürokratischer und politischer Fesseln permanent die Hände gebunden sind und sie somit auch nichts beziehungsweise nur wenig erreichen können, wenn sie sich mit der Hochfinanz im kriminellen Sumpf beschäftigen.

Ein Mann sei in diesem Zusammenhang erwähnt, dem ein besonderes Kapitel gewidmet ist: der mondäne Lebemann Monzer Al Kassar. Weltweit wird er von den Polizeibehörden als einer der mächtigsten Waffen- und Drogenhändler der westlichen Hemisphäre gebrandmarkt, als ein Mann, der sogar in terroristische Aktivitäten verstrickt sei. »Er ist einer der Großen der internationalen Kriminalität. Waffen, Rauschgift, Geiseln – es gibt nichts, womit er nicht Geschäfte macht«, schrieb 1989 Manfred Morstein. Wer nun meint, dies sei eine alte Räubergeschichte, der irrt gewaltig.

Bis heute hat sich an den »Geschäften« Al Kassars wenig geändert. Im sonnigen spanischen Marbella residiert er, reibt sich die Hände, weil er sicher sein kann, dass ihm niemand etwas anzuhaben vermag. Er ist nicht deshalb unantastbar, weil er die internationalen Strafverfolgungsbehörden davon überzeugt hat, er sei unschuldig – Opfer politischer Diffamierung –, sondern deshalb, weil er mächtige Gönner und Förderer hat, bis zum heutigen Tag. Sie decken ihn, sie sind ihm dankbar. Unantastbar ist er, weil er unwidersprochen behaupten kann: »Ich habe doch alles im Auftrag staatlicher Dienststellen getan.« Das wird ihm ehrlicherweise niemand abstreiten. Da kann ein engagierter Genfer Untersuchungsrichter namens Laurent Kasper-Ansermet bei der französischen Justiz monatelang immer wieder danach fragen, wo denn das schriftliche Urteil sei, das ein Pariser Gericht im Jahr 1986 gegen Monzer Al Kassar verhängt hatte: acht Jahre Gefängnis. Keinen Tag verbrachte er damals hinter Gittern. Das Urteil ist unauffindbar. Der Untersuchungsrichter ist ratlos, wie jeder normale Sterbliche. Des Rätsels Lösung: Monzer Al Kassar diente französischen Interessen. Umhegt wird der agile Mann jedoch nicht nur von den Franzosen, sondern auch von verschiedensten Nachrichtendiensten, wie jenen Spaniens, Syriens, der USA oder Israels. Weil er manchen Regierungen dieser Länder wertvolle Dienste geleistet hat, drücken ihre Justizbehörden die großen rechtsstaatlichen Augen zu. »Monzer Al Kassar ist der größte unantastbare Terrorist, weil er für so viele Nachrichtendienste gearbeitet hat, und er kennt zu viele Geheimnisse, um nur einen Tag im Gefängnis verbringen zu müssen«, resümiert verbittert der amerikanische Anwalt John J. Loftus. Damit das auch in Zukunft so bleibt – man kann ja nicht wissen, ob nicht ein unbeugsamer Richter oder Staatsanwalt sich der Staatsräson widersetzt –, sterben sicherheitshalber Zeugen unter seltsamen Umständen.

Dieses Buch verfolgt daher die Absicht, die Scheinheiligkeit des Kampfes gegen solche zwielichtigen Zeitgenossen aufzuzeigen und diese trotzdem, so weit das juristisch überhaupt noch möglich ist, bloßzustellen. Denn allein der politische und wirtschaftliche Einfluss dieser sogenannten Metakriminellen erklärt, warum die Polizei beinahe tatenlos auf der Stelle tritt und sich westliche Regierungen kaum zu Gegenmaßnahmen aufraffen können.

Wobei es weltweit hunderttausende von Polizeibeamten und Staatsanwälten gibt, die tatsächlich diesen verzweifelten Kampf gegen die Metakriminellen führen und tausende darunter sind, die dabei ihr Leben ließen. Ob die lebenden engagierten Polizeibeamten und Staatsanwälte erkennen, dass ihr Blutzoll und Engagement ein Duell mit Windflügeln ist und sie teilweise opportunistischen Staatsinteressen geopfert werden?

Das große Theater

Nebenbei, unbewusst, mit seinem siebten Sinn sozusagen, hat mancher aufmerksame Bürger registriert, dass die internationalen Strafverfolgungsbehörden hin und wieder einen großen Schlag gegen die Drogenmafia oder das organisierte Verbrechen führen. Merkwürdig ist nur, dass dabei in ganz wenigen Ausnahmefällen die großen Bosse, die Hintermänner, die Finanziers und korrupte Politiker Erwähnung finden. Und falls dies doch einmal geschieht, dann meistens nur deshalb, weil sie überflüssig oder ersetzbar geworden sind. Ein reiner Zufall? Daran mag glauben, wer will.

Welch Glück, könnte der naive Betrachter meinen, dass in Deutschland alles ganz anders ist. Hier ist ein mächtiges Bundeskriminalamt am Werk, das nach einer Neuorganisation eine Abteilung zur Bekämpfung des organisierten Verbrechens aufgebaut hat: Etwa 800 Männer und Frauen, hoch motiviert und außerordentlich gut ausgebildet, waren dazu angetreten. Ihre Lageberichte bestachen einmal durch Klarheit und Präzision. Die außerordentlichen Fachkenntnisse der Beamten wurden optimal eingesetzt, und entsprechend waren die Ergebnisse. Das ist leider Vergangenheit. Wenn man sich heute anschaut, wie diese BKA-Abteilung gegen das internationale organisierte Verbrechen zu Werke geht, überkommt einen das große Grauen, schimpfen altgediente Fahndungsspezialisten. »Nichts passiert hier«, resignieren diejenigen Ermittler, die nun mehr mit Frust als mit Lust Papiere hin und her schieben. Deshalb ist in diesen Kreisen nur noch spöttisch von einer »Bundes-Kopier-Anstalt« die Rede. Oder sie beurteilen ihre Arbeit folgendermaßen: »Unter dem Strich kommt nichts dabei heraus.« Um nicht missverstanden zu werden: Dass dies so ist, liegt nicht an den Beamten selbst, sondern an den politisch vorgegebenen Strukturen. Mitverantwortlich für die Lähmung dieser Riesenbehörde sind erfahrungsgemäß die ständigen Direktiven der Ministerialbürokratie des Bundes, deren Angst, irgendwelche Risiken einzugehen. Als Gegenreaktion entwickelt sich in der BKA-Führung eine devote Ergebenheit gegenüber dem, was das Innenministerium befiehlt. Oder, wie sich ein BKA-Beamter drastisch ausdrückt: »Die haben da oben Angst davor, dass irgendein Politiker von uns einmal befragt wird.« Als ein führender BKA-Beamter den Vorschlag machte, sich die zehn mächtigsten kriminellen Bosse in Deutschland vorzunehmen und ihre Machenschaften zielgerichtet, ohne Rücksicht auf finanzielle und personelle Einschränkungen aufzudecken, wurde er von seinen erschrockenen Vorgesetzten zusammengestaucht. »Wer weiß, in welches politische Wespennest man stößt«, bekam er zu hören. Bekannt ist im BKA der Spruch: Großer Fall – große Probleme; kleiner Fall – kleine Probleme; überhaupt kein Fall – überhaupt keine Probleme. Und Letzteres ist Philosophie des Amtes geworden, selbstständiges Handeln daher verpönt. Ist das alles wirklich nur ein Zufall? Oder vielleicht ein Symptom für die zynische Kluft zwischen verbaler Wortspielerei und trister Realität?

Andererseits tut das BKA einiges, um die russische Mafia ausgiebig mit Informationen zu versorgen. So wurde 1999 ein deutsch-russisches Abkommen »über Zusammenarbeit bei der Bekämpfung von Straftaten von erheblicher Bedeutung« getroffen, demzufolge in Zukunft polizeiliche Daten aus dem BKA an das russische Innenministerium weitergeleitet werden sollen. Damit, so meldete der *Spiegel*, würden die russischen Stellen via Bundeskriminalamt ebenfalls Zugang zu Ermittlungen seitens der Staatsanwaltschaften und Kriminalämter der Bundesländer erlangen. Dabei weiß inzwischen jeder mit der Russenmafia beschäftigte Ermittler in Europa, dass die mafiosen Syndikate direkten Zugriff auf den Staatsapparat haben, ja, dass sie selbst Teil des politischen Systems in Russland geworden sind. Und keiner dieser Ermittler kann sich in den letzten zehn Jahren daran erinnern, dass die jeweiligen russischen Innenminister ein übermäßiges Interesse daran hatten, die großen kriminellen Drahtzieher, die von Moskau oder Sankt Petersburg aus agieren, vor ein Gericht zu bringen – im Gegenteil. Doch wenn ein bundesdeutscher Innenminister etwas anordnet – und mag es noch so unsinnig sein –, das BKA steht stramm. Dabei weiß man im Bundeskriminalamt ganz genau, dass einer derjenigen Männer, der aufgrund der Weisung von Innenminister Schily mit Informationen versorgt werden soll und mit dem der unglaubliche Informationsdeal vereinbart wurde, einst als das »Dach« einer großen russischen Mafiaorganisation galt. Unter der Bezeichnung »Dach« versteht man in der Sprache der Gangstersyndikate jene Person, die die kriminellen Aktionen und die Aufteilung der »erwirtschafteten« Gelder beaufsichtigt, sozusagen der Oberpate.

Man vergesse in diesem Zusammenhang nicht den Bundesnachrichtendienst (BND) in Pullach bei München. 5900 Menschen sind in der Behörde beschäftigt, die über ein Jahresbudget von knapp 800 Millionen Mark verfügt. Auch der BND hat sich inzwischen dem Kampf gegen das Übel des organisierten Verbrechens verschrieben. Häufig gibt er, streng vertraulich natürlich, Lageberichte heraus, zum Beispiel über »Sonderformen der international organisierten Kriminalität« aus dem Jahr 1998. Stempel mit den Wörtern »Geheim« oder »Vertraulich« signalisieren die Bedeutung solcher Dokumente. In diesen wird dann in düsteren Farben beschrieben, wie und wo kriminelle Syndikate im Osten auf dem Vormarsch sind, so zum Beispiel in Bulgarien: »Einflussreiche Kreise anerkennen die Mafiagruppen bereits als unabänderliche Tatsache. Einige neu gegründete private Holdinggesellschaften nehmen Schlüsselstellungen im Land ein.« Oder in Estland: »Die Hauptstadt Tallin ist Transitzentrum für Schmuggelware wie Waffen, seltene Metalle, Tabak und Drogen. Besorgnis erregend ist die Verflechtung der organisierten Kriminalität mit Staat und Wirtschaft.« Da ist bezüglich Polen von »200 Mafiagruppen« die Rede, die über nationale Investmentfonds illegale Einnahmen in den Wirtschaftskreislauf schleusten, oder dass bei unseren östlichen Nachbarn die italienische Mafia ihr schmutziges Geld wäscht. Oder dass Rumänien von den italienischen Gangstersyndikaten Cosa Nostra, Camorra und Ndrangheta zur Drehscheibe im Osten ausgebaut und an wichtigen Stellen des Staatsapparats Gefolgsleute platziert wurden. Dass in solchen Ländern auch die russische Mafia kräftig mitmischt, versteht sich von selbst.

Alles ist bedrohlich, auch wenn die meisten Erkenntnisse des BND häufig Ladenhüter sind, die als sensationelle Enthüllungen den Regierenden auf den Tisch gelegt werden. Wir setzen uns mit aller Kraft für die Sicherheit unseres Landes ein, will man damit wohl sagen. Das sehen einige Ermittler des BKA ganz anders. In seinem Tätigkeitsbericht äußert sich der BKA-Verbindungsbeamte für Brasilien über die gedeihliche Zusammenarbeit mit dem BND wie folgt: »Nachdem der BND seit einiger Zeit den

Auftrag hat, seine Tätigkeit auf den Rauschgiftbereich auszudehnen, sei auch hierzu eine Anmerkung gestattet. Wie bereits berichtet, ist das Verhältnis zu den BND-Vertretern an der Botschaft traditionell gut und durch den freundschaftlichen Charakter geprägt. Fachlich ist allerdings nach meiner Kenntnis nicht in einem einzigen Fall eine nützliche Information vom BND gekommen. Mehrere Hinweise des BND haben zu umfangreichen Abklärungen durch uns geführt, konnten allerdings nicht mit Resultaten gekrönt werden. Es ist nicht so, dass wir durch die Mitwirkung des BND eine Arbeitserleichterung hätten, im Gegenteil haben Falschmeldungen wegen der erforderlichen Richtigstellung zu unnötigem Arbeitsaufwand geführt. Die BND-Unterstützung einer deutschen Polizeidienststelle bei einer operativen Maßnahme in Brasilien hat sogar zu Problemen geführt. Von hier wurden dem BND seit Beginn der Zusammenarbeit stets umfangreiche Informationen geliefert, die nach München weitergeleitet worden sind. Aus Kameradschaft wurde dafür immer ausreichend Zeit aufgebracht. Es muss deshalb angemerkt werden, dass das Verhältnis zu den Vertretern vor Ort vorbildlich ist und sich die genannten Schwierigkeiten auf die Politik der Zentrale beziehen, die offensichtlich auch an den Residenten vorbeigeht.«

Mehr ist zu den Aktivitäten des BND bezüglich seines Einsatzes gegen die organisierte Kriminalität nicht zu sagen. Einer erheblich ausführlicheren Betrachtung bedürfen die gefährlichen Verbindungen des BND und anderer westlicher Nachrichtendienste zu mafiosen Organisationen.

Die schmutzigen Geschäfte der Nachrichtendienste mit der Mafia

Die Nachrichtendienste behaupten bekanntlich, den Kampf gegen Mafia und andere kriminelle Missstände mit aller Härte führen zu wollen. Genau das Gegenteil scheint jedoch der Fall zu sein. Bei einer Analyse der Geschichte von großen kriminellen Paten, insbesondere der letzten 20 Jahre, wird offensichtlich, dass die gleichen Nachrichtendienste, die vehement das organisierte Verbrechen zu bekämpfen vorgeben, mit den Verbrecherfürsten gemeinsame Sache machen, ja, ihnen erst bei der Sicherung ihrer Existenz behilflich sind. Wobei die Nachrichtendienste in aller Regel kein abgeschottetes Eigenleben führen, sondern als Dienstboten ihrer jeweiligen Regierungen beziehungsweise dubioser Kreise im Staatsapparat fungieren.

Ein Beispiel: Unweit der französischen Stadt Mulhouse (Mülhausen) lebt in einem kleinen elsässischen Dorf der ehemalige Untersuchungsrichter Germain Sengelin. Er hatte 1997 sein Amt aus Altersgründen aufgeben müssen und unterrichtet jetzt die französische Gendarmerie und die Schweizer Polizei in Verbrechensaufklärung, insbesondere im Bereich der organisierten Kriminalität. Sengelin, ein vitaler Jurist, weist aufgrund eigener Erfahrungen seit Jahren eindringlich darauf hin, dass »politische Entscheidungsträger kein Interesse haben, organisierte Kriminalität dann zu bekämpfen, wenn die Staatsräson zur Disposition steht«. Er weiß, wovon er spricht: Er gehörte zu jenen Ermittlungsbeamten, die bereits Anfang der Achtzigerjahre die Verbindungen französischer Politikerkreise zur Waffen- und Drogenschmuggelszene aufdeckten. Je tiefer er später im Sumpf des internationalen Schmuggels, ob von Zigaretten, Waffen oder Drogen, herumstocherte, desto häufiger wurde er von höchster Stelle gestoppt. Denn seine elsässische Dickköpfigkeit störte. Ein Offizier des französischen Dienstes ließ beispielsweise seine Telefonate mit einer Abhöranlage überwachen. Das geschah, als Sengelin im Rahmen der Aufdeckung einer großen Zigarettenschmuggelaffäre auf weitere Schmuggelaktionen stieß und deshalb munter weiterermittelte: in Richtung der von Mitterrand aufgelösten französischen »Parallelpolizei« SAC, der Logen, der Welt der Hochfinanzen. Dabei ließ er den stellvertretenden französischen Zolldirektor, maßgebliche Figur eines großen Schmuggelrings, hochgehen. Es gab sogar Mordkomplotte, beispielsweise des italienischen und französischen Geheimdienstes, gegen ihn.

»Die Netzwerke im Drogen- und Waffenhandel«, erklärt er in seinem Bauernhaus im Elsaß, »sind immer mit der Politik verbunden, und es ist daher kaum möglich, diese zu zerschlagen.«

Dabei klingt nicht einmal Resignation aus seinen Worten. Für ihn ist dieser Zustand ein Faktum. Darüber diskutiert er gar nicht mehr.

Die Erkenntnisse eines deutschen Politikers unterscheiden sich nicht von denen des ehemaligen Untersuchungsrichters: »Auf die nahezu systematische Nutzung der über Kontinente hinweg vernetzten organisierten Kriminalität durch östliche wie westliche Geheimdienste wäre ich nie gestoßen, hätte nicht die Bundesregierung in den Jahren nach der deutschen Vereinigung alles daran gesetzt, den Untersuchungsausschuss des Bundestages zur Aufklärung des Bereiches Kommerzielle Koordinierung (KoKo) des Obersten der Staatssicherheit Schalck-Golodkowski in seiner Arbeit auf Sachverhalte einzugrenzen, die dem Ansehen der Ost-, nicht jedoch der Westseite schädlich waren.«[5]

Diese Einsicht, die von vielen Praktikern innerhalb der Polizei geteilt wird, beruht darauf, dass fast immer Nachrichtendienste vom kriminellen Geschäft profitieren. Häufig sind es Regierungsbehörden, die nicht irgendwo im weit entfernten asiatischen oder lateinamerikanischen Raum ihrer segensreichen Tätigkeit nachgehen, sondern im Herzen Europas oder in den USA. Anfang der Achtzigerjahre war es die CIA, die für den Cosa-Nostra-Clan Corleonesi Drogen in die USA schmuggelte und die Familie dabei unterstützte, ihren größten Konkurrenten im Drogengeschäft, den Mafiaboss Gaetano Badalamenti, auszuschalten: Dieser wurde wegen seiner Heroinlieferungen aus Sizilien in die USA verhaftet und zu 45 Jahren Gefängnis verurteilt – sehr zum Vorteil für die Geschäfte der Corleonesi in Amerika.

»Dem ständig fortschreitenden Abbau der gegen Willkür in Jahrhunderten erkämpften Bürgerrechte mit dem vorgeblichen Ziel einer wirksamen Bekämpfung der organisierten Kriminalität kann nur Einhalt geboten werden, wenn die Demokratien durchschauen, dass sie es auf weite Strecken mit einer geheimdienstprivilegierten organisierten internationalen Kriminalität zu tun haben.«[6] Gerade im Hinblick auf die Kollaboration mit osteuropäischen Mafiabossen scheinen Nachrichtendienste alle Hemmungen zu verlieren. Dabei ist nicht einmal an den Sachverhalt gedacht, dass in Moskau fast der gesamte Staatsapparat in die Hände des ehemaligen KGB gefallen ist und es niemanden wundert, dass Präsident Boris Jelzin dem zwielichtigen Geheimdienst zum 80. Jahrestag seiner Gründung gratulierte. Wie selbstverständlich wird hingenommen, dass im Dezember 1998 Kommunisten und Nationalisten im russischen Parlament mit der Forderung auftraten, das 1991 geschleifte Denkmal des Geheimdienstgründers Feliks Dscherchinskij wieder aufzustellen. Und es wird auch kein Hehl aus der Tatsache gemacht, dass diese Organisation eng mit der Mafia kooperiert. Doch auf deren Dienste greifen auch westliche »Staatsschützer« ebenso skrupellos zurück.

Die belgische Polizei beklagte sich bereits Mitte 1998 bitter darüber, dass von ihr gesuchte russische Mafiapaten, die tief im Drogenhandel verstrickt sind, von amtlicher Seite geschützt werden. Nicht vom russischen FSB, der Nachfolgeorganisation des KGB, sondern von der amerikanischen CIA. Einer von ihnen, Ricardo F., ein millionenschwerer Eigentümer einer Wodkadestille mit Sitz in Antwerpen, geriet 1997 ins Fadenkreuz des Bundeskriminalamts und der Staatsanwaltschaft Hannover. Sowohl die belgische Polizei als auch das BKA glaubten, ihm umfangreiche Drogengeschäfte nachweisen zu können. Doch die belgische Gendarmerie musste zu ihrem Leidwesen erfahren, dass »Ricardo F. von einer Abteilung im CIA manipuliert wurde«[7]. Mit anderen Worten: Er war Informant des US-Nachrichtendienstes und damit für die belgischen Behörden beziehungsweise die deutschen Ermittler tabu. Als BKA-Beamte sich bei ihren US-amerikanischen Kollegen von der DEA heftig über die skandalöse Kollaboration beschwerten, stritten die anfangs alles ab. Als man ihnen aber entsprechende Beweise vorlegte, mussten sie den Kopf einziehen.

Dabei zeigen genügend Beispiele, dass selbst die DEA, die mächtigste »Drogenabwehrbehörde« der Welt, bereit ist, Politiker zu decken, wenn dies den nationalen Interessen der USA dient. Ist das nicht der Fall, lässt man sie »über die Klinge springen«. Das wird dann wieder als Erfolg im Kampf gegen das Verbrechen publizistisch wirkungsvoll verkauft, wohl wissend, dass die Öffentlichkeit nichts von den wahren Hintergründen erfährt. Der »Krieg« gegen die Drogen und die organisierte Kriminalität ist daher zur Farce verkommen. Es war schließlich der Bundesnachrichtendienst, der – glaubt man den Angaben des Landeskriminalamts Berlin und der belgischen Police Judicaire – einen »Informationsdeal« mit einem der größten Mafiabosse Europas eingegangen sein soll. Die seriöse US-Zeitschrift *Village Voice* prangerte diesen Mann namens Mogilevich auf dem Titelbild einer ihrer Ausgaben sogar als »den gefährlichsten Gangster der Welt«[8] an. Ein Polizeiexperte aus Brüssel, Pierre Delilez, sieht das nüchterner: »Er ist in allen Bereichen aktiv – Waffenhandel, Geldwäsche, Drogenhandel und Prostitution.« Im Jahresbericht des kanadischen Nachrichtendienstes wird er ebenfalls gewürdigt, und zwar im Zusammenhang mit seinen Kontakten zum Cali-Kartell.[9] Die israelische Polizei behauptet über ihn: »Nachrichtendienste und Polizeidienststellen der gesamten Welt verfolgen seine Aktivitäten aus zwei Gründen: 1. wegen seines weitreichenden Engagements und 2. wegen seiner breit gestreuten kriminellen Aktivitäten.« Mogilevich lebt in Budapest. Er hatte bislang nicht viel dagegen einzuwenden, mit dem zweifelhaften Titel »Pate von Budapest« versehen zu werden.

Um mit deutschen Behörden Stillhalteabkommen auszuhandeln, hielt er sich am 21. März 1996 in Berlin auf, begleitet unter anderem von für Deutschland zuständigen Residenten des russischen Geheimdienstes FSB, der extra aus Bonn angereist kam. »Wenn ich hier legale Geschäfte machen kann«, so Mogilevichs Angebot an zwei Vertreter des Berliner Landeskriminalamts, »sorge ich für Ruhe in der kriminellen Szene der Russen.«

Unkontrollierte Machtkämpfe zwischen rivalisierenden Gangs aus Osteuropa stören zwangsläufig den reibungslosen Ablauf von Investitionen. Folglich hoffte man seitens der russischen Regierung auf eine gedeihliche Zusammenarbeit zwischen einem Topganoven und deutschen Ermittlungsbehörden: »Da er nun mal, aus welchen Gründen auch immer, über großen Einfluss verfügt, könne er für Ruhe an der kriminellen Front sorgen, damit die Investitionen ungestört platziert werden können.«[10]

Die beiden Kripoleute lehnten das freundliche Angebot ab, nicht jedoch der BND. Dessen eifrige Beamte gedachten wohl, Mogilevich als Quelle wichtiger Informationen zu nutzen, um auf diese Weise ein düsteres Bild zu malen. Obwohl sie eigentlich hätten wissen müssen, dass der »Pate von Budapest« nur seine Konkurrenten ans Messer liefert und auf deren Kosten sein Machtmonopol weiter ausbauen will. Oder wollte das sogar der BND? Eigentlich kaum vorstellbar. Eine Stellungnahme zu dem Vorwurf der Zusammenarbeit mit dem Mann aus Budapest lehnte man seitens des BND in Pullach übrigens ab. Vielleicht dachte man dort ja, dass man keine großen Bedenken wegen der Zusammenarbeit mit einem Topmafioso haben müsse, da auch der französische Nachrichtendienst mit dem Paten aus Budapest kooperierte. In seinem Fall, das kann man wohl sagen, wird durch die Kooperation mit Nachrichtendiensten, auch dem deutschen BND, seine Strafverfolgung behindert. »Polizeiermittlungen werden aufgrund dieser Zusammenarbeit unmöglich gemacht«, resignierte der Chef der Einheit für organisiertes Verbrechen in Brüssel, Pierre Delilez. »Es ist natürlich für mich ein Problem, weil man international sagt, dass er ein gefährlicher Krimineller ist, und ich dann feststellen muss, dass er auch Kontakte zu Geheimdiensten hat. Das ist das Problem, dass wir dann diese Leute nicht mehr bekämpfen können.«

Die Dialektik von Schein und Sein

Es fallen kleine Beispiele auf, Szenen eines Wandels, die für sich genommen relativ harmlos sind. Aber es sind ja auch nur flüchtige Einblicke in die moralischen Dimensionen des Problems organisierte Kriminalität. Es sind Indizien für die Widersprüche zwischen offiziellen Verlautbarungen über den zu führenden Kampf gegen die weltweit agierende Mafia einerseits und der skandalösen Akzeptanz krimineller Strukturen andererseits. Diese Widersprüche konnte der Zuschauer im August 1998 registrieren. Damals spielte der millionenschwere deutsche Renommierclub

Bayern München in der Qualifikation zur europäischen Champions League gegen den jugoslawischen Meister FK Obilic, eine eher dubiose Belgrader Fußballmannschaft. Dieser Verein gehört der Ehefrau von Raznjatovi Zelijko, einem europaweit per Haftbefehl gesuchten Schwerverbrecher, bekannt und berüchtigt unter dem Spitznamen »Arkan«. Seine erste Interpolausschreibung stammt aus dem Jahr 1979. Damals wurde er wegen Raubes gesucht. Drei Jahre später setzte ihn Interpol in Den Haag erneut zur Fahndung aus, wieder wegen Raubes. Gefahndet wird nach Arkan als »Straftäter mit Schusswaffe«. Er ist ein Mann, der einst für das Tito-Regime als Killer von Oppositionellen eingesetzt wurde. 1993 stellte das Amtsgericht Hanau einen Haftbefehl aus, diesmal wegen Drogenhandels. Rechtzeitig zum Bürgerkrieg eilte Arkan in die jugoslawische Hauptstadt Belgrad zurück. Sowohl die dortige kriminelle Szene als auch die politisch einflussreichen Kräfte um Slobodan Milošević hören bis heute darauf, was er sagt. Und so wurde aus dem »normalen« Schwerverbrecher ein Multimillionär und Vorsitzender einer politischen Partei. »Er ist ein Unantastbarer, der jenseits von Recht und Ordnung steht, über beste Beziehungen zu den internsten Zirkeln der Macht und zum jugoslawischen Präsidenten Milošević verfügt.«[11] Berüchtigt sind seine paramilitärischen Einheiten, die »Tiger«. Ausgerüstet von der regulären Armee Jugoslawiens, brandschatzten sie, ermordeten und folterten jeden, der ihnen bei ihrem Eroberungsfeldzug in Kroatien oder Bosnien in die Quere geriet. »Sie töteten jeden, der sich bewegte«, berichtet Professor Cherif Bassiouni, der ehemalige Vorsitzende der UN-Menschenrechtskommission. »Wo immer massakriert und geraubt, geschändet und gebrandschatzt wurde, da fiel sein Name«, schrieb Peter Münch in der *Süddeutschen Zeitung* am 11. August 1998 in einem flammenden Artikel. Doch er bewegte wenig, genauso wenig wie der Appell der Umweltinitiative »David gegen Goliath«. Deren Vorsitzender war so naiv zu glauben, dass er mit Forderungen wie »Keine Komplizenschaft und keine faulen Kompromisse mit Kriegsverbrechern« einen Aufschrei der Empörung in Deutschland auslösen könnte. Nichts war hingegen von jenen zu vernehmen, die ansonsten die Propagandatrommel traktieren, wenn organisiertes Verbrechen verdammt wird. Das Fußballspiel fand statt, *business as usual*. Erst als Arkan mit seinen Killern im Frühjahr 1999 wieder im Kosovo wütete, reagierte die Öffentlichkeit. Plötzlich erließ das UN-Kriegsverbrechertribunal in Den Haag gegen ihn einen internationalen Haftbefehl. Und erst wenn absehbar ist, dass Arkans mächtiger Helfershelfer Milošević keine politische Überlebenschance mehr hat, wird sich Arkan wahrscheinlich dem Westen andienen, um sein eigenes Überleben zu sichern. Und zwar als Informant über seinen einstigen politischen Patron Milošević. Dafür würde Arkan sogar in Kauf nehmen, sich dem Kriegsverbrechertribunal in Den Haag zu stellen – natürlich nur gegen entsprechende Gegenleistung.

Was dem Verbrecherboss aus Belgrad lange Zeit recht war, das praktizieren andere politische Kriminelle nicht weniger skrupellos. Sie wissen, dass sie sich auf politische Rückendeckung in ihren Heimatländern verlassen können, solange bestimmte Machtkonstellationen aufrechterhalten werden. Und auch danach müssen sie wenig befürchten.

Nicht weniger delikat ist ein Vorgang, der sich im Herbst 1998 in Stuttgart abspielte. 1993 wurde bekannt, dass in der baden-württembergischen Metropole ein italienischer Gaststättenbesitzer verdächtigt wurde, einer der führenden Köpfe der italienischen Ndrangheta zu sein, wie die Mafia in Kalabrien genannt wird. Das behauptete unter anderem ein aussagewilliger Zeuge aus der kriminellen Szene, der eng mit einem ebenfalls in Deutschland lebenden Mafiaboss namens Grisafi zusammengearbeitet hatte: »Grisafi sagte mir, dass er, also Mario L., für die Familie arbeitet, für die Familie finanzielle Angelegenheiten regelt, Finanzen verwaltet. Ich würde sagen, dass Mario L. für die Familie das Geld wäscht, aber das ist meine Interpretation. Man erklärte mir, dass Lavorato mit dem Geld der Familie in Deutschland Pizzerien eröffnet. Grisafi hat mir erzählt, dass Mario L. auch Politiker kennt.«

Aussagen von Kronzeugen, die selbst in kriminelle Aktivitäten verstrickt sind, müssen mit großer Vorsicht behandelt werden. Aber die Behauptungen des Kronzeugen alarmierten die Polizei. Wobei er sogar eher untertrieben haben dürfte. Mario L. war tatsächlich ein Mann mit besten Beziehungen, nämlich zur CDU Baden-Württembergs. Jahr für Jahr durfte er kalabresische Abende für die CDU-Landtagsfraktion ausrichten, und als Zeichen seiner Ehrerbietung spendete er dem CDU-Kreisverband Ludwigsburg ein paar Hundert Mark. Einer seiner »guten Freunde« war der CDU-Fraktionsvorsitzende im baden-württembergischen Landtag, Günther Oettinger. Der wusste natürlich nichts von der kriminellen Karriere des Italieners, obwohl er bereits 1992 vom damaligen Justizminister Thomas Schäuble über die Ermittlungen gegen den Restaurantbesitzer informiert worden war. Als der Skandal 1993 ruchbar wurde und die Medien darüber berichteten, schaltete der italienische Wirt einen der besten deutschen Anwälte für Presserecht ein, um seinen lädierten Ruf zu schützen, und wies alle Vorwürfe von sich. Clever machte er mit dem in seinen Augen unbegründeten Verdacht, ein hochrangiger Mafioso zu sein, Werbung und gab damit an, dass sein Restaurant ein »Mafialokal« sei. Das brachte ihm neue Kundschaft und ließ alte wieder sein Etablissement aufsuchen. Umso größer war dann seine Überraschung, als er schließlich aufgrund eines Auslieferungsersuchens der italienischen Behörden Stuttgart in Handschellen verlassen musste. Seit Januar 1997 wird ihm und 182 weiteren Angeklagten in der kalabresischen Stadt Cantanzaro der Prozess gemacht – wegen Zugehörigkeit zu einer Mafiaorganisation. Mario L. selbst habe, so die italienischen Ermittler, einen hohen Rang in einem kalabresischen Ndrangheta-Clan eingenommen. Bis dahin war an der Geschichte nichts Außergewöhnliches, und sie wäre wohl auch nicht besonders erwähnenswert.

Dann, im Herbst 1998, hörte man bei der baden-württembergischen CDU, Mario L. sei frei, werde nach Stuttgart zurückkommen und einen Schadensersatzprozess anstrengen gegen jene, die ihm in Stuttgart übel zugesetzt hätten – Zeitungen natürlich. Selbst CDU-Fraktionschef Oettinger soll bei einem Wahlkampfauftritt die »Freilassung« des geschätzten Freundes verkündet und von »Rehabilitierung« gesprochen haben. Oettinger selbst sagt, das stimme nicht, es könne höchstens sein, dass er in einer Rede eingestreut habe, wie sehr er die italienische Küche mag. Der Vorsitzende des CDU-Ortsvereins, der daraufhin von dem Journalisten Rainer Nübel von den *Stuttgarter Nachrichten* dazu befragt wurde, erzählte in der Tat davon, wie Oettinger den Zusammenhalt italienischer Wirtsfamilien lobte. Prompt nannte der Parteifunktionär den Namen Mario, sprach von einem »halben Justizskandal«. Das habe aber nicht Oettinger, sondern er, der Vorsitzende des CDU-Ortsvereins, gesagt.

Bei der Staatsanwaltschaft in Catanzaro sieht man das anders als Marios Freunde in Stuttgart: An der Anklage gegen Mario L. habe es keinerlei Abstriche gegeben. Und die lautet weiterhin auf Mitgliedschaft in einer kriminellen Vereinigung. Ende Dezember 1998 wurde schließlich bekannt, dass dem Stuttgarter Pizzeriawirt auch noch Drogenhandel vorgeworfen wird. Damit droht ihm, wenn es nach der Staatsanwaltschaft geht, eine Haftstrafe von bis zu 30 Jahren.

Gutes kann ihm nur widerfahren, sollte er wegen Verjährung freigelassen werden müssen. Und das ist nicht einmal so abwegig in Italien. Dann wäre er wieder ein freier Mann.

All diese kleinen Episoden, auch die, dass laut Zeitungsmeldungen der Außenminister von Montenegro mit der italienischen Mafia zusammengearbeitet hat, im Kosovo die albanische Mafia das Zepter schwingt, in Bulgarien die alte Mafianomenklatura sich heute freies Unternehmertum nennt, in Polen höchste Regierungsspitzen mit der mächtigen Pruschkow-Mafia kooperieren – diese kleinen Beispiele verdeutlichen sämtlich, dass die Kriminellen im neuen Jahrtausend deshalb unantastbar sein werden, weil sich die westlichen Staaten in der Vergangenheit nicht scheuten, mit solch zwielichtigen Strukturen zu paktieren. Und dies auch bis zum heutigen Tag tun, obwohl sie wissen müssten, wohin das führen wird – zum Pakt mit der Unterwelt.

2. Fortsetzung des Kalten Krieges mit anderen Mitteln?

Es war am 5. Juni 1998 in Bad Godesberg, kurz vor dem Besuch des russischen Präsidenten Boris Jelzin beim damaligen Bundeskanzler Helmut Kohl. In der Godesberger Redoute, einem stilvollen Gebäude am Rande des prächtigen Stadtparks, tagten hochkarätige Experten aus Deutschland, Russland und den USA. Eingeladen hatte das seriöse »Forschungsinstitut der Deutschen Gesellschaft für Auswärtige Politik« zu dem spannenden Thema »Das neue Zeitalter. Kampf gegen internationale Kriminalität, Drogen und Terrorismus«. Mitorganisator waren der »Rat für Verteidigung und auswärtige Politik« in Moskau und das »Belfer Centre for Science and International Affairs« in Cambridge.

Das hörte sich gut an, versprach heiße Debatten. Zumal sich neben einem Gremium hochqualifizierter Politiker und Wissenschaftler aus Russland und den USA auch deutsche Vertreter aus diversen Ministerien, der Wirtschaft, vom Bundeskriminalamt beziehungsweise Bundesnachrichtendienst eingefunden hatten. Auch der damalige Staatsminister und Geheimdienstkoordinator Bernd Schmidbauer referierte, um dem erlauchten Kreis die Sichtweise der Bundesregierung zum Tagungsthema deutlich zu machen.

Eigentlich wäre das nichts Besonderes – eben eine weitere Konferenz zum unendlichen Thema der dramatischen Entwicklung von Kriminalität. Bemerkenswert war jedoch die Tischrede beim gemeinsamen Dinner im »Gartensaal« der Redoute. Vorgetragen wurde sie von Sergej Karaganow, dem Vorsitzenden des »Rates für Verteidigung und Auswärtige Politik« aus Moskau. Während die Tagungsteilnehmer die Suppe löffelten und am edlen Wein nippten, polterte der zierliche Russe aus Moskau los: »Das im Westen geschürte Phänomen Russenmafia gibt es überhaupt nicht.« Das sei, so meinte er, »ja nur die billige Fortsetzung des Kalten Krieges und eine Erfindung übler Demagogen«.

Dieser beeindruckenden Einschätzung schlossen sich die anderen Teilnehmer aus Moskau an. Wladimir Straschkow, der stellvertretende Innenminister, sah eine »gezielte Kampagne, mit der interessierte Kreise Konkurrenten auf dem russischen Markt abschrecken wollen«. Einige Männer des erlauchten Zirkels von Geheimdienstlern, elder politicians, Militärs, Botschaftern und Akademikern stöhnten hinter vorgehaltener Hand, unterwarfen sich jedoch den Gepflogenheiten diplomatischer Feinfühligkeit und schwiegen.

Damit war das eigentlich interessante Thema, die Verzahnung krimineller Prominenz mit Politikern an den Schalthebeln der Macht in Moskau, ad acta gelegt. Obwohl es später einige massive Einwände von deutscher Seite gegen diese geballten Verdrängungen aus Moskau gab, wagte es in dem feinen Kreis niemand, die Dinge offen beim Namen zu nennen, zumal Boris Jelzin samt seinem Anhang in den nächsten Tagen zum Staatsbesuch in Bonn erwartet wurde. Da sind allenfalls geschönte Lagebilder gefragt. Ein zu heftiges Wort hätte ja die harmonischen Beziehungen beider Regierungen zueinander erschüttern können.

Dabei lag allen Mitwirkenden eine bemerkenswerte Studie des »Forschungsinstituts der Deutschen Gesellschaft für Auswärtige Politik« in der Tagungsmappe bei. Darin konnte jeder, der wollte, Folgendes nachlesen: »Die einzigen Organisationen, die heute in Russland einen Wahlkampf finanzieren können, sind Großbanken, Öl- und Gaskonzerne oder kriminelle Gruppierungen. Parteien verkaufen vor Parlamentswahlen sichere Listenplätze an zahlungskräftige Kandidaten. Mit seinem riesigen Vermögen kann das organisierte Verbrechen eigene Kandidaten in regionale und föderale Parlamente führen, erlangt dadurch parlamentarische Immunität und politischen Einfluss.«[12]

Bestätigt wird diese Feststellung durch den ehemaligen russischen Regierungschef Sergej Kirijenko, der in Moskau mit der Bemerkung für Aufregung sorgte, dass selbst ihm als Ministerpräsident mehrmals Bestechungsofferten gemacht worden seien. Beispielsweise sei ihm angeboten worden, ihn für eine bestimmte Entscheidung zu belohnen: entweder durch freundliche Pressekommentare oder durch Unterstützung bei der Abstimmung über Gesetzesvorlagen im Parlament. Bereits zuvor hatte er einen Sturm der Entrüstung in Moskau ausgelöst, als er Korruption bis in die höchsten Regierungsämter anprangerte. Einigen Mitgliedern der Regierung unter Ministerpräsident Jewgenij Primakow warf er konkret vor, hohe Stummen für ihre Posten bezahlt zu haben. Denn, so der Moskauer Professor Lew Timofejew als Ergebnis seiner jahrelangen Untersuchungen über die Schattenwirtschaft in Russland: »Die reale Macht über das Land gehört dem Verwaltungsapparat, der keinerlei Neigung zeigt, sie mit jemandem zu teilen … das heißt der neuen Korporation mafiosen Typs, die sich im Inneren der ›Partei-Wirtschafts-Verwaltungsstrukturen‹ herausgebildet hat. Genau diese soziale Kraft hat den Gang der Reformen in den letzten Monaten kontrolliert, und ihre korporativen Interessen haben Mechanismen auf der Ebene der Regierung, des Parlaments und des Bankenwesens hervorgebracht. Diese Interessen sind teils als Summe der Bedürfnisse des militärisch-industriellen Komplexes, teils als Bedürfnisse des Direktoren- und Vorsitzendenkorps oder auch als spezifische Programme der Privatisierung entstanden. In Russland ist die Mafia, oder zutreffender das, was üblicherweise so bezeichnet wird, das eigentliche Wesen des staatlichen und administrativen Systems. Wenn nicht vollständig, so ist doch der gegenwärtige russische Staat in einem erheblichen Umfang von einer solchen Mafia geschaffen worden.«[13]

Über diese Zusammenhänge könnte man viele Bücher schreiben. Ein Beispiel: Im »Venedig des Nordens«, Sankt Petersburg, wurde Ende 1998 die russische Reformpolitikerin Galina Starowojtowa von unbekannten Killern erschossen. Der Mord wurde bislang nicht aufgeklärt. Aufgeklärt wurde auch nicht das, was sie zuvor bereits angeprangert hatte: dass mindestens 50 der 650 Bewerber, die für die Wahl zum Stadtparlament kandidierten, Kontakte zur Mafia hatten, eine Zahl, die durchaus untertrieben sein dürfte. Beherrscht wird Sankt Petersburg von der Tambower Mafia. Ihr gehören rund 1000 Mitglieder an, die in Luxuskarossen durch die Stadt brausen und zu deren Waffenarsenal auch Granatwerfer gehören. Sie kontrollieren zahlreiche Banken, Hotels und Unternehmen, insbesondere das lukrative Öl- und Benzingeschäft. Der ehemalige Bürgermeister von Sankt Petersburg, Anatoli Sobtschak, musste fluchtartig die Stadt verlassen, nachdem ihm vorgeworfen wurde, Schmiergelder in beträchtlicher Höhe eingestrichen zu haben. Seinem Nachfolger Wladimir Jakowlew werden wiederum enge Verbindungen zur Mafia nachgesagt. So veröffentlichte die Zeitung *Nowije Iswestija* angebliche Mitschnitte von Telefonaten, in denen Angehörige der Stadtverwaltung mit Paten verhandelten und ihren Chef schwer belasteten.

Die ehemalige UdSSR ist tatsächlich das beste Beispiel dafür, wie eine kriminelle Oligarchie ein Riesenreich fest in ihren Händen hält und ausbluten lässt, währenddessen der Westen, das heißt die Steuerzahler, Steuergelder in Milliardenhöhe nach Moskau transferiert und in ein Fass ohne Boden kippt. Das Problem dabei ist, dass das eigentlich überhaupt niemand wissen will. Auch die USA nicht, die ansonsten ja gern als die Speerspitze im Kampf gegen das internationale Verbrechen angesehen werden und gleichzeitig die Kreditvergaben des Internationalen Währungsfonds (IWF) entscheidend mitbestimmen.

Im September 1998 stellte sich heraus, dass ein für Russland bestimmter Kredit des IWF in Höhe von 4,8 Milliarden Dollar sang- und klanglos verschwunden war. »Wie kann der Internationale Währungsfonds Geld in ein schwarzes Loch pumpen?«, fragte daraufhin der russische Bankier Alexander Smolenski. Einige Mitglieder des US-Kongresses stellten die gleiche Frage, insbesondere wollten sie wissen, wie viel dieser Kredite auf den Konten von Banken verschwanden, die im Besitz der russischen Mafia seien. Die Antwort steht noch immer aus. Vielleicht ist ein Teil der Kredite ja auf dem Konto der Firma FIMACO auf den Kanalinseln, einem internationalen Geldwäsche-Knotenpunkt, versickert. Im Jahr 1990 wurde die Firma mit einem Startkapital von 1000 US-Dollar gegründet. Danach wurden, so der Generalstaatsanwalt Juri Schkuratow, insgesamt 50 Milliarden Dollar von der Zentralbank auf das Konto der Firma FIMACO transferiert. Was es mit diesem Konto auf sich hat – auch das ist ein Staatsgeheimnis in Russland. All das sind keine Einzelfälle. Im März 1999 wurde Juri Schkuratow vom Dienst suspendiert. Der Vorwurf des FSB, der Nachfolgeorganisation des berüchtigten KGB: Es gebe ein Sexvideo von ihm. Vorausgegangen war, dass der Generalstaatsanwalt versucht hatte, an Informationen über prominente Inhaber Schweizer Konten zu gelangen. Außerdem habe eine große Schweizer Firma Schmiergelder in Millionenhöhe an Moskauer Politiker bezahlt, darunter auch die Tochter des russischen Präsidenten Boris Jelzin. Außerdem hatte der Generalstaatsanwalt einen Haftbefehl gegen einen großen Oligarchen, den Jelzin-Freund Boris Beresowski, erlassen. Ihm warf er Unterschlagung von Staatsgeldern und Geldwäsche vor. Nachdem sein Ruf gezielt ramponiert wurde, verliefen alle weiteren Ermittlungen wieder im Sand. Boris Beresowski ist wieder an den Schalthebeln der Macht, und die Tochter Boris Jelzins bedient sich aus dem Trog der Provisionsmillionen, die auf fernen Konten verschwinden. Genau wie das Geld, das der Regierung Moldawiens vom Internationalen Währungsfonds zur Verfügung gestellt wurde.

So wurden im Sommer 1997 der Regierung von Moldawien vom IWF mehrere Millionen Dollar zwecks ökonomischer Aufbauhilfe überwiesen. Knapp 4,5 Millionen Menschen leben in dem Land, das am 27. August 1991 seine Unabhängigkeit von der UdSSR erklärte. Es ist ein Hätschelkind des Internationalen Währungsfonds. Dieser hebt Moldawien als ein Modell für die Region hervor, weil es alle Auflagen des IWF erfülle. Dass dort auch Opium angebaut wird und die Region als wichtiges Transferland für Drogen nach Westeuropa gilt, spielt da weniger eine Rolle.

Kredite des Internationalen Währungsfonds zum Aufbau der Wirtschaft und Demokratie sind im Prinzip eine lobenswerte Tat. Das Geld des Internationalen Währungsfonds floss jedoch nicht zum Aufbau der maroden Wirtschaft nach Moldawien, sondern landete auf einem Konto der Banque Svizzeria-Italiana in Lugano. Entsetzt stellten wenig später Schweizer Finanzbehörden fest, dass dieses Konto einem Juri L. gehörte, der zu den russischen Paten gezählt wird. Daraufhin wurde die amerikanische Regierung informiert. Doch die Millionen sind inzwischen verschwunden. Als sich die Genfer Staatsanwaltschaft einschaltete und beim amerikanischen FBI genauere Informationen anforderte, wurde sie abgeblockt: »Hierzu sind wir nicht befugt«, hieß es kurz und knapp. Und sie ist seitdem zur Tatenlosigkeit verdammt.

Überhaupt zeichnet sich das FBI durch eine gespaltene Erkenntnislage aus. Bis 1997 wurde in allen offiziellen Stellungnahmen des FBI die Russenmafia als die größte Bedrohung für die Sicherheit der USA bezeichnet. In zahlreichen Lageberichten lieferte das FBI in der Vergangenheit detaillierte Informationen über das internationale Netzwerk der kriminellen Syndikate aus der ehemaligen UdSSR. Plötzlich aber, nach einem Treffen des FBI-Direktors mit dem russischen Innenminister in Washington, bei dem dieser sich über die negative Berichterstattung über das organisierte Verbrechen in Russland heftig beschwerte, will das FBI von einer Bedrohung nichts mehr wissen. Der Grund für diesen abrupten Sinneswandel lag nicht etwa darin, dass die Erkenntnisse des FBI falsch gewesen wären, sondern beruhte darauf, dass sie nicht mehr ins politische Konzept passten. Die Regierung in Washington ist nämlich daran interessiert, dass die im Kaukasus und am Kaspischen Meer vermuteten ungeheuren Ölvorkommen von amerikanischen Unternehmen ausgebeutet werden.

Ein anderes Beispiel. Im Juni 1998 meldete die österreichische Presseagentur APA, dass die israelischen Behörden Maßnahmen zur Bekämpfung der russischen Mafia eingeleitet und eine Liste von 35 Verdächtigen erstellt hätten. Diese Liste enthält auch den Namen Wladimir Gusinsky. Gusinsky ist Gründer der Most-Bank – ein Mann mit Einfluss also, der zu den sieben mächtigsten Oligarchen Russlands gezählt wird und enge Verbindungen zum Moskauer Oberbürgermeister Juri Luschkow unterhält. Als die Polizei den Namen von Gusinsky in Zusammenhang mit der Russenmafia bekannt gab, kam es zu heftigen politischen Interventionen. Flugs wurde er wieder aus der Liste gestrichen, zumal Gusinsky jeden Mafiakontakt kategorisch bestritten hatte. Moskaus Oberbürgermeister Luschkow übrigens wird als künftiger russischer Präsident gehandelt. Zu seinem Imperium gehören hunderte Industrie- und Handelsunternehmen, Baukonzerne, Banken, Fernsehsender und Zeitungen. Von ihm stammt der Kommentar zu den Machenschaften der russischen Oligarchen, denen es gelang, binnen weniger Jahre riesige Vermögen zusammenzuraffen: »Wir haben es nicht mit Banditen zu tun, sondern mit respektablen Herren. Sie berauben nicht Fußgänger in dunklen Straßen, sondern das ganze Land am helllichten Tag.« Sich selbst würde er nie so charakterisieren. Was international bekannte Mafiaexperten wie Leoluca Orlando, der Oberbürgermeister von Palermo, von ihm halten, zeigt eine Begebenheit in Moskau. Im Frühjahr 1999 besuchte Orlando die russische Hauptstadt. Mehrmals lud ihn Luschkow zu einem Gespräch ein. Der Italiener lehnte dankend ab: »Ich will nicht mit ihm gemeinsam auf einem Foto oder sonst wie gezeigt werden.«

Was folgt daraus? Mafia und Politik bedingen in der ehemaligen UdSSR einander, sind eine innige Symbiose eingegangen. Trennungslinien zwischen ehrenwerten Männern und Dunkelmännern dürften heute nur noch schwer auszumachen sein. Merkwürdig ist auch, dass bestimmte westliche Konzerne nur deshalb so schnell ihre Niederlassungen in der ehemaligen UdSSR errichten konnten, weil sie direkt oder indirekt unter dem Protektorat dieser Kleptokraten mit mafiosen Strukturen stehen. Genannt werden immer die gleichen Unternehmen: DaimlerChrysler, McDonald's, Coca-Cola. Da dürfte, behaupten westliche Unternehmer, einiges in die heimischen Schatullen der östlichen Regierungschefs aus Usbekistan, Russland oder der Ukraine geflossen sein, und zwar auf Konten im westlichen Ausland. Erschreckend ist, dass westliche Politiker, die auf internationalen Konferenzen so vehement zum Kampf gegen die Mafia aufrufen, gleichwohl mit diesen mafiosen Regierungen Geschäfte aller Art betreiben und sie auf dem glänzenden Parkett diplomatischer Empfänge würdigen.

Nun könnte man ja meinen, das ist alles weit weg, und man muss sich auch nicht von dem Argument beeinträchtigen lassen, dass Länder wie die Ukraine oder Russland sich bemühen, in die Europäische Union aufgenommen zu werden. Obwohl sie viel eher auf eine schwarze Liste mafios infiltrierter Staaten gehören, zu denen nur in Ausnahmefällen intensive Kontakte gepflegt werden sollten. Doch kein westlicher Industriestaat wird sich dazu bereit finden. Man spricht nicht über die Verfilzungen von Politik und Mafia, und weil man nicht darüber spricht, toleriert man sie.

Dabei müsste die Existenz einer solchen »Systemmafia« auf dem Territorium der ehemaligen UdSSR in Europa zu Konsequenzen führen. Zum Beispiel jener, dass kooperative Aktionen europäischer Polizeibehörden mit ihren russischen »Kollegen« oder dem russischen Innenministerium zwangsläufig zum Scheitern verurteilt sind. Oder geben sich die europäischen Sicherheitsbehörden damit zufrieden, dass die Bekämpfung der Gangstersyndikate und ihrer Paten nur dann möglich ist, wenn es den jeweils regierenden Machtstrukturen im Kreml in das politische Konzept passt? Ein weiterer Aspekt kommt hinzu. Die hochkriminellen Ganoven und ihre Helfershelfer, insbesondere in renommierten Anwaltskanzleien, versuchen mit allen Mitteln Ermittlungen oder Berichte über ihre Aktivitäten zu unterbinden – Pressefreiheit ist für sie ein rotes Tuch. Da kann es schon mal vorkommen, dass Anwälte der Russenmafia sogar das Bundesverfassungsgericht oder den Europäischen Gerichtshof anrufen, um beispielsweise im Namen der bürgerlichen Persönlichkeitsrechte gegen das Abhören der Telefone durch den Bundesnachrichtendienst zu klagen. Ob sie dabei wirklich den Schutz des Bürgers im Auge haben oder die Interessen ihrer Klienten aus dem hochkriminellen Milieu wahrnehmen, ist eine spannende Frage.

Wie weit diese Machenschaften gehen, zeigt das Beispiel des bereits erwähnten Oberbürgermeisters von Palermo, Leoluca Orlando. Bei ihm zu Hause klebt auf verschiedenen Gegenständen das Pfandsiegel des Gerichtsvollziehers. Ein hoher Politiker, der von ihm beschuldigt worden war, mit der italienischen Mafia zu kooperieren, hatte ihn auf Schmerzensgeld verklagt, und das zuständige Zivilgericht in Palermo hatte dem Kläger Recht gegeben. Dabei läuft gegen diesen ein staatsanwaltschaftliches Ermittlungsverfahren, und nur mit einer hauchdünnen Mehrheit wurde im römischen Parlament die Aufhebung seiner Immunität verhindert.

Ähnliche Erfahrungen machte in Genf Professor Jean Ziegler. Aufgrund seiner Buchveröffentlichungen klagten einschlägig bekannte Kriminelle, die bislang jedoch noch nie vor einem Gericht gestanden hatten. Ziegler wurde mit einer solchen Prozesslawine überrollt, dass er sogar die Pfändung seines Einkommens in Kauf nehmen musste. Auf diese Weise gelang es dubiosen Juristen, die Kritiker der kriminellen Akteure mundtot zu machen. Mit dem Spruch eines Zivilgerichts in der Tasche wird es den intelligenten Köpfen der mafiosen Syndikate und ihrer Führer nicht schwer fallen, in Zukunft jegliche Berichterstattung über das Treiben der kriminellen Dunkelmänner mit Hilfe des hier geltenden Rechtssystems zu unterbinden. Dann wäre es für sie ein totaler Sieg. Und die Anwälte, die diese Herren aus der Unterwelt verteidigen, verdienen sich eine goldene Nase.

3. Die Gummiwand

Heftiges politisches Getöse löste im Juni 1998 eine parlamentarische Anfrage der österreichischen FPÖ im Wiener Parlament aus. Mit betretenen Mienen hörten sich die Abgeordneten schwerwiegende Beschuldigungen durch FPÖ-Politiker an, die kühn behaupteten, dass zwischen führenden Politikern der SPÖ und ÖVP und kriminellen Organisationen aus der Ex-UdSSR eine Verbindung bestehe. Der Vorwurf der FPÖ an SPÖ-Abgeordnete: »Die Verbindung höchster sozialdemokratischer Politiker mit mafiosen Kreisen ist Realität. ... Ich werfe Vranitzky gar nichts vor, nur Folgendes: Er und all die genannten führenden Sozialdemokraten waren die Türöffner für die russischen Mafiaorganisationen, die heute zum festen Bestandteil der geradezu explodierenden organisierten Kriminalität in Österreich gehören. Sie waren die Türöffner für die Mafiaorganisationen aus dem Osten. Wien ist unter Mithilfe der Sozialdemokratie zu einem europäischen Zentrum internationaler Verbrecherorganisationen geworden.«[14]

Was ihnen da aufgetischt worden sei, empörten sich die attackierten Politiker aus den Reihen der SPÖ, sei eine der größten Hetzkampagnen der letzten Jahre gewesen. Markig wurde die Unschuld beteuert – man habe mit den Mafiapaten nichts zu tun. Den Unschuldsbeteuerungen kann man glauben oder auch nicht. Unzweifelhaft dürfte jedoch sein, dass die Attacken der rechten Populisten unter der Regie von Jörg Haider das nicht gerade übermäßig ausgeprägte moralische Gewissen der Sozialdemokraten verletzt hatten. Doch wie in Österreich üblich, wurde die Kritik, mag sie auch noch so überspitzt formuliert sein, mit Verachtung abgeblockt. Kein politischer Diskurs, unabhängig von parteipolitischen

Ränkespielen, war möglich, und zwar deshalb, weil es die FPÖ war, die den Finger in die Wunde legte. Man hätte sich ja die Frage stellen können, warum der einschlägig bekannte Pate der Russenmafia, Sergej Michailow, über zwei Jahre hinweg ungehindert in Wien agieren konnte. Dabei hatten doch Telefonüberwachungen ergeben, dass er zum Beispiel einem Wiener Geschäftsmann, dessen Bruder von tschetschenischen Kriminellen entführt worden war, versicherte: »Wenn die Tschetschenen ihn nicht freilassen, werden wir in Moskau fünf bekannte tschetschenische Geschäftsleute töten.« Und kofferweise Geld aus schmutzigen kriminellen Geschäften auf Wiener Bankkonten einzahlte.

Sind das etwa nur Einzelfälle? Kaum zu glauben ist ein Vorfall, der sich im Dezember 1994 am idyllischen Wörthersee abgespielt haben soll. Und zwar in der »grünen Oase am Wörthersee«, in Krumpendorf. Demnach, so registrierten damals Gendarmeriebeamte aus dem kleinen Kärntner Urlaubsort, sei ein Herr O., seines Zeichens russischer Unternehmer, zu plötzlichem Wohlstand gekommen. In seinem neuartigen palastähnlichen Restaurant in Krumpendorf, das mit dem Slogan »Exklusivität zwischen russischer Tradition und Moderne« wirbt, wollte er seinen Einstieg in die österreichische Gesellschaft feiern. Sogar der ehemalige Oberbürgermeister Sobtschak aus Sankt Petersburg gab sich die Ehre. Er wurde im Westen ja als der große Reformer Russlands gefeiert, prangerte bereits Ende der Achtzigerjahre den Machtmissbrauch der Kommunisten und die moralische Verkommenheit der Herrschenden an, gab den Bürgern in Russland damit Hoffnung auf einen demokratischen Umbau. Die Stadt an der Newa wollte er zum russischen Finanzzentrum machen und die Olympischen Spiele 2004 ins »Venedig des Nordens« holen. Doch der einstige Hoffnungsträger Anatoli Sobtschak wird inzwischen beschuldigt, für allerlei staatliche Dienstleistungen die Hand aufgehalten zu haben. 10 000 Dollar – das soll beispielsweise sein Tarif gewesen sein, damit im Hafen von Sankt Petersburg Schiffe zügig entladen werden konnten. Minuten bevor er wegen Korruption verhaftet werden sollte, setzte er sich nach Paris ab und wird dort seitdem vom französischen Staatspräsidenten Chirac beherbergt.

Auffällig seien, so zumindest behauptete es die FPÖ in ihrer parlamentarischen Anfrage, »die innigen Kontakte« Sobtschaks »mit dem damaligen Bundeskanzler Dr. Vranitzky«. Demnach habe der Ex-Bundeskanzler »die Finanzierung eines Österreichplatzes zugesagt. Mittlerweile sei »die Finanzierungshilfe der österreichischen Steuerzahler in dunklen Kanälen verschwunden und Bürgermeister Sobtschak untergetaucht«.

Jedenfalls wurde damals, im Dezember 1994, der Pkw des russischen Geschäftsmanns von Gendarmerieangehörigen in Krumpendorf kontrolliert. Die Beamten staunten nicht schlecht, als sie bei den beiden Bodyguards von O. Pistolen ohne dazugehörigen Waffenschein fanden. Der russische Unternehmer soll getobt haben, weil kleine Gendarmen es gewagt hatten, ihn und seine Beschützer zu filzen. Flugs griff er zu seinem Handy und tippte eine Telefonnummer ein – jene des damaligen Regierungschefs Vranitzky, glaubten die Gendarmeriebeamten beobachtet zu haben. Und die Verbindung muss auch geklappt haben. Denn der aufgebrachte Kaufmann beschwerte sich bitter beim damaligen Bundeskanzler. So weit der Vorfall, wie ihn die Gendarmen notierten. Erkundigungen beim Gendarmeriehauptposten in Krumpendorf, ob man dort diesen Vorgang bestätigen könne, verliefen im Sande: »Wir können dazu nichts sagen«, erklärte der zuständige Major der Gendarmerie, nachdem er im Wiener Innenministerium nachgefragt hatte. Zumindest bestätigte er die Kontrolle des russischen Unternehmers – nur das Telefonat mit Vranitzky könne er »weder bestätigen noch dementieren«.

Dabei würde ein etwaiges Telefongespräch ja überhaupt nichts bedeuten, geschweige denn als politischer Fallstrick für Spitzenpolitiker ausgelegt werden. Denn wahrscheinlich haben sie mit vielen Anrufen von Unternehmern zu tun, die intervenieren, glauben, ihre Beziehungen spielen lassen zu können – wie das halt in Österreich – und nicht nur dort – gang und gäbe ist. Deshalb muss man sich auch nicht über einen anderen Vorgang wundern. Es geht ebenfalls um ein Telefongespräch, wiederum zwischen einem führenden SPÖ-Politiker und Josef W., einem mächtigen Zuhälter aus Kärnten. Die Polizei hatte ihn wegen illegalen Glücksspiels und Menschenhandels im Visier und sein Telefon abgehört, als es zu einem Sprengstoffanschlag in Klagenfurt kam. Und wer rief sofort nach Bekanntwerden der Explosion bei dem Rotlichtfürsten an? Ebender hohe SPÖ-Politiker. Seine besorgte Frage an Josef W.: »Haben unsere Leute etwas damit zu tun?« Der Zuhälter konnte ihn beruhigen. Krasser als anhand dieses Intermezzos lassen sich Mauscheleien zwischen österreichischen Kriminellen und Politikern kaum beleuchten. Nichts sagen, nichts sehen, nichts hören – das durchzieht auch andere Zustände in der schönen Alpenrepublik, und die weisen gleichfalls auf das moralische Niveau der politischen Eliten in Österreich hin.

Es ist der 22. September 1998. Drohend dröhnt ein Hubschrauber der österreichischen Polizei tief über den Dächern der Wiener Innenstadt, dreht immer wieder seine Runde um das hermetisch geschützte Landesgericht. Ein besonderer Prozess ist der Anlass für diese erhöhte Sicherheitsstufe. Angeklagt sind die mutmaßlichen Killer eines georgischen Unternehmers, der zugleich ein bedeutender Mafiapate war – ein mühseliges Unterfangen. Die Beschuldigten sitzen auf einer Art Beichtstühle im weiträumigen marmornen Prachtsaal des aus dem 19. Jahrhundert stammenden Landesgerichts. Bieder und blass schauen sie aus, Jünglinge, die gelernt haben zu schweigen, wie sich im Prozessverlauf herausstellen wird. Hinter ihnen hocken, eng zusammengezwängt, ihre fünf Verteidiger. Es sind Spitzenleute ihrer Zunft, argwöhnisch beäugt von Beamten der Spezialeinheit WEGA, die mit Maschinenpistolen im Anschlag und Helmmikrofonen vor dem Mund permanenten Ausnahmezustand signalisieren. Geradezu gemütlich dagegen verläuft der Prozess. Die geladenen Zeugen kommen entweder überhaupt nicht, oder wenn doch, schweigen sie beziehungsweise wissen nichts mehr von dem, was sie einst bei der Polizei zu Protokoll gaben.

Staatsanwältin Theresia Schuhmeister-Schmatral, die Einzige in Wien, die sich auf organisiertes Verbrechen spezialisiert hat (was zeigt, welch hohen Stellenwert man dem Kampf gegen das organisierte Verbrechen in der europäischen Mafiahochburg

Wien einräumt), blättert in den Aktenbänden. Sie versucht seit geraumer Zeit, ein wenig Licht ins Dunkel des Vorgangs zu bringen, der sich hinter dem Mord verbirgt. Sie möchte zu gern wissen, was an den Berichten der Wiener Polizei dran ist, wonach das Opfer in Wien – und nicht nur dort – beste politische Beziehungen unterhielt. Das stößt nicht überall auf Begeisterung, zumal eine illustre Clique aus honorablen Staatspräsidenten, Ministern, Ex-Ministern, Abgeordneten und Kommerzialräten davon nichts wissen will.

Am 11. Juli 1996 wurde der georgische Multimillionär David Sanikidze, ein politisch einflussreicher Unternehmer, kurz nach 21 Uhr in der Wiener Annagasse, wo er ausnahmsweise ohne seine Bodyguards unterwegs war, von zwei Auftragskillern erschossen, während ein dritter Mann Schmiere stand. Zwei der Mörder flohen nach Budapest. Jener, der sie logistisch unterstützte, fuhr in seine Wohnung zurück. In der ungarischen Hauptstadt wurden die beiden mutmaßlichen Haupttäter gefasst, als sie mit Dollarscheinen um sich warfen. 100 000 Dollar – das war ihr Lohn für den Mord.

Die beiden mutmaßlichen Mörder, die inzwischen vom Landgericht Wien zu lebenslanger Freiheitsstrafe verurteilt wurden, waren Mitglieder des in der Schattenwelt hoch angesehenen georgischen Kutaisi-Clans. Über den war in der Anklageschrift zu lesen: »Sie strebten in großem Umfang Einfluss auf Politik und Wirtschaft an, korrumpierten oder schüchterten andere ein, indem sie Entführungen, Erpressungen, gefährliche Drohungen, teilweise versuchte, teils vollendete Nötigungen und Mordanschläge und verdeckte Schutzgeldzahlungen wiederholt planten und durchführten. Dadurch haben sie in großem Umfang in Millionen-Dollar-Beträge reichende pekuniäre Bereicherung erzielt und erheblichen Einfluss auf Innen-/Außenpolitik (z. B. durch illegale Interventionen und teils geplante, teils durchgeführte Schmiergeldzahlungen an Beamte und Entscheidungsträger) ausgeübt und erheblichen Einfluss auf die Wirtschaft (z. B. durch Veranlagung illegaler Gelder in legale Unternehmen, durch Gründung von ›Scheinfirmen‹ und Firmenimperien, die mit illegalen bzw. betrügerisch erlangten Geldern arbeiten, angestrebt.« Die Kontakte des Clans – sogar zu in- und ausländischen Regierungsmitgliedern – werden auch aus der Telefonüberwachung durch französische Fahnder ersichtlich, wonach »Verbindungen zwischen Tariel Oniani und Berlusconi bestehen«. Das soll sich aus einer Lauschaktion der französischen Polizei bei dem Clanchef Tariel Oniani ergeben haben. In dem Protokoll der Telefonüberwachung wurde nämlich folgender Dialog festgehalten: »Wie hat die Angelegenheit mit Berlusconi geendet? « – »Diese Posten sind solider als vor der Krise. Ich werde ihn anrufen. Ich hoffe, dass das Geschäft gelingt.« Daher sei an dieser Stelle ein kleiner Abstecher nach Italien erlaubt.

Silvio Berlusconi war es, zynischer zeigt sich nicht moralische Verkommenheit, der während einer von den Vereinten Nationen durchgeführten internationalen Konferenz in Neapel mit dem Thema »Organisierte Kriminalität« die feierliche Eröffnungsrede hielt. Ein Mann mit zwei Gesichtern. Anfang 1994 beschloss der milliardenschwere Medienunternehmer, in die Politik zu gehen, und wurde dank tatkräftiger Unterstützung seitens seines Medienimperiums italienischer Ministerpräsident. Den einflussreichen Posten musste er wenig später wieder aufgeben, nachdem zu viel von seinen dubiosen Machenschaften bekannt wurde. »Denn das plakative Drama, das zeigte, wie ein Gangster ins Zentrum der staatlichen Macht vordringt und sich dort als neuer Fürst im Stile Machiavellis zu etablieren sucht, ist erst einmal vorbei.«[15]

Berlusconi – ein Name mit Rang und Ranküne, eine Art König Midas, der alles, was er anfasst, in Gold verwandelt. In seiner Biographie steht: »Zu Beginn der Neunzigerjahre ist die (von ihm 1978 gegründete) ›Fininvest-Gruppe‹ mit mehr als 40 000 Angestellten der zweitgrößte Privatkonzern Italiens.« Seine Macht verdankt er mit hoher Wahrscheinlichkeit seinen Verstrickungen in das Netz der Korruption, der Mafia und der geheimnisumwitterten Loge P2 sowie seinem Medienimperium. Doch wer erinnert sich noch an diese Loge P2?

Ausgelöst wurde der Skandal um diesen Geheimbund von einer

Parlamentskommission, die zur Untersuchung der Machenschaften des 1974 in Italien und 1978 auch in den USA betrügerisch Pleite gegangenen sizilianischen Bankiers Sindona eingesetzt worden war. Sindona, dessen Finanzimperium nicht nur die größten Privatbanken Italiens mit Ablegern und Einfluss bis nach Südamerika umfasst hatte, »sondern der sich auch in ganz Westeuropa an allen wichtigen Geldplätzen getummelt hatte – von der Schweiz (wo ihm in Genf die Finabank gehörte) über Luxemburg (wo er ein Dutzend Briefkastenfirmen besaß) bis in die Bundesrepublik (wo sein Bankrott sowohl die Schließung des feinen Bankhauses Wolff provozierte als auch zum Kollaps der Herstatt-Bank beitrug) und der ausgezeichnete Verbindungen zur Vatikan-Bank IOR pflegte und darüber hinaus zu hochrangigen Politikern in Italien und im Ausland.«[16]

Eindeutige Absicht der Loge P2, in der Politiker, Bankiers, Rechtsextremisten, Nachrichtendienstleute und Unternehmer die Fäden zogen, war in den Siebziger- und Achtzigerjahren, den sich verstärkenden Einfluss der kommunistischen Partei mit allen Mitteln zu verhindern, die Verschwörung gegen die bestehende italienische Verfassungsordnung, die Lenkung von rechtsextremistischen Terroristen zum Zwecke der Destabilisierung des politischen Systems. Freien Zugriff hatten die Logenbrüder insbesondere auf die Archive der staatlichen Geheimdienste, die eng mit ihnen zusammenarbeiteten. Das machte es relativ leicht, Politiker zu korrumpieren und zu erpressen, politische Beamte für die eigenen Ziele einzusetzen. Korrumpiert mit Millionen von Dollar von der P2 wurde der ehemalige Ministerpräsident und Vorsitzende der italienischen Sozialisten, Bettino Craxi. Ganz nach den Plänen der P2 sicherte er unter anderem in seiner vierjährigen Amtszeit mittels Regierungsdekreten nicht nur das Medienimperium des P2-Mitglieds Berlusconi. Craxi wurde bekanntlich anfangs der Neunzigerjahre in mehreren Prozessen zu insgesamt 26 Jahren Gefängnis verurteilt. Der ehemalige Chef der sozialistischen Partei und Ministerpräsident flüchtete und lebt seitdem in einer komfortablen Villa im tunesischen Badeort Hammamet, bewacht von bis zu 40 Soldaten.

Craxi fühlt sich als Opfer. »Eine schamlose Ungerechtigkeit. Italien ist kein Rechtsstaat mehr. Ich bin für die entfesselten Richter die große Jagdtrophäe. Ich werde versuchen, mich vor dem Europäischen Gerichtshof in Straßburg zu verteidigen – in Italien sind fundamentale Rechte auf eine faire Verteidigung verletzt worden.«

Doch all diese unappetitlichen »Skandalgeschichten« uneinsichtiger, korrupter und krimineller Politiker haben nur einen kurzen Erinnerungswert, obwohl sich unter ihnen politische Strukturen entwickelten, die bis zum heutigen Tage funktionieren. Die politische Wahrnehmung der damaligen Verstrickungen ist längst aus dem Bewusstsein getilgt. Und was Berlusconi betrifft: Seine Medien spielen im Kampf um die Macht eine entscheidende Rolle. Inzwischen sehen fast 30 Millionen – die Hälfte der Italiener – seine TV-Programme.

Der politische Showstar hat gezeigt, wie man das Volk – zumindest eine Zeit lang – bei Laune halten kann, wie man das große Unterhaltungsmedium Fernsehen einsetzt, um das Publikum zu Hause in den Wohnzimmern zu faszinieren. Einer macht Faxen, die anderen schauen zu. Wenn die Politik allerdings tatsächlich nur noch Theater, nur noch reine Show und Inszenierung ist, sieht es schlecht aus um den Fortbestand der liberalen Demokratie, ja um das Überleben der Politik als der konfliktlösenden und zukunftgestaltenden Sache der Allgemeinheit.

Immer ist er auf dem Sprung, um die Regierung in Rom zu übernehmen. Das einzige Hindernis sind einige Staatsanwälte aus Palermo, die fest davon überzeugt sind, ihm Verbindungen zur Cosa Nostra nachweisen zu können. Und geradezu »krankhaft«, wie Berlusconis Truppen es nennen, versuchen sie herauszufinden, in welche korrupten Machenschaften er verstrickt ist, die ihm seinen Reichtum und damit seine politische Macht erst ermöglicht haben sollen.

Auch der in Wien ermordete David Sanikidze war nicht der Ehrenmann, den er vorzugeben sich bemühte. Er war ein mächtiger Pate der georgischen Mafia, handelte mit Waffen, ein Mann also mit vielen Freunden in Wirtschaft und Politik, ob in Russland, Georgien oder in Österreich. Auf einem Farbfoto ist er zusammen mit Boris Jelzin in trauter Eintracht zu sehen. Aber das war nicht die einzige Liaison zu den Mächtigen in der Politik. In einem Bericht des Wiener Innenministeriums ist Folgendes zu lesen: »Laut Informationen russischer Behörden bestehen seitens des David Sanikidze Naheverhältnisse zu Jegor Gaidar, dem früheren russischen Ministerpräsidenten, sowie zu Anatoli Chubais, Präsident im Komitee der Russischen Föderation, und zu Eduard Schewardnadse, Präsident der Republik Georgien.«

Zu Letzterem muss es besondere Beziehungen gegeben haben. Das weiß ein Eingeweihter, der Protokollchef der Vereinten Nationen in Wien. Sanikidze sei ein absolut fanatischer Anhänger Schewardnadses gewesen, habe immer und überall dessen Politik propagiert und dessen Gegner habe er in Bausch und Bogen verdammt. Im Vernehmungsprotokoll des UN-Beamten formuliert die Polizei etwas holprig: »Diesbezüglich wies Znamensky darauf hin, dass die meisten der einflussreichen Personen, welche Eduard Schewardnadse in Georgien an die Macht gebracht hätten, mittlerweile umgebracht oder ins Gefängnis gesteckt worden seien. Auch erzählte Z., dass der Sonderflug, welche die Leiche des Sanikidze von Wien nach Georgien brachte, von zwei Chefpiloten im Auftrag des Präsidenten Schewardnadse geflogen werden sollte. Einige Tage vor dem Flug, als die Presse über die Mafiaverbindungen des Sanikidze berichtet habe, habe der Präsident sich jedoch von Sanikidze abgewandt, ihn in der offiziellen georgischen Presse denunziert, sogar behauptet, dass Sanikidze ihn habe umbringen lassen wollen. Daraufhin fand sich kein Pilot, der den Flug durchführen wollte.« Mit anderen Worten: Einst war er ein dienstbarer Geist, nun wollte selbstverständlich niemand etwas mit dem Paten zu tun haben.

Geradezu zwangsläufig stößt man in diesem Zusammenhang auf die Verknüpfungen von Drogenhandel und Regierungspolitik. In Georgien regieren einerseits der ehemalige sowjetische Außenminister Eduard Schewardnadse, andererseits kriminelle Kriegsherren, und zwischen beiden Polen gibt es keine großen Widersprüche. Ihr Einkommen beziehen die Warlords aus den verschiedensten Geschäften, durch Drogenhandel zum Beispiel. In diesem Metier besonders gewitzt sind die sogenannten Mkhedrioni, die »wilden Reiter«. Es sind die Sturmtruppen eines Mannes namens Ioselliani. Ihr Partner im Westen sind die »Grauen Wölfe«, eine türkische rechtsradikale Bewegung, die einst mit Hilfe amerikanischer und westlicher Nachrichtendienste aufgepäppelt wurde. Von ihnen soll noch in einem gesonderten Kapitel dieses Buches die Rede sein.

Iosseliani und die Warlords Tenghiz Kitovani und Aslan Abassije hatten Georgien unter sich aufgeteilt. Auf den von ihnen beherrschten Territorien gedieh nicht nur der Drogenhandel, sondern es florierten auch Erpressung, Spekulationsgeschäfte mit Erdöl und Immobilien sowie der Schmuggel mit Alkohol.

Iosseliani hatte sogar in Zusammenarbeit mit Coca-Cola eine neue Wodkamarke auf den georgischen Markt gebracht – ihr Name: »Stalin«. Einst waren Banditen wie Iosseliani dem jetzigen Staatschef dabei behilflich, an die Macht zu kommen. Inzwischen sind sie zumindest offiziell überflüssig geworden. Iosseliani, eine der bedeutendsten zwielichtigen Figuren mit engen Beziehungen zum georgischen Präsidenten, wurde im April 1996 festgenommen. Die offizielle Begründung hierfür lautete auf Drogenhandel. »Das jedoch«, so kommentierte der angesehene *Observatoire Geopolitique des Drogues* in Paris, »ist in Georgien bei solchen Delikten und solcher Prominenz durchaus unüblich. Seine Verhaftung dürfte eher im Zusammenhang mit einem Sprengstoffattentat auf Schewardnadse am 29. August 1995 in Tiflis zu tun haben.«

Immerhin hat sich inzwischen das Straßenbild in Georgien verändert. Die »Gucci-Boys« beziehungsweise »Rambos«, wie die Mitglieder der kriminellen Banden genannt wurden und die das Land und die Städte mit Terror überzogen, haben das Milieu gewechselt. Sie sind nun Polizeibeamte. Doch ihre kriminellen Geschäfte gehen weiter – ruhiger und nicht weniger wirksam als in der Vergangenheit.

Und damit ist man wieder bei David Sanikidze. Nach Polizeierkenntnissen hat er sowohl mit den Heroinbanden aus Thailand als auch mit den brasilianischen Kokainnetzwerken zusammengearbeitet, und zwar, man staune, unter Protektion des russischen Geheimdienstes.

David Sanikidze war zweifellos vermögend und einflussreich und daher »oft zu offiziellen Anlässen in die Botschaft in Wien oder in Georgien in Anwesenheit hochrangiger Politiker beziehungsweise Wirtschaftsmagnaten eingeladen worden«, sagt der georgische UN-Protokollchef aus, und er muss es wissen. »Auch in Wien hat Sanikidze immer Diplomaten und Wirtschaftsbosse eingeladen und sich nur mit solchen Personen umgeben, da ihm diese, wenn nötig, immer einen Vorteil bringen konnten.« Übrigens kann man auch über den UN-Protokollchef einiges in der Anklageschrift gegen die beiden mutmaßlichen Mörder lesen:

»Er ist zweithöchster UN-Beamter der UNO-Generaldirektion in Wien. Er kann als hohe politische Persönlichkeit angesehen werden mit langjähriger Erfahrung und Fachkompetenz. Aus dem Kontakt zu Dr. Boris Znamensky ist ebenfalls eindeutig ersichtlich, dass die Mitglieder und Chefs der genannten kriminellen Organisation intensiv in wirtschaftlich und politisch einflussreiche Kreise einzudringen suchen.« Dass dieser hohe UNO-Repräsentant als Nebenjob so manches Treffen mit anderen Paten der Russenmafia mitorganisiert haben soll, davon will er heute nichts mehr wissen. Zu einem Gespräch mit dem Autor war er nicht bereit, er erklärte lediglich, dass er Sanikidze mehr oder weniger flüchtig kannte, nie wusste, dass er etwas mit Kriminellen zu tun habe, und ansonsten sage er gar nichts.

Wie stellt man sich nun einen modernen Mafiapaten wie Sanikidze vor? Als einen Wüstling, mit brutalem Gesichtsausdruck und tätowierten Armen?

Die einen sahen in ihm einen komplexbehafteten Weichling, der weder Alkohol trank noch rauchte. Andere beschreiben ihn als Mann, der seinen Geschäftspartnern prinzipiell misstraute und sie dies auch spüren ließ. Er habe sich die Leute daher gekauft, weil er als Typ eher klein und schmächtig war. Dieses »Manko« versuchte er durch seine Finanzkraft zu kompensieren. Vor dem Gesetz wiederum wollte er als loyale, integre Person dastehen. Von einem seiner österreichischen Protegés wird er wie folgt beschrieben: »Er kam aus gutem Haus, ein verwöhntes, äußerst geltungssüchtiges Kind, das einige Vergehen auf dem Kerbholz hatte. Durch die gute Position der Familie innerhalb der Nomenklatura wurden die Vergehen nicht mit Gefängnis, sondern mit einer Einweisung in eine psychiatrische Anstalt bestraft. In der Anstalt lernte David Sanikidze nach seinen eigenen Angaben W. Ivankow kennen, und es entstand eine sehr enge Freundschaft, wobei Sanikidze eine hündische Loyalität entwickelte.« Der sich so positiv über David Sanikidze äußert, ist der österreichische Unternehmer Leopold Bausbek. Er nennt ein Firmenkonglomerat sein eigen, die ABV, die unter anderem Hotels in Georgien und Russland mitbetreibt. An einer dieser Firmen war auch David Sanikidze beteiligt. Der erwähnte Wjatscheslaw Ivankow ist ziemlich bekannt als einer der führenden russischen Mafiapaten, dessen Festnahme das FBI mit den Worten kommentierte, dass es »die wichtigste Verhaftung sei, die [das FBI] jemals im Kampf gegen die russische organisierte Kriminalität durchgeführt« habe. Am 8. Juli 1998 wurde er in New York zu zehn Jahren Gefängnis verurteilt.

Sanikidze erhielt erwiesenermaßen viel Geld vom österreichischen Unternehmer Bausbek. »Versicherungsprämien« seien das gewesen, sagt der bullige Österreicher. Schutzgeld nennt man es etwas profaner. Das meint auch das Wiener Innenministerium in einem internen Dokument: »Dabei konnte ermittelt werden, dass Leopold Bausbek mit Sicherheit an eine nicht bekannte Mafiaorganisation, die durch David Sanikidze in Österreich vertreten wird, Schutzgeldzahlungen leistet.« Und Bausbek war derart von seinem georgischen »Geschäftspartner« angetan, dass er ihm auch noch viele andere Dinge bezahlte und extra auf ein Firmenkonto nach Liechtenstein überwies.

Ins Blickfeld der Staatsanwaltschaft geriet dabei die »SVD-Anstalt« in Vaduz, in der als Auftraggeber und Weisungsberechtiger ein Alexander Ostrovsky erscheint. Auf das Konto wurden von der Firma ABV-Leasing und Hotel Invest GmbH, deren Geschäftsführer niemand anderer als David Sanikidze war, laufend hohe Dollarbeträge eingezahlt. Es waren monatliche Überweisungen zwischen 10 000 und 80 000 US-Dollar, offenbar die Versicherungsleistungen für die in Russland befindlichen fünf Hotels der Marco-Polo-Gruppe, an der das Unternehmen ABV beteiligt ist.

»Geschäftlich«, heißt es in der Anklageschrift, »beschäftigte sich David Sanikidze hauptsächlich in Österreich mit einer hier gegründeten Zweigstelle seiner Fluglinie ›Obri-Georgian-Airline‹ und dem Management der Marco-Polo-Gruppe.« Wenn dann noch ein ehemaliger Innenminister und ein Ex-Außenminister als Gesellschafter einer Firma fungierten, an der auch Sanikidze Anteile hatte, dann dürfte das als höchst dubiose Verzahnung von Legalität und Illegalität interpretiert werden.

Schutzgeld versuchte Sanikidze übrigens zuvor auch bei einer anderen österreichischen Großfirma zu kassieren, nämlich beim Baukonzern Maculan. Dessen Vorstandsvorsitzender – wen wundert's, welcher Partei er wohl angehört? – ist der SPÖ-Abgeordnete Kurt Heindl. Allerdings stieß der Georgier hier auf massiven Widerstand. Die Konzernspitze wollte nicht zahlen und wandte sich deshalb an den damaligen Innenminister Franz Löschnak. Und jetzt wird es spannend. Denn Löschnak brachte den Vorgang bei einem Staatsbesuch des russischen Premiers Viktor Tschernomyrdin im November 1993 zur Sprache. In dessen Begleitung befand sich, meldete die Zeitschrift *News*, der »Chef des russischen Auslandsgeheimdienstes, Jewgenij Primakow, seit kurzem selbst russischer Regierungschef«. Die Intervention auf höchster Ebene war erfolgreich. Primakow ermahnte wohl mit drohendem Finger den Mafiapaten. Was lässt sich daraus für eine Schlussfolgerung ziehen? Auf jeden Fall die enge Vernetzung zwischen Nachrichtendiensten und Verbrecherfürsten. Sanikidze hörte auf den großen Bruder und ließ die Firma Maculan in Ruhe. Das war die einzige Konzession, die er in seiner aktiven Geschäftstätigkeit in Österreich und anderswo einräumen musste. Es hinderte ihn ansonsten nicht daran, weiter in der Wiener High Society der Dunkel- und Ehrenmänner aufzusteigen Ziemlich unbelästigt konnte er danach seinen mehr oder weniger kriminellen Geschäften in Wien nachgehen. Niemand schob ihm einen Riegel vor. Und wäre Sanikidze nicht erschossen worden, er würde bis zum heutigen Tag mit seinen guten Verbindungen in Politik und Wirtschaft protzen und manchem österreichischen Unternehmer oder Politiker als Entrée für geschäftliche Beziehungen in der ehemaligen UdSSR dienen. Dieser Zustand einer Gesellschaft führt zwangsläufig zu einem Problem, dessen Aspekte nicht nur ethischer Art sind.

Selbstverständlich sind westliche Politiker, in diesem Fall eben österreichische, daran interessiert, effiziente wirtschaftliche und politische Verbindungen zu den Staaten der ehemaligen UdSSR zu knüpfen. Sie argumentieren, dass sie als Politiker mit den kriminellen Organisationen überhaupt keinen Kontakt haben, weil sie ja nur auf höchster Regierungsebene verhandeln: mit Ministern, Regierungschefs und Präsidenten also. Die Vorstellung, dass diese in zwielichtige Machenschaften verwickelt sein könnten beziehungsweise integrierter Bestandteil der kriminellen Oligarchie sind, erscheint den eifrig reisenden Politikerdelegationen aus dem Westen absurd. Diese Naivität hat aber einen hohen Preis: den Verdacht latenter Komplizenschaft mit Dunkelmännern.

Oder sind sie wirklich unbedarft und ahnungslos? Natürlich verfügen die westlichen Nachrichtendienste über detaillierte Kenntnisse über die Verstrickung von Politik und Kriminalität in den meisten Ländern, ganz sicher auch in der ehemaligen UdSSR. Diese Beziehungsgeflechte anhand von konkreten Personen aufzuhellen soll ja eine ihrer primären Aufgaben sein. In Deutschland ist das jedenfalls so: »Darüber hinaus sammelt der BND auf der Grundlage des BND-Gesetzes im Ausland mit Hilfe menschlicher Quellen und von Partnerdiensten alle Informationen über staatlich gesteuerte Kriminalität (z. B. Iran) oder den Einfluss von OK auf Staaten (z. B. Kolumbien) sowie globale OK-Deliktbereiche … zum Auftrag des BND im Ausland gehört ausdrücklich die ›Feststellung der beteiligten Kreise‹ (Unternehmen, Gruppierungen, Einzelpersonen) und deren Einflussnahme auf Politik und Administration bzw. Verknüpfungen mit selbigen. Auch die Beobachtung der Infiltration staatlicher Strukturen und internationaler Organisationen zählt zur Aufklärungsarbeit des BND«.[17]

Ähnliche Arbeit dürften auch die Kollegen in Österreich leisten. Daher darf man getrost davon ausgehen, dass die Regierenden des Westens genau wissen, mit wem sie es zu tun haben. Alles andere wäre ein Armutszeugnis für die Analyseabteilungen der zuständigen Ministerien.

Dann wissen sie auch, dass zum Beispiel die regierenden Clans in Usbekistan, einem Land, das für sein weißes Gold, die Baumwolle, bekannt ist, nicht nur bei allen Handelsgeschäften mit abkassieren, sondern sich intensiver Kontakte zu weltweit berüchtigten Paten erfreuen. Einer hat sich in der Schweiz niedergelassen – sein Name: Gafour R. Er ist bei den europäischen Polizeibehörden kein unbeschriebenes Blatt. Das Bundeskriminalamt verfasste einen vertraulichen Brief an das Bonner Innenministerium. In dem steht über ihn: »Er ist ein Vertreter der ›Schattenstrukturen‹ im Staat und hat mit dem Namen ›Zvezda Vostoka‹ (Stern des Ostens) ein Unternehmen in Taschkent gegründet und in diesem Zusammenhang mit Hilfe und Unterstützung staatlicher Funktionsträger überteuerte Mercedes-Benz-Fahrzeuge geliefert.« Wenn es doch nur das allein gewesen wäre.

Zusammen mit dem Minister für Außenhandel Usmanow soll er laut Berichten deutscher und schweizerischer Unternehmer alle Handelsgeschäfte zwischen Usbekistan und dem Westen dirigieren. Dabei denkt der Herr Minister weniger an den wirtschaftlichen Aufbau seines Landes, sondern viel eher an die Höhe seines eigenen Kontos. Das wird mit jeder Transaktion und insbesondere infolge des horrenden Schmuggels von Baumwolle immer praller. Ein Teil solcher Geschäfte wurde übrigens über die deutsche Registan GmbH in Leipzig abgewickelt. An dieser Handelsfirma war nicht nur Gafour R. beteiligt, sondern zu einem Drittel auch die Regierung Usbekistans. Der dem Sportlermilieu Taschkents entstammende Gafour R. hatte sich im Laufe der Jahre »hochgearbeitet« und war dadurch zwangsläufig mit der Politikerkaste in Kontakt geraten. Dank seiner Skrupellosigkeit vermochte er sich in der Hierarchie immer weiter nach oben zu kämpfen, bis dann im November 1991 feststand, dass ohne Gafour R. in Taschkent nichts mehr lief. Die Arbeitsteilung funktioniert seitdem einwandfrei. Gafour R. fädelt die Geschäfte ein, und der Minister für Außenhandel sowie der stellvertretende Minister für Lizenzen erteilen die entsprechenden Genehmigungen. Dafür erhalten sie wiederum Provisionen von Gafour.

Dazu passt eine andere Information. Sie bezieht sich auf die Aussage eines italienischen Mafioso von der Camorra, der in Duisburg ein Luxusrestaurant führte und eine Zeit lang mit einem im Saarland ansässigen usbekischen Unternehmer namens E. befreundet war. E. wiederum taucht in Unterlagen des Bundeskriminalamts als Mitglied einer russischen kriminellen Organisation auf, die mit Gafour R. in Verbindung steht, von dem es zudem heißt, dass er mit dem französischen Nachrichtendienst eng zusammenarbeitet.

Da steht in einem Gesprächsprotokoll des italienischen Mafioso zu lesen: »P. bestätigte das freundschaftliche Verhältnis von E. zum Innenminister Usbekistans, Alamatow. E. sei der beste Freund des Ministers gewesen. Er habe den Minister nicht nur während verschiedener Dienstreisen begleitet, sondern man habe auch gemeinsam in Saarbrücken und Rom, im Rahmen einer Interpoltagung, gefeiert. Die Reise der usbekischen Delegation von Saarbrücken nach Rom soll mit dem Privatflugzeug von E. stattgefunden haben. Er selbst war bei diesen Reisen jeweils dabei.«

Wenn ohne die Hilfe hochrangiger Mafiabosse also keinerlei Handelsgeschäfte mit Usbekistan möglich sind, die herrschende politische Elite in Taschkent an verschiedensten kriminellen Machenschaften beteiligt ist, dann müsste sich eigentlich jeder Politiker fragen, wie er es mit den Kontakten in dieses Land eigentlich hält. Dass Usbekistan inzwischen zu einem wichtigen Drogentransitland geworden ist und dabei die herrschenden Clans wiederum kräftig abkassieren, versteht sich von selbst. Auch dass dabei, nach Angaben des angesehenen »Geopolitical Drug Dispatch« aus Paris, Gafour R. kräftig mitverdient.

Und damit ist man wieder bei österreichischen Politikern, aber genauso bei anderen europäischen Mittlern zwischen Politik und Wirtschaft. Denn die sind fest davon überzeugt und argumentieren entsprechend, dass zum Wohle der Arbeitsplätze in Europa und insbesondere ihres Landes solche Kontakte gepflegt und erweitert werden müssen. Sie vergessen hinzuzufügen, dass sie damit zwangsläufig mafiose Strukturen akzeptieren und sie gleichzeitig, überspitzt formuliert, Handlanger der intelligenten Syndikate geworden sind.

Man hätte zum Beispiel von Ex-Bundeskanzler Vranitzky gern gehört, dass er es ablehne, politische oder wirtschaftliche Kontakte zu den Kleptokraten und Paten in Usbekistan und anderswo zu unterhalten, andererseits es ja hoheits- und staatspolitische Zwänge gebe, denen man sich leider nur schwer entziehen könne. Dies hätte von Aufrichtigkeit gezeugt, und man würde sich die quälende Frage nach der Doppelmoral nicht stellen, die Glaubwürdigkeitslücke wäre geschlossen.

Derweil agiert der ehemalige österreichische Regierungschef als Berater für Osteuropa, den Nahen und den Mittleren Osten, und zwar in Diensten der Westdeutschen Landesbank. Dadurch kassiert er sicher viel Geld. »Heuer«, so schrieb die Zeitschrift *Profil*, »ging es unter anderem nach Turkmenistan, Ungarn und Russland; als nächste Reiseziele stehen Kasachstan und Usbekistan auf dem Programm.« Kritisch beobachtet die Polizei in Wien derzeit so manche fragwürdigen Verbindungen zwischen einem hohen SPÖ-Politiker und osteuropäischen Wirtschaftsmagnaten. Aber niemand redet offen darüber. Schließlich will man einen solchen Herrn nicht in Bedrängnis bringen. Und deshalb werden alle Augen zugedrückt.

Tatsache ist, dass zum Beispiel Vranitzky im November 1998 eine Wirtschaftsdelegation nach Usbekistan führte, der Vertreter von rund 20 österreichischen und deutschen Firmen und Banken angehörten. »Zu dieser Visite hatte der usbekische Präsident Karimow Vranitzky schon während seines Österreichs-Besuchs im Jahr 1992 eingeladen. Vranitzky hat Gespräche mit Karimow geführt und den deutschen und österreichischen Unternehmen usbekische Geschäftspartner vermittelt. Der frühere Bundeskanzler tritt nur als Vermittler auf.«[18] Wie sind nun angesichts der Verhältnisse in Usbekistan derartige Aktivitäten eigentlich zu bewerten? Als Naivität, als Dummheit? Jedenfalls scheint das

Renommee des österreichischen Ex-Bundeskanzlers durch seine Vermittlertätigkeit im Osten bei manchen Politikern im Westen eher zu steigen. Fazit: Die Internationale von Business und Politik kennt keine Skrupel, wenn es darum geht, mit mafios infiltrierten Staaten und Staatsmännern aus der ehemaligen UdSSR zu kooperieren. Vielleicht ist jedoch alles viel banaler, und es trifft zu, was der österreichische Schriftsteller Robert Menasse über die Politiker in Österreich geschrieben hat: »Die sind noch dümmer, als ein durch die Macht des österreichischen Boulevards verwüstetes allgemeines Bewusstsein nahe gelegt hätte.« Eher ein Zufall ist es, dass der Generaldirektor für öffentliche Sicherheit im Wiener Innenministerium, Michael Sika, auf meine Frage, ob die Politiker zu dumm sind, um diese Entwicklung zu begreifen, eine ähnliche Einsicht wie der Schriftsteller parat hat: »Sie glauben gar nicht, wie dumm die Politiker sind.«

4. Das Drogenkartell und das Fürstentum

Das Liechtensteiner Fürstenhaus zählt zu den ältesten österreichischen Adelsfamilien. Alle seine heute lebenden Mitglieder stammen von Fürst Johannes I. (1760–1836) ab. Das Familienvermögen wird auf sechs Milliarden DM geschätzt. Eine Art Feudalherrschaft hat sich am Leben erhalten. Das ermöglicht vieles. Aber wer regiert wirklich, und welche Machenschaften sind unter solchen feudalistischen Strukturen möglich? Dass Liechtenstein ein winziger, aber erlesener Schlupfwinkel für allerlei windige Geschäfte ist, dürfte ein bekannter Sachverhalt sein. Der zwischen Österreich und der Schweiz gelegene Zwergstaat verfügt über ungezählte geheime Konten bei »seriösen« Banken und über weniger seriöse Treuhänder. Gegen entsprechende Gebühren sorgen sie dafür, dass niemand erfährt, wer hier sein Geld deponiert. So weit, so schlecht.

Es wäre fatal eine ganze Regierung und ein Land zu verdächtigen, sie seien Handlanger irgendwelcher Krimineller. Über den öffentlich geäußerten Verdacht, dass es persönliche Verbindungen einflussreicher Politiker und der Justiz zu mafiosen Organisationen gebe, heißt es überzeugend in Liechtenstein, dabei handle es sich um einige schwarze Schafe. Also geht es hier um diese schwarzen Schafe.

Bekannt ist ja, dass Steuerflüchtlinge, die im Ausland manchmal rigoros verfolgt werden, wenig befürchten müssen, wenn sie gute Kontakte in Liechtenstein haben. Die Konsequenz? Anfragen von Ermittlern aus europäischen Ländern an Interpol Liechtenstein, Rechts- und Auslieferungsersuchen südamerikanischer oder europäischer Staaten werden aufgrund von Beziehungen der

Beschuldigten zu den schwarzen Schafen im Bankenapparat und der Justiz nicht so beantwortet, wie es die ausländischen Behörden gerne sehen würden.

Vermittler der Kontakte zu dem einstigen Drogenbaron Pablo Escobar war ein außerordentlich einflussreicher Treuhänder, der auch gleich die Verbindungen zu den Mafiafamilien Cuntrera, Caruana und Calda-Rella knüpfte, denn für diese arbeitet der Treuhänder E. Er transferiert zum Beispiel, getarnt als »Einkaufsreisen«, mit Privatjets Bargeld von Mailand nach Zürich, wobei von Zeit zu Zeit seine Ehefrau einspringt. Seit 15 Jahren gibt es diese Beziehungen zu den Mafiafamilien, wobei später noch jene namens Makaran hinzu kam, die in Venezuela zu den bedeutendsten kriminellen Clans gehört. Nun ist es ja eine Lebenserfahrung, dass man nicht automatisch auf diese Größen trifft, das gilt auch für den Treuhänder. Den viel versprechenden Kontakt knüpfte in diesem Fall ein ebenfalls in Vaduz ansässiger Unternehmer, Peter F. »Es gab«, so wissen Strafverfolger, »unzählige persönliche Treffen der o.g. Personen mit Escobar«, der später in Medellín bei einem Feuergefecht mit der Polizei ums Leben kam, sowie zu dessen Mitarbeitern in Venezuela, aber auch in Genf und Italien.

Eine schöne Zeit brach an. Man verbrachte gemeinsame Wochenendurlaube in den Hotels Eden und Splendid Royal in Lugano, unternahm eine Vielzahl von Urlaubsreisen nach Caracas. Hier soll der Toppolizist auch eine eigene Villa besitzen, die ihm von den Mafiafamilien aus Dankbarkeit für seine Dienste geschenkt wurde. Das allein reichte nicht aus. Man richtete ihm ein Konto bei der Banco Commercial Italiana in Caracas ein, sodass verständlich war, warum der Mann auch über Immobilienbesitz auf Aruba verfügen konnte. Er hat zudem exzellente Verbindungen zu hochrangigen Geheimdienst- und Polizeioffizieren in der venezolanischen Hauptstadt, die er durch die »Familien« kennen lernte. Besonders innig, so hört man dort, seien seine Verbindungen zum nationalen Nachrichtendienst Venezuelas, über den er an zahlreiche, legal ausgestellte Ausweisdokumente zur Eröffnung diverser Konten gelangte. Furcht vor Entbehrungen muss er nicht haben, selbst wenn er seine Villa in Liechtenstein verkaufen würde. Sein Nachfolger habe, so behaupten Polizeibeamte aus Zürich, die entstandene Lücke sofort wieder geschlossen. Denn auch der stand bereits vorher im Dienst der Familien und setzt nun die Arbeit seines Vorgängers kontinuierlich fort. Die kolumbianischen und italienischen »Familien« investieren nicht aus purer Freundschaft. Sie verlangten Informationen über aktuelle Ermittlungen in Liechtenstein und der Schweiz sowie über internationale Fahndungsersuchen, die sich auf ihre Clans beziehen. Gefragt waren außerdem polizeiliche Ermittlungsverfahren, zum Beispiel in Bezug auf Geldwäsche oder geplante Kontenbeschlagnahmungen.

Nachdem sich die »Familien« in Liechtenstein es sich so komfortabel eingerichtet und viele gute Freunde gewonnen hatten, eilten des öfteren Direktoren der verschiedenen Banken, beispielsweise einer Bank in Liechtenstein, zu Treffen der ehrenwerten Herrschaften, deren finanzielle Transaktionen sie überwachten.

Diese über Jahre hinweg aufgebauten Beziehungsgeflechte sind das Interessante: Da ist der Mann, der das Vertrauen der Mafiafamilien genießt. Der wiederum hatte sich in seinen langen Jahren in Vaduz ein Netzwerk von Verbindungen aufgebaut, das sich gelohnt haben dürfte. Obwohl er nicht aus einer besonders begüterten Familie stammt, ist er heute mehrfacher Millionär und besitzt, ebenso wie jeder andere in Vaduz, ein stattliches Anwesen in Venezuela. Das behauptet der *Spiegel.* Und nun kommt das hinzu, was in dieser Gemengelage immer zu beobachten ist.

Einer seiner guten Freunde ist J. K., der die Leitung einer Kreditanstalt in der unmittelbaren Nachbarschaft von Liechtenstein übernahm. Diese Bank geriet Mitte 1997 in Schwierigkeiten, als plötzlich mehrere Millionen Franken fehlten. Die waren unter falschen Identitäten nach Venezuela transferiert worden, wobei ein Teil des Geldes von dem Unternehmer aus Liechtenstein persönlich nach Südamerika gebracht wurde. Dieser Tabubruch zahlte sich aus. Über ein internationales Firmengeflecht verschiebt er heute Millionenbeträge von US-Dollar. Eingeweihte sagen, dass ihm von Anfang an bekannt war, dass diese Gelder aus den Einkünften von Drogengeschäften der italienischen Mafia stammen. Beteiligt in diesem System sind auch honorige Banker, die nichts dabei finden, dass auf ihren Konten Gelder von Pablo Escobar deponiert waren beziehungsweise immer noch sind. Und die Lücke, die durch den Tod Escobars und den Zerfall des Medellín-Kartells entstand, wurde schnell wieder geschlossen. Um die lukrativen Geschäftsabläufe aufrechtzuerhalten, lancierte die Familie Cuntrera ein Treffen im Hilton-Hotel in Caracas zwischen dem Treuhänder F., einem Beamten im Ruhestand, einem Repräsentanten einer liechtensteinischen Verwaltungsbank sowie dem Polizeibeamten und Vertretern des heutigen Cali-Kartells. Das Ergebnis: Seit dieser Zeit stehen beziehungsweise standen alle diese involvierten Personen im Dienst des Cali-Kartells. Schauermärchen, sagen dazu die Behörden in Liechtenstein.

Geschildert wird von Rechtsanwälten, die sich mit Geldwäsche beschäftigen und in Caracas leben, dass »Anfang 1997 ein Treffen zwischen Peter G., dem Repräsentanten der Bank und ehemaligem hohen Politiker, sowie einem Señor Rivera, Finanzberater eines Juan Carlos, sowie Uribe, Finanzberater eines Rodriguez, alles Familienangehörige aus Cali, in Gibraltar stattgefunden« habe. Besprochen wurden in erster Linie Bargeldtransporte und Finanztransaktionen von Belgien, Deutschland und Spanien in die Schweiz. Bei den Herren Carlos, Rodriguez und Gaviria handelt es sich nicht um irgendwelche kleinen Kokainproduzenten und Zulieferer für das Cali-Kartell, sondern um die Nachfolger des durch personelle Probleme (die gesamte Führungsspitze sitzt hinter Gittern) stark geschwächten Cali-Kartells. Die hochkarätige Runde wollte in Spanien mit dortigen Geschäftspartnern neue Versorgungslinien sowie das weitere Vorgehen auf dem europäischen Markt neu koordinieren.

Seit Anfang August 1997 ist E. S. außerdem damit beschäftigt, Bargeld verschiedener Firmen aus dem Imperium Silvio Berlusconis von Mailand nach Liechtenstein zur einer bekannten Privatbank zu transportieren. Dabei geht es nicht um Peanuts, sondern um tägliche Beträge von umgerechnet etwa fünf Millionen Schweizer Franken. Die Gelder sollen aus Drogen- und Waffengeschäften der Cosa Nostra stammen. Diese Privatbank »betreut«

übrigens auch das Konto eines italienischen Richters, das mit 3,2 Millionen Schweizer Franken prall gefüllt ist.

Der Unternehmer und frühere Staatschef Berlusconi hat auch andere Investitionen getätigt. Zum Beispiel soll er das Hotel Leopoldo in Lugano erworben haben. Das Geschäft wurde über eine Konstruktion von Scheinfirmen abgewickelt, sodass Berlusconi nicht als offizieller Besitzer der Herberge geführt wird. Zuvor bestand ein ähnliches Geflecht, um die Identität der letzten Eigentümer des Hotels, sinnigerweise eine italienische Mafiafamilie, zu verschleiern.

Fazit: Dort wo viele honorige Geschäftsleute aus Deutschland und anderen europäischen Ländern glauben, aus steuerlichen Gründen Stiftungen und Firmen unterhalten zu müssen, hat sich in der Vergangenheit ein Zentrum der internationalen Geldwäsche aus dubiosen Geschäften etabliert – was eigentlich niemanden aufregt. Damit verbunden ist jedoch etwas anderes. Es sind Beziehungsgeflechte entstanden, bei denen jeder Beteiligte von jedem etwas weiß und somit die Rechtsstaatlichkeit irgendwie blockiert werden kann.

Das ist nicht die Szenerie irgendeiner südamerikanischen Bananenrepublik, sondern spielt sich gerade mal ein paar Autostunden von München entfernt ab. Doch keiner hat die Möglichkeit, auch die Schweizer Behörden nicht, dagegen irgendetwas zu unternehmen. Die Ermittler sprechen von einer Mauer des Schweigens. Einige Familien von Liechtenstein, die unter den Fittichen des Fürstenhauses schalten und walten, sind zum Teil Handlanger der internationalen Drogenkartelle. Einige schwarze Schafe. Aber sie sind angesehen, fürchten nichts im Bewusstsein des rechtsfreien Raumes, der ihnen zur Verfügung steht. Und die wenigen engagierten Staatsanwälte, die seit einiger Zeit versuchen, diese innigen Familienbindungen aufzubrechen, sind der Verzweiflung nahe.

Alles wird sauber abgewickelt, kein Blut fließt, die honorige Gesellschaft wird sich wahrscheinlich nicht einmal im Klaren darüber sein, welche Verhöhnung Treuhandfirmen und anonyme

Bankkonten für jene darstellen, die Opfer der kriminellen Elite geworden sind.

Hans See, Professor für Wirtschaftskriminalität, beschreibt das System Liechtenstein folgendermaßen: »Liechtenstein ist die Dunkelkammer des internationalen Finanzsystems, vor allem der Finanzunterwelt. Es können darin Projekte außerhalb der demokratischen Systeme entwickelt werden.« Aber es gibt doch Parteien, wird man einwenden. Professor Hans See antwortet darauf: »Die Parteien stehen dem Fürstenhaus und dem Wirtschaftssystem so nahe, dass eine Kontrolle von dieser Seite nicht denkbar ist.« Als der *Spiegel* im Herbst 1999 einen Bericht des Bundesnachrichtendienstes ausführlich zitierte, wonach Liechtenstein ein Hort der kriminellen Geldwäscher sei und höchste Regierungsmitglieder sowie Polizei und Justiz mit der italienischen und russischen Mafia kooperierten, hagelte es in Liechtenstein Proteste. »Unverschämtheit«, »Verleumdung eines Staates«, »Blödsinn«, so war die Reaktion in dem Ministaat von des Fürsten Herrlichkeit. Ein Brett vor dem Kopf ist halt immer noch bequemer, als sich mit der Realität auseinander zu setzen.

5. Die unendliche Geschichte des Monzer Al Kassar

Es ist fast ein Jahrzehnt her, da verfasste Manfred Morstein, ein ehemaliger BKA-Beamter, ein Buch über den sogenannten »Paten des Terrors«. Es ging um Monzer Al Kassar und seine Verbindungen zum Terrorismus, Rauschgift- und Waffenhandel. Morsteins letzter Satz im Buch lautete: »Wann wird endlich Schluss damit sein, dass internationale Verbrecher vom Schlage eines Monzer Al Kassar geschont werden aus politischen Gründen?« Diese Frage konnte bis zum heutigen Tag nicht beantwortet werden.

Monzer Al Kassar residiert heute an der spanischen Costa del Sol, unweit von Marbella. Der internationale Waffen- und Drogen-Jetset genießt in seinen prächtigen Palästen unbehelligt das süße Leben an der ansonsten zubetonierten Küste. Politisch regiert wird Marbella von einem agilen Bürgermeister namens Jesus Gil y Gil, auch Sonnenkönig von Marbella genannt. Seine Partei, mit der er die absolute Mehrheit gewann, trägt, um jegliche Verwechslung auszuschließen, gleich seinen Namen: GIL (Grupo Independiente Liberal – Unabhängige Liberale Gruppe). Damit Ölscheichs, Aristokraten und Mafiachefs sich bei ihm wohl fühlen, ließ er Missliebiges wie Bettler und Drogenabhängige gnadenlos entfernen. Vor 30 Jahren musste er schon einmal kurzfristig ins Gefängnis. Ein von ihm errichtetes Restaurant stürzte ein und begrub 58 Menschen unter sich. 18 Monate nach seinem Haftantritt wurde er vom damaligen Diktator Franco begnadigt. Dem huldigt er bis heute und nennt sich sogar gern »Faschist«.

Gil y Gil ist jedoch nicht nur ein höchst dubioser Bürgermeister, dessen Vermögen auf umgerechnet eine Milliarde Mark geschätzt wird, sondern auch Präsident des Fußballvereins Atletico Madrid und Chef eines Imperiums von Bau- und Immobilienfirmen. Einst ließ er für seine Mannschaft Trikots anfertigen, auf denen ein Slogan prangte, das für Erheiterung sorgte: *»Corrupción, No!«* Im Oktober 1998 wurde es erstmals eng für den Politmillionär. Santiago Torres, ein kühner spanischer Untersuchungsrichter, warf ihm vor, in seiner Eigenschaft als Bürgermeister umgerechnet 24 Millionen Mark Steuergelder aus dem Gemeindeetat abgezweigt und in die Kasse seines Fußballclubs umgeleitet zu haben. Bislang ist er aufgrund seiner politischen Kontakte, die häufig genug geschmiert wurden, bei ähnlichen »Verleumdungen«, wie er sagt, immer davongekommen. Anfang 1999 wurde er tatsächlich verhaftet – aufgrund eines Justizirrtums, sagt sein Anwalt. Weil er sich mit fünf Millionen Mark aus der Kasse der Stadt Marbella zu Gunsten seines Fußballclubs »bedient« hat, meint Richter Santiago Torres. Im Juni 1999 wurde dann der Untersuchungsbericht des auf Korruptionsfälle spezialisierten Staatsanwalts Carlos Jimenez Villarejo bekannt. In dem Bericht heißt es, dass Jesus Gil y Gil »enge geschäftliche Beziehungen mit Mitgliedern des Clans von Nitto Santapaolo aus Sizilien« gepflegt habe. In seinem »Nebenberuf« als Bürgermeister soll er nicht nur freundschaftlich mit Mitgliedern der italienischen Mafia, also dem Clan Santapaolo, umgegangen sein, sondern auch mit dem Waffenhändler Monzer Al Kassar. Von Geldwäsche für die Cosa Nostra bis zu gemeinsamen Immobiliengeschäften im Yachthafen von Marbella ist in dem Bericht die Rede, der sich auf eine mehrjährige Untersuchung und abgehörte Telefongespräche stützt. Dabei soll Gil y Gil zusammen mit dem italienischen Mafiaboss Cuntrera und Monzer Al Kassar versucht haben, eine Bank zu kaufen. Im Gegenzug für die Gefälligkeiten des Bürgermeisters hätten die sizilianischen Geschäftspartner den Wahlkampf Gil y Gils großzügig unterstützt. Außerdem ermittelte die Staatsanwaltschaft, dass die Vorsitzende des Gerichtshofs von Marbella, Pilar Ramirez, über ihre Angehörigen ebenfalls mit der Mafia zu tun gehabt habe. Deren Vater und ein Bruder hatten über ein Firmenimperium nicht nur mit Gil y Gil, sondern auch mit italienischen Mafiosi und einem kolumbianischen Drogenkartell aus Medellín Geschäfte abgewickelt.

Dabei ist Gil y Gil lediglich das politische Aushängeschild für die Oberklasse von Wucherern und Banditen, die sich in Marbella ausgebreitet hat. Schnell und rücksichtslos reich werden – das ist die Leitidee dieser verrotteten Gesellschaft.

Nach einer halben Stunde Fahrzeit auf der Autobahn in Richtung Westen erreicht man die Hafenstadt Puerto Banus, in Prospekten als »Diamant am Mittelmeer« beschrieben. Inzwischen erlangte sie auch eine gewisse Bekanntheit dadurch, dass der deutsche Regierungschef Schröder und sein spanischer Amtskollege Weihnachten 1998 dort gemeinsam in einem Restaurant dinierten. Hier kann zwar nicht jeder wohnen, aber jeder kann diesen Ort besuchen. Auffällig viele anrüchige Prominente haben sich an einem der wichtigsten Yachthäfen des Mittelmeers niedergelassen. Als Zaungäste sehen die neugierigen Touristen lediglich eine moderne Marina, in der die riesigen Yachten von Scheichs, Millionären und zwielichtigen Geschäftsleuten ankern. Abends werden auf ihren Decks intime Feste gefeiert. Der Hafen ist natürlich Privatgelände und wie das weite Umfeld eine ideale Kapitalanlage, wie Immobilienmakler hinter vorgehaltener Hand versichern. Polizeiermittler sprechen dagegen von einer perfekten Geldwaschanlage. Dominiert wird das Areal von einem Prunkbau. Es ist das Centro Gray d'Albion. Gebaut wurde es 1986, und es zählt zu den besten Adressen Europas: ein festungsartiges, sechsstöckiges weißes Bollwerk aus übereinander geschachtelten Residenzen, gekrönt von goldenen Halbkugeln und umrandet von üppigen Gartenanlagen. Ein Appartement ist nicht unter einer Million Dollar zu haben. Private Wachmannschaften sorgen dafür, dass kein Ungebetener die marmornen Hallen betritt. Überdimensional ist die Wachstation, ein raumschiffähnlicher Kubus. Riesige dunkelgrüne Glasscheiben und Überwachungskameras auf dem Dach signalisieren, dass Unbefugten jeglicher Einblick verwehrt wird, was und wer sich in der luxuriösen Wohnanlage verbirgt. Die Bewacher haben alles unter Kontrolle. Nicht fehlen darf ein Hubschrauberlandeplatz am Rande des Gebäudekomplexes. In die Schlagzeilen geriet die Wohnanlage 1998, als dort ein seit langem gesuchter neapolitanischer Mafiachef, Gennaro Mazzuarella, verhaftet wurde. Unbehindert dirigierte er von seinem Appartement aus jahrelang die kriminellen Geschäfte seines Clans in Italien und in Spanien, war ein gern gesehener Gast bei allen Partys in Puerto Banus.

Hier, in Puerto Banus, lebt auch Monzer Al Kassar. Ihm und seinen Brüdern, die in den Siebzigerjahren noch Lederjacken und Autos geklaut hatten, gelang ein grandioser Aufstieg in die High Society. In der Tiefgarage der Wohnanlage ist sein Fuhrpark untergebracht: etwa ein goldfarbener Rolls-Royce mit libanesischem Kennzeichen, drei schwere Mercedes, ein Jeep und ein BMW mit britischem Nummernschild. Übrigens soll Monzer Al Kassar die mondäne Appartementanlage Gray d'Albion gemeinsam mit einem Wirtschaftsmagnaten finanziert haben, von dem später noch die Rede sein wird. Jedenfalls bezieht Monzer Al Kassar manchmal in dieser Nobelherberge Quartier, wenn er keine Lust hat, in seinem nicht weit entfernten Palast zu residieren. Neidlos muss man anerkennen, dass er es zu etwas gebracht hat.

Der syrische Multimillionär wurde am 1. Juli 1945 in dem kleinen Dorf Yabroud bei Damaskus geboren. Er stammt aus einer einflussreichen Familie. Sein Vater war unter anderem Botschafter in Indien und saß sogar als Abgeordneter im syrischen Parlament. Monzer studierte Rechtswissenschaft, träumte davon, Berufspilot zu werden. Erinnerungen werden wach, wenn er im Garten seines Appartements mit mir Tavli spielt: »Ich war Student, wollte Pilot werden. Aber es lief anders. Ich begann meine Geschäfte in einem Laden in Beirut mit Börsenspekulation und dann in Geldanlagen, Spekulation, Investitionen, Grundbesitz.« Alles war »sehr erfolgreich«, wie er stolz zugibt. Das Vermögen des erfolgreichen Kaufmanns wird derzeit auf etwa 500 Millionen Dollar geschätzt.

Er ist ein Mann mit anscheinend verschiedenen Gesichtern. Wirft ihm doch die amerikanische Drogenabwehrbehörde DEA vor, der »mächtigste Drogenhändler der Gegenwart« zu sein. Das Bundeskriminalamt bezeichnet ihn gar als »einen der gefährlichsten Männer der Welt«. Ist er das tatsächlich?

Nachdem er sich einige Stunden im Kreis seiner Familie und Gästen am Hafen vergnügt hat, macht er sich mit seinen Leibwächtern auf den Weg in seine Villa, die in zehn Fahrminuten Entfernung auf einem Hügel thront.

Zwar war er manchmal im Gefängnis und darf auch in bestimmte Länder, offiziell, nicht einreisen, doch scheint es ihm gleichwohl besonders gut zu gehen. Selbst wenn hier manchmal unkoordinierte Behördenentscheidungen oder unbestechliche Richter sein Glück trübten. Das gehört zu seinem bunten Leben, in dem er trotzdem immer wie ein Phönix aus der Asche als Sieger über Polizei und Justiz hervorgegangen ist.

Rückblick auf den 23. Juli 1987. Monzer Al Kassar wollte, von Beirut kommend, in Madrid spanischen Boden betreten. Begleitet wurde er vom Bruder des Oberbefehlshabers der syrischen Truppen im libanesischen Bekaa-Tal. Das ist jener Mann, der dort den gesamten Drogenhandel kontrolliert. Bislang gern gesehen, wurde Monzer Al Kassar plötzlich die Einreise verweigert. Grund: gefälschte Pässe. Das spanische Innenministerium verhängte daraufhin gegen ihn ein dreijähriges Aufenthaltsverbot. Der wahre Grund für diese Maßnahme könnte auch ein anderer gewesen sein. Kurz zuvor hatte der spanische Abgeordnete Ramon Tamames während einer Pressekonferenz schweres Geschütz aufgefahren: »Die spanische Regierung schützt einen der größten Waffen- und Drogenhändler der Welt, den Syrer Monzer Al Kassar.«

Kaum war das Aufenthaltsverbot im Jahr 1990 abgelaufen, machte sich der Syrier, diesmal im Besitz eines offensichtlich gültigen argentinischen Passes, mit seiner Familie wieder auf den Weg nach Spanien, nach Puerto Banus, in sein Palais. Von den Vorwürfen bezüglich Waffen- und Drogenhandel war nichts übrig geblieben – so schien es zumindest.

Seitdem lebt er in seiner festungsartigen einstöckigen Villa, deren Wert auf knapp 90 Millionen Mark geschätzt wird. Ganz herzig spielt er auf der Veranda mit seinen Töchtern Monawar, Haiffa und Natasha. Liebevoll schaut die Mutter der Kinder, die junge Raghada, ihren Mann an – Familienglück pur. Ist das derselbe Mann, über den das Bundeskriminalamt urteilt: »Er ist der Prototyp des modernen Verbrechers, er arbeitet organisiert international und hat eine große Organisation hinter sich«, der da in einem weißen Korbstuhl auf der Veranda seines »Palacio Mifaldil« sitzt?

Die Villa entspricht genau dem Ambiente der Superreichen, wie man es aus Illustrierten kennt. Bevor man in das Gebäude gelangt, muss man ein fünf Meter hohes Flügeltor, das den Blick in den Wohnbereich verwehrt, durchqueren. Im Inneren ist alles vom Teuersten und Feinsten. Statt simpler Wasserhähne im Bad speien goldene Fische Wasser. Luxus, wohin man sieht. Im Keller gibt es ein Hallenbad mit Bar und eine Großküche, in der ein fest angestellter Koch schaltet und waltet. Wer nicht die breiten Marmortreppen, belegt mit kostbaren Perserteppichen, zum Parterre hinaufgehen will, benutzt den Lift. Im Parterre und im ersten Stock taucht man in eine Märchenwelt aus Tausendundeiner Nacht. Den Mittelpunkt des Schlafzimmers bildet ein pompöses Himmelbett. Auch in den anderen Räumen ist die Einrichtung plüschig-orientalisch. Das Licht riesiger Kristalllüster fällt auf Polstergarnituren aus silbernem Brokat, hellblaue Seidenvorhänge und diverse Rokokomöbel werden von hohen Jugendstilspiegeln reflektiert. Gold, Seide, Marmor – es wurden weder Kosten noch Mühen gescheut. Wenn der Gast die breite Veranda betritt, schaut er auf große Palmen, einen Tennisplatz und ein riesiges Schwimmbecken in Form eines vierblättrigen Kleeblatts inmitten einer rund 30 000 Quadratmeter großen Gartenanlage.

Von dem Pomp ist der Besucher ebenso beeindruckt wie von dem, was Interpol über Monzer Al Kassar und seine Brüder berichtet. »Die Informationen weisen auf eine tiefe Verwicklung der Al-Kassar-Brüder in bedeutsame kriminelle Aktivitäten hin. Im Mittelpunkt steht die Unterstützung terroristischer Gruppen im Nahen Osten und in Westeuropa, der internationale Drogenhandel und der international organisierte Waffenhandel.«

Da sitzt nun Monzer Al Kassar lässig in einem weißen Korbsessel, adrett gekleidet mit weißer Hose und einem weiß-grau karierten Sporthemd. »Wir lieben das luxuriöse Leben und haben ein paar Autos«, sagt er, als ob er sich dafür entschuldigen wolle. Dann hebt er die Hand, um die Bedeutung des nächsten Satzes zu unterstreichen. »Aber Geld ist nicht alles. An erster Stelle steht meine Familie.« So als wollte er das beweisen, ruft er eine seiner Töchter herbei, damit sie ihm ein Küsschen gibt. Und unerwartet trällert Tochter Haiffa ein Kinderlied, das sie lernte, als die Familie noch in Wien lebte. Natasha, die Jüngste, singt ein Lied in englischer Sprache und überreicht ihrem Vater eine rosafarbene Rose, während seine junge Frau die Szene betrachtet. Auf einem Sofa im Zimmer döst ein Leibwächter. Was ist Realität, was ist Theater?

Öffentlichkeitssüchtig ist dieser Mann nicht – im Gegenteil. Viel Geduld und Zeit sind vonnöten, um ihn persönlich sprechen zu können. Dafür weiß er dann seine Gäste würdig zu empfangen. Am Flughafen Malaga ließ er mich abholen: in einem weißen Mercedes 1000 mit belgischem Kennzeichen, weinroten Samtbezügen, Vorhängen, Fernseher und Minibar.

Monzer Al Kassar ist ein angenehmer Gesprächspartner, er lacht viel, auch wenn sein Mienenspiel unter der lockigen grau melierten Haarpracht nicht immer zu deuten ist. Auf jeden Fall wirkt er nach außen hin liebenswert, von geradezu überschäumender orientalischer Gastfreundlichkeit.

Völlig zwanglos lädt er mich und meinen Kollegen Kid Möchel in ein exklusives Restaurant ein. Auf dessen Veranda, mit Blick auf ein strahlend blaues Mittelmeer, ist bereits ein großer Tisch für ihn, seine Familie und seine Leibwächter reserviert. Das Familienoberhaupt lässt die gesamte Palette spanischer Meeresfrüchte auftischen, für deren Zubereitung er seinen libanesischen Koch mitgebracht hat. Nur ein kurzes Augenzwinkern zu den Kellnern hin, und schon wird die nächste Fischvariation aufgetischt. Was auffällt – er ist das Dirigieren gewöhnt, und jeder, auch seine Mitarbeiter, hört auf das, was er sagt. Widerspruch gibt es nicht. Köstlich amüsiert er sich, als er auf eine weit zurückliegende Begebenheit angesprochen wird. Damals tafelte er in einem indischen

Spezialitätenrestaurant am Hafen mit seiner Frau. Am Nebentisch saß der internationale Waffenhändler und Held aller bunten High-Society-Veranstaltungen in Marbella, der kleine, kugelrunde Glatzkopf Adnan Kaschoggi. Freundschaftlich verbunden waren beide seit langem. Umso verwunderter war Al Kassar, als ihn Kaschoggi plötzlich wüst beschimpfte. »Bevor du Hurensohn die ›Nabila‹ kriegst, stecke ich sie höchstpersönlich an«. Die »Nabila« war eine riesige Yacht und nach Kaschoggis Tochter benannt. Und die wollte Monzer Al Kassar kaufen, für 20 Millionen Dollar. »Ist das ein Angebot?«, fragte er seinen Freund und Tischnachbarn. Das löste den Wutanfall von Kaschoggi aus.

Nachdem er diese Episode zum Besten gegeben hat, fragt er, was als Nachspeise gewünscht wird. Er verkörpert den perfekten Gastgeber, bei dem Geld keine Rolle spielt. Wir wagen es nicht, auf die Rechnung zu schauen. Monzer Al Kassar – ein ganz normaler reicher Mann von Welt, könnte man jetzt meinen, ein liebevoller Familienvater, der nichts Unrechtes tut und niemandem ein Haar krümmen kann. Ein wenig levantische Schlitzohrigkeit lässt sich zwar nicht verleugnen und er hält sich auch nicht immer stur an die Gesetze, aber das würde ihn ja nicht unbedingt unsympathisch machen.

Gäbe es da nicht diese bösartigen Einwände jener, zu deren Beruf es wahrscheinlich gehört, misstrauisch zu sein: Polizei und manchen Untersuchungsrichter. Was sagt er zu deren schweren Vorwürfen, und überhaupt – warum ist die Polizei weltweit ständig auf seinen Fersen?

Seine Antwort ist kurz und bündig: »Ich weiß, dass die Polizei seit Jahren hinter mir her spürt. Aber ich habe nie meine Meinung über die Polizei geändert. Die Polizei ist die korrupteste Organisation auf der ganzen Welt.« Das erkläre aber nicht das Misstrauen der internationalen Polizeibehörden, wende ich ein. »Schauen Sie«, entgegnet er treuherzig, »ich habe viele Jahre genau darüber nachgedacht und bin zu dem Schluss gekommen, dass es einfach nur Neid ist. Ich muss für mein luxuriöses Leben zahlen. Und wenn Luxus ein Verbrechen ist, dann bin ich eben ein Verbrecher. Ich möchte aber hinzufügen, dass ich mit kriminellen Geschäften nichts zu tun habe. Wie Sie sehen können, führe ich ein normales Leben mit meiner Familie.«

Sein Verständnis von einem aufwendigen Lebenswandel, der sich zumindest mit dem deckt, was offensichtlich ist, widerspricht einem Ersuchen auf Gewährung des Armenrechts. Das beantragte er nämlich am 4. April 1990 nicht in Spanien, sondern bei einem bayerischen Amtsgericht in der tiefen Provinz, in Laufen. Der Hintergrund dieses Begehrens des Multimillionärs steht im Zusammenhang mit einem Vorfall aus dem Jahr 1988.

Damals, am 21. Mai 1988, kontrollierten um 17.15 Uhr Grenzbeamte in Bad Reichenhall einen schwarzen Golf mit österreichischem Kennzeichen. Sie ließen sich die Pässe der beiden Insassen, eines Österreichers und des Syrers Monzer Al Kassar, zeigen. Dummerweise legte Monzer Al Kassar einen gefälschten brasilianischen Pass vor. »Mundhir el-Kassar« tippten die Beamten in den Computer und staunten nicht schlecht, als sie erkannten, dass der Pass gefälscht war. Als Kassar erfuhr, dass er wegen eines simplen Passvergehens verhaftet werden sollte, zeigte er umgehend einen echten syrischen Diplomatenpass, ausgestellt durch das Außenministerium in Damaskus, vor. Der Name auf diesem Pass lautet auf Maher Kailani. Als er noch weitere Pässe präsentierte, wurde es den Grenzern zu bunt. Sie nahmen ihn fest und brachten ihn, nachdem die Staatsanwaltschaft Traunstein einen Haftbefehl beantragt hatte, ins Gefängnis nach München-Stadelheim. In einer Eilnachricht der bayerischen Polizei wurde sofort das Wiesbadener Bundeskriminalamt informiert: »Um 20 Uhr wurde mitgeteilt, dass Monzer Al Kassar wegen illegalen Aufenthaltes in der Bundesrepublik und gefälschter Dokumente vorläufig festgenommen wurde. Weiter war der Genannte im Besitz von 30 000 US-Dollar, einem Bankauszug über 42 Millionen Franken und verschlüsselten Waffenunterlagen.« Damals meldete eine österreichische Zeitung: »Was während der 10 Tage Haft in Bad Reichenhall und später in München-Stadelheim passiert ist, darüber gab's bis jetzt nur Vermutungen. Ein hoher bayerischer Politiker soll für den Waffenhändler genauso interveniert haben wie ein österreichischer Minister.«[19]

Interessant ist der Aktenvermerk von Polizeiobermeister Gerhard Haberzett von der Grenzpolizeiinspektion Bad Reichenhall, der Monzer Al Kassar bei dessen Einreise kontrollierte. Seine schriftlichen Aufzeichnungen beziehen sich auf ein Gespräch zwischen dem inhaftierten Monzer Al Kassar und dem österreichischen Fahrer des VW-Golf.

Monzer Al Kassar: »Warum hast du nicht mit Strauß gesprochen?«

P.: »Ich konnte über die Feiertage niemanden erreichen. Der Sohn von Strauß ist für dich nach Paris geflogen.«

Nun weiß man nicht, ob der österreichische Begleiter von Kassar sich nur herausreden wollte. Das abgehörte Gespräch jedenfalls hat so stattgefunden. Der erwähnte Sohn von Franz Josef Strauß erklärte kategorisch, dass er weder in der fraglichen Zeit in Paris gewesen sei, noch mit Dritten zugunsten von Al Kassar verhandelt habe. Merkwürdig dabei: Das Protokoll der Polizei war lange Zeit unauffindbar. Dann aber tauchte es auf – in den Handakten. Auf denen stand mit Hand geschrieben: »Bitte nicht zu den Hauptakten.«

Beim BKA war man ausnahmsweise glücklich über den dicken Fang. Denn es lag ja ein Haftbefehl aus Frankreich gegen ihn vor, weil er im Sommer 1986 zu einer Gefängnisstrafe von acht Jahren verurteilt worden war und diese nie angetreten hatte. Dort war Kassar wegen »Gründung einer kriminellen Vereinigung und Vorbereitung von Sprengstoffanschlägen gegen jüdische Einrichtungen« unter Anklage gestellt worden.

Doch die Freude währte nicht lange. Als das BKA in Paris wegen dieses Haftbefehls und der zu erwartenden Auslieferung nach Frankreich nachfragte, erhielten die Beamten zunächst überhaupt keine Antwort und dann eine nicht nachvollziehbare Auskunft: »Die französische Regierung legt keinen Wert auf die Vollstreckung des Haftbefehls und die Auslieferung von Monzer Al Kassar.«

Der damalige Abteilungsleiter beim BKA, Klaus-Herbert Becker, nannte den Vorgang »zumindest sehr ungewöhnlich. Nach jahrelanger internationaler Zusammenarbeit haben wir den Mann endlich gefasst, und auf einmal stehen wir ganz allein da.« Wenige Tage später, nach Zahlung einer Kaution von 200 000 Mark, wurde er deshalb wieder auf freien Fuß gesetzt, und flugs verschwand er mit einem österreichischen Privatjet aus München.

Er war zwar in Freiheit, aber die Justiz in Bayern lässt sich nicht so einfach bremsen. Monzer Al Kassar musste sich vor dem Amtsgericht Laufen verantworten, wegen »falscher Beurkundung in öffentlichen Urkunden«. Es war eigentlich ein geradezu marginales Vergehen im Vergleich zu dem, was ihm international vorgeworfen wurde.

Als der Staatsanwalt ihn während der Gerichtsverhandlung am 4. April 1990 fragte, mit was er seinen Lebensunterhalt bestreite, antwortete Monzer Al Kassar kurz angebunden: »Gold, Silber, Spekulation an Börsen, Grundstücksgeschäfte.« Und er fügte hinzu: »Ich kann mir in meiner Position nicht erlauben, illegale Geschäfte zu tätigen.« Als der Richter die Höhe seines Einkommens wissen wollte, verweigerte er die Auskunft, und so schätzte ihn der Richter auf Einkünfte in Höhe von 10 000 Mark pro Tag. Für den Millionär war das Verfahren auch ansonsten ziemlich bedeutungslos, so sahen es jedenfalls die Zuschauer. Zumal er verkündete, dass er nicht im Mindesten so gefährlich sein könne, wie überall behauptet werde. Als Beweis legte er während der Verhandlung in Laufen eine gültige Aufenthaltserlaubnis für Frankreich vor – und das trotz des Haftbefehls gegen ihn –, ein Wunder der französischen Rechtsprechung. Außerdem brüstete er sich damit, in den letzten Jahren immer wieder ungehindert nach Frankreich gereist zu sein. Diese Merkwürdigkeit sollte später geklärt werden.

Was jedoch viel schöner war: Er legte auch Kopien von Flugtickets vor, wonach er nach Belieben in die Bundesrepublik eingereist war, obwohl er als »unerwünschter Ausländer« auf der Sperrvermerksliste für die Erteilung eines Visums stand. Es ist eine dieser vielen Auffälligkeiten, die im Zusammenhang mit Monzer Al Kassar und Polizeiermittlungen ständig zutage treten. Die Geldstrafe zahlte er übrigens, ohne mit der Wimper zu zucken, und verließ, umzingelt von Fernsehkameras, wieder das Gericht, um nach Marbella zurückzufahren.

Damit endete der »geplante Schlag gegen den internationalen Waffen- und Drogenhändler als peinliche Pleite der Sicherheitsbehörden«[20]. Peinlich für das Renommee eines jeden Rechtsstaats.

Ein Blick in seine Vergangenheit: Den internationalen Polizeibehörden fällt er erstmals am 21. Januar 1970 auf. Er wird in Triest festgenommen. Am 9. Juni 1970 wird er erneut registriert. Diesmal ist es Autodiebstahl, zusammen mit seinem Bruder Ghassam. Dann geht es erst einmal Schlag auf Schlag: 2. September 1971 Ermittlungen wegen des Besitzes von irregulären Schecks. Am 16. März 1973 erlässt ein Kopenhagener Gericht gegen ihn einen Haftbefehl wegen Suchtgifthandels. Anderthalb Jahre später, am 20. Oktober 1974, wird er in London verhaftet wegen des Besitzes von fünf Kilo Haschisch.

Doch das will er nur aus Mitleid getan haben. »Ich habe es schon einmal erklärt. Ich habe einer Familie geholfen. Sie sind aus dem Libanon gekommen, damit ihr Sohn in England operiert werden konnte. Ich habe sie bei irgendjemandem eingeführt. Und das ist meine einzige Verwicklung. Dafür habe ich bezahlt. Seitdem bestehen keine anderen, wie auch immer gearteten Verwicklungen.« Wirklich?

Erneute Festnahme im April 1976, wieder wegen Drogenhandels. Im Oktober 1977 wird er von einem Londoner Gericht zu zweieinhalb Jahren Haft verurteilt. Das Urteil bezog sich auf den Transport von Haschisch aus dem Libanon nach Europa. Damals meldete die britische Tageszeitung *The Guardian* auf ihrer Titelseite: »PLO arms fund by drug smugglers«. Demnach haben britische, europäische und amerikanische Sicherheitsbehörden gemeinsam zusammengearbeitet, um ein seit langem agierendes Drogenschmuggel-Unternehmen zu zerschlagen, das dazu diente, der Palästinensischen Befreiungsbewegung Gelder zur Verfügung zu stellen. Über die nordlibanesischen Guerillacamps wurde das Marihuana über Syrien, die Türkei, Bulgarien und Jugoslawien nach Westeuropa gebracht. Der damals 32-jährige Monzer Al Kassar wurde angeklagt, weil er für die Polizei einer der Hauptdrahtzieher des international angelegten Schmuggels sein sollte.

»Doch die Geschworenen konnten sich trotz 16-stündiger Beratung nicht darauf einigen, ob er nun schuldig oder unschuldig sei.«[21]

Die nächsten Hinweise auf eher dubiose Geschäfte sammelt die französische Polizei. Denn am 21. August 1980 werden vier tunesische Staatsbürger in Paris wegen des Besitzes von einem Kilo weißem Heroin verhaftet. In einem Schließfach wurde ein Geldbetrag, bestimmt für Monzer Al Kassar, sichergestellt. Es gibt jedoch ernst zu nehmende Hinweise, dass er auch später mit groß angelegten Drogenschäften zu tun hatte.

Es war im Hilton-Hotel in Wien. Im März 1985 logierte hier der international bekannte Drogenhändler Kenneth Sidney Young. Von seinem Zimmer aus wählte er mehrmals die Telefonnummer der Firma Alkastronic. Das Unternehmen gehörte damals Monzer Al Kassar. Teilhaber waren noch zwei polnische Nachrichtenoffiziere. Die Polizei observierte damals den Drogenhändler Young. Zitat aus dem Polizeiprotokoll: »Es konnte festgestellt werden, dass er am 28. März, um 8.10 Uhr, in Begleitung des Monzer Al Kassar mit einem Flugzeug der Jet-Air das österreichische Bundesgebiet verließ.« Und Interpol berichtete, dass der Drogenhändler Young »einen unlimitierten Kredit« bei der Banco de Bilbao hatte, die weitgehend im Besitz von Monzer Al Kassar gewesen sein soll. Young wurde später in Kanada festgenommen. Er hatte 10,5 Kilo Kokain bei sich.

»Nein«, sagte Monzer Al Kassar, »nein, an den Namen Young kann ich mich nicht erinnern. Aber wenn Sie mir ein Foto von ihm bringen, vielleicht kannte ich ihn.« Und auf die Frage, ob er nicht diesem Mister Young bei der Banco de Bilbao einen Kredit verschafft habe, wird er gar ungehalten. »Das sind offensichtlich Lügen. Ich habe ihn weder bei der Bank vorgestellt, noch gab ich Mister Young irgendeinen Kredit. Die einzige Bankgarantie, die ich je ausgestellt habe, war die für die Wiener Flugfirma Jet-Air.«

Monzer Al Kassar ist inzwischen eine Art diplomatischer Repräsentant von Syrien und besitzt einen Diplomatenpass der Volksrepublik Jemen.

»Die Familie hat hervorragende Verbindungen zu hohen syrischen Regierungsstellen«, schreibt die amerikanische Botschaft in Damaskus, »und legte diplomatische Referenzschreiben des syrischen Außenministeriums und hoher Militäroffiziere vor.« Monzer Al Kassar war jedenfalls eng mit Rifaat Assad, dem jüngeren Bruder des syrischen Präsidenten, befreundet. Rifaat Assad war nicht nur der Kopf des syrischen Geheimdienstes, sondern nach Auskunft westlicher Polizeibehörden auch tief in den Drogenhandel verstrickt. Sicher ist, dass er häufiger Besucher in Al Kassars Villa in Puerto Banus war.

Die von höchsten Regierungskreisen in Syrien abgesegneten Geschäfte, die Al Kassar damals durchgeführt haben soll, entsprachen einem bestimmten Raster: Die Drogen wurden im Libanon in Kühlcontainern versteckt und dann durch die Türkei und Bulgarien in ein Depot bei Pristina im heutigen Kosovo gebracht. Dort wurden sie in private Pkws umgeladen und danach durch ganz Europa bis zum Endbestimmungsort geschmuggelt. Das ist ja Geschichte, könnte man einwenden. Inzwischen sei Al Kassar doch resozialisiert.

Anfang 1990 meldeten spanische Zeitungen und Zeitschriften, dass Spanien zum wichtigsten Kokainumschlagplatz in Europa geworden und in Galicien ein großer Kokainring aufgeflogen sei, mit direkten Verbindungen zum kolumbianischen Drogenkartell. Dann packte ein Beteiligter, ein kleiner Drogenhändler, aus. Er behauptete, ein inzwischen verhafteter Boss des Kokainrings, Ricardo Portabales, habe enge Verbindungen zu Monzer Al Kassar gehabt. Der Kronzeuge der Polizei sagte gegenüber dem Untersuchungsrichter Folgendes: »Hier habe ich ein Schreiben von Portabales, in dem er Monzer Al Kassar erwähnt.« Dann wurde er konkreter: »Monzer Al Kassar ist ein internationaler Capo im Haschisch- und Waffengeschäft. Und er hat wahrscheinlich mit Kokain zu tun. Außerdem handelt er mit Heroin und ist ein intimer Freund von Ricardo Portabales.«[22] Eine Sensation, über die selbst die angesehene spanische Tageszeitung *El Pais* berichtete. Demnach habe der Drogenhändler Ricardo Portabales gegenüber dem Madrider Untersuchungsrichter Baltasar Garzón erklärt, dass er, der Drogenhändler Portabales, nicht nur die damalige sozialistische Regierung finanziell unterstützt, sondern sich auch mit Monzer Al Kassar getroffen habe. Jeder konnte die Meldung lesen.

Wie reagierte er auf diese Meldung? Er ist empört. »Was in diesem Bericht geschrieben steht, sind alles Lügen. Ich lebe in Spanien, und falls der Richter wirklich meinen Namen genannt hat oder jeder andere, der sagt, ich sei irgendwie in Drogengeschäfte verwickelt, gegen den gehe ich vor. Ich widerspreche in jeder Weise.« Er ist wütend. Kann es sein, dass er etwas aus seinem Bewusstsein mit aller Gewalt ausblendet?

Über seine mutmaßliche Verstrickung in den Drogenhandel heißt es beim Bundeskriminalamt: »Er hat natürlich damit zu tun. Wenn er sagt, er habe nichts mit Drogen zu tun, dann nenne ich das Scheinheiligkeit. Er gehört zu den großen Händlern«, so sieht es der einstige Pressechef des BKA, Klaus Fuchs. Bekräftigt wird diese Behauptung von der amerikanischen Drogenbehörde DEA. In einem Dossier der amerikanischen Drogenfahnder ist nachzulesen, dass Monzer Al Kassar drei Drogenorganisationen befehlige. »Einmal die Italien-Connection mit Quellen im Libanon und Abnehmern bei einer Mailänder Gruppe der neapolitanischen Camorra. Dann die Frankreich-Connection mit Abnehmern der Marseiller kriminellen Organisationen und die Spanien-Connection mit syrisch-libanesischen Händlern und möglicherweise Verbindungen zur baskischen Terrororganisation ETA.«

Bestätigt werden diese schweren Vorwürfe von einem deutschen Unternehmer, der mehrmals bei Monzer Al Kassar zu Besuch war. Zumindest über »Drogengeschäfte größeren Umfangs im Jahr 1986« berichtet Erich Bunte, ein Mann, der später sogar als V-Mann für das BKA agierte (siehe Seite 117 ff.).

»1986 habe ich Monzer Al Kassar zum ersten Mal in Marbella getroffen«, erzählt er mir. »Ich war als Mitglied einer kolumbianischen Gruppe insgesamt dreimal bei ihm.« Es ist eine Geschichte, die er bereits 1988 der belgischen Polizei zu Protokoll gab. Demnach halte er Monzer Al Kassar »für den größten Rauschgifthändler der Welt«. Für ihn ergab sich das daraus, dass er bei Monzer Al Kassar zwei bedeutende Personen getroffen habe. Jorge Ochoa und Gonzales Rodriguez Gacha. Jorge Ochoa war Ende der Achtzigerjahre führendes Mitglied des Medellín-Kartells. Rodriguez Gacha galt ebenfalls als großer Drogenlieferant und als eine Art Schlüsselfigur für die Herstellung der Grundsubstanz des Kokains, der Kokapaste. Er soll, so steht es in einem Haftbefehl des US-Justizministeriums aus dem Jahr 1986, »zwischen Februar und Juli 1984 mindestens 1500 Kilogramm Kokain von Kolumbien in die USA geschmuggelt haben«. Wobei das natürlich nur ein Vorgang von vielen ist.

Bunte enthüllte dabei brisante Dimensionen dieses, wie er schildert, »gemütlichen Meetings« in Marbella. Denn damals entstand der Plan, dass die kolumbianischen Drogenbosse und Monzer Al Kassar sich der Logistik und Infrastruktur der baskischen Terrororganisation ETA bedienen wollten, um Kokain aus Südamerika nach Spanien und von dort mit Hilfe der ETA auf dem Landweg in den Norden zu schmuggeln.

Treuherzig, wenn nicht im Brustton der Überzeugung, sagt Monzer Al Kassar zu den Vorwürfen: »Schauen Sie mich an. Ich rauche nicht einmal Zigaretten. Wie können Sie dann fragen, ob ich etwas mit Drogen zu tun hätte.« Und irgendwie hat er ja Recht. Die Drogengeschäfte waren alle bekannt, und bis heute ist er deshalb weder angeklagt noch verurteilt. Und das, obwohl der Polizei Erkenntnisse vorliegen, dass einer seiner Hauptfinanziers noch Mitte der Neunzigerjahre ebenfalls tief im Drogenhandel verstrickt war.

In diesem Zusammenhang muss auf die Rolle Syriens eingegangen werden, zu dessen Spitzenpolitikern Monzer Al Kassar engste Beziehungen unterhält.

Syrien ist jenes Land im Nahen Osten, in dem höchste Regierungsstellen seit langem tief in den internationalen Drogenhandel involviert sind. Im März 1992 veröffentlichte das US-Außenministerium einen Bericht, in dem es heißt: »Libanesische Gruppen und Familien produzieren Haschisch und Opium in dem von Syrern besetzten Bekaa-Tal. Syrisches Militär und Regierungsangehörige, die offiziell im Libanon stationiert sind, sind sowohl in die Drogenproduktion als auch in den Drogenhandel verwickelt.

Syrien ist ein Transitland für Heroin, insbesondere nach Europa und den Vereinigten Staaten.«

Dem angesehenen »Zentrum für Sicherheitspolitik« in Washington liegt ein Bericht der amerikanischen Drogenabwehrbehörde DEA vor, aus dem ebenfalls die Verstrickung syrischer Regierungsmitglieder in den Drogenhandel hervorgeht. Der Bericht nennt Namen, identifiziert die genaue Lage der Laboratorien und die Methode, die von Syrien benutzt wird, um den Handel mit Drogen durchzuführen. Der Bericht wurde in einem Safe der DEA verschlossen. Aus außenpolitischen Rücksichtnahmen möchte man sich mit dem einstigen Todfeind Syrien gut stellen, braucht die Unterstützung der Regierung auf dem Schachbrett der Interessen im Nahen Osten.

Daher weist das »Zentrum für Sicherheitspolitik« auf den kuriosen Widerspruch hin, demzufolge es nicht zu tolerieren sei, »dass die US-Regierung einerseits Milliarden Dollar für den Kampf gegen die Drogen ausgibt, während sie gleichzeitig nichts gegen die Hauptbeteiligten unternimmt«[23].

Tatsächlich geht es in Syrien ja nicht nur um einige korrupte Beamte. Der Drogenhandel ist für die Regierung eine Möglichkeit, Milliarden von Dollar in harter Währung einzunehmen.

Beharrlich weigert sich Washington, öffentlich zu benennen, was über die direkte Verwicklung der syrischen Regierung in den Drogenhandel bekannt ist. Dabei haben sowohl die CIA als auch die DEA – inoffiziell – immer wieder darauf hingewiesen, dass höchste Regierungsstellen sich mit solchen Geschäften befassen. Einer der wichtigsten Personen dabei ist der Bruder des Staatspräsidenten Assad, Vizepräsident Rifaat Assad.

Er gilt als »Gottvater« der syrischen Mafia. Für die amerikanische DEA steht fest, dass er selbst die Kontrolle über Heroinlabore hat. Zu anderen syrischen Politikern, die im Drogenhandel kräftig agieren und kassieren, gehören sowohl der Verteidigungsminister als auch der Chef des Nachrichtendienstes, Ali Douba.

Dessen Clan kontrolliert im wesentlichen die Polizei und Sicherheitskräfte in Syrien und im Libanon, einschließlich dem

Chef der Polizei in Damaskus (Cousin), dem Chef der Geheimpolizei in Damaskus (Neffe) und dem wichtigen Polizeichef am Beiruter Flughafen (Neffe).

Beide, Vizepräsident Rifaat Assad und den Chef des syrischen Nachrichtendienstes, verbindet viel mit Monzer Al Kassar, und dies sind nicht nur freundschaftliche Bande.

Und was hat der Staatspräsident Syriens damit zu tun? Was bislang nicht zu beweisen war, sind »harte Fakten« über dessen Verwicklung in den internationalen Drogenhandel. Andererseits wäre es blauäugig zu glauben, dass er nichts von den kriminellen Aktionen in seiner nächsten Umgebung weiß. Zu gut ist der Diktator durch ein dichtes Netz von Geheimpolizei und Spitzeln im gesamten Land informiert. Und daher kann man davon ausgehen, dass er über die Geschäfte seines Bruders genauso Bescheid weiß wie über die anderer Regierungsmitglieder beziehungsweise der Nachrichtendienste. Gerade der Nachrichtendienst, der als einer der besten im Nahen Osten gilt, hält ja schützend seine Hand über die Drogenhändler, die vom Libanon aus operieren. Und so profitiert der Staatspräsident auf jeden Fall vom internationalen Drogenhandel, der bekanntlich harte Währung seinem Land garantiert.

Und so beklagte sich in geheimen Studien zwar das US-Außenministerium darüber, dass der syrische Präsident keine überzeugenden Schritte gegen die Drogenconnection in seinem engsten Umfeld unternommen habe – ansonsten blieb jedoch alles ruhig. Warum sollte der Präsident auch etwas gegen diese Drogenverbindungen unternehmen?

Doch wieder zurück zum Multitalent Monzer Al Kassar. Da gibt es ja noch seine internationalen Waffengeschäfte, und die erklären schon eher, warum er bislang ungeschoren davongekommen ist. So erklärte das BKA bereits 1993 ganz öffentlich: »Nach unseren Erkenntnissen ist Kassar und seine Firma der größte private Waffenhändler der Welt. Er hat an beide Parteien im Golfkrieg, Iran und Irak, tonnenweise Panzer und Geschütze geliefert. Beispielsweise hat er auch Waffen und Munition an die Contras geliefert und an die PLO.« Wie ein roter Faden ziehen sich seine Waffengeschäfte bis in die Gegenwart hinein weiter.

Doch Monzer Al Kassar lacht herzhaft, wenn man ihn auf Waffengeschäfte anspricht. »Staaten handeln mit Waffen. Ihr Land handelt mit Waffen. Die meisten Länder handeln mit Waffen. Darunter gibt es viele Personen, private Waffenhändler mit einer Lizenz. Warum gibt denn Ihre Regierung den privaten Waffenhändlern eine solche Lizenz, wenn da irgendetwas schlecht ist? Waffen sind ein Geschäft wie jedes andere auch. Ich habe nichts mit schweren Waffen zu tun gehabt. Sie werden lachen oder es nicht glauben, wenn ich Ihnen sage, mit was ich gehandelt habe: mit alten Mauser-Jagdgewehren.« Er scheint davon überzeugt zu sein, was er sagt. Auch in diesem Fall lohnt sich ein Blick hinter die Fassade des Biedermanns, und man stößt dabei auf seine extrem guten Beziehungen.

Schaut man beispielsweise in das Tagebuch des britischen Waffenhändlers Michael Aspin, ergeben sich andere Daten. Der wollte im Auftrag des amerikanischen Regierungsvertreters Oliver North 5000 Tow-Raketen in den Iran verschieben. In dem von der englischen Polizei beschlagnahmten Tagebuch taucht der Name Monzer Al Kassar mehrmals auf: »Bei Monzer Al Kassar in Marbella«; »Monzer Al Kassar macht Angebote.«

Er taucht auch in Dokumenten des BKA auf. Dort heißt es: »In einem weiteren Fall in der BRD und in Griechenland wurden Ghassan und Monzer Al Kassar als Organisatoren eines in Griechenland aufgedeckten Waffentransports (dabei wurden u. a. über 2500 Kalaschnikow-Maschinenpistolen sichergestellt) bezeichnet. Bei diesem Transport fungierte auch eine österreichische Firma als Zulieferant.« Beim Bundeskriminalamt hegt man darüber hinaus nach einer Telefonüberwachung in Düsseldorf bei einem Kamel B. den begründeten Verdacht, es werden hier neben legalen Handelsgeschäften Waffenlieferungen in den Vorderen Orient und im Gegenzug Rauschgifttransaktionen für Europa abgewickelt.

Hinzu kommen Berichte aus den Vereinigten Staaten, wonach Monzer Al Kassar hinter einem Waffentransport im Umfang von

358 Tonnen aus dem Ostblock stand, die an die Contras verkauft wurden zu einem Zeitpunkt, als der amerikanische Kongress jede militärische Hilfe für die Rebellen in Nicaragua verboten hatte. Hier liegt der Kern des Widerspruchs: dass die eine amerikanische Behörde, nämlich die DEA, ihn für einen großen Drogenhändler hält, andererseits hohe amerikanische Regierungsstellen, insbesondere die CIA, mit ihm zusammenarbeiten. Nicht umsonst wird die CIA ja auch »Cocaine Import Agency« genannt.

Einen Teil seiner undurchsichtigen Waffengeschäfte organisierte Monzer Al Kassar Mitte der Achtzigerjahre von Österreich aus. Anfangs habe »sich Al Kassar in Österreich auf den schwunghaften Handel mit hochtechnologischen Produkten nach Warschau und Sofia beschränkt, während ein Exiliraner für die Noricum das Iran-Geschäft einfädelte«, behauptet die Wiener Staatspolizei. Bei anderen Waffenlieferungen für Khomeinis Truppen hatte der Syrer freilich schon früher seine Hände mit im Spiel, er galt in der internationalen Branche als einer der besten Iran-Lieferanten. »Der geheime Agent hinter den Waffenlieferungen in den Iran, organisiert vom Weißen Haus«, so der Anwalt des am 21. November 1985 in den USA verhafteten israelischen Agenten Jonathan Pollard, »war Monzer Al Kassar.«

Pollard arbeitete zu jener Zeit als Analytiker bei der US-Marine. Seine Aufgabe bestand darin, geheime Informationen zu sammeln, die Aufschluss über chemische, bakteriologische und atomare Waffenproduktionen des Irak geben. »Monzer«, so Pollards Anwalt, »wurde in den teilweise deklassifizierten Tagebüchern von Oliver North als ›M., der Vermittler‹ identifiziert.« Die Schweizer Bankbelege von Oliver North bestätigten ebenfalls, dass das Weiße Haus Millionen Dollar an Monzer Al Kassar bezahlte, um Waffen für die Contras zu liefern. Und das, obwohl sogar ein Bericht des US-Kongresses Monzer Al Kassars syrisches Syndikat als »verantwortlich für 20 Prozent des Heroins beschuldigt, das in die Vereinigten Staaten geschmuggelt wurde«.

Vor diesem Hintergrund wird die Aussage des Ex-Bundestagsabgeordneten Andreas von Bülow gegenüber dem Autor verständlich, derzufolge Monzer Al Kassar seiner Überzeugung nach deshalb »unantastbar ist, weil er auch für den amerikanischen Geheimdienst CIA arbeitet beziehungsweise gearbeitet hat«.

Nicht nur Andreas von Bülow findet es eigenartig, dass Monzer Al Kassar über eine palästinensische Terrororganisation, die Abu-Nidal-Firma SAS Trade in Warschau, der CIA in großem Umfang Waffen aus polnischer und sowjetischer Fertigung verkaufte und in die USA lieferte. »Von Stettin aus gingen ganze Schiffsladungen mit Ostblockwaffen über den Atlantik zu Lagerhäusern der US-Armee an der Ostküste der USA, wo die Waffen teils zu Testzwecken auf Übungsgeländen zur realistischen Feinddarstellung genutzt wurden, zum Teil landeten sie aber auch bei den Contras, die sie im Partisanenkampf gegen die von der US-Regierung als kommunistisch bekämpfte Regierung in Nicaragua einsetzten.«[24]

In geradezu rührseliger Sentimentalität war Monzer Al Kassar Anfang der Achtzigerjahre mit der schillernden Politszene in Österreich verbandelt. Als der damalige Vizekanzler Norbert Steger im Jahr 1983 nach Damaskus flog, trat – an der Spitze einer Delegation – Monzer Al Kassar an ihn heran. Steger erinnerte sich: »Man hat gleich gemerkt, dass der Mann in Syrien unheimlich stark ist. Selbst hochrangige Offiziere sind vor ihm strammgestanden.«

Die österreichische Polizei beobachtete damals einige seltsame Treffen des Monzer Al Kassar: »Treffen von Monzer Al Kassar im Herbst 1984 in einem Hotel in Genf mit Personen der Waffenszene. Dabei ging es um den Kauf von Phönix-AIM-54-C-Raketen.« Die Amerikaner hatten diese Waffe, die zur Ausrüstung ihres Kampfflugzeugs F-14 gehörte, stets als Staatsgeheimnis betrachtet. Von wegen. Wenige Wochen nach dem Treff in Genf verfügte die iranische Regierung bereits über die »Geheimwaffe«.

In den österreichischen Polizeiunterlagen zu Monzer Al Kassar kann man auch Folgendes nachlesen: »Mitteilung der deutschen Behörden über den iranischen Staatsbürger Said Rasouli, der im Verdacht steht, Fahrzeuge für Sprengstofftransporte bzw. Suchtgifttransporte zu präparieren. Als Geldgeber trat Ghassan Al Kassar auf. Anbahnung eines Waffengeschäfts zwischen Monzer Al Kassar und der jugoslawischen Waffenerzeugerfirma STPI.«

In die Annalen österreichischer Skandale gingen damals das feine Hotel samt Konditorei Demel ein und der Club 45, der in der ersten Etage des Hotels residierte. Ein vornehmer Club, in dem Unternehmer und Politiker das Mauscheln in höchster Perfektion entwickelten. Dabei kommt der Name eines Mannes ins Spiel, dem inzwischen der Prozess gemacht wurde: Udo Proksch. Er hatte den Syrer in seine Loge im Wiener Hotel Demel eingeführt. Proksch war jene Hauptfigur eines monströsen Versicherungsbetrugs, bei dem eine als nukleare Wiederaufbereitungsanlage deklarierte Schiffsladung im Meer verschwand, indem der mittlerweile legendär gewordene Frachter »Lucoma« im Pazifik gesprengt wurde. Sechs Seeleute mussten dabei sterben.

Monzer Al Kassar durfte in dem illustren Kreis in Wien, den Udo Proksch dirigiert hatte, nicht fehlen, veranstaltete rauschende Feste. Was seine Verbindungen zu Udo Proksch und dem damals amtierenden Außenminister Leopold Gratz angeht, sagt er Folgendes: »Werfen Sie mir nicht immer irgendwelche Namen an den Kopf. Mister Proksch? Ich kann nicht sagen, dass ich ihn kenne. Ich habe ihn nur getroffen. Herbert Beck, der Besitzer der Jet-Air, hat ihn mir vorgestellt. Er hatte ein sehr berühmtes Tortengeschäft. Und ich mochte seinen Kuchen. Und Mister Gratz, ich glaube, den habe ich einmal getroffen, mit einem Freund von mir.«

Wenn von dem versunkenen Schiff »Lucoma« die Rede ist, dann auch von der darauf folgenden Noricum-Affäre. In sie waren prominente SPÖ-Politiker wie der erwähnte Leopold Gratz und Innenminister Karl Blecha verwickelt. Sie mussten bereits wegen ihrer allzu engen Beziehung zu Udo Proksch ihr lieb gewordenes Amt aufgeben. »Der Proksch-Vertraute Leopold Gratz unterschrieb, als er noch Außenminister war, die Ausfuhrgenehmigung für 200 Haubitzen und mehr als eine Million Geschosse, die von der Waffenschmiede Noricum, einer Tochter des Staatskonzerns Voest, angeblich für Österreichfreund Ghadafi nach Libyen geliefert werden sollten.«[25]

In Wirklichkeit waren sie von vornherein für den Iran bestimmt.

1985 eröffnete deshalb in Linz die Staatsanwaltschaft ein Ermittlungsverfahren auch gegen österreichische Rüstungsmanager. Ungeachtet aller Gesetze hatten sie Waffen in den Iran verschoben. »Verwickelt«, behauptete die Linzer Staatsanwaltschaft, sei auch Monzer Al Kassar. Diese Verwicklungen ergaben sich später aus den Prozessakten: »Die Kontakte zu Al Kassar wurden vom Beschuldigten Dr. Sauer geknüpft, der jedenfalls seit der siebenten Teillieferung voll davon informiert war, dass die Thailandlieferung und in der Folge die Brasilienlieferung in den Iran gelangen sollte und auch gelangt ist und ferner, dass im Vollzug des Iranvertrages weiteres Kriegsmaterial als Teillieferung in den Iran exportiert werden sollte.«

Auf die Frage, welche Rolle Al Kassar konkret dabei spielte, behauptet der Linzer Staatsanwalt: »Seine Firmen haben Kontakte hergestellt. Es ging um Granatwerfermunition in den Iran.«

In der Anklageschrift erscheint Kassar im Abschnitt 2.1.9 unter dem Stichwort »Argentiniervertrag«. Demnach sei eine seiner Firmen nach Vorgesprächen zwischen dem Waffenhändler und dem Hirtenberger-Vorstandsdirektor Christian Sauer vorgeschoben worden, um 1986 die neunte Teillieferung der Noricum in den Iran als Argentinien-Geschäft zu tarnen. Al Kassars Fälscherwerkstatt übersah dabei das Wesentliche: die richtige Unterschrift unter der argentinischen Endverbraucherbescheinigung. Denn der Unterzeichner, der argentinische Verteidigungsminister, war drei Tage vor dem Ausstellungsdatum zurückgetreten, wäre aber auch von Amts wegen für eine derartige Unterschrift nicht zuständig gewesen. Trotz der Fälschung kassierte Monzer Al Kassar eine erkleckliche Provision: 41 Millionen Schilling.

Zu Waffengeschäften mit der Firma Hirtenberger in den Iran liefert Monzer Al Kassar folgende Erklärung: »Sie haben mich angefleht – bei Ihnen sagt man: Auf den Knien sind sie angekrochen gekommen – zu helfen, ihre marode Industrie wieder in Schwung zu bringen. Von tausenden Arbeitsplätzen war die Rede. Ich brachte daher ihre Firma mit der argentinischen und brasilianischen Regierung zusammen. Genauso, wie ich für Kontakte nach Polen sorgte. Für diese Vermittlung wurde ich bezahlt.«

Im Dezember 1995 wurden deshalb die Räume seines Unternehmens Alkastronic in Wien durchsucht: wegen »Verdachts auf Drogen-, Waffen- und Technologiehandel zwischen dem Ostblock und dem Orient«. Die Ergebnisse der Durchsuchung blieben im Tresor der Staatspolizei unter Verschluss. Bekannt wurde jedoch, dass er mit ziemlich allem handelte, was auf dem Rüstungsmarkt gut und teuer war – zum Beispiel panzerbrechende Munition. Die Ermittler stöberten in Angeboten und Rechnungen für Pistolen und Revolver, für leichte, mittlere und schwere Maschinengewehre, Raketen, Flaks, Tow-Lenkraketen, Panzermunition, Antitank-Granatwerfer, Mörser, Haftminen. Als sie alles aufgeschrieben hatten, vermerkten die Beamten in einem Protokoll: »Aufgrund dieser Zusammenfassung kann eindeutig festgestellt werden, dass die Firma Alkastronic in Wien hauptsächlich in der Vermittlung von Waffengeschäften tätig ist. Diese Tätigkeit wurde vor allem von seinen Mitarbeitern durchgeführt, da diese beste Verbindungen in den Ostblock, vor allem nach Polen, haben. Ein Großteil der Lieferungen ging in den Iran, wobei dies jedoch durch ein anderes Abnehmerland verschleiert wurde.«

In Wien war er ja lange Zeit durchaus präsent: zum einen durch die erwähnte Firma Alkastronic, zum anderen dadurch, dass er ein äußerst respektables Mitglied der österreichischen High Society wurde. Für seinen Charme war er ebenso bekannt wie für seine Beziehungen nach Osteuropa und zum Nahen Osten. Im Jahr 1983 wollte die Ehefrau eines seiner Brüder nach Wien reisen, woraus sich ein Zwischenfall entwickelte. Laut einer Note der österreichischen Botschaft in Damaskus vom 17. Mai 1983 wurde dem Außenministerium in Wien mitgeteilt, dass zwei Tage zuvor, am 15. Mai 1983, die syrische Staatsbürgerin Chaban Naja, Gattin des Haissam Al Kassar, einen Sichtvermerk für sich und ihre beiden Kinder beim Sichtvermerksschalter der österreichischen Botschaft beantragt habe. Im Verlauf der ergänzenden Befragung wurde sie sehr ungehalten und meinte, sie habe genug Geld, um sich in Österreich aufzuhalten, wo sie wolle. Trotzdem wurde ihr das Visum verweigert. Einen Tag später, gegen zehn Uhr, erschien ein Zivilist mit einer Maschinenpistole in der Hand bei ebenjenem Visumschalter und verscheuchte alle anderen Personen, die dort eine Aufenthaltsgenehmigung beantragten. Unmittelbar darauf betrat der Kommandant der Sicherheitskräfte, Shibani, die Botschaft und wollte wissen, warum man Frau Chaban den Sichtvermerk verweigert habe. Wenig später, um 11.23 Uhr, traf ein Telex ein, mit dem die Firma BMS Brokers for Multinational die Frau samt Kindern nach Wien einlud. Die Firma ist wiederum bekannt dafür, dass sie eine staatliche Genehmigung für den Waffenhandel besitzt.

Monzer Al Kassar fühlte sich in Wien so wohl, dass er die österreichische Staatsbürgerschaft beantragte. Bei der Staatspolizei liegt dazu ein Bericht mit dem Aktenzeichen I-Po 346/XVIII/95 vom 24. Juli 1986 vor. Demnach habe ein Freund von Monzer Al Kassar erklärt, dass er im Interesse des Staatsbürgerschaftsansuchens von Al Kassar bei verschiedenen österreichischen Politikern vorgesprochen habe, so auch beim Sekretär von Vizekanzler Steger, einem Herrn Lohmann. Dabei wurde über Investitionen in die österreichische Wirtschaft gesprochen, da nur in einem solchen Fall eine vorzeitige Verleihung der Staatsbürgerschaft möglich gewesen wäre. Von seiten des Handelsministeriums wurde daraufhin der Antrag positiv beschieden, denn die Summe der Investitionen von Monzer Al Kassar sollte zwischen fünf und zehn Millionen US-Dollar liegen. Als die Staatspolizei gegen diesen Beschluss intervenierte, wandte sich Al Kassars Freund an die zweite Partei in der Koalitionsregierung. Zu diesem Zweck sprach er das Allroundgenie Udo Proksch an. Der vermittelte eine Verbindung zum amtierenden Außenminister Leopold Gratz. Doch auch der konnte oder wollte nichts tun.

Das offizielle Österreich verhielt sich gegenüber Al Kassar durchaus ambivalent, kommentierte die Zeitschrift *Profil.* »Einerseits wurde er mit Aufenthaltsverbot belegt und als internationaler Großkrimineller eingestuft, andererseits traf er Leopold Gratz, veranstaltete Feste in Wien und wurde zu Empfängen in die österreichische Botschaft eingeladen.«[26]

Präziser urteilte der Grünen-Abgeordnete Peter Pilz: »Wie weit muss es gekommen sein, dass man solche Leute braucht. Dann beginnt es problematisch zu werden. Er ist einer der wenigen Männer gewesen, wo alles zusammenläuft, ohne den der Waffenschmuggel nicht gehen würde. So sicher die Behörden viel über ihn wissen, so sicher weiß er viel über sie. Da hat einer den anderen in der Hand. Al Kassar kann Politiker in die Enge treiben. Und das ist eine gefährliche Geschichte.«

Wie äußerte sich Monzer Al Kassar zu den Waffengeschäften? »Ich habe damit ganz aufgehört. Vor Jahren habe ich offiziell und legal mit militärischen Ausrüstungsgegenständen, Socken und Kleidung gehandelt. Direkt mit Regierungen, Staatsfirmen und staatlich autorisierten Waffenhändlern. Ich habe zum Beispiel alte Mauser-Karabiner 98 geliefert. Ich muss deshalb lachen, wenn Sie von Waffen reden. Das waren alte Jagdgewehre. Ein sehr gutes Geschäft.«

Und er betont abermals, dass er noch nie in seinem Leben Waffen geschmuggelt habe. Was aus seiner Perspektive sogar der Wahrheit entsprechen mag. Das führt zu den nächsten seltsamen Vorgängen. Und sie haben direkt mit den Drogen- und Waffengeschäften zu tun, die ja häufig politische Wurzeln haben. Das Bundeskriminalamt meint kurz und bündig: »Er hat palästinensische Gruppen mit Waffen versorgt.«

Ahmed Jibril, Führer der Volksfront für die Befreiung Palästinas (PFLP), deren brutale Terroraktionen gegen Israel in den Achtzigerjahren für Schlagzeilen sorgten, soll er mit Waffen beliefert haben. Für Kassar sind Männer dieses Schlages »Freiheitskämpfer«. Er wendet aber gleichzeitig ein, dass er »Geschäftsmann« sei. »Ich habe viele Freunde, palästinensische Freunde. Aber ich habe keine Verbindungen oder Kontakte zu irgendeiner palästinensischen Organisation. Denn, ich sagte es bereits, ich bin kein Politiker. Ich habe zwar meine Sympathien, das heißt jedoch nicht, dass ich ihnen helfe oder für sie arbeite.«

Auch hier gibt es durchaus andere Darstellungen, insbesondere von internationalen Polizeibehörden. Demnach soll Monzer Al

Kassar nicht nur Kriegswaffen an palästinensische Terroristen geliefert haben. Die Polizei ist sich sicher – er hat sowohl in Paris als auch in Wien Mitte der Achtzigerjahre versucht, terroristische Anschläge selbst mitvorzubereiten. Ob Pistolen mit Schalldämpfern, Kofferbomben oder entsprechende Zünder – Monzer Al Kassar soll das Teufelszeug der Terroristen beschafft haben.

Der wehrt sich gegen diesen Vorwurf genauso vehement wie gegen alle anderen Beschuldigungen im Zusammenhang mit Waffen- oder Drogengeschäften. »Das sind Lügen. Wer solche Dinge liefert, der muss entweder verrückt oder von Sinnen sein. Unschuldige Menschen zu töten, das wird niemand akzeptieren. Besonders wenn man Familie und Kinder hat.«

Als ich ihn darauf hinweise, dass das doch von der Polizei behauptet wird, argumentiert er folgendermaßen, wahrscheinlich begründet aus einem langjährigen Erfahrungsschatz: »Glauben Sie, dass alles, was von der Polizei behauptet wird, korrekt ist? Die meisten Polizisten sind korrupt. Wie viele Polizisten sind bis zum heutigen Tag wegen ihres korrupten Verhaltens und ihrer Lügen in der ganzen Welt angeklagt worden?«

»Aus den Akten der spanischen und deutschen Polizei geht jedoch hervor, dass Sie und Ihre Brüder nicht nur der palästinensischen Terrororganisation PFLP-SC des Dr. Georges Habash angehören, sondern auch sogar in führender Position tätig gewesen sein sollen und diese massiv logistisch unterstützten.«

»Wir unterstützen keine terroristischen Gruppen. Weder bin ich Mitglied einer palästinensischen Gruppe noch habe ich Kontakte. Sie haben mich auch nie um Waffen gebeten. Mein Bruder Ghassam sympathisiert zwar mit der PFLP-SC. Aber er ist kein Mitglied. Aber wir haben viele palästinensische Freunde in Syrien. Wir leben und fühlen mit ihnen.«

Was ist hier nun wieder wahr? In Wien wurde 1987 wegen des Verdachts terroristischer Aktivitäten gegen Monzer Al Kassar ein Aufenthaltsverbot verhängt. Wesentliche Begründung dafür war seine rechtskräftige Verurteilung durch ein französisches Gericht. Wie ein roter Faden zieht sich das bis heute durch die Akten des Monzer Al Kassar.

Frankreichs Polizei und sein Nachrichtendienst geben im Zusammenhang mit Monzer Al Kassar und diesem Gerichtsurteil viele Rätsel auf. Zum Hintergrund liefert ein Bericht der Wiener Staatspolizei Erhellendes. »Die französische Polizei hatte ein Verfahren gegen die vier Al-Kassar-Brüder – Monzer und Ghassam Al Kassar waren ihnen als Waffenschieber und Mitglieder der palästinensischen Terrororganisation ›Volksfront für die Befreiung Palästinas – Spezialoperationen‹ bekannt – eingeleitet.«

Sie ist die älteste palästinensische Widerstandsorganisation. Durch Flugzeugentführungen, Geiselnahme, Erpressung und Attentate auf die Zivilluftfahrt erregte diese zahlenmäßig kleine Gruppe Aufsehen in der ganzen Welt. Weiter heißt es im Polizeibericht aus Wien: »In Paris etablierten sie, unter der Ägide des Monzer Al Kassar, eine Terrorbasis, um gegen israelische Einrichtungen in Europa eine terroristische Kampagne zu starten. 1984 wurde ein Mr. Berry in England festgenommen, nachdem er für Monzer Al Kassar 1000 Zeitzünder gebaut hatte, die gerne von Terroristen eingesetzt werden.« Und der Bericht fährt fort: »Die britischen Fahnder waren im Rahmen ihrer Ermittlungen gegen Monzer wegen Drogenhandels auf Berry gestoßen und hatten dabei ein Telefongespräch abgehört, in dessen Verlauf Monzer die 1000 Zünder bestellt hatte.« Es ging dabei noch um etwas anderes – um die Lieferung von Kofferbomben.

»Kofferbomben?«, entrüstet sich Monzer Al Kassar und wiederholt sich: »Wenn man solche Dinge liefert, muss man entweder verrückt oder unzurechnungsfähig sein. Unschuldige Menschen zu töten, das macht doch kein Mensch, schon gar nicht, wenn man Familie und Kinder hat.«

Auch hier liest es sich in Polizeiakten anders. »Nach gut informierter Quelle hat die Firma Alkastronic drei solcher Zündmechanismen – das Stück zu 44 000 Schilling – aus einer Bestellung von zehn Kofferbomben erworben.« Und weiter steht in den Ermittlungsakten Folgendes: »Das Geschäft dürfte von seiten der Firma Pankl abgeblasen worden sein, nachdem man über die Verwendung der Höllenmaschinen in Europa und nicht wie behauptet in Afrika erfahren hatte. Aus dieser Bestellung wurden laut derzeitiger Informationslage drei Zünder an Monzer Al Kassar geliefert, das Stück zu 45 000 ÖS.«

In einem anderen Dokument ist zu lesen: »Ein weiterer Baustein der Terroraktivitäten der Brüder Al Kassar, insbesondere von Monzer, stellt die Verhaftung des englischen Geschäftsmanns John Berry im Jahr 1983 dar. Diese Person wurde zu acht Jahren Gefängnis verurteilt und konnte vor kurzem aus dem Gefängnis flüchten. Hintergrund der polizeilichen Maßnahmen waren u. a. die Lieferung von Miniaturzündern an Monzer Al Kassar.«

Zusammenfassend behaupten die Ermittler in Wien: »Man kann mit Sicherheit annehmen, dass die Al-Kassar-Brüder in der Terrororganisation PFLP-SC integriert waren. Die Auffindung von Waffen, die den Umständen nach offensichtlich für terroristische Zwecke bestimmt waren, legt ein Zeugnis davon ab, dass die ›Organisation‹ auch in Wien bereits im Begriff war, ein Terrornetz und eine Struktur für Anschläge aufzubauen.«

Bei ihren weiteren Ermittlungen stieß die österreichische Staatspolizei auf eine Wienerin namens Elisabeth K. Dabei stellte sich heraus, dass sie eher unwissentlich in Kontakt mit Personen aus dem Al-Kassar-Clan gekommen war, und wurde daraufhin, so erinnert sich der ermittelnde Beamte, »in höflicher Form aufgefordert, Rede und Antwort zu stehen«. In dieser Vernehmung gab sie an, von einem Araber einen Koffer zur Aufbewahrung bekommen zu haben, den sie in ihrem Wohnzimmer unter einer Sitzbank verstaut hatte. Als die Beamten den Boden des Koffers aufschnitten, staunten sie nicht schlecht. Sie fanden einen Revolver Marke Astra 38 Special, bei dem die Nummer ausgefeilt war; eine Pistole Marke Astra, auch hier war die Nummer entfernt; eine Pistole CZ 0033 Kaliber 7,65; zwei Magazine, einen Schalldämpfer sowie Patronen. Als man der jungen Frau Fotos vorlegte und sie fragte, ob sie den Mann wiedererkenne, der ihr den Koffer übergeben habe, identifizierte sie Haitham, den Bruder von Monzer Al Kassar. Das führte zu anderen terroristischen Aktivitäten in Frankreich, in die Monzer Al Kassar und sein Clan verwickelt gewesen sein sollen.

Die Behörden in Paris verbinden seinen Namen zum Beispiel

mit einem Mord im Jahr 1980. Damals wurde der ehemalige syrische Ministerpräsident Salah Ed-din al Batar, ein Gegner des Assad-Regimes, erschossen. Zu beweisen war jedoch nichts. Das war einige Jahre später ganz anders. Tatsache ist, dass er wegen seiner Zusammenarbeit mit dem deutschen Rechtsradikalen Odfried Hepp und dem palästinensischen Terroristen Mohammed Ghabdan am 4. Juli 1986 in Abwesenheit zu acht Jahren Gefängnis und fünf Jahren Aufenthaltsverbot in Frankreich verurteilt wurde. Denn er, Monzer Al Kassar, habe unter anderem dem palästinensischen Terroristen Mohammed Ghabdan einen mit Sprengstoff gefüllten Koffer geliefert und dem deutschen Rechtsterroristen Hepp Pistolen und Kofferbomben übergeben, behaupteten die Ermittlungsbehörden.

Auch diesen Vorwurf weist Monzer Al Kassar weit von sich. »Ich bin weder ein Mitglied irgendeiner Gruppe, noch kenne ich diesen Odfried Hepp. Ich habe seinen Namen niemals gehört.«

Das wiederum sieht man beim BKA nicht so eindeutig. »Diese Verbindung ist absolut beweisbar«, heißt es dort. Davon gingen auch die österreichischen Ermittlungsbehörden aus, die sich mit einem »John« in Paris beschäftigten. »Die Person des John wurde als Monzer Al Kassar identifiziert. Dieser hatte der Person im Februar 1985 einen Koffer mit fünf Pistolen, drei Schalldämpfern und Patronen zur Aufbewahrung übergeben. P. sollte davon zwei Waffen im Hotel Hilton in Paris an einen gewissen ›JIM‹ aushändigen. Am 8. April 1985 wurde ›JIM‹ bei der Übergabe inhaftiert. Er wies sich mit einem gefälschten Reisepass aus. Er war der mit internationalem Haftbefehl wegen versuchten Mordes, schweren Diebstahls mit Gewalttätigkeit, Anstiftung zu Sprengstoffanschlägen und Zugehörigkeit zu einer kriminellen Organisation gesuchte deutsche Rechtsterrorist Odfried Hepp. P. war aber nicht nur in Paris tätig, sie arbeitete zusätzlich für Monzer Al Kassar in einer Firma in Amsterdam. Dorthin waren von einem nicht identifizierten Mitglied der Gruppe die drei restlichen Waffen aus dem Koffer, stets über Instruktion des Monzer Al Kassar, gebracht worden. Monzer Al Kassar wollte über diese Scheinfirma

Israelis anlocken und dann durch drei nicht ausgeforschte Täter ermorden lassen.«

Warum wurde trotz dieser schwerwiegenden Erkenntnisse nichts gegen Monzer Al Kassar unternommen? Warum konnte er sich frei bewegen, obwohl die französische Justiz ihn zu acht Jahren Haft verurteilt hatte? Eine Frage, die immer wieder gestellt wird. Eine Erklärung liefert der damalige Pariser Staatsanwalt Laurent Davenas. Er war jener Justizbeamte, der im März 1986 die Anklage gegen Monzer Al Kassar wegen »Gründung einer verbrecherischen/terroristischen Vereinigung« vertrat. Gegenstand des Verfahrens vor der 14. Großen Strafkammer in Paris waren sogenannte Vorbereitungshandlungen, unter anderem von Monzer Al Kassar und Mohammed Ghabdan, für Anschläge auf israelische Agenten und jüdische Einrichtungen in Amsterdam, Brüssel, Paris und Wien. Am Ende des Prozesses stand dann das bereits erwähnte Urteil – ein Urteil, das ihm wenig ausmachte, weil er das Gerichtsverfahren von Marbella aus in aller Ruhe verfolgte. Kurz nach der Urteilsverkündung feierte Al Kassar seinen vierzigsten Geburtstag. Gut gelaunt und großzügig steckte der syrische Multimillionär am Abend seines Wiegenfestes seiner jungen, hübschen Frau Raghda einen Barscheck in die Hand, »for shopping«. Nach vier Stunden hatte sie »insgesamt 25 Schmuckstücke, Halsketten, Ringe und Armbänder im Rechnungswert von 120 000 Dollar erworben! Darunter ein Rubinkollier, 4,83 Karat plus 7,74 Diamanten: 28 500 Dollar.«[27]

Der damalige Staatsanwalt meint heute zu dem Verfahren: »Seit fünf Jahren beschäftige ich mich mit dem Terrorismus. Einer der von mir Angeklagten, Mohammed Ghabdan, der Chef des militärischen Zweiges der PLO in Europa, wurde in Frankfurt verhaftet, ist in die Falle eines Nachrichtendienstes gelaufen. Wenn man die Reiserouten dieses Mannes in Europa verfolgt, stellt man fest, dass man ihn schon vorher in verschiedenen Ländern hätte verhaften können. Aber alle Länder haben sich gehütet, das zu tun. Vielmehr haben ihn bestimmte Polizeidienste veranlasst, doch bitte ihr Land zu verlassen. Sobald er entdeckt wurde, gab man ihm zu verstehen – du bist entdeckt. Er hätte beispielsweise schon in Amsterdam verhaftet werden können. Damals bereitete er gerade ein Attentat auf den israelischen Botschafter vor. Die holländische Polizei hat ihm zu verstehen gegeben, dass er entdeckt sei. Daraufhin konnte er rechtzeitig Holland verlassen. Und ähnlich ist es mit Monzer Al Kassar. Verstehen Sie, was das heißt?«

Ist es nicht seltsam? Die Holländer fordern einen Terroristen auf, doch bitteschön ihr Land zu verlassen, auch die Franzosen lassen ihn unbehelligt. Geschieht das aus Angst vor Rache, vor Anschlägen? Laurent Davenas blickt bei dieser Frage eher mitleidig und erspart sich die Antwort.

Für die pflegliche Behandlung von Monzer Al Kassar gerade durch die französischen Behörden Mitte der Achtzigerjahre gibt es jedoch noch eine weitere Erklärung. Der französische Nachrichtendienst soll ihm nämlich ein Angebot unterbreitet haben, das er schlecht ablehnen konnte. »In Anwesenheit meines Anwalts sagten sie mir, sie hätten mich verurteilt, um Druck auf mich ausüben zu können. Ich sollte ihnen nämlich helfen, Landsleute aus der Beiruter Geiselhaft freizubekommen.«

Einer der intimen Kenner dieser Szene ist der in Paris lebende Nikolaus Ignatiew, ein prominenter, für den französischen Staat arbeitender privater Waffenhändler. Er wusste, dass Monzer Al Kassar Regierungen angeboten hatte, bei der Freilassung von Geiseln, die von Abu Nidal festgehalten wurden, zu helfen.

»Ach, er hat es zuerst in Österreich angeboten. Ich weiß, dass er es in England versucht hat. Das erste Mal traf ich ihn Anfang Juli 1986. Ein gemeinsamer Freund von Al Kassar und mir bat mich dringend, nach Marbella zu kommen. Er, Monzer Al Kassar, habe Probleme mit der französischen Justiz, sei zu acht Jahren Gefängnis verurteilt worden, da er angeblich einigen Terroristen geholfen habe. Sein Freund fragte mich, ob ich etwas arrangieren könne, ihm zu helfen. Das schien schwierig zu sein, denn das Urteil war ja bereits verkündet. Als ich ihn traf, erklärte er mir, was geschehen sei und dass er unschuldig sei. Aber davon war ich natürlich nicht überzeugt. Aber das war nicht mein Problem. Wenn er ein Terrorist war, war er halt einer. Doch da ich wusste, dass er in seinem Land gute Kontakte hatte, in Damaskus und auch in Beirut, sagte ich ihm, vielleicht kann ich helfen. Und zwar, wenn er mir hilft, zwei oder mehr französische Geiseln freizubekommen. Dann könnte sein Verfahren überprüft werden.«

Aus diesem Grund trafen sich in Monzers Residenz in Marbella im Jahr 1986 hochrangige Politiker aus dem Libanon, die in der Geiselfrage behilflich sein konnten, Monzer Al Kassar und Ignatiew. »Bevor ich danach mit ihm nach Damaskus und Beirut ging, gab es mehrere Zusammenkünfte in Marbella. Dort traf ich einflussreiche libanesische Schiiten. Mit dabei war auch der Justizminister aus Beirut. Nach diesem Treffen und nachdem er verstanden hatte, dass wir wirklich einige Geiseln freibekommen wollten, war er sehr kooperativ.«

In Damaskus trafen der französische Waffenhändler, der im Auftrag seiner Regierung handelte, und Monzer Al Kassar die letzten Vorbereitungen für die Weiterfahrt nach Beirut. »Seine Verbindungen zu den syrischen Behörden in Damaskus wie in Beirut waren perfekt. Er kannte, ich denke aufgrund seiner Geschäfte im Libanon, viele Palästinenser oder, anders ausgedrückt, Leute, die auch manchmal Terroristen genannt werden. Da die Geiseln von kleinen Banditen gefangen gehalten wurden, unbedeutenden Terroristen mit wenig Geld, ist klar, dass man einiges erreichen kann, wenn man die Genehmigung der Syrer hat. Während ich die Kontakte zu den offiziellen Stellen unterhielt, hatte Monzer Al Kassar sie mit den nichtoffiziellen Stellen.«

Auf die Frage, was denn »nichtoffizielle Stellen« bedeute, antwortete der Waffenhändler: »Das wissen Sie doch genau. Die Geiseln wurden physisch nicht von der syrischen oder iranischen Armee festgehalten, sondern von lokalen Banditen. Um die Freilassung zu erreichen, kann man etwas durch syrische Militäroperationen erreichen oder dadurch, dass man auf die Gangster materiellen, finanziellen Druck ausübt, mit syrischer Unterstützung. Und ich kann mir vorstellen, dass Monzer diesen Weg gegangen ist. Und falls ja, dann war es richtig.«

Fraglich ist, ob Monzer Al Kassar ausschließlich von edlen, humanitären Motiven geleitet wurde, als er dabei half, die französischen Geiseln freizukaufen. Geiselbefreiung kann durchaus für alle Parteien, mit Ausnahme der Geiseln natürlich, ein lohnendes Geschäft sein. Denn trotz aller Dementis kassierten die Terroristen viel Geld. Einige andere Beteiligte konnten ihr politisches Guthaben bei den Franzosen durch andere Freundlichkeiten einlösen. In diesen komplexen Beziehungen dürfte mit großer Wahrscheinlichkeit der Grund zu finden sein, dass Monzer Al Kassar danach bei staatlichen Dienststellen Frankreichs gern gesehen wurde, trotz rechtskräftiger Verurteilung und trotz Haftbefehls. Damit stellt sich zwangsläufig die Frage, ob er aufgrund dieser Beziehungen (und nicht nur in Frankreich) unantastbar sei.

»Nein«, beteuert Monzer Al Kassar. »Es ist verrückt zu sagen, ich wäre unangreifbar. Das Gesetz kann jeden packen, besonders in Europa. Und entweder gibt es ein Gesetz in Europa oder nicht. Oder Sie gehen davon aus, die Justiz in Europa sei auch korrupt.« Nicht die Justiz, sondern staatliche Dienststellen, insbesondere Nachrichtendienste, die von ihren Herren von der Leine gelassen wurden, waren jene, die ihn immer wieder geschützt haben – bis zum heutigen Tag. »Die Verbindungen des syrischen Waffenhändlers mit dem Nachrichtendienst Spaniens sind exzellent. Zeitweise arbeitete er mit General Emilio Alfonso Manglano, dem Chef der Cesid, zusammen«, erzählt Manuel Cerdan, ein kundiger Journalist aus Madrid. Der besuchte sogar, auf Einladung von Monzer Al Kassar, Syrien. Der Cesid ist eine Spezialtruppe innerhalb des spanischen Geheimdienstes. Und hier war Monzer Al Kassar zwar nicht bei Geiselbefreiungen, sondern bei verschiedenen Waffengeschäften und Antiterror-Operationen des Dienstes von Nutzen. Ende 1980 habe er beispielsweise französische Kriminelle benutzt, um die Separatistenbewegung ETA auszuschalten.[28] Während der taktische Einsatz von kriminellen Drogennetzwerken für Nachrichtendienste überall auf der Welt ausreichend dokumentiert und als »Geschichte« akzeptiert ist, sind die Manipulation und staatliche Beteiligung im Drogenhandel, um extrem sensitive Geheimdienstoperationen zu finanzieren, weitaus weniger bekannt – und entsprechend weniger glaubhaft. Die Schwierigkeit liegt darin, dass es für diese Operationen zwangsläufig keine soliden Beweise gibt. Daher liegt es in der Natur der Sache, dass im Falle des Bekanntwerdens dieser geheimen Operationen die Beteiligten selbstverständlich auf eigene Verantwortung gearbeitet haben, ohne Autorisierung. Die Aktivitäten des Cesid in Spanien im Kampf gegen die ETA sind dafür ein besonders gutes Beispiel.

Welchen Nutzen hatte Monzer Al Kassar nun für Deutschland? In diesem Zusammenhang ist aufschlussreich, dass der Syrer, obwohl ein Aufenthaltsverbot gegen ihn in Deutschland bestand, ungehindert einreisen konnte, nachweislich bis Ende 1992. In einem geheimen Telex des Bundesinnenministeriums steht, dass man ihm »aus übergeordnetem nationalen Interesse« die Einreise gestatten würde. Der Bundesnachrichtendienst übernehme dabei die »Garantenstellung«. Über seine vermuteten und tatsächlichen Verbindungen zu Geheimdiensten, die sich wie ein roter Faden durch seine wechselvolle Geschichte ziehen, sagt er selbst: »So etwas zu sagen, ist wirklich Unsinn. Das Gesetz erreicht jeden, besonders hier in Europa. Ich weiß für mich selbst, dass ich unschuldig bin. Ich habe in meinem Leben nichts Falsches gemacht. Aber wir haben viel ertragen müssen. Ich danke Gott, dass meine Töchter noch nicht groß genug sind und das alles noch nicht mitbekommen.«

Seine bisherige komfortable Situation schien sich im Sommer 1992 kurzfristig geändert zu haben. Zu jener Zeit beschäftigte sich zum ersten Mal ein unbestechlicher Untersuchungsrichter mit dem Fall Monzer Al Kassar. Zuvor hatte Baltasar Garzón bereits umfangreiche Ermittlungen über den internationalen Drogenhandel betrieben. Berüchtigt ist Garzón als Mann, der ohne Rücksicht auf politische Interventionen seiner Arbeit nachgeht. Am 3. Juli 1992 ordnete er die Verhaftung von Monzer Al Kassar an. Der Weltbürger Kassar, der in Madrid festgenommen wurde, hatte einen argentinischen Pass bei seiner Verhaftung dabei, besitze aber auch die libanesische und chilenische Staatsbürgerschaft, erklärte damals ein Polizeisprecher. Ein Jahr lang musste Monzer Al Kassar im Gefängnis ausharren. Seit Anfang November 1992 kannte er die Anklageschrift. Der Hauptvorwurf: »Waffenhandel« und »Unterstützung terroristischer Gruppen«. Beschuldigt wurde er außerdem »der Beteiligung an der Entführung des Kreuzfahrtschiffes ›Achille Lauro‹«, bei der am 7. Oktober 1985 der US-Bürger Leon Klinghoffer palästinensischen Terroristen zum Opfer fiel. Monzer Al Kassar habe die Entführer mit Waffen beliefert.

Nach dieser spektakulären Verhaftung wechselte Garzón in die Politik, wurde Regierungsbeauftragter für Drogenfragen und saß einige Jahre im spanischen Parlament. Wenige Wochen, nachdem Garzón den Fall abgab, Ende Juli 1993, wurde Al Kassar überraschend gegen Kaution freigelassen: umgerechnet 24 Millionen Mark, die höchste Kautionssumme, die jemals in Spanien bezahlt wurde. Zweimal monatlich hatte er sich in der Folgezeit bei der Polizei, der Audienca Nacional, zu melden. Glück für Monzer Al Kassar in dieser Zeit war, dass ein wichtiger Belastungszeuge nicht mehr unter den Lebenden weilte. Monzer Al Kassar soll übrigens nach seiner Freilassung angekündigt haben, das meldete das spanische Magazin *Interviú* am 5. Juli 1998, »alle für seine Haft verantwortlichen Personen vor Gericht zur Rechenschaft zu ziehen«. Dazu könnte auch der Syrer Mustafa Nasimi gezählt haben. Er und zehn weitere Personen waren in eine Drogenaffäre verwickelt, bei der es um 300 Kilogramm Kokain ging. Der französische Kapitän eines der Schiffe, die das Kokain transportierten, beschuldigte Nasimi des Besitzes der Drogen. Obwohl er den Vorwurf immer bestritt, wurde er zu einigen Monaten Haft verurteilt, bevor er 1997 gegen Kaution von 50 Millionen Pesetas das Gefängnis verlassen durfte.

Seit geraumer Zeit lebte er in Angst, wurde durch die Gangstergruppen, mit denen er seine Geschäfte machte, mit dem Tode bedroht. Es waren Gangs, die in vielen Fällen von der Polizei infiltriert waren. Aber seine schlimmste Zeit begann, als er sich erkühnte, Monzer Al Kassar zu belasten, und von Richter Baltasar Garzón im Verfahren gegen Monzer Al Kassar als Kronzeuge vorgeladen wurde. Seine Aussagen bei dem Richter belasteten nicht nur Monzer Al Kassar, sondern auch Rafael Vera, den Staatssekretär in Madrid. Beide hätten im Auftrag des Nachrichtendienstes Drogengeschäfte durchgeführt beziehungsweise kontrolliert. Damit hatte er ein heißes innenpolitisches Eisen publik gemacht. Nun wurde auch massiver Druck auf den Untersuchungsrichter ausgeübt, in Form von Denunziation und haltlosen Beschuldigungen, unter anderem durch Monzer Al Kassars Anwalt Manuel Cobo del Rosal, der sich geschäftlich in Ex-Jugoslawien betätigt, wo seine Frau Spielcasinos unterhält.

Jedenfalls wurden von Garzóns Schreibtisch handgeschriebene Notizen gestohlen, die danach in einer Madrider Zeitung auftauchten, die eng mit Kassars Anwalt liiert war. Bezahlte Zeugen warfen Garzón sexuelle Abartigkeiten vor. So soll er an wilden Sexorgien teilgenommen haben. Als nächstes wurde ihm unterstellt, Kaviar und Champagner von Nasimi erhalten zu haben. Monzer Al Kassar, das berichtete zumindest die angesehene spanische Zeitschrift *El Mundo*, beschuldigte seinen Erzfeind Garzón gar der aktiven Erpressung. Garzón habe von ihm 30 Millionen Dollar verlangt. Als Gegenleistung werde er, Monzer Al Kassar, freikommen und sein Freund Almira Yoma gerichtlich nicht belangt werden. Gegen Yoma lief ein Verfahren wegen Geldwäsche.[29] Am 20. Juni 1998 wurde der Kronzeuge Nasimi von einem Profikiller mit einem einzigen Schuss getötet.

Auch ein anderer Zeuge gegen Monzer Al Kassar ist inzwischen gestorben. Nach Polizeiangaben stürzte im September 1992 der Libanese Ismael El Chouri von der Terrasse seiner Wohnung im vierten Stock in den Hof. El Chouri war ein früherer Angestellter Al Kassars. Ob dieser beteiligt war, sei dahingestellt. Jedenfalls führten die Todesfälle dazu, dass er nicht verurteilt werden konnte.

Unterdessen drohte ihm neues Ungemach. Laut argentinischen Zeitungsmeldungen standen er und sein Bruder im Verdacht, 65 Kilogramm jenes Sprengstoffs geliefert zu haben, mit dem 1992 die Botschaft Israels in Argentinien in die Luft gesprengt wurde. 29 Menschen kamen dabei ums Leben. Der Sprengstoff wurde von der Firma Cenrex in Polen geliefert, als deren Inhaber Monzer Galioun alias Monzer Al Kassar geführt wird.[30]

Erfahrungen mit Monzer Al Kassar machten auch deutsche Parlamentarier. Am 26. November 1993 reisten unter anderem zwei Bundestagsabgeordnete, Mitglieder des Schalck-Golodkowski-Untersuchungsausschusses, Andreas von Bülow von der SPD und der CDU-Abgeordnete Wolfgang Büttner, nach Madrid, um dort eine heiße Spur zu verfolgen: die illegalen Waffengeschäfte des einstigen Wirtschaftsimperiums der DDR, der Koko, und eventuelle Verbindungen zur nahöstlichen Terrorszene. Sie hofften, dazu etwas von einem Mann zu erfahren, der bereits mit seinem Rechtsanwalt auf sie wartete. Sein Name lautete Monzer Al Kassar. Mehrere Stunden unterhielt sich der Drogen- und Waffenhändler mit den bundesdeutschen Abgeordneten. Sein Kommentar nach dem Treffen: »Ich bin interessant? Ich weiß nicht, über was Sie sprechen.« Auf die Frage, welche Waffengeschäfte er getätigt habe, antwortete er: »Bitte, ich gehe nicht in Einzelheiten. Wir hatten ein offizielles Treffen, ein freundliches Treffen.« Der Untersuchungsausschuss des Bundestags, der die Machenschaften des früheren DDR-Mannes Alexander Schalck-Golodkowski ausleuchten sollte, wollte von Monzer Al Kassar Aufschluss über dessen Waffengeschäft mit einer Schalck-Firma erhalten. Sie hatten bereits einige Informationen. So waren in der Garage einer Ostberliner Autowerkstatt von Kripobeamten rund 600 Aktenordner beschlagnahmt worden, darunter Dokumente des Ministeriums für Staatssicherheit (MfS). Aus den Unterlagen ging hervor, dass Monzer Al Kassar auf der Kundenliste von Schalck-Golodkowski stand und ein anderer MfS-Beamter engen persönlichen Kontakt zu ihm unterhielt. Noch 1988 verhandelte die Waffenhandelsfirma von Schalck mit Al Kassar über die Lieferung von Nachtsichtgeräten aus NATO-Produktion für den Südjemen. »Einer von ihnen, der IMES-Mann Günter Hesemann, sah in Al Kassar offenbar den geborenen Koko-Kunden: Kontakte zu den Clans des Nahen Ostens sowie zum syrischen Geheimdienst auf der einen, exklusive Geschäftsbeziehungen zu europäischen Waffenhändlern, besonders den staatseigenen Firmen des Ostblocks, auf der anderen Seite. Längst zählte Monzer Al Kassar zu den Stammkunden von Kintex in Bulgarien, Omnipol in der ČSSR und Cenzin in Polen.«[31]

Monate später, am 2. Dezember 1993, tagte in Bonn wieder einmal der Schalck-Golodkowski-Untersuchungsausschuss, diesmal um sich mit den Waffengeschäften der Ex-DDR zu befassen. Bis dahin waren die Verbindungen zwischen dem Clan Al Kassars und dem Schalck-Imperium überhaupt noch nicht zur Sprache gebracht worden. Auf dem Tisch der Mitglieder des Untersuchungsausschusses lag ein Teil jener Aktenordner, die brisantes neues Material über das Koko-Imperium enthalten sollten. Vom Bundesnachrichtendienst waren sie kurz zuvor freigegeben worden. Durch ein »Versehen« gelangten sie in die Hände des Schalck-Ausschusses. Bevor die Abgeordneten die neuen Dokumente sichten konnten, wurden diese wieder zur »Verschlusssache« erklärt. Alexander Schalk-Golodkowski räumte zwar ein, dass die Waffenfirma IMES 1981 gegründet wurde, um Geschäfte mit dem Iran zu tätigen, doch zu den Verbindungen zum Al-Kassar-Clan wurde er nicht befragt. Doch wenn ihm nachgewiesen würde, dass er oder Mitarbeiter des Koko-Imperiums enge Beziehungen zum Kassar-Clan unterhielten, der Waffen in der Ex-DDR kaufte, die später an palästinensische Terroristen geliefert wurden, dann hätte er Schwierigkeiten bekommen, sich wieder als Unschuldsengel hinzustellen – diese Meinung herrschte jedenfalls damals im Untersuchungsausschuss vor. Doch weit gefehlt. Die Angelegenheit ist bis heute ein ungelöstes Rätsel.

Auch in einem anderen Fall spielt Monzer Al Kassar in der innenpolitischen Auseinandersetzung eine gewisse Rolle, und zwar im Zusammenhang mit einem Prozess gegen Monika Haas, die 1997 von der Bundesanwaltschaft angeklagt wurde, an terroristischen Aktivitäten beteiligt gewesen zu sein. Dabei fiel auch der Name Monzer Al Kassar. In einer Prozesserklärung führte sie aus: »Symptomatisch für die spezifische Form kriminalistischer ›Kompetenz‹ sind die Erlebnisse mit Fahndern des Bundeskriminalamtes, die mir Monzer Al Kassar, ein Freund meines Mannes, schilderte. 1993 wurde Monzer Al Kassar in Spanien wegen des Verdachts, Waffenlieferant für die Entführung des Passagierschiffes ›Achille Lauro‹ gewesen zu sein, in Untersuchungshaft genommen. Ein Kronzeuge, der wegen Drogendelikten angeklagt war, hatte diesen Vorwurf erhoben. [1995 erfolgte der Freispruch – der Kronzeuge hatte gelogen.] Die Beamten der Abteilung TE reisten nach Spanien, um Monzer Al Kassar in der U-Haft mit der ›Tatsache‹ zu konfrontieren, sie hätten absolut zweifelsfreie Erkenntnisse darüber, dass er gemeinsam mit mir im Oktober 1977 von Algier nach Palma gereist sei, um dort die Waffen für die Entführung der ›Landshut‹ zu übergeben. Sie – die Ermittler – seien nicht an einer Strafverfolgung gegen ihn interessiert, sondern ausschließlich an einer Zeugenaussage, um ihre Erkenntnisse zu verifizieren. Außerdem seien sie in der Lage, ihm bei seinen derzeitigen Problemen mit den spanischen Behörden behilflich zu sein. Anschließend wurde Monzer Al Kassar detailliert über die dem BKA bekannten ›Tatsachen‹ unterrichtet, musste er doch in die Lage versetzt werden, Entsprechendes zu Protokoll zu geben, was er zunächst auch tat. *Nach* Aufnahme des Protokolls ließ Monzer Al Kassar die Beamten zu ihrer Bestürzung wissen, dass er es unmöglich fände, ihn zu einer Falschaussage verleiten zu wollen, er sei nämlich im Oktober 1977 nicht mit mir auf Mallorca gewesen, sondern habe vielmehr in London in Untersuchungshaft gesessen. Ein Sachverhalt, den sie ohne Schwierigkeiten in London überprüfen könnten. Die Beamten des BKA vernichteten daraufhin eigenhändig ihr erstelltes Protokoll.

Monzer Al Kassar ist jederzeit bereit, hier vor Gericht unter Eid diesen Versuch, ihn zu einer Falschaussage zu erpressen, zu bezeugen.«

Die Geschichte mag zwar so stimmen. Vorsichtshalber verzichtete jedoch der Frankfurter Rechtsanwalt von Monika Haas, Armin Golzem, auf die Vernehmung des Zeugen. Aber auch hier fällt auf, vorausgesetzt es hat sich auf diese Weise zugetragen, dass Monzer Al Kassar eine staatliche Allzweckwaffe zu sein scheint. Ist er zu einer Aussage bereit, setzt man sich für ihn ein. Ein schöner Rechtsstaat, kann man dazu nur sagen.

Zur gleichen Zeit, als Al Kassar noch im Madrider Gefängnis saß, sollte auch ein Genfer Untersuchungsrichter mit Ermittlungen gegen ihn beginnen. Das Verfahren war Ende 1998 noch nicht abgeschlossen. Was war geschehen? Der Staatsanwaltschaft in Genf war es ein Dorn im Auge, dass Monzer Al Kassar sich trotz aller Beschuldigungen unbehelligt und frei bewegen konnte. Deshalb entschied man sich, ein Verfahren einzuleiten. Sein auf ein Schweizer Konto eingezahltes Kapital wurde eingefroren. Das schmerzte den Unternehmer. Aufgrund ausführlicher Ermittlungen der Genfer Untersuchungsrichter wurde nämlich bei der Genfer Banque Audi/SA eine Summe von 6 240 177,40 US-Dollar auf dem Konto 1964 sichergestellt. Inhaber des Kontos war Monzer Al Kassar, der es am 5. Juni 1992 einrichtete, um Kaffee- und Zuckergeschäfte zu tätigen. In Wirklichkeit handelte es sich jedoch um illegale Waffenschiebereien. Es wäre jedoch nur eine von vielen seiner Waffentransaktionen und deshalb nicht weiter erwähnenswert. Aufschlussreich ist dabei, wie akribisch die Staatsanwaltschaft in Genf ermittelte und was sie alles über Monzer Al Kassar herausfand.

Ausgelöst wurde die Aktion der Genfer Ermittler durch ein Rechtshilfeersuchen des spanischen Untersuchungsrichters Baltasar Garzón vom 9. Juli 1992. »Dieses Rechtshilfeersuchen erfolgte im Rahmen eines Strafverfahrens, das von Spanien aus gegen Monzer Al Kassar gerichtet wurde, und zwar wegen Mordversuchs, Mords, Freiheitsberaubung, Bandenbildung, Fälschung von Autokennzeichen und Fälschung von Dokumenten«, so die Anklageschrift der Genfer Staatsanwaltschaft.

Nachdem das Geld auf dem Konto 1964 beschlagnahmt war, versuchte die Verteidigung von Monzer Al Kassar, mit allen ihr zur Verfügung stehenden Mitteln sich der weiteren Untersuchung hinsichtlich der Kontobewegungen zu widersetzen. Monzer Al Kassar selbst lehnte jede Zusammenarbeit mit den Genfer Justizbehörden ab. Deshalb kam es zu einer »extensiven Ausweitung des Verfahrens«, wie der Genfer Untersuchungsrichter erklärt. »Die Verteidiger und Monzer Al Kassar haben so lange geschwiegen, bis sie Einsicht in die Untersuchungsergebnisse nehmen konnten.«

Am 9. Dezember 1993 wurde Monzer Al Kassar vom Genfer Staatsanwalt Laurent Kaspert-Ansermet und zwei Polizeiinspektoren verhört. Dabei kam jedoch wenig heraus, denn er erklärte lediglich, dass er Handelsvertreter sei und als diplomatischer Repräsentant des Jemen fungieren würde. Die Genfer Beamten ließen sich davon nicht beeindrucken und versuchten daher, die Aktivitäten von Monzer Al Kassar nachzuverfolgen, »sowohl was Drogenhandel angeht als auch seine Kontakte zu den Vertretern der italienischen Mafia, seine Rolle als ›Drogenterrorist‹ und seine herausragende Rolle auf dem Gebiet des Waffenhandels«, wie in der Anklageschrift zu lesen steht. Erstes Fazit der Genfer Staatsanwaltschaft: »Die Kontakte von Monzer Al Kassar zu terroristischen Organisationen ebenso wie zu ausländischen Geheimdiensten sind in zwei Polizeiberichten festgehalten, die der Strafkammer am 19. Dezember 1995 vorgelegt wurden.«

Wegen seiner Zugehörigkeit zum organisierten kriminellen Milieu, ein wesentlicher Grund in der Schweizer Rechtsprechung, um Kapital zu beschlagnahmen, wurde eine weitere Untersuchung in Genf angeordnet. Die Ergebnisse laut der Anklageschrift: »In Bezug auf die Zugehörigkeit zu einer kriminellen Vereinigung: In Spanien wurden von einer Untersuchungskommission am 23. Januar 1995 der Zeuge Ahmad Khalil, Abou Merched, rechte Hand und Vertrauensmann von Monzer Al Kassar seit 1975, vernommen.«

Was Letzterer aussagte, war sensationell. »Er kann keine illegalen Aktivitäten bei Monzer Al Kassar erkennen.« Abou Merched wurde 1992 in Spanien wegen Drogenhandels verhaftet und war danach zur Zusammenarbeit mit dem spanischen Untersuchungsrichter Garzón bereit. Abou Merched war derjenige, der einst Monzer Al Kassar auch mit der Aussage belastete, dass er von ihm jene Sig-Sauer-Pistole erhielt, mit der 1984 ein Mann namens Josef Elias Awad erschossen wurde. Ein Glück für Monzer war, dass Merched später seine belastende Aussage widerrief. Ein Fazit daher für den Untersuchungsrichter in Genf: »Die Zugehörigkeit von Monzer Al Kassar zur organisierten Kriminalität steht außer Zweifel. Das ergibt sich auch aus seiner Verurteilung zu acht Jahren Gefängnis am 4. Juni 1986 in Paris.«

Brisant ist darüber hinaus jene Aussage der Anklageschrift, derzufolge Monzer Al Kassar bis zum heutigen Tag mit dem undurchsichtigen Gewerbe in aktiver Verbindung steht. »Seine Zugehörigkeit zu einer kriminellen Vereinigung belegen auch seine gegenwärtigen Aktivitäten, wenn man sich auf Informationen von Interpol vom 14. Oktober 1994 bezieht.«

Mit Schreiben vom 9. November 1994 teilte die Staatsanwaltschaft Genf ihre schwerwiegenden Anschuldigungen gegen Monzer Al Kassar dem zuständigen örtlichen Gerichtshof mit und schuf damit sozusagen die juristischen Grundlagen für ein Gerichtsverfahren wegen Mitgliedschaft in einer kriminellen Vereinigung.

Und damit ist man auch wieder bei dem ominösen Konto 1964 bei der Banque Audi/SA. Die Untersuchung darauf stattgefundener finanzieller Transaktionen von Monzer Al Kassar führte dazu, dass man sechs Überweisungen mit einem Gesamtbetrag von 2 300 000 Dollar nachweisen konnte. Sie wurden in der Zeit vom Februar bis zum Juli 1992 durchgeführt. Die Beträge wurden von einem anderen Kreditinstitut überwiesen, der Arab-Bank in Genf. Kontoinhaber ist niemand anderer als Tewfik Abou Charif, einer der engsten Mitarbeiter von Palästinenserchef Arafat. Die Dokumente, die den Behörden bei Durchsuchungen in Al Kassars Domizil in Marbella in die Hände gerieten, haben es den Genfer Ermittlern schließlich ermöglicht festzustellen, dass das Konto lediglich zur Vertuschung eines Waffenhandels benutzt wurde. Denn der Inhaber des Kontos bei der Arab-Bank handelte nur als »Zwischenperson« im Rahmen einer fiktiven Transaktion, die sich offiziell auf den Verkauf von 6100 Tonnen Zucker und 1000 Tonnen Kaffee für Kroatien bezog.

Schöne Täuschung, wie sich herausstellen sollte. Die Transaktionen wurden über eine Gesellschaft namens Zenrex in Warschau abgewickelt, die auch Konten bei den Banken Handlowy International und UCL in Luxemburg eröffnete.

Veranlasst wurden alle Überweisungen durch einen gewissen M.-R. Galioun. Das ist eines der vielen Pseudonyme von Monzer Al Kassar. Es handelte sich um Überweisungen, die in Wirklichkeit zur Finanzierung von Waffenlieferungen nach Jugoslawien dienten und damit das totale Waffenembargo gegen Jugoslawien durchbrachen. Monzer Al Kassar sah, was hier zu verdienen war. Unter dem Codenamen »Operation Nadia« wurden dann die Waffengeschäfte abgewickelt. Und zwar gefördert durch den offiziellen Sprecher der Palästinenser, der, so die Genfer Ermittler, selbst in den Waffenhandel verwickelt ist und enge Beziehungen zu Monzer Al Kassar unterhält.

Zu diesem Waffendeal erklärte in Genf Abou Charif, einer der wichtigsten Männer unter Jassir Arafat seit 1987: »Um zum Kern des Problems zu kommen, das heißt meine Bankbeziehung mit dem Konto Nr. 1964 von Monzer Al Kassar, kann ich Ihnen Folgendes sagen: Ungefähr fünf oder sechs Monate vor der Waffentransaktion hatte mich die jemenitische Regierung kontaktiert mit der Bitte, ob sie mein Konto benutzen könne, um Geld für den Kauf und Verkauf von Waffen zu transferieren. Man erklärte mir, dass das jemenitische Verteidigungsministerium einen offiziellen Brief an die polnische Regierung geschickt habe, um Waffen für Kroatien und Bosnien zu kaufen, die damals noch Verbündete waren. Ich war einverstanden, dass mein Konto für den Transfer dieses Geldes benutzt wurde. Von einem bestimmten Moment an haben die Kroaten und die Bosnier einen Betrag, der dem Wert der Waffen entsprach, auf mein Konto überwiesen. Dann habe ich auf Wunsch meiner jemenitischen Korrespondenten diesen Betrag auf ein Konto überwiesen, dessen Daten ich nicht mehr kenne. In dieser Zeit wusste ich nicht, wem dieses Konto gehörte. Danach habe ich erfahren, dass der Waffenhändler, das heißt jener, der die Verhandlungen zwischen dem Jemen und Polen geführt hatte, Monzer Al Kassar war.«

Am Schluss seiner Vernehmung fügte er noch hinzu. »Ich weiß, dass diese Waffen mit einem Boot geliefert wurden, und weiß nicht, aus welchen Gründen sie als Zucker oder Kaffee deklariert wurden, wo es sich doch eigentlich um Waffenlieferungen handelte.«

Die »Operation Nadia« lief auf vollen Touren. »Nadia« war der Name des Schiffes, das unter der Flagge von Honduras fuhr und aus Danzig kam. Auf den Ladepapieren stand als Absender die polnische Gesellschaft Centrex Trading Company, die bekannt für

Waffengeschäfte aller Art ist. Als der Frachter am 10. März 1992 im Hafen der spanischen Enklave Ceuta festmachte, wurde er von der Hafenbehörde zunächst bis zum 24. April 1992 zurückgehalten. Die Beamten wollten die Begleitdokumente der Ladung überprüfen. Auf den Papieren stand als Endabnehmer der Waffen das Verteidigungsministerium der Republik Jemen. Aufgrund dieser Unterlagen war ein Menzer Galioun alias Monzer Al Kassar berechtigt, diese Transporte durchzuführen, und zwar im Auftrag der Firma Cenzin in Warschau, mit der Monzer Al Kassar seit über 15 Jahren eng verbunden war. Dieses Staatsunternehmen Cenzin tauchte bereits 1985 im Zusammenhang mit den heimlichen Waffenlieferungen an die Contras in Nicaragua auf. Eine alte Tradition demnach.

Ausgestellt, das sahen die Prüfer in Ceuta, war die Endverbraucherbescheinigung von der Regierung des Jemen. Also alles ganz legal? Erst die Schweizer Ermittler fanden jedoch heraus, dass die Frachtpapiere und die Endverbraucherbescheinigung gefälscht sein mussten. »Es ist wichtig, dass seit dem Jahr 1990 die Demokratische Volksrepublik Jemen nicht mehr als solcher Staat existierte (besser bekannt als Südjemen), denn sie nannte sich nach der Wiedervereinigung des Nord- und Südjemens ›Republik Jemen‹. Das heißt, dass man eine gefälschte Endverbraucherbescheinigung benutzte.«

Auch hier versuchte Monzer Al Kassar zu täuschen. Seine Verteidiger legten dem Untersuchungsrichter einen Vertrag vor, der am 11. Februar 1992 zwischen der polnischen und der jemenitischen Regierung abgeschlossen wurde. Dabei wurde die wahre Identität von Monzer Al Kassar verschleiert. Im Vertrag stand nämlich als Käufer nicht Monzer Al Kassar, sondern eines seiner Pseudonyme, Galioun. Und das, was laut Deklaration Zucker und Kaffee hätten sein sollen, waren in Wirklichkeit Waffen. Die gingen auch nicht an den Jemen, sondern direkt an die jugoslawischen Bürgerkriegsgegner Kroatien und Bosnien. Gefälschte Papiere, Waffen an Länder, die von einem Boykott der UNO betroffen waren – Monzer Al Kassar störte das alles nicht. Hauptsache, die Kasse stimmte.

Die spanische Justiz tat nur wenig, um die Ermittlungen der Genfer Untersuchungsrichter zu unterstützen – im Gegenteil. Jede Zusammenarbeit, so beschwerte sich der Untersuchungsrichter Kaspert-Ansermet in Genf, wurde verweigert. Das dürfte kaum verwundern. In Spanien ist Al Kassar wieder hoch angesehen. Unbeeindruckt von allen Vorwürfen und Anklagen gegen ihn gründete er in Madrid eine neue Firma namens »Conastra«, die am 22. Februar 1995 ins Handelsregister eingetragen wurde. Dahinter verbergen sich eine Vertretung für Pistolen der spanischen Marke Astra und die Möglichkeit, auch in Zukunft weiter Waffengeschäfte, wie immer ganz legal, durchzuführen. Drogen- und Waffenhandel – eigentlich eine teuflische Mixtur. Einigen Staaten scheint sie durchaus genießbar zu sein.

In Genf wurde immerhin einmal Geld von Monzer Al Kassar beschlagnahmt. Ob er jemals wegen Mitgliedschaft in einer kriminellen Vereinigung belangt wird, wenn er dort wieder auftauchen sollte, ist mehr als fraglich. »Die Richter hier in Genf wollen da nicht so gern ein Verfahren haben«, mokiert sich einer der Ermittler, der mit dem Untersuchungsrichter zusammengearbeitet hatte. Der bestätigte den Vorwurf, weist aber auf die »Unabhängigkeit« der Gerichte hin. Und er sagt, dass ja noch andernorts gegen Monzer Al Kassar ermittelt wird: in Argentinien.

Adalberto Dia war der Sprecher des ehemaligen argentinischen Präsidenten Carlos Menem. Freudig verkündete er am 22. August 1995, dass sein Chef beabsichtige, eine Konferenz von enormer Bedeutung für Argentinien einzuberufen: eine internationale Konferenz zum Kampf gegen die Drogen. Ebenso wichtig sei es, dass dabei Maßnahmen gegen die Geldwäsche diskutiert würden. Die Verschlagenheit und der Zynismus der politischen Elite Argentiniens – hier fand sie einen vorläufigen Höhepunkt. Organisiert wurde das Treffen von Polizei und Politik von einem Staatssekretär, der für die Drogenpolitik in Argentinien zuständig ist, Alberto Lestelle. Als seine Ernennung bekannt wurde, fanden Kenner der Szene schnell heraus, dass ebenjener Lestelle selbst in den Drogenhandel und Geldwäsche verwickelt war. Deshalb war er wahrscheinlich prädestiniert, die Konferenz zu organisieren.

Wenige Tage nach dieser Enthüllung erklärte Domingo Cavallo, der argentinische Wirtschaftsminister, dass die »organisierte Mafia« sich im Umfeld des Präsidenten selbst eingenistet habe. Damit hatte er das ausgesprochen, was kritische Journalisten in Argentinien vermutet hatten. Domingo Cavallo war es gelungen, die Hyperinflation des Landes einzudämmen – allerdings auf Kosten von Massenarbeitslosigkeit. Damit lieferte er Menem den Vorwand, ihn im Juli 1996 seines Postens zu entheben.

Doch trotz seiner Verwicklung in kriminelle Netzwerke und misstrauisch beäugt von amerikanischen Polizeibehörden, wurde der argentinische Präsident Carlos Menem als gern gesehener Staatsmann von der US-Regierung hofiert – und nicht nur von dieser.

Zumindest hatte Menem es zu etwas gebracht. Der vor seiner Amtsübernahme nicht gerade mit Reichtümern gesegnete Politiker gilt heute als einer der reichsten Männer des Landes. Als Präsident trug er seinen Wohlstand wie einen Bauchladen vor sich her. Jeder sollte wissen, wie mächtig er geworden war. So hatte er sich einen Golfplatz bauen lassen, der so versteckt liegt, dass er nur aus der Luft zu entdecken ist. Für sein 900 Einwohner zählendes Dorf Anillaco in der Provinz Rioja, in dem er geboren wurde, ließ er eine Start- und Landebahn errichten, die genauso groß war wie die des Flughafens in Buenos Aires. Sie lag gerade mal einen Kilometer von seiner Prachtvilla entfernt. Argentinische Journalisten beschrieben diese Residenz als »Disney-Land«. Niemand weiß, woher das Geld für seinen Privatflughafen stammte. Doch als das Fernsehen darüber berichten wollte, griff die Zensur ein. Das löste zwar eine heftige Debatte über die Pressefreiheit in Argentinien aus, änderte jedoch ansonsten nichts.

Was hat das nun mit Monzer Al Kassar zu tun? Es war Menems ehemaliger Wirtschaftsminister Cavallo, der den Tycoon Alfredo Yabran ins Visier nahm. Er beschuldigte ihn der Verwicklung in den internationalen Drogenhandel. Und in dieser Gemengelage trifft man wieder auf den Namen Monzer Al Kassar. Der besuchte im Juni 1995 Argentinien, um dort Fragen der Justiz hinsichtlich »Fälschung seiner Passdokumente« zu beantworten. Die Affäre ging auf das Jahr 1990 zurück, als Al Kassar dank der Intervention eines Syrers einen argentinischen Pass erhielt. Der Pass hatte den Nachteil, dass die Angaben über den Geburtsort nicht stimmten. Also, erneut ein Passvergehen, wie zwei Jahre zuvor in Deutschland. In dem argentinischen Fall lässt sich aber ziemlich eindeutig feststellen, wem er die Papiere zu verdanken hat: Almira Yoma.

Almira Yoma, syrischer Staatsbürger, hatte 1990 die Schwägerin und Sekretärin des damaligen Präsidenten geheiratet. Elf Tage nach seiner Ankunft in Argentinien erhielt er bereits die argentinische Staatsangehörigkeit und wurde zum Zollchef des Flughafens von Buenos Aires ernannt. Ideal für einen Mann, der in Geldwäscheoperationen aus dem Drogenhandel verwickelt sein soll, wie es die spanischen Untersuchungsbehörden behaupten. Almira Yoma berief sich, als der Passskandal mit Monzer Al Kassar publik wurde, darauf, dass er nur Menems Anweisungen befolgt habe. Und glaubt man den Aussagen von Monzer Al Kassar in Spanien, waren er und Menem so gut befreundet, dass dieser ihm sogar »sein Hemd, Mantel und Krawatte« geliehen hätte. Das hängt vielleicht damit zusammen, dass Monzer Al Kassar und Menem zusammen einige höchst undurchsichtige Waffengeschäfte getätigt haben sollen. Zumindest behauptet das Monzer Al Kassar: 1992 hätten die beiden einige argentinische U-Boote und andere Kriegsschiffe verscherbelt.[32]

Als Almira Yoma und seine Frau des Drogenhandels und der Geldwäsche offiziell beschuldigt wurden, verschwand Yoma aus Argentinien und tauchte in Syrien unter. Sein Nachfolger im Zoll, ein Luftwaffenoberst, wurde mit einer Kugel im Kopf gefunden, bevor er das Ergebnis monatelanger Ermittlungen bezüglich der Machenschaften seines Vorgängers präsentieren konnte.

Tot ist inzwischen auch der Unternehmer Alfredo Yabran. Er beging im Mai 1998 auf seiner Ranch »Selbstmord«. Das war zehn Tage, bevor er wegen der Ermordung des Journalisten José-Luis Cabezas vor einem Untersuchungsrichter aussagen sollte. Doch die Angehörigen Cabezas' glaubten nicht so recht an einen Selbstmord. Sie forderten einen DNA-Test, ob es sich bei dem Toten, der ungewöhnlich schnell eingeäschert wurde, wirklich um den argentinischen Tycoon handelte. Für die Öffentlichkeit gehörte der Milliarden Dollar schwere Unternehmer lange Zeit zu jenem Kreis von Männern, die Cabezas im Januar 1997 ermordet haben sollen. Der Journalist war damals entführt, schwer misshandelt und dann erschossen worden. Als einer der mutmaßlichen Täter wurde wenig später der Chef von Yabrans Bodyguards, ein Ex-Polizist, verhaftet.

Yabran, der von sich selbst als dem »unantastbaren Mann« sprach und von seinen Kindern scherzhaft »Mafiadaddy« gerufen wurde, soll verärgert darüber gewesen sein, dass Cabezas Fotos von ihm bei privaten Anlässen geschossen und in der Zeitschrift *Noticias* veröffentlicht hatte. Der Journalist untersuchte zum Zeitpunkt seiner Ermordung zwei Fälle: zum einen die Verwicklung der Polizei von Buenos Aires in Überfälle und Drogengeschäfte. Obwohl unzählige kriminelle Aktivitäten von Polizeibeamten bekannt waren, wurde keiner von ihnen für diese Vergehen belangt. Zum anderen arbeitete Cabezas an einer Geschichte über den mächtigen Magnaten Alfredo Yabran, einem Freund von Monzer Al Kassar. Ex-Wirtschaftsminister Domingo Cavallo hatte Yabran als Strohmann einer »Mafia auf höchstem Regierungsniveau« bezeichnet, als das Symbol für schwerste Korruption in Argentinien überhaupt. Als er von Cavallo beschuldigt wurde, zeigte er keinerlei Reaktion. In Rekordzeit war aus dem armen Yabran einer der reichsten Männer des Landes geworden. Er brachte es zum Besitzer oder Teilhaber einer Reihe von großen Unternehmen, die weltweit operierten, er versorgte die Bürger mit Personalausweisen, war Inhaber einer privaten Postgesellschaft und Betreiber von Sicherheitsfirmen, deren Angestellte der einstigen Militärdiktatur als Folterknechte gedient hatten.

Seinem Aufstieg förderlich war seine Freundschaft zum argentinischen Präsidenten, der wie er in Syrien geboren wurde. Das muss verbunden haben. Menem bezeichnete Yabran als »normalen Geschäftsmann«, und nachdem 1997 in der argentinischen Presse die ersten Verdachtsmomente gegen den Unternehmer veröffentlicht wurden, nahm er ihn »als Opfer einer Rufmordkampagne« in Schutz.

Seit langem verdächtigte man Yabran, Angehöriger einer größeren Organisation in Argentinien zu sein, die mit dem Geldwäscher und Waffenhändler Monzer Al Kassar verbunden sei. Diesbezügliche Vermutungen gründeten sich teilweise auf den gleichen Informationen, die seit 1991 über Yabran kursierten. Damals begannen amerikanische Regierungsstellen, sich mit dem Multimillionär zu befassen. Er stand insbesondere bei der DEA im Ruf, die Geschäfte des kolumbianischen Cali-Kartells dadurch zu unterstützen, indem er Drogentransporte über argentinisches Territorium organisierte und dafür entsprechend kassierte.

Dabei profitierte er, so das US-amerikanische FBI, in erster Linie von seinen blendenden Beziehungen zur politischen Macht in Argentinien. Ende Mai 1998 ging der geschasste Wirtschaftsminister Domingo Cavallo erneut vor die Presse in Buenos Aires und brachte nun Monzer Al Kassar ins Spiel. Er beschuldigte ihn, persönlich hinter dem »mafiosen Netzwerk in Argentinien« zu stehen. Außerdem habe er beste »Verbindungen in der argentinischen Gesellschaft«. Gemeint waren sowohl der damalige Staatspräsident als auch der Unternehmer und kriminelle Schattenmann Yabran. Zwar antwortete Monzer Al Kassar auf diesen Vorwurf, dass er Yabran überhaupt nicht kennen würde. Argentinische Journalisten der Zeitung *Clarin* wollen jedoch herausgefunden haben, dass Yabran und Monzer Al Kassar bereits Anfang der Neunzigerjahre von Marbella aus zusammen in verschiedene Waffenfabriken Argentiniens investiert hatten.

Ähnlich wie Monzer Al Kassar verhielt sich auch Yabran, indem er alle schwerwiegenden Beschuldigungen abstritt. Auf der anderen Seite hatte die Regierung Menem versucht, sich von ihm zu distanzieren, wollte ihn eigentlich überhaupt nicht gekannt haben. Als Yabran mit den Untersuchungsergebnissen gegen ihn konfrontiert wurde, machte er sich daran, seine Freunde zu mobilisieren. Er kontaktierte mehr als einmal die höchsten Regierungsstellen in Argentinien. Siebzehnmal rief er beim Innenminister an, einmal beim Verteidigungsminister, hundertzweimal den Justizminister, der zuvor auf heftigste Weise dementiert hatte, Yabran zu kennen. Und es gab 35 Anrufe in das Büro des damaligen Präsidenten. Dabei hatte doch Menem ausgesagt, mit Yabran nur oberflächlich bekannt zu sein.

All das sind politische und wirtschaftliche Beziehungen, die auf Korruption, Drogen- und Waffenhandel basieren und die zweierlei gemeinsam haben. Die mutmaßlichen Nutznießer gehören zum Machtzirkel um den Ex-Präsidenten Carlos Menem, und die juristische Aufklärung wurde in allen Fällen unmöglich gemacht. Letzteres liegt wohl auch darin begründet, dass viele aussagewillige Kronzeugen dieser kriminellen Verflechtungen eines merkwürdigen Todes starben. Allein vier Todesfälle ereigneten sich im Verlauf der Ermittlungen bezüglich illegalen Waffenexports. Als offizielle Todesursachen wurden angegeben: Selbstmord, Hubschrauberabsturz und Herzinfarkt. Der seit dem Oktober 1999 abgewählten Regierung Menem konnte das nur recht sein.

Und Monzer Al Kassar – er genießt weiterhin das süße Leben.

6. Ein bunter Fall oder: Wie das BKA die Drogenkartelle zerschlagen wollte

Die Geschichte des deutschen Unternehmers Erich Bunte ist voller Rätsel. Im Frühherbst 1987 wurden auf dem Brüsseler Flughafen Zaventem 115 Kilogramm Kokain im Schwarzmarktwert von 113 Millionen Mark beschlagnahmt. Nach Angaben der Brüsseler Staatsanwaltschaft war es der bis dahin »größte Kokainfund in Europa«, wobei das Kokain von »außergewöhnlicher Reinheit« gewesen sei. Erich Bunte wurde am Steuer eines Kleintransporters festgenommen, mit dem er einen Teil des Rauschgifts in die Niederlande bringen wollte. Der Deutsche war den Ermittlungsbehörden kein Unbekannter. Wie schon geschildert, weilte er 1986 im Haus von Monzer Al Kassar zu Besuch und hatte dabei angeblich kolumbianische Drogenbosse getroffen. Schlagzeilen machte der »größte Kokainfund in Europa« selbst in der weit von Brüssel entfernten paraguayischen Hauptstadt Asunción. Die dort erscheinende Tageszeitung *La Tarde* meldete, dass ein Erich Bunte bei dem Versuch, die Sendung abzuholen, verhaftet wurde. Der Bezug zu Paraguay ergab sich nicht nur daraus, dass Bunte in dem südamerikanischen Land lebte, sondern auch, dass es im Zusammenhang mit der Festnahme in Brüssel ebenfalls in Paraguay Verhaftungen gab. Davon betroffen waren neben anderen auch Buntes Schwiegervater und ein Zollbeamter.

Delikaterweise wurde in Paraguay mit keinem Wort erwähnt, dass die Drahtzieher des Deals höchst angesehene Politiker waren: der Innenminister sowie der spätere paraguayische Staatspräsident Andrés Rodriguez. Bunte jedenfalls, der in Paraguay vier Firmen besaß, wurde wieder einmal verurteilt – diesmal zu einer zehnjährigen Gefängnisstrafe. Damit begann eigentlich ein neues Kapitel im abenteuerlichen Leben eines Mannes, der die Großen aus Politik und Wirtschaft im kriminellen Geschäft kennen lernte.

Buntes Werdegang und seine Verstrickung in den Drogenhandel werden bis heute als »Verschlusssache« im Bundeskriminalamt geheim gehalten. Niemand soll etwas erfahren. Dabei ist sein »Fall« ein Paradebeispiel für Verfilzungen der Drogenkartelle bis in die höchsten Finanzspitzen Europas. Gleichzeitig belegen seine vielfältigen Erfahrungen, die er später als V-Mann des Bundeskriminalamts machen wird, die Ängstlichkeit und den bürokratischen Kleinmut der Strafverfolgungsbehörden, wenn es einmal eine reale Chance gibt, die Finanziers der Drogenkartelle und ihre Hintermänner zu unterwandern und vor Gericht zu bringen.

Bereits drei Jahre nach seiner Verhaftung in Brüssel wurde Bunte vorzeitig auf freien Fuß gesetzt. Die offizielle Begründung: eine Amnestie durch den belgischen König. Seine Entlassung könnte auch einen anderen Hintergrund gehabt haben. Schon kurz nach seiner Verurteilung kontaktierte er aus seiner Zelle heraus die amerikanische Drogenabwehrbehörde DEA, arbeitete mit den belgischen Behörden zusammen und schließlich mit dem Bundeskriminalamt. Die wollten Buntes Kontakte in Südamerika für ihre Ermittlungen nutzen.

Deshalb stellt sich die spannende Frage, was in der Zeit zwischen 1992 und 1995 geschehen ist. Nicht weniger interessant ist herauszufinden, welch schillernde Figur der Mann ist, der von der Polizei eingesetzt wird, um Drogenkartelle zu unterwandern, und wie Bunte zu dem wurde, was er heute ist.

Er sei der geborene Betrüger, ein professioneller Ganove, urteilen die einen über ihn. Andere wiederum würdigen seine geschäftliche Cleverness, seine Fähigkeit, auf Menschen zuzugehen, sie für sich und seine geschäftlichen Ziele einzusetzen. Er sei ein »bewundernswertes Organisationstalent«, charakterisiert ihn anerkennend ein Staatsanwalt in Krefeld. Auf jeden Fall dürfte er eine Persönlichkeit sein mit einem Eigenschaftsspektrum zwischen charmanter Freundlichkeit und eiskalter Profitgier. Würde man sich auf öffentlich zugängliche Quellen beim Bundeskriminalamt verlassen, könnte man über ihn nur das nachlesen: »Er ist 1,75 m groß, hat große abstehende Ohren und eine Narbe am ersten Glied des rechten Ringfingers.« Und das ist nun ganz sicher der unwichtigste Teil seiner Biographie.

Erich Bunte, 1943 in Haan bei Düsseldorf im Sternzeichen des Schützen geboren, besuchte 1953 das Humboldt-Gymnasium im westfälischen Hilden. Dort fiel er laut Bekunden seiner Schule wegen »Verstößen gegen die Disziplin und die Ordnung« auf, weil er sich von anderen Schülern Geld lieh und nicht zurückzahlte. Nachdem er die Quarta zweimal durchlaufen hatte, verließ er 1958 das Gymnasium und heuerte als Schiffsjunge bei einer Reederei an. Seine Lehrjahre als Decksjunge führten ihn zuerst in einige skandinavische Länder, später ging's auf »große Fahrt«. Klagen wurden über ihn laut. Wieder waren es gewisse »finanzielle Unregelmäßigkeiten«. Und so erging an seine Eltern ein Telegramm des Schulschiffvereins mit dem Text: »Wegen schlechten Benehmens muss Sohn Erich sofort entlassen werden.«

Jetzt schlug er sich auf anderen Schiffen als Matrose durchs Leben. Als Sechzehnjähriger stellte er seinen ersten Schuldschein über 750 DM aus, den er nicht einlösen konnte. Immerhin – er kam in jungen Jahren in der Welt herum. Aus Masawa in Eritrea schrieb er seinen Eltern: »Ganz Masawa ist eine Freudenstadt, und hier gibt's auf einen Jungen ungefähr 5 Mädchen, die sich für 5 Zigaretten oder eine Flasche Parfüm hingeben.«

Zurück in Deutschland, heiratete er zum ersten Mal. In den folgenden Jahren wurden diverse Delikte registriert: Diebstahl und Betrug, Raub, Scheckbetrug und entsprechende Verurteilungen. Er landete mal im Gefängnis, floh, setzte sich ab und tauchte urplötzlich wieder auf, zum Beispiel im vom Bürgerkrieg ausgebluteten Biafra. 1969 wurde er wegen dubioser Waffengeschäfte in der nigerianischen Hauptstadt Lagos verhaftet. Diesmal drohte ihm sogar die Todesstrafe. Erst nachdem die deutsche Botschaft interveniert hatte, wurde er freigelassen.

Er war gerade mal 30 Jahre alt, als er Südamerika als neues Sprungbrett für weitere geschäftliche Abenteuer entdeckte. Er heiratete zum zweiten Mal und lebte nun in einem kleinen Häuschen in Montecarlo, einer Kleinstadt am Alto Paranà, dem Grenzfluss zu Uruguay. Das Land war dünn besiedelt und die Bodenpreise gemessen an deutschen Verhältnissen niedrig, somit für krumme Geschäfte ideal. Folgerichtig gründete er eine Firma und stieg in den Immobilienhandel ein. Sein neuer Stützpunkt war nun Paraguay.

Ob es eine Zäsur in seinem Leben war, dass er im November 1975 in Paraguay wegen Scheckbetrugs festgenommen und für drei Jahre ins Stadtgefängnis von Asunción eingesperrt wurde? Der Aufenthalt dort eröffnete jedenfalls ihm neue Perspektiven der Lebensgestaltung. Glück für ihn war dabei, dass der Direktor des Gefängnisses Hiran Delgado von Lepel hieß. Er war gleichzeitig Vermögensverwalter des damaligen Diktators Alfredo Stroessner. Zwischen Gefängnisdirektor und Häftling entwickelte sich eine innige Freundschaft. Eine noch intimere Beziehung keimte durch die Gefängnismauern zur Tochter des lokalen Polizeichefs. Die Sitten im Knast waren recht locker, was dazu führte, dass er mit dem Mädchen im Gefängnis ein Kind zeugte. Wieder in Freiheit, heiratete er die junge Frau, obwohl er von seiner zweiten Frau noch nicht geschieden war. Sein neuer Schwiegervater war reich und einflussreich, und durch die Eheschließung gehörte Bunte nun zur »Familie«. Wenig später gründete er diverse Unternehmungen, darunter einen Supermarkt, einen Autohandel, eine Spielhalle und mehrere Immobilienfirmen. 1983 wurde er Präsident des Basketballvereins »Juan Perez Cardozo«, der zweimal die Südamerika-Meisterschaft gewann.

Es erwies sich für ihn als ideal, dass er beste Verbindungen mit der Familie des damaligen Diktators Stroessner knüpfen konnte. Ein Betrüger unter Banditen – da durfte eigentlich nichts schief gehen.

Stroessner herrschte über Paraguay 35 Jahre lang mit eiserner Hand. In seiner Regierungszeit bot er italienischen Faschisten, deutschen Nazis, antikommunistischen Terroristen und allen Arten von Militärs und Zivilisten, die in Verletzung von Menschenrechten, Waffenhandel oder kriminelle Operationen verwickelt waren, Unterschlupf. Die Regierung der USA förderte ihn nach Kräften, war er doch eine strategische Achse für den Kampf gegen den Kommunismus in Lateinamerika. Vergeblich wurde er von internationalen Menschenrechtsorganisationen angeklagt, dass während seiner Diktatur Oppositionelle gefoltert oder ermordet worden seien. Er verkörperte den typischen südamerikanischen Machthaber, der von der US-Regierung hofiert wurde und dem es ausschließlich darum ging, die Erhaltung seiner politischen Herrschaft und Mehrung des Reichtums seiner Familie und seiner Gefolgsleute zu sichern.

In diesem Zusammenhang ist es durchaus aufschlussreich zu erfahren, in welchem Umfang Dienststellen der US-Regierung zur damaligen Zeit bereit waren, mit korrupten Politikern und bekannten Drogenhändlern Lateinamerikas zu kooperieren. Die Spuren führen ins nicht weit von Paraguay entfernte Bolivien. Im September 1986 entdeckten drei Biologen im Dschungel nahe der Grenze zu Brasilien, in Huanchaca, ein großes Kokainlabor. Zwei von ihnen wurden ermordet, einer konnte entkommen. Die alarmierten Behörden wollten daraufhin die Kokainwerkstatt zerstören. Doch sie wurden vom Chef der US-amerikanischen DEA in Bolivien gestoppt, was dort auf völliges Unverständnis stieß. Im bolivianischen Parlament wurde daraufhin eine Untersuchungskommission ins Leben gerufen. Sie sollte herausfinden, warum die US-Regierung verhinderte, dass das Labor zerstört wurde. Als ein Mitglied der Kommission, der Abgeordnete Edmundo Salazar, einige Ergebnisse der Untersuchung publik machen wollte, indem er eine Pressekonferenz ankündigte, wurde er auf dem Weg dorthin erschossen. Sechs Jahre später, 1992, gab die Witwe des Abgeordneten zum ersten Mal ein Interview. Sie präsentierte handgeschriebene Aufzeichnungen ihres Mannes mit unter anderem folgendem Wortlaut: »Die US-Botschaft bestätigte, dass sie bereits Monate vor der Ermordung der Biologen von der Existenz des Drogenlabors wusste. Einen Monat vor deren Ermordung, am 3. August 1986, flog der Chef der DEA über das Dschungellaboratorium und machte Fotos.«

Wenige Stunden nach ihrem Interview kam die Witwe Salazars bei einem »Verkehrsunfall« ums Leben. Daraufhin untersuchte eine zweite Parlamentskommission die Rolle der USA in Bezug auf dieses Laboratorium. »Aber«, so beschwerte sich das Kommissionsmitglied Gregorio Lanza, »das Pentagon und das Außenministerium geben uns keine Auskünfte, weil sie sagen, dass jegliche Informationen die nationale Sicherheit der USA gefährden.« Warum »aber«? »Es ist eine hohe Wahrscheinlichkeit, dass das Labor Kokain an das kolumbianische Medellín-Kartell lieferte und danach die Drogen in die USA transportiert wurden, um die Contras in Nicaragua zu finanzieren«, so Lanza. Bestätigt wurde dieser Verdacht durch den ehemaligen DEA-Agenten Michael Levine, der zu jener Zeit in Bolivien stationiert war. In seinem Buch *»Die große weiße Lüge«* schreibt er, dass eines der größten Kokainlaboratorien in Bolivien, ebenjenes in Huanchaca, von der CIA betrieben wurde, um verdeckte Operationen in Lateinamerika zu finanzieren. Einige Augenzeugen hätten sogar Oliver North in diesem Laboratorium gesehen.

In diesem Sumpf von Korruption und Verbrechen, sei es nun Bolivien oder Paraguay, können sich nicht nur Männer wie Erich Bunte entfalten. Hier lassen sich dubiose Geschäfte unbehindert durchführen. Einer, der ihn aus der damaligen Zeit kennt, erzählt: »Als Espirito Santo und mit dem Postfach der Familie trieb er folgendes Spielchen: In Deutschland kursierten die Dr.-Kurtz-Briefe, die unter anderem Führerscheine und Pässe anboten. Der Lieferant wollte oder sollte Bunte sein. In großer Zahl trafen dann Luftpostbriefe mit einliegendem Bargeld oder Schecks und diversen Anfragen zu Landkauf, Einbürgerung, Pässen und Führerscheinen ein.«

Irgendwann in dieser Phase kam Erich Bunte mit einem Dr. H. in Kontakt. Sie gründeten verschiedene Firmen mit wohlklingenden Namen wie »Sociedad Alemana Paraguaya de Inversion« oder »Immobiliaria Asunción«. Dann verkaufte Bunte ein sumpfiges Stück Land, das seine Frau für gerade mal 2000 US-Dollar erworben hatte, für 500 000 Dollar an die »Urbanisacion SRL«. Da H.

und Bunte jeweils zur Hälfte an der Gesellschaft beteiligt waren, zahlte H. 250 000 Dollar in bar ein, und Bunte brachte 250 000 US-Dollar in Form des Sumpfgebietes in die Gesellschaft ein. Als nächstes sollte dieses Land parzelliert und an deutsche Interessenten veräußert werden, die Parzelle für je 5000 Mark. Bunte verkaufte jedoch die Parzellen für einen Preis von je 750 DM weiter und führte den Erlös nicht an die gemeinsame Firma ab, sondern behielt ihn für sich. Bunte Prospekte wurden gedruckt und in Deutschland an potenzielle Käufer verteilt. Viele ließen sich von den versprochenen Anlagen in Paraguay blenden, wo laut Werbung »die Welt noch in Ordnung ist und Sie der Zukunft ein Zuhause geben können«. Entsprechend war das Interesse von Deutschen, die hofften, in Paraguay ihr Geld mit großen Renditen anzulegen, enorm. Doch für einige wurde es zum Reinfall, zum Beispiel für ein Unternehmen im saarländischen Sankt Wendel. Das zahlte für ein Grundstück in Paraguay 225 000 US-Dollar an Bunte, obwohl der tatsächliche Kaufpreis gerade mal 2000 DM ausmachte.

Im Jahr 1986 betrat ein alter Bekannter als Akteur die schmierige Bühne der Halbwelt. Sein Name lautete Leif Rasmussen, und den hatte der Deutsche bereits in Biafra kennen gelernt. Rasmussen, ein ehemaliger Pilot, hatte gute Kontakte, die nicht nur daher rührten, dass er bei Monzer Al Kassar ein und aus gegangen ist. Bunte lud ihn jedenfalls nach Asunción ein. Zuerst verlief die Zusammenarbeit zwischen beiden durchaus harmonisch. Rasmussen erzählte ihm, dass er von Paraguay aus große Waffengeschäfte in den Iran plane, die von Deutschland aus nur schwer zu organisieren seien. Er bat Bunte, Verbindungen zum Militär herzustellen, da in Kürze ein Vertreter des Irans eintreffen würde. Bunte erfüllte ihm seinen Wunsch. Aufgrund der Telegramme, die Rasmussen vom Büro Buntes aus absandte, war dieser davon überzeugt, dass es sich tatsächlich um konkrete Waffengeschäfte handelte. »Er ließ von meiner Sekretärin Einkaufslisten für Kriegsgerät schreiben, u. a. Panzermotoren, Getriebe, Munition für Gewehre. Außerdem suchte er Kampfflugzeuge, für die schon ein sogenanntes Enduser-Zertifikat vorlag.«

Ungedeckte Schecks, diesmal von Rasmussen an Bunte, ließen die Männerfreundschaft auseinander brechen. Im Juni 1987, erzählte Bunte, »erklärte ich ihm in einem meiner ›Mahntelefonate‹, dass es eine Möglichkeit gebe, seine Schulden abzahlen zu können. Ich war in eine Drogensache verwickelt, bei der ich unter Androhung von Lebensgefahr für meine Familie gezwungen wurde, einen Drogentransport zu organisieren, und zwar unter dem legalen Deckmantel meiner Firma.« Was war geschehen?

1986 tobte der Golfkrieg zwischen dem Iran und dem Irak. Ayatollah Khomeini hatte ein Gesetz erlassen, wonach auch Kinder, vierzehnjährige Jungen, an die Front müssten. Im Ausland lebende Iraner wollten ihre Söhne nicht in blutigen Schlachten sinnlos sterben lassen und verweigerten sich der Anordnung. Deshalb wurden ihre Pässe ungültig gemacht. Das hatte zur Folge, dass ihnen die Aufenthaltsgenehmigung in den Gastländern nicht verlängert wurde und sie zur Rückreise in den Iran gezwungen waren. Nach Angaben von Bunte »schlossen sich in Europa lebende Iraner daher zusammen und beauftragten einen Mann namens Shoukir, nach geeigneten Alternativmöglichkeiten zu suchen«.

Bunte unterbreitete nun das Angebot, bei der paraguayischen Regierung den Antrag auf Einwanderung von insgesamt 2000 Iranern zu stellen. Dazu gehörte die Ausstellung paraguayischer Pässe. Offiziell sollten die Iraner die noch unbewohnten nördlichen Gebiete besiedeln und sich nur auf die Landwirtschaft konzentrieren. Bunte setzte sich, nachdem er den Staatspräsidenten Stroessner über das Vorhaben informiert hatte, mit dem zuständigen Innenminister Montanaro zusammen. Der befürwortete das Projekt. Nun stellte eine von Buntes Firmen, die »Urbanisacion Internacional«, bei der Immigrationsbehörde den Antrag auf die Genehmigung der Einwanderung von 2000 iranischen Landwirten. »Derartige Unterstützungen«, so Bunte, »konnten nur über ein Dekret erlassen werden. Montanaro wollte dieses unterstützen. Für diese Unterstützung und für jeden Pass verlangte er 4000 US-Dollar, zahlbar bei Übergabe der Pässe.«

Tatsächlich wurde der Antrag im Parlament abgesegnet und im paraguayischen Bundesanzeiger sogar öffentlich bekannt gegeben. Jeder Einwanderer sollte 10 000 US-Dollar zahlen, die nicht nur die Kosten für den Innenminister, sondern auch noch einen Hin- und Rückflug von und nach Europa beinhalteten. Weitere 10 000 Dollar mussten für Landkauf hinterlegt werden. Für die ersten 1000 Iraner erhielt Bunte 1000 Blankopässe, die vier Millionen US-Dollar, zahlbar an den Innenminister, kosteten. Montanaro verlangte den Betrag in Form von Schecks. »Ich musste eine Abtretungserklärung in Höhe von vier Millionen US-Dollar zugunsten der Wechselstube Cambio Guarani unterschreiben, und Montanaro bekam sein Geld«, erzählt Bunte. Doch dann platzte der Deal. Buntes iranischer Partner kündigte den Vertrag. Bunte saß auf 1000 wertlosen Pässen und ungedeckten Schecks in Höhe von vier Millionen Dollar. »Eines Tages ließen mich Andrés Rodriguez [jener General, der im Februar 1989 seinen politischen Ziehvater Alfredo Stroessner stürzte und sich selbst als Präsident einsetzte] und Montanaro zu sich rufen und unterbreiteten mir einen Alternativvorschlag.« Laut diesem konnte Bunte seine finanziellen Probleme lösen, indem er seine Firmen und persönlichen Möglichkeiten dazu verwendete, Kokaintransporte nach Europa zu organisieren. »Es wurde mir zugesichert, dass ich selbst keine Hand anzulegen hätte, sondern nur die Struktur zur Verfügung stellen müsste.« Um der Forderung den entsprechenden Nachdruck zu verleihen, wurde Mitte Mai 1987 seine Frau entführt. »Sie wird nicht mehr das Sonnenlicht sehen, wenn du nicht auf das Angebot eingehst«, wurde ihm eindringlich zu verstehen gegeben.

Sein Ex-Kumpel Rasmussen sollte diesen Drogentransport, 115 Kilogramm Kokain, in Europa organisieren, was er auf seine Art und Weise auch tat. Er setzte das Büro der amerikanischen DEA in Frankfurt-Zeppelinheim davon in Kenntnis, weil er wusste, dass er für die Information fürstlich belohnt werden würde. »Unter Einschaltung der belgischen Polizei«, erinnert sich Bunte, »wurde vereinbart, dass Rasmussen weiterhin den ›Willigen‹ spielen sollte.«

Das Kokain wurde auf einer Rinderfarm, die Bunte von Staatspräsident Stroessner gekauft hatte, zwischengelagert. Danach musste der Weitertransport nach Asunción vorbereitet werden, was General Andrés Rodriguez übernahm. Ihm wurde eine Militärtransportmaschine zur Verfügung gestellt, der Flug als »Außentraining« deklariert. Die Maschine landete dann mit ihrer brisanten Fracht auf der Luftlandebasis. Dort wurde sie zusammen mit 3000 Kilogramm Kokosseife verpackt und nach Brüssel geflogen. Und so tappte Erich Bunte am 14. August 1987 in die Falle.

Es ist in diesem Zusammenhang wahrscheinlich nur eine Randnotiz: Einen Monat nach Buntes Verhaftung hob erneut eine Maschine vom Flughafen in Asunción ab, an Bord 191 Plastiktaschen voll mit Kokain. Fatalerweise stürzte die Maschine ab. Im Zusammenhang mit dem Absturz meldete die *Miami News*, dass »hochrangige Regierungsmitglieder in den Kokaintransport verwickelt« seien. Ein Tatbestand, der noch zu weiteren Konsequenzen in Paraguay führen sollte.

Auf Rasmussen fiel noch ein weiterer Partner von Bunte herein. Rasmussen nahm bereits im März 1987 mit diesem deutschen Geschäftsmann Verbindung auf und fragte ihn, ob er in der Lage sei, Captagon zu liefern. Bei dem Deutschen handelte es sich um Udo Werner B., der mit Bunte in der Firma »German-Investment Corporation« in Paraguay zusammenarbeitete. In seinem Tagebuch notierte B.: »Flugzeug fliegt über Ranch, die Bunte gehört. Später kommen ein Hauptmann und zwei Söhne eines Generals und eine Nichte von Stroessner mit Kind. Alle waren im Norden zum Angeln, waren auf dem Rückflug nach Asunción und sind wegen schlechten Wetters auf der Ranch gelandet. Bunte unterhielt sich laufend mit dem Hauptmann.«

B. war jedoch nicht nur in Paraguay aktiv, sondern auch in Deutschland. »Bei Udo Werner B.s Geschäften in Deutschland ging es darum, Kontakte mit Personen aufzunehmen, die im internationalen Geschäftsverkehr mit Waren jeder Art ohne Rücksicht auf politische oder moralische Bedenken handeln, auch Waffenhändler«, wird später im Urteil des Landgerichts Koblenz gegen ihn zu lesen sein.

B. handelte nicht nur mit Waffen, sondern führte darüber hinaus auch das Aufputschmittel Captagon in seinem Warensortiment. Und er berichtete seinem vermeintlichen Geschäftspartner Rasmussen stolz, dass er Kontakt zu einer syrisch-libanesischen Gruppe habe und sogar Heroin liefern könne. Leif Rasmussen witterte ein neues Geschäft und gab auch diese Informationen weiter, diesmal an die Frankfurter Polizei. Wie bei eher unbedarften Möchtegern-Drogenhändlern geradezu zwangsläufig, geriet B. daher an verdeckte Ermittler der Polizei. »Das Captagon zu liefern ist überhaupt kein Problem«, prahlte er und setzte noch ein Angebot drauf. »Ich kann größere Mengen Heroin beschaffen, da ich Heroin von einer syrisch-libanesischen Händlergruppe beziehe, die mit Zwischenlager in Bulgarien den Stoff nach Deutschland einführt. Außerdem kann ich Kokain über eine Person aus Paraguay besorgen.« Was das Kokain betraf – damit war Bunte gemeint.

Hinter der syrisch-libanesischen Gruppe, das wollen Ermittler der Frankfurter Polizei herausgefunden haben, »versteckte sich kein Geringerer als Monzer Al Kassar in Marbella«. Die Frankfurter Fahnder zeigten naturgemäß mehr Interesse daran, was an harten Drogen wie Kokain oder Heroin geliefert werden kann, als an dem Aufputschmittel Captagon. Bei einem weiteren Kontakt mit dem verdeckten Ermittler der Frankfurter Polizei, Deckname Roberto Urbahn, protzte B. damit, dass er nun in der Lage sei, »zentnerweise Heroin zu beschaffen«. Ein gefundenes Fressen für die auf ihn lauernden Ermittler, die sich bereit erklärten, zuerst einmal zur Probe sieben Kilo Heroin zum Gesamtpreis von 700 000 Mark abzunehmen. B. witterte das große Geschäft und wollte das Kokain oder Heroin, je nach Verfügbarkeit, innerhalb von drei Wochen liefern. Er stellte lediglich die Bedingung, dass zunächst der Kaufpreis in bar nachgewiesen werden müsse und bei dieser Gelegenheit eine Warenprobe geliefert werde. Anschließend sollte das Rauschgift in einer so genannten Zug-um-Zug-Übergabe, also Bargeld gegen Drogen, auf einer Autobahnraststätte geliefert werden. Doch wie sich herausstellte, hatte B. den Mund zu voll genommen – er wollte zwar, konnte aber nicht liefern. Die Frankfurter Polizei brach den Kontakt zu ihm ab. Wenig später geriet er an verdeckte Ermittler eines anderen Bundeslandes, denen er wieder das Captagon anbot. Am 18. Dezember 1989 wurde er verhaftet und im Februar 1991 vom Landgericht Koblenz zu drei Jahren und neun Monaten Freiheitsstrafe verurteilt.

In das Urteil schrieben die Richter fairerweise, dass »in die Drogengeschäfte V-Leute verwickelt waren, von denen eine erhebliche Initiative ausgegangen« sei.

In Brüssel zu zehn Jahren Gefängnis wegen Drogenhandels verurteilt, schien Bunte zunächst einmal für längere Zeit außer Gefecht gesetzt worden zu sein.

Doch ein Mann wie er ließ sich nicht von derartigen Betriebsunfällen unterkriegen. Er wollte möglichst schnell wieder die Freiheit genießen. Mit der Lebensperspektive, während der nächsten zehn Jahre Schnuller für belgische Babys in »Heimarbeit« zu fertigen, konnte er sich nicht abfinden. Aus seiner winzigen Zelle im Prison de Saint-Gilles heraus entwickelte er sofort wieder sein beachtliches organisatorisches Talent. Das bewies er dadurch, dass er kein namenloser Häftling blieb, sondern verantwortlich die Knastküche leitete. Daneben hatte er genügend Zeit, sich Möglichkeiten zu überlegen, der geistigen Enge und Eintönigkeit des Daseins hinter schwedischen Gardinen zu entkommen.

Was lag näher, als der Polizei seine Mitarbeit anzudienen? Schließlich verfügte er ja über beste Beziehungen in Südamerika und Spanien. Als Erste ging die belgische Polizei auf sein Angebot ein. Für sie arrangierte er aus dem Gefängnis heraus einige kleine Scheingeschäfte mit Drogen, immer kontrolliert von Kriminalbeamten, streng nach Vorschrift.

Weniger streng nach Vorschrift war sein genialer Plan, 400 Kilogramm Kokain aus Paraguay nach Berlin zu schmuggeln. Von seiner Zelle aus hatte er im Herbst 1988 bereits alles organisiert. Er wusste nicht, dass verdeckte Ermittler aus Deutschland schon darauf warteten, den Deal auffliegen zu lassen. Der Hintergrund der Operation war folgender: Am 1. September 1988 veröffentlichte eine paraguayische Tageszeitung einen Artikel mit dem

Hinweis, dass die Polizei etwa 468 Kilogramm Kokain sichergestellt und im Anschluss daran vernichtet habe. Tatsächlich seien aber nur eine geringfügige Menge verbrannt, mehr als 400 Kilogramm unterschlagen worden. Aufgrund von Ermittlungen der deutschen Behörden und Hinweisen eines V-Mannes »würden sich die 400 Kilogramm Kokain derzeit in Händen einflussreicher Personen um den Generalsekretär Carlos Rioz – der Partei des Staatspräsidenten General Stroessner – befinden«.

Geplant war, dieses Kokain um den 27. September 1988 herum nach Berlin zu schmuggeln. Der Stoff sollte in Dosen mit Palmherzen, Palmitos, von der Firma Industria Brasilia verpackt werden und in einer Maschine der Linas Aereas Paraguayas (LAP) nach Madrid geflogen und dann auf dem Landweg nach Berlin gebracht werden. Der Deal wäre, bestätigen beteiligte Beamte, auch durchgeführt worden. Nur aufgrund heftiger innenpolitischer Auseinandersetzungen in Paraguay platzte das Geschäft im Februar 1989.

Bunte selbst ahnte nicht, was die belgischen Behörden hinter seinem Rücken organisierten. Ihr Plan wurde in einer Aktennotiz des Bundeskriminalamts aus dem Jahr 1990 festgehalten. Nach Erkenntnissen des BKA müssen demnach »Geheimverhandlungen« zwischen Belgien und Paraguay stattgefunden haben. Auf dem Wege eines »Tauschverfahrens« sollte Bunte nach Paraguay ausgeliefert werden. Paraguay würde als Gegenleistung einen belgischen Obersten ausliefern, dem in Belgien mehrere Raubüberfälle zur Last gelegt wurden und der sich in Paraguay aufhielt. Dazu kam es jedoch nicht. Bei dem »Obersten« handelte es sich um den ehemaligen Gefängnisdirektor von Saint-Gilles. Von einem Gericht war er wegen Waffenschmuggels und Raubüberfällen zu einer hohen Haftstrafe verurteilt worden, konnte jedoch rechtzeitig fliehen. Dabei spielte es keine große Rolle, dass er während seiner Dienstzeit im Gefängnis einen Schießclub und ein Waffenlager für seine rechtsextremen Freunde eingerichtet hatte.

Was die BKA-Notiz des Weiteren enthielt, hätte in Belgien zu einem Eklat führen müssen. Demnach wusste man im Bundeskriminalamt, dass »die hinter Bunte stehende Rauschgiftorganisation engste Verbindungen zu einem belgischen Minister hatte«. Doch in Belgien gab es keinerlei Ermittlungen gegen diesen Minister. Hatte das Bundeskriminalamt die Information zurückgehalten oder wollte im tiefen Sumpf der belgischen Korruption niemand den Minister behelligen?

In seinem Brüsseler Gefängnis meldeten sich bei Erich Bunte auch Beamte der amerikanischen Drogenabwehrbehörde DEA an. Sie hatten erfahren, das Bunte von »interessanten Persönlichkeiten« aufgesucht wurde. Es handelte sich um Dominguez Dipp, den Schwiegersohn des paraguayischen Präsidenten, der vom Botschafter Paraguays in Brüssel, Evrinoff, eskortiert wurde. Beide forderten ihn auf, über die Hintermänner jenes 115-Kilogramm-Deals zu schweigen, in dessen Folge er hinter Gittern gelandet war. Unmissverständlich machten sie ihm klar, dass seine Frau und Kinder bis auf weiteres unter der »Obhut der Behörden« stünden, was eine vornehme Umschreibung für eine Geiselnahme war.

Besonderes Interesse zeigten die Beamten der DEA für den paraguayischen Innenminister, den Generalstaatsanwalt von Paraguay sowie General Andrés Rodriguez. Sie alle sollen, nach Erkenntnissen der DEA und des Drogenhändlers Bunte, in große Drogengeschäfte verstrickt sein. Die Beamten wussten bereits, dass Bunte in engem Kontakt zu Andrés Rodriguez stand, dessen protzige Villa im Herzen von Asunción seit geraumer Zeit Anlass für viele Spekulationen gab. Verbunden zu Stroessner war Rodriguez dadurch, dass seine Tochter Martha den jüngsten Stroessner-Sohn, Alfredo, heiratete. Nach seiner Ernennung zum General wurde Rodriguez Kommandant der 1. Kavalleriedivision und Chef des Armeekorps. Damit war er die »graue Eminenz« hinter Stroessner und zuständig für den gesamten illegalen Viehhandel, den Drogenhandel und die Geldwäsche. Ihm gehörte zum Beispiel das größte Geldwechselbüro Paraguays mit Niederlassungen in Argentinien, Bolivien, Brasilien und den USA. »Rodriguez wird künftiger Staatspräsident«, sagten nun die DEA-Beamten zu Erich Bunte im Gefängnis. Diese Vorgänge in Paraguay lassen die Besuche von DEA-Angehörigen bei Erich Bunte in einem besonderen Licht erscheinen. Zum einen weil sie von Agenten der CIA begleitet wurden und es ja zum anderen überhaupt nicht darum ging, Buntes Insiderwissen anzuzapfen oder ihn gar zu einer Kooperation im Kampf gegen die Drogenschmuggler aufzufordern. Und das, obwohl das US-Außenministerium betonte, dass »Paraguay ein Partner im Kampf gegen den internationalen Drogenhandel und die Geldwäsche« sei.

Zumindest die Agenten der CIA verfolgten ganz andere Interessen. »Sie sagten mir, dass sie wissen, dass Rodriguez in Drogengeschäfte verwickelt ist, er galt ja als einer der größten Drogenhändler. Aber er wird Präsident werden, sagten sie mir, und bei einem Putsch von den USA unterstützt werden. Daher sollte ich keine Aussagen gegen ihn machen.«

Das Angebot der US-Emissäre war klar: Entweder Bunte schwieg und erhielt den größten Teil seiner Besitztümer in Paraguay zurück, oder er redete, und die Situation dort würde für seine Frau und Freunde unerträglich werden. Warum, das sollte sich erst viel später herausstellen. Bunte entschloss sich zum Schweigen, und kurze Zeit später wurden dann tatsächlich Teile seiner beschlagnahmten Besitztümer wieder freigegeben. Doch seine Familie blieb weiter »quasi Geiseln«, wie es Bunte umschreibt.

Und tatsächlich, so als hätten es die Vertreter der USA bereits gewusst: Im Februar 1989 beendete Rodriguez, wie Alfredo Stroessner Mitglied der seit über 50 Jahren regierenden Colorado-Partei, per Staatsstreich die mehr als drei Jahrzehnte währende Diktatur Alfredo Stroessners. Drei Monate später wurden sowohl Präsidentschafts- als auch Kongresswahlen abgehalten. Wie erwartet wurde Rodriguez zum Präsidenten gewählt und die Colorado-Partei die stärkste Partei. In einer neuen Verfassung wurden 1992 zum ersten Mal ein demokratisches Regierungssystem und fundamentale Menschenrechte garantiert. Unterdessen wuchs das Vermögen von Rodriguez und erreichte am Ende seiner Präsidentschaft, im Jahr 1993, die stattliche Summe von fünf Milliarden Dollar. 1993 wurde er als Präsident abgewählt und saß bis 1996 im Senat, um schließlich Ende 1996 eines natürlichen Todes zu sterben.

Der Mann, gegen den Erich Bunte im Brüsseler Gefängnis auf Empfehlung des CIA und der DEA nicht aussagen sollte, Andrés Rodriguez, hätte ein luxuriöses Pensionistendasein führen können, wäre er nicht im Oktober 1994 gleich von zwei Zeugen des Drogenhandels beschuldigt worden und hätten nicht ein spektakulärer Mord und Todesdrohungen gegen seinen regulär gewählten Nachfolger Juan Carlos Wasmosy für einen Skandal gesorgt.

Ramón Rosa Rodriguez befand sich am 10. Oktober 1994 auf der Fahrt zum Präsidenten Carlos Wasmosy, um diesen über die aufgedeckten Verbindungen zwischen dem Drogenhandel und politischen Kräften in Paraguay zu unterrichten. Auf der Fahrt wurde er erschossen. Nach seinem Tod war der Bericht verschwunden. So lange, bis Journalisten der Zeitung *Noticias* eine Kopie des Reports Ende 1996 entdeckten. Das Dokument bestätigt, dass Andrés Rodriguez die zentrale Figur für das Drogengeschäft in Paraguay war, womit übrigens auch die Angaben von Erich Bunte sich voll bestätigten.

Nach diesem Bericht wurde ein großer Teil der Drogen in Form so genannter Undercover-Operationen mithilfe von DEA-Agenten in die USA geschmuggelt. Eine dieser Aktionen schilderte Rodriguez besonders ausführlich, die »Operation Madrejón«, die am 10. September 1994 durchgeführt wurde. »Ein großer Teil dieser Drogen landete auf dem Verbrauchermarkt, und es gibt überhaupt keine positiven Ergebnisse gegen Drogenhändler. Die Operation Madrejón wurde ohne meine Genehmigung durchgeführt.« Bei der Ladung handelte es sich um 756 Kilogramm Kokain, das von einem Brasilianer geliefert wurde, einem Repräsentanten des Cali-Kartells. Als General Ramón Rosa Rodriguez begriff, dass ihn seine Agenten getäuscht hatten, bat er Armeechef Lino Oviedo um Unterstützung.

»Das war der Anfang vom Ende des Generals«, konstatierte der Journalist Jayme Bremer. Am 10. Oktober 1994 wurde der Chef der Drogenbekämpfungsbehörde SENAD, General Ramón Rosa Rodriguez, aus einem fahrenden Auto heraus beschossen. Er konnte gerade noch entkommen. Zufällig hielten sich zur gleichen Zeit am Tatort zwei DEA-Agenten auf. Angesichts des fehlgeschlagenen Attentats alarmierte Rodriguez den Chef der paraguayischen Armee, Lino Oviedo, und bat ihn um Militärschutz. Kurz nach dem Anruf traf auch ein Jeep mit Soldaten ein, die ihn zum Präsidenten begleiten sollten. In einer einsamen Straße wurde er dann liquidiert. Die Zeitung *ABC Color* bestätigte, dass wieder die beiden DEA-Agenten beobachtet worden seien, die sich bei den Soldaten nach dem Verbleib des wichtigen Dokuments, das Ramón Rosa Rodriguez dem Präsidenten geben wollte, erkundigt hätten. Der schriftliche Bericht, den er bei sich hatte, war jedenfalls verschwunden. In diesem Bericht, der erst Ende 1996 wieder auftauchte, wurde Ex-Präsident Andrés Rodriguez als Chef des Drogenhandels in Paraguay identifiziert. Seine wichtigsten Partner waren der Gouverneur Baretto Sarubbi, Führer der politisch einflussreichen Partei Paraná, und ein brasilianischer Geschäftsmann. Neben anderen hatte ein Pilot ausgesagt, dass er im September 1990 343 Kilogramm Kokain und 250 000 Dollar von Bolivien in den paraguayischen Ort Parqu Cúe geflogen habe. Dafür seien ihm 80 000 Dollar versprochen worden, erhalten habe er jedoch nur 2000 Dollar. Ausbezahlt worden sei er vom damaligen Präsidenten Rodriguez persönlich. Dieser dementierte, bei der von dem Piloten geschilderten Operation habe es sich um ein Tarnmanöver gehandelt, »durchgeführt von der amerikanischen Drogenbekämpfungsbehörde DEA«.

Der ermordete Chef der paraguayischen SENAD hatte zuvor noch etwas anderes erfahren: dass nicht nur sein Leben, sondern auch das seines Präsidenten in Gefahr sei. Denn die paraguayische Drogenbekämpfungsbehörde sei von Angehörigen der Drogenmafia unterwandert. Im Übrigen würde längst nicht alles Kokain, das die DEA bei ihren Operationen konfiszierte, vernichtet oder in die USA geschickt. Besonders empörte sich General Ramón Rosa Rodriguez darüber, dass die bedeutendsten Drogengeschäfte als Undercover-Operationen unter Beteiligung der DEA und paraguayischer SENAD-Agenten durchgeführt wurden. Dabei wurde in aller Regel kein Beteiligter verhaftet, und der General vermutete sogar, dass die Drogen via polizeiliche Kanäle auf den amerikanischen Markt geschleust worden seien.

Damit lüftete sich der Schleier um die Beweggründe, die Bunte damals, im Jahr 1988, in Brüssel veranlassten, nicht gegen Andrés Rodriguez auszusagen. Er hätte ansonsten die zwielichtigen US-Aktivitäten in Paraguay gestört.

Im wahrsten Sinne des Wortes noch bunter wurde es, als Francisco de Vargas, ein bekannter Menschenrechtler und Parlamentarier der oppositionellen Radikalliberalen Partei, erfuhr, dass ein in Paraguay lebender politisch einflussreicher Brasilianer auf Ersuchen eines US-Richters verhaftet und an die USA ausgeliefert werden sollte. Der Brasilianer war von General Ramón Rosa Rodriguez verhört worden und galt als Spezialist im Anlegen geheimer Landepisten für kleine Flugzeuge, mit denen die Drogenhändler das Kokain transportieren. Ob er ausgepackt hatte, weiß seit dem Mord an Ramón Rosa Rodriguez niemand. Was man dagegen genau weiß, ist, dass sein Vorgesetzter der engste Vertraute des ehemaligen Präsidenten Andrés Rodriguez war. Und dieser Intimfreund des Ex-Präsidenten hatte ein gültiges Visum der USA, obwohl er seit langem – auch von US-Behörden – verdächtigt wurde, im Drogengeschäft mitzumischen.

Daher stellten sich für den Parlamentarier Francisco de Vargas folgende Fragen: »Warum nehmen immer dieselben paraguayischen und amerikanischen Beamten an den verdeckten Aktionen gegen die Drogenhändler teil? Warum sprach Präsident Wasmosy öffentlich die Vermutung aus, ob die Mörder von General Ramón Rosa Rodriguez die Ziehkinder der Yankees seien?«

Diese Fragen wurden bis heute nicht beantwortet – auch nicht hinsichtlich der Verwicklung des Ex-Präsidenten noch der einiger DEA-Agenten in den Drogenhandel. Im Gegenteil: Ende 1996 lehnte der paraguayische Senat es ab, die Rolle des Senators und Ex-Präsidenten Rodriguez im Drogenhandel zu untersuchen. Inzwischen ist er eines natürlichen Todes gestorben. Sowohl der Brasilianer als auch General Lino Oviedo, der Oberkommandierende der paraguayischen Armee mit engen Beziehungen zu den Mördern von Rosa Rodriguez, konnten einstweilen erfolgreich ihrem Gewerbe nachgehen. Denn zur Rodriguez-Clique gehörten außer hohen Militärs, repräsentiert durch Oviedo, fast alle Minister, insbesondere der Innenminister, und der Chef der staatlichen Sicherheitsorgane, Pastor Coronell.

Lino Oviedo war es, der im Februar 1989, damals als Oberstleutnant, mit einer Pistole und einer Handgranate bewaffnet in den »Bunker« von Alfredo Stroessner eindrang und ihn zum Rücktritt zwang. Der Chef der Putschisten, General Andrés Rodriguez, ließ den strammen Kavallerieoffizier danach in der hierarchischen Stufenleiter rasch aufsteigen. Lino Oviedo gab wiederholt zu verstehen, dass er sich in seiner politischen Ambition »weder von der Tyrannei noch von der Demokratie bremsen« lasse.[33] In seiner Dienstzeit, 1994, ereignete sich auch das Attentat auf General Ramón Rosa Rodriguez, den Chef der SENAD, der nationalen Drogenbehörde. Rosa Rodriguez hatte bekanntlich zuvor den Ex-Präsidenten Andrés Rodriguez bezichtigt, in den Drogenhandel verwickelt zu sein, desgleichen den Gouverneur einer Provinz und verschiedene amerikanische DEA-Agenten. Im Zusammenhang mit diesem Mord wurde in der Presse auch der Name von Oviedo genannt. Journalisten in Paraguay haben Oviedo in besonderer Erinnerung. Als sie versuchten, den florierenden Schmuggel an den Grenzen Paraguays zu Brasilien und Argentinien publik zu machen, wurden sie bedroht und einige sogar ermordet.

Im April 1996 versuchte der Armeechef Oviedo, seinen einstigen Freund, den amtierenden Staatspräsidenten Juan Carlos Wasmosy, durch einen Militärputsch zu stürzen. Der Versuch misslang zwar, tat jedoch seinen politischen Ambitionen keinen Abbruch. 1997 kandidierte er für das Präsidentenamt, wurde sogar durch die Colorado-Partei für diese Wahl nominiert, doch im März 1998 wegen des versuchten Staatsstreichs zu zehn Jahren Haft verurteilt. Entgegen einer richterlichen Verfügung ordnete sein Freund, der 1998 neu gewählte Präsident Raul Cubas, an, die Haftstrafe von Oviedo in drei Monate militärischen Arrests umzuwandeln. Als daraufhin eine Sitzung des Parlaments einberufen wurde, worin über die Weigerung von Präsident Cubas, den vom Dienst suspendierten Oviedo wieder ins Gefängnis zu schicken, debattiert werden sollte, ergingen an die Abgeordneten Morddrohungen. Das Parlament setzte daher die für den 10. Dezember 1998 geplante Sitzung ab, um ein Blutbad zu vermeiden. Nach Angaben des Vorsitzenden von Abgeordnetenhaus und Senat, Luis Gonzalez Macchi, kursierte eine Liste von Politikern und Richtern, die umgebracht werden sollten. Und die Polizei wäre nicht willens gewesen, die Abgeordneten zu schützen. Deutlicher lässt sich die uneingeschränkte Macht der Drogenmafia in Paraguay nicht veranschaulichen. Wie sagte doch Erich Bunte? »Oviedo war zu meiner Zeit bereits tief in den Drogenhandel verstrickt.« Das war Ende der Achtzigerjahre. Ein Jahrzehnt später hatte sich die Macht der Militärs, die vom Drogenhandel profitierten, so weit ausgedehnt, dass sie die demokratisch gewählten Abgeordneten mit dem Tode bedrohten. Ende März 1999 kam es dann doch zu dem befürchteten Gemetzel. Als Demonstranten in Asunción die Absetzung des Präsidenten Raul Cubas forderten, wurde von einem Hochhaus aus mit Maschinengewehren auf sie geschossen. Vier Menschen starben nach offiziellen Angaben, die Opposition sprach sogar von 13 Toten. Und am 31. März 1999 setzten Raul Cubas und sein politischer Freund Ex-General Lino Oviedo sich aus Paraguay ab. Oviedo wurde von seinem Freund, dem damaligen argentinischen Präsidenten Menem, Asyl gewährt, und Raul Cubas fand in Brasilien herzliche Aufnahme. Inzwischen ist Oviedo wieder nach Paraguay zurückgekehrt, um einen neuen Putsch vorzubereiten.

Doch wieder zurück zu Erich Bunte. Er lehnte in seinem Gefängnis in Brüssel weitere Gespräche mit DEA-Vertretern ab. Weitaus kooperativer jedoch verhielt er sich gegenüber dem Bundeskriminalamt. In einem BKA-Vermerk vom 12. September 1991 heißt es: »Im Mai 1989 wandte sich ein im Folgenden als ›UNI‹ bezeichneter deutscher Staatsangehöriger an das BKA, um seine Mitarbeit bei der Bekämpfung des internationalen Kokainhandels anzubieten. Unter anderem durch seine sehr guten Beziehungen zu der früheren dortigen Regierung um den Diktator Stroessner erhielt UNI Kontakt zu südamerikanischen Kokainhändlerorganisationen in Paraguay, Bolivien und Kolumbien. Diese führten letztlich kurz vor UNIs Festnahme dazu, dass er an Besprechungen führender Kokainhändler, darunter Jorge Ochoa, Rodriguez Gacha sowie auch Monzer Al Kassar teilnehmen konnte.«

In verschiedenen Gesprächen mit BKA-Beamten machte »UNI« die Zusammenarbeit jedoch von einer Bedingung abhängig: Das BKA sollte dafür sorgen, dass seine Familie heil nach Deutschland gelangte. Gleichzeitig entwarf er zusammen mit den BKA-Beamten Konzepte für seine zukünftige Kooperation.

Im August 1991, Bunte saß noch im Gefängnis, waren die Planungen bereits weit vorangeschritten. Insgesamt sollten 13 BKA-Beamte, darunter Wirtschaftsprüfer, an einer polizeilichen Operation teilnehmen. Penibel wurden die logistischen Voraussetzungen in die Tat umgesetzt – zum Beispiel die Gründung eines internationalen Umweltvereins »Rettet den Regenwald« in Paraguay. Was sich zunächst merkwürdig anhört, machte für die BKA-Beamten durchaus Sinn. Der Umweltschutzverein »Rettet den Regenwald« sollte ein in der Grenzregion zwischen Paraguay und Bolivien gelegenes Urwaldgebiet mit Zustimmung der paraguayischen Regierung parzellieren und Umweltschützern anbieten. Diese erhielten gegen Zahlung eines bestimmten Beitrages ein Zertifikat, das ihnen die »Patenschaft« für ein Stückchen Urwald bescheinigte. »Diese Operation«, so das BKA, »ermöglicht es der Drogenmafia, Drogengelder zu waschen, verbunden mit der Aussicht, aus dem investierten Kaufpreis ein Vielfaches an Gewinn zu machen.«

Gleichzeitig sollten der Aufbau und der Betrieb von Kokainlabors in Europa in die Wege geleitet werden, hinzu kamen die Gründung eines Beratungsunternehmens sowie die Inbetriebnahme einer »Offshore«-Bank in der Karibik und die Einrichtung einer Tarnfirma im Raum Frankfurt. Einigkeit herrschte bei den Beamten dahingehend, so verlautete aus den geheimen Treffen, dass die hierfür notwendigen finanziellen Mittel sich nicht in einem Bereich von 100 000 DM bewegen würden, sondern in Millionenhöhe. Eine juristische Hürde bereitete kurzfristig den über die Operation informierten Staatsanwälten Kopfzerbrechen: das so genannte »Keuschheitsproblem«. Laut Strafgesetzbuch dürfen verdeckte Ermittler (VE) oder Vertrauenspersonen (VP) selbst keine Straftaten begehen. Die BKA-Beamten überzeugten die Staatsanwaltschaft jedoch, dass die Operation derart umfassend und von der konstruierten Legende her so ausgelegt sein würde, dass sowohl Bunte als auch die verdeckten Ermittler des BKA nicht Gefahr liefen, unmittelbar gegen das Gesetz zu verstoßen. Denn gemäß den ihnen vorgesehenen Aufgaben in der Hierarchie würden sie so weit oben stehen, dass sie mit direkten kriminellen Machenschaften nicht in Berührung kämen, um als Spezialisten für die Organisation nicht auszufallen. Es war in der Tat ein logisches Argument, da der »Keuschheitsstatus« es bislang unmöglich machte, an die Bosse der Drogenkartelle heranzukommen. Denn auch die machen sich die Hände nicht schmutzig.

Ob nun die Amnestie des belgischen Königs oder Buntes Bereitschaft zur Kooperation mit dem BKA dazu führte, dass er vorzeitig aus dem Gefängnis entlassen wurde, sei dahingestellt. Tatsächlich war er seit dem 31. Dezember 1991 wieder ein freier Mann. Bereits am nächsten Tag traf er sich mit Beamten des BKA in Deutschland. Diese hatten inzwischen dafür gesorgt, dass seine Frau und seine beiden Kinder aus Paraguay herausgeholt und nach Deutschland in Sicherheit gebracht worden waren.

Um die geplante Kooperation durchzuführen, sprang das BKA über seinen bürokratischen Schatten. Bunte wurde in eine Organisation eingebunden, die für Kokaintransporte von Südamerika nach Europa und in die USA verantwortlich sein sollte. Über die zu gründenden Firmen sollten Geldwäschetransaktionen und die damit zusammenhängenden finanziellen Investitionen in legale Geschäfte sowie der Rückfluss der Gewinne kontrolliert werden.

In der Theorie wussten die BKA-Beamten, wie die Geldwäsche funktioniert. Es ist die Umwandlung illegal erwirtschafteter Gelder in Vermögenswerte mit dem Ziel, den Anschein rechtmäßigen Erwerbs zu erwecken. Bei vielen kriminellen Aktivitäten, insbesondere beim Drogenhandel, sind große Mengen Bargeld im Umlauf. Der Besitzer dieses Bargeldes steht aber vor einem Problem logistischer Natur. Er muss sich von diesen zum Teil voluminösen Summen befreien, indem er sie in andere, leicht zu handhabende Aktiva transformiert. Das kann durch Einzahlung der Beträge auf ein oder, wie es in der Praxis häufiger anzutreffen ist, auf mehrere Bankkonten geschehen. Auf diese Weise entsteht eine Buchforderung, über die im Vergleich zu Bargeld wesentlich einfacher verfügt werden kann. War es in früheren Jahren das primäre Ziel der Geldwäscher, die Herkunft ihrer gewaltigen Bargeldsummen mittels eines breiten Spektrums von Tarnungs- und Täuschungsaktionen vorwiegend durch Umwandlung von Bar- in Buchgeld zu »legalisieren«, so wird dieser Vorgang heute vermehrt mit der Durchführung strategischer Investitionen verknüpft. Der Geldwäscheprozess durchläuft dabei drei Phasen: 1. Einschleusung von Bargeld in den regulären Geldkreislauf; 2. Verwischung von Spuren und Streuung der illegal erzielten Erträge; 3. Rückführung und »Legalisierung« dieser Einkünfte. Was die BKA-Beamten theoretisch perfekt beherrschten, wollten sie nun einmal in die Praxis umsetzen.

Das Ziel der Maßnahmen, die beim BKA inzwischen ganz offiziell unter der Bezeichnung »Operation UNI« in Zusammenarbeit mit der Staatsanwaltschaft Frankfurt eingeleitet wurden, war entsprechend ausgeklügelt.

Die BKA-Beamten und ihr V-Mann sollten Drogengelder übernehmen und diese dann nach Anweisung interessierter Drogenbosse auf Konten überweisen. Dadurch sollte ihr Vertrauen gewonnen werden, um auf diese Weise die Struktur der Kartelle und die entsprechenden Drogentransporte zu ermitteln, diese letztendlich zu zerschlagen. Das BKA erhoffte sich später, nach entsprechenden Gerichtsverfahren, diese Drogengelder beschlagnahmen zu können. Das heißt, man wollte den Nerv der Kartelle treffen. Gleichzeitig sollten die Drogen sichergestellt und die illegalen Vermögenswerte eingezogen werden, nachdem man die Geldwaschstrukturen aufgehellt hatte. Möglich war das nur dadurch, dass man eine perfekte und realitätsgetreue Parallelstruktur zu den Strukturen der kriminellen Organisationen aufbaute.

Nach Ende der Operation sollte Bunte vollständig aus der kriminellen Szene aussteigen. Bunte erklärte sich zu allem bereit, auch, sich bei anstehenden Gerichtsverfahren als Zeuge zur Verfügung zu stellen. Der Lohn für den V-Mann des BKA sollte darin bestehen, dass er bei allen Geldwäscheoperationen und Drogengeschäften mit einem gewissen Prozentsatz des Drogenwerts abgefunden würde. Wie viel das sein würde, darüber war man sich nicht sicher. In Unterredungen zwischen dem Frankfurter Staatsanwalt Wolfgang Kraushaar und BKA-Beamten kam die Bezahlung von Bunte zur Sprache. In einem entsprechenden Aktenvermerk heißt es dazu. »Nach hier vorliegenden Erkenntnissen wird die Höhe der VP-Bezahlung in den USA nach der Summe des sichergestellten Geldes errechnet und beträgt derzeit ca. 25 Prozent. Die Auszahlung an VP erfolgt nach Abschluss des Verfahrens.« Im Idealfall hätte er, ganz legal, Millionen verdienen können. Kein schlechtes Geschäft für den künftigen BKA-Mitarbeiter.

Zuvor musste er jedoch investieren. Für Bunte schien dies kein Problem zu sein. Er war bereit, sein eigenes Geld dafür einzusetzen. Beim BKA fragte niemand, woher er das Kapital nehmen würde. Man vermutete, dass er Geld aus seinen Drogengeschäften in Südamerika zur Seite geschafft hatte. Mit diesem Kapital sollte er sich eine Legende aufbauen, eine Firma gründen, Drogengeschäfte initiieren, um die Hintermänner schließlich vor Gericht zu bringen. Eigentlich war es ein Widerspruch in sich. Doch ganz so einfach war es nicht. Bunte hatte seiner Erinnerung zufolge zur Bedingung gemacht, dass das BKA seine Logistik finanzierte, also Scheinfirmen, Ausrüstung, Autos, Bürologistik, Reisen und anderes mehr. Damit war es in der Realität nicht weit her.

Beim BKA hatte man in der Zwischenzeit bereits erste Bedenken gegen die Operation. Das äußerte sich darin, dass die für die Aktion eingeplanten 13 Beamten aus Kostengründen nicht zur Verfügung gestellt wurden. Trotzdem wurde, wie geplant, in Frankfurt eine Firma gegründet, die »Genoux & Partner International Consulting«. Bei der Deutschen Bank wurde für diese Firma ein Konto eingerichtet, um den Drogengeschäften ein legales Mäntelchen umzuhängen. Als Geschäftsführer von »Genoux & Partner« fungierte ein Beamter des Bundeskriminalamts mit dem Decknamen René Genoux. Bisher ist nicht bekannt, wer sich hinter dieser Bezeichnung verbarg.

Erich Bunte hingegen war von diesem Zeitpunkt an »VP 656«, Marbella sein Operationsmittelpunkt. »Marbella«, schrieb Bunte an das BKA, »war schon immer der Treffpunkt aller führenden Leute, deren Geschäfte sich auch in der ›grauen Zone‹ bewegen. Von Waffen über Drogen bis hin zu halbseidenen finanziellen Transaktionen kann man alles in Marbella finden. Des Weiteren ist Marbella für Südamerikaner der Ort, wo sie sich am liebsten niederlassen, wenn sie schon in Europa tätig werden wollen. Hier fallen sie am wenigsten auf.« Deshalb gründete er in Marbella, mit Wissen des BKA, eine Scheinfirma, die »Fiduciaria Alemaña – Deutsche Treuhand GmbH«, investierte in ein feudales Restaurant, den »Rancho Sudamericano« mit 500 Sitzplätzen, und residierte fortan im Chalet Nr. 1 der Andalucia del Mar in Marbella.

»Meine erste Handlung in Marbella«, schrieb Bunte in einem Rechenschaftsbericht an das BKA, »bestand darin, mir Eintritt in die ›graue Zone‹ zu verschaffen. Aus diesem Grunde musste ich sowohl privat als auch geschäftlich den entsprechenden ›Background‹ schaffen. Heute, nach fast 5 Monaten, sind diese Vorgaben erreicht. Mit einer Gesamtinvestition von ca. 200 000 Mark einschließlich aller Flugreisen Südamerika usw. habe ich sowohl den privaten als auch geschäftlichen Hintergrund aufgebaut.« Dazu gehörte auch, dass er »Basen« in Südamerika einrichtete, immer mit dem Hauptaugenmerk auf eine Infiltration bestehender Geldwaschstrukturen beziehungsweise von Organisationen, die an solchen Strukturen interessiert waren. Und das alles gelang ihm, obwohl er noch nicht einmal fünf Monate aus dem Gefängnis heraus war. »So habe ich in Bolivien (St. Cruz) 80 Prozent der Wechselstuben für bestimmte Geschäfte interessieren können.« Wechselbüros eignen sich besonders gut für Geldwäsche. Ihre Geschäftstätigkeit reicht von relativ kleinen Geldwechseltransaktionen bis zum Geldumschlag in Millionenhöhe. Der von ihnen als Geschäftszweck erklärte Umgang selbst mit großen Mengen flüssiger Mittel impliziert, dass auch die Annahme und der weitere Transfer schwarzer Gelder nicht als suspekt angesehen werden.

Geldwäscher nehmen daher Wechselstuben in erster Linie für die Erstplazierung illegaler Geldbestände in Anspruch.

Bunte zeigte in Marbella, was er konnte. So unterbreitete er, selbstverständlich immer mit Wissen des BKA, Angebote für Geldwäscheoperationen an das Cali- und das Medellín-Kartell in Kolumbien. »Wie es aussieht«, kündigte er in einem Brief an das BKA an, »werden hier in Kürze die ersten Geschäfte laufen.« Tatsächlich fand am 21. Februar 1992 eine sogenannte »Geldvorzeigeaktion« in der Schweizer Kreditanstalt in Zürich statt. Geldvorzeigeaktionen haben im internationalen Drogenhandel große Bedeutung. Denn um die Transporte sicher durchzuführen, wollen sich die Kartelle bei ihren europäischen Kunden vorher vergewissern, dass diese über das entsprechende Kapital verfügen, um mit ihnen ins große Geschäft zu kommen. Bunte bewies den Drogenbossen, dass er tatsächlich liquide war.

Bei einer dieser Geldvorzeigeaktionen war ein gewisser Negretta Calderon anwesend. Calderon war ein Abgesandter des Drogenkartells und hatte bereits in Belgien wegen Verstoßes gegen das Betäubungsmittelgesetz im Gefängnis gesessen. Für das Medellín-Kartell sollte er in den Niederlanden das Wechselbüro »Sud-America-Travel« in Amsterdam für Geldwäschetransaktionen nutzen. Mit ihm reiste Bunte, nachdem er ihm 800 000 Franken, die in einem Schweizer Bankdepot lagen, gezeigt hatte, nach Bolivien. Dort stellte sich allerdings heraus, dass Calderon nicht über die von ihm angekündigten weitreichenden Verbindungen verfügte. Das Ergebnis war, dass eine erste mögliche Kokainlieferung nach Europa scheiterte. Ein paar Tage später kontaktierte Calderon auf Veranlassung Buntes den ehemaligen Komplizen von Pablo Escobar, Manuel Cortez. Dessen Aufgabe im Kartell bestand darin, zu prüfen, ob die Abnehmer wirklich finanzkräftig genug waren, um mit ihnen Geschäfte abzuschließen. Er bot Bunte an, als Minimum 250 Kilogramm Kokain nach Europa zu transportieren, für 4000 US-Dollar pro Kilogramm, oder für 7000 Dollar pro Kilogramm, wenn er die Transportkosten mit übernahm. Zuvor seien zehn Prozent Anzahlung der gesamten Transportkosten im Voraus zu leisten, der Rest bei Übergabe der Ware.

All das hörte Bunte während eines Aufenthalts in Medellín. Dort traf er sich mit einem Vertreter des »Vorstandes«, einem »Mecha«. Das Gespräch dauerte etwa 20 Minuten. Dabei erfuhr Bunte, dass der Vorstand beschlossen hatte, mit »uns zusammenzuarbeiten« – allerdings unter Bedingungen. Der erste Transport sollte aus 500 Kilogramm bestehen und in drei Länder verteilt werden: Spanien, Deutschland und Italien. »Weiter müssen wir uns verpflichten, für keine anderen Personen oder Gruppen Transporte durchzuführen. Der Vorstand wird eine Person ernennen, die uns in Europa besucht und ›Inspektionen‹ abhält.« Wenig später, am 27. März 1992, reiste Bunte nach Cali weiter. Von Bogotá aus hatte er Verbindung zu einem Alberto Acosta aufgenommen, den er in Belgien persönlich kennen gelernt hatte. »Er hat ein eigenes Labor in Cordoba und verfügt über beste Kontakte zu Kokainhändlergruppen«, meldete Bunte nach Wiesbaden. Acosta bot Bunte an, einen Transport von 250 Kilogramm Kokain an bereits feststehende Abnehmer in Spanien organisieren zu lassen. Um das Geschäft in Gang zu bringen, deponierte Bunte 500 000 Dollar bei einer Schweizer Bank.

Inzwischen waren gerade mal sechs Monate zwischen dem Leben in der Brüsseler Gefängniszelle und seiner neuen Tätigkeit vergangen. Immer tiefer drang »V-Mann 656« in das Drogennetzwerk ein.

Am 22. Juni 1992 teilte Bunte dem BKA in einem Telex mit, dass Mitglieder der Gruppe um Calderon nun endlich einen Drogentransport von Südamerika nach Spanien planten. Seine Aufgabe sollte darin bestehen, die Ware in Spanien in Empfang zu nehmen und an die Abnehmer weiterzuleiten. Diese bestanden jedoch auf einer Garantieleistung. Wenige Tage später, am 29. Juni, wurde die Vorzeigeaktion wieder in der Filiale der Schweizerischen Kreditanstalt in Zürich durchgeführt. Bunte konnte den Drogenbossen eine Garantiesumme von 300 000 Dollar präsentieren. Nach Sichtung und Lagerung des Betrags im Banksafe wurden durch Bunte die Safeschlüssel bei der Schweizerischen Kreditanstalt in Anwesenheit des Privatsekretärs von Drogenboss Broche Espinosa versiegelt und in einem Safe deponiert. Espinosa war der Aliasname von Manuel Castro Lopez. In den USA war er bereits in Abwesenheit zu 25 Jahren Gefängnis verurteilt worden und hielt sich mit gefälschten Papieren in Marbella auf.

Dann begann die heiße zweite Phase der Operation. Bunte lieferte nun detaillierte Informationen über finanzstarke Hintermänner der Drogenkartelle nach Wiesbaden – zum Beispiel über einen Massar F., einen Libanesen mit US-Pass, der 20 Millionen US-Dollar in Marbella investiert hatte. In Gesprächen mit Bunte hatte dieser ihm erklärt, dass er an weiteren Geldwäscheoperationen interessiert sei, da er derzeit im Waffenhandel aktiv sei und entsprechende Aufträge für Waffenkäufe und Rohstofflieferungen in den Irak habe. »Er hat beste Beziehungen zu Syrien, und einer seiner engsten Mitarbeiter ist der oberste Zollchef von Beirut, ein Syrer. Er ist freundschaftlich mit mir verbunden.«

Politisch weitaus brisanter waren seine Kontakte zu einem M. D. in Marbella, einem »enorm wichtigen Geschäftsmann syrischer Abstammung mit deutschem Pass. Er hat in allen Großstädten eigene Häuser und Appartements. Geschätztes Vermögen 500 Millionen US-Dollar.« D. hatte, bevor er sein Domizil nach Marbella verlegte, in Deutschland eine Kaufhauskette besessen und seinen deutschen Pass, wie das BKA damals vermerkte, von einem süddeutschen Ministerpräsidenten erhalten. Er sei, schilderte Bunte in einem vertraulichen Bericht an das Bundeskriminalamt, »in allen Geschäften tätig und verwaltet die heißen Gelder von Monzer Al Kassar. Einige seiner Einkaufszentren wurden mit Geldern von Monzer gebaut.« Zwischen Erich Bunte und D. muss sich eine enge Freundschaft entwickelt haben. Bei einem Arbeitsessen mit dem einflussreichen Unternehmer unterbreitete ihm dieser anfangs Geschäfte, deren »Endziel« nicht deutlich war, wie Bunte bemängelte. Klarer wurde es für das BKA, als M. D. dem »V-Mann 656« erzählte, dass er plane, mit südamerikanischen Geschäftsleuten zusammenzuarbeiten, die wiederum ihre »heißen« Gelder in Europa investierten.

Vertrauen entwickelt sich in diesen Kreisen langsam, aber wenn es denn einmal aufgebaut ist, scheint es kein Halten mehr zu geben. Nach wenigen Monaten »Vertrauensanbahnung« bot M. D. dem V-Mann des BKA eine »enge Zusammenarbeit an. Es wurde auch konkret über Geldwaschen gesprochen«, berichtete Bunte in einem Telefax an das BKA. Und weiter: »Er ist bereit, mich bei den Banken einzuführen, bei denen solche Geschäfte abgewickelt werden.«

Bestens gestalteten sich danach seine weiteren Kontakte zu D. Dieser habe ihm versprochen, so Bunte, »dass wir Zugang zu allen wichtigen Leuten bekommen, die sowohl im Waschgeschäft als auch in anderen ›dunklen Geschäften‹ tätig« seien. »In langen Gesprächen, die bei entsprechendem Inhalt nur während eines im Freien stattgefundenen Spaziergangs abgehalten wurden, erreichte ich einen Durchbruch bei D., und er gab zu, Geld zu waschen. Und zwar über eine deutsche Bank. Jede noch so hohe Summe könne er unterbringen, wobei der Mittlere Osten als Waschplatz dienen würde. Ich für meinen Teil erklärte ihm, dass ich bestimmte Kartelle aus Kolumbien finanztechnisch beraten würde und wir es gerne sehen würden, in Marbella einen ›Stützpunkt‹ zu errichten. Monatliche Beträge in zweistelligen US-Dollar-Millionensummen wären an der Tagesordnung. Ich schlug weiter vor, gemeinsam eine Gesellschaft zu gründen, die sich mit der Koordinierung und logistischen Absicherung dieser Geschäfte befassen sollte. Er war damit einverstanden. Nach seinem Einverständnis flog ich nach Cali und Medellín, um auch dort die nötigen Voraussetzungen zu schaffen.« So weit die Darstellung des BKA-V-Mannes Erich Bunte.

Gemeinsam plante man nun, in einem Einkaufszentrum in Marbella Etagen anzumieten, in denen insgesamt 50 Büro- sowie verschiedene Geschäftsräume, Bars und Restaurants eingerichtet werden sollten. Sie sollten den kolumbianischen Drogenkartellen zur Verfügung gestellt werden, die auf diese Weise leichter ihre Leute nach Europa, getarnt als Angestellte, einschleusen konnten. »Kurze Zeit später begann ein enormer Umbau, bei dem ich zu fünfzig Prozent die Kosten mitübernehmen musste. Die wurden erst einmal von D. vorgeschossen. Überhaupt engagierte sich D. sehr stark bei diesem Projekt.«

Tatsächlich kann man in einem Prospekt der Holding lesen: »Derzeit läuft die Planungsarbeit für eine Erweiterung des Gesamtkomplexes von bisher 9000 Quadratmetern auf über 30 000 Quadratmeter bis zum Jahr 2000. Er bietet damit internationalen Investoren eine überzeugende Gelegenheit für ein lukratives Engagement in Marbella an der Costa del Sol.« Erich Bunte zum weiteren Verlauf des Projekts: »Nachdem nun die Sache mit dem Umbau fest am Laufen war, kamen wir zum eigentlichen Geschäft – der Geldwäsche. Zu diesem Zweck flog ich mit meinem Führungsoffizier nach New York, um mit dem für die USA zuständigen ›Geldverwalter‹ des Cali- und Medellín-Kartells die näheren Einzelheiten abzuklären. Es wurde abgemacht, am Anfang eine Summe von 300 000 US-Dollar aus den USA herauszubringen und anschließend über Marbella zu waschen.«

In einem Dokument des BKA ist dazu Folgendes niedergeschrieben: »M. D. habe VP angeboten, bei entsprechendem Kapitalnachweis in seine Geschäfte einzusteigen. Dadurch erhielte VP die Gelegenheit, sowohl unmittelbaren Einblick in die bestehenden Geschäfte und Finanzverbindungen von D. zu erhalten, als auch einen Blick in Geldwaschoperationen, die Anlage illegaler Gelder in legale Geschäfte nebst Gewinnrückfluss sowie dessen Bankverbindungen in die Schweiz und nach Deutschland.« Bunte erzählte D., dass er etwa 500 000 US-Dollar in einer Schweizer Bank deponiert habe und er in den nächsten Tagen in die Schweiz fahren werde, um ihm, D., dieses Drogengeld zu zeigen. »Der wusste natürlich genau, um was es ging. Als wir den Besuch in Zürich vorbereiteten, ist er extra mit mir am Hafen spazieren gegangen, damit niemand mithört, was wir besprechen«, erinnert sich Bunte.

Fieberhaft arbeiteten BKA und die Zürcher Kantonspolizei daran, um die brisante Aktion zu einem erfolgreichen Abschluss zu führen. Und siehe da – am 1. Juli 1992 flog Erich Bunte zusammen mit D. von Marbella nach Zürich. Sie übernachteten laut Meldeschein im Airport-Hilton-Hotel: D. in Zimmer Nr. 327 und Bunte in Zimmer Nr. 441. Am nächsten Tag sollte die Geldvorzeigeaktion stattfinden. »Wie verabredet«, berichtete die

Zürcher Kantonspolizei, »erschien Bunte in Begleitung des D. um 11.30 Uhr in der SKA-Bank.« Zusammen mit einem Beamten des Bundeskriminalamts gingen sie in den Tresorraum der Bank. Bunte präsentierte dort seinem neuen Geschäftsfreund 700 000 Franken, die anschließend im Safefach Nr. 11681 deponiert wurden. Die Safeschlüssel wurden wiederum versiegelt hinterlegt. D. schien zufrieden gewesen zu sein, schöpfte keinen Verdacht. Nachdem Bunte und D. das Bankgebäude verlassen hatten, wurde das Safefach durch einen Beamten der Kantonspolizei geleert und das Vorzeigegeld wieder in einem Tresor der Polizei in Sicherheit gebracht.

Für Bunte selbst verlief die Aktion weniger erfolgreich als für die beteiligten Polizeibeamten. Er bezeichnete sie kritisch als »stümperhaft«. Heftig beschwerte er sich beim BKA: »Leider verlief aus verschiedenen Motiven die Sache in der Schweiz nicht positiv. Man kann nicht, und das habe ich schon mehrmals moniert, in eine große Sache einsteigen wollen und hat selbst nur einen operativen Hintergrund, der ausreicht, um einen Hühnerdieb zu stellen.« Was ihn störte, war, wie er bemängelte, dass man das Bankschließfach, in dem das Geld deponiert war, bereits zu dem Zeitpunkt aufgelöst hatte, als D. noch in Zürich war. »So etwas ist für D. telefonisch überprüfbar, und es heißt nichts anderes, als mit dem Feuer spielen. Ich kann nicht mit einer Polizeimentalität eine kommerzielle Operation abfahren.« Diese Darstellung wurde von der Schweizer Polizei und den beteiligten Beamten des BKA bestritten. Ihnen zufolge hatte das von Bunte angemietete Schließfach nach wie vor Bestand.

D. war jedenfalls, und nur das zählte letztendlich, vom V-Mann des BKA überzeugt. Er bot ihm nun an, ihn als Präsident seiner Verwaltungsgesellschaft einzusetzen, sobald diese von ihnen gemeinsam gegründet worden war. »Ich habe nur durchblicken lassen, dass ich im Moment keine ›flüssigen‹ Mittel habe, aber Gelder in Schließfächern, die zu bestimmten Dingen als Sicherheit zu verwerten wären. Er ist damit einverstanden.« Jetzt folgte ein weiterer Höhepunkt der Infiltration angeblicher millionenschwerer Geldwäscher für die Drogenkartelle. Stolz schrieb »V-Mann

Nr. 656« in seinem Bericht an das BKA: »Es kommen mehr als hundert Pressevertreter, Fernsehen aus verschiedenen Ländern. Wer einen Namen hat, ist hier.«

Um was ging es? Am 14. August 1992 organisierte Bunte in seinem Restaurant ein sogenanntes VIP-Dinner. 400 auserlesene Personen wurden eingeladen und eilten zu dem festlichen Ereignis, darunter auch Angehörige der spanischen Königsfamilie. Veranstalter des Festes waren die BKA-Tarnfirma »Fiduciaria Alemaña« und D., der Inhaber des Geschäftsimperiums.

Anlass der feuchtfröhlichen Feier war die spanische Premiere des amerikanischen Erfolgsfilms »Basic Instinct«. Den Abend ließen sich Bunte und D. einiges kosten. »Nehmen Sie nur als Beispiel unsere damalige Vorstellungsshow«, schrieb Bunte später an das BKA. »Es waren sämtliche südamerikanischen Botschafter mit Gattinnen da, denen nicht nur der Flug Madrid–Malaga–Madrid und ein kostenloses Wochenende in einem 5-Sterne-Hotel bezahlt wurde, sondern die zudem mit Geschenken verwöhnt wurden. Hintergrund war der ›Imageeffekt‹ bei den wichtigsten Leuten von Marbella, die nicht nur verschiedenen Nationalitäten angehörten, sondern allesamt auch in ›heiße Geschäfte‹ verwickelt waren. Diese Party samt Nebenkosten hat mich ca. 120 000 Mark gekostet. Der VP-Führer war auch anwesend, sozusagen als ›Gastgeber‹.«

Das Ganze wurde übrigens in einem Sachstandsbericht des BKA vom 4. August 1992 unter der Tagebuch-Nr. 4/92 festgehalten.

»V-Mann 656« konnte damals genauso wenig wie seine Führungsbeamten ahnen, dass die BKA-Führung in Wiesbaden keinen Anlass sah, den brisanten Informationen über D. nachzugehen« – im Gegenteil. Niemand weiß genau, warum die damaligen Ermittlungen gegen D. trotz der großen Verdachtsmomente abgebrochen und die doch alarmierenden Erkenntnisse, die Bunte und seine Partner vom BKA gewonnen hatten, nicht ausgewertet wurden, zumal D. in Deutschland enge Kontakte zu dem Ministerpräsidenten eines Bundeslandes hatte. Auffällig war jedenfalls, dass ein Fax, das im Zusammenhang mit der Geldvorzeigeaktion vom BKA nach Zürich »unter dem Siegel der Vertraulichkeit« gesandt wurde, bei der Schweizer Sektion von Interpol landete. Damit stand fest, dass die »vertraulichen« Informationen nicht mehr geheim zu halten waren.

Eingeweihte Beamte des Bundeskriminalamts vermuten darüber hinaus, dass D. über ausgezeichnete Verbindungen zu großen deutschen Banken verfügte. Diesen Geldinstituten führte er tatsächlich viele Kunden aus Marbella zu, so der Sicherheitsbeauftragte einer dieser Banken. Eine davon soll daher massiven Druck auf die BKA-Führung ausgeübt haben. Schließlich war ihr Mann in Marbella ein wichtiger Kunde, der sogar für die Wertpapiergeschäfte einer deutschen Bank im Nahen Osten verantwortlich gezeichnet haben soll.

Fakt ist, dass D.s wirtschaftliches Imperium in der Zwischenzeit noch gewaltiger geworden ist. Sogar im Internet wirbt er für sein Firmenkonsortium, das demnach Vertretungen in Syrien, Ägypten, Marokko, Saudi-Arabien, im Libanon, Spanien und Frankreich unterhält. Und er wirbt damit, dass er große deutsche Firmen in der arabischen Welt repräsentiert. Sein Werbespruch lautet: »Es ist nicht nötig, dass Sie Ihre Zeit damit verbringen, um den richtigen Weg für die Einführung Ihrer Produkte auf den arabischen Markt zu suchen. Sie profitieren von unserer Infrastruktur, unserem erfahrenen Personal und unserem Know-how.« Wohl wahr. Wie steht doch in einem Hochglanzprospekt der Holding? »›The world is your oyster‹, sagen die Briten, und sie haben Recht. Denn wir können vieles erreichen, wenn wir nur wollen. Wir von der D.-Gruppe verstehen uns deshalb als Investoren, die Visionen haben – und sie auch konsequent umsetzen.«

Zu den schweren Vorwürfen gegen ihn befragt, antwortete mir D. lediglich:

»1. Wir kennen Monzer Al Kassar von Namen und Person her. Weder der Unterzeichnete noch die D.-Group of Companies standen jemals mit ihm in Geschäftsbeziehung.
2. Der deutsche Staatsbürger Erich Bunte wollte im Jahr 1992 einige Lokale in dem Shopping-Center Cristamar anmieten. Verträge sind von unserem Anwalt vorbereitet worden. Das

Geschäft kam nicht zustande, weil Herr Bunte die Zahlung der Miete schuldig blieb.

3. Weder der Unterzeichnete noch ein Beteiligter der D.-Gruppe haben jemals eine Veranstaltung mit Erich Bunte organisiert oder mit ihm geschäftliche Abschlüsse/Kontakte gehabt.«

Auf die Frage, ob er mit dem V-Mann des BKA zu einer Geldvorzeigeaktion in Zürich war, ersparte er sich die Antwort. Das Intermezzo von Zürich wird er auch kaum abstreiten können.

Unterdessen blieb Bunte in anderen Bereichen weiter aktiv, indem er zum Beispiel das Unternehmen »Eurobanking-Consultora Financiera« in Santa Cruz de la Sierra in Bolivien gründete. Wieder gingen ihm dicke Fische ins Netz. Dem BKA meldete er: »Wilson Vargas ist Abgeordneter der ADN. Er besitzt zwei Flugzeuge und bot mir an, 150 Kilo Kokain zu verkaufen. Er habe die Firestone-Vertretung für Bolivien und sei in der Lage, eine Tonne Kokain monatlich zu transportieren.« Einen weiteren Kontakt baute er zu einem Omar Broche auf. Dieser betreibe in den USA ein Netzwerk von Spielhallen und sei im Drogengeschäft aktiv. »Broche bot mir an«, so Bunte, »Probleme beim Waschen von Drogengeldern zu lösen.«

In der Zwischenzeit lief die zweite Phase der »Operation UNI« äußerst »erfolgreich«, was sowohl die Frankfurter Staatsanwaltschaft als auch das BKA bestätigten.

Sein Augenmerk richtete Bunte nun auch auf Verbindungen nach Deutschland. Dabei stieß er auf Albert H., einen Gestütsbesitzer in Norddeutschland, mit besten Verbindungen zu dortigen Politikern. H. tätige alle Arten von Geschäften und sei auch zu Risiken bereit, wenn der Preis stimme, meldete Bunte dem BKA. »Über Albert H. bin ich an einen Wilkens aus dem norddeutschen Raum gekommen, der sich bereit erklärt hat, Geld zu waschen. Er ist Aufsichtsratsvorsitzender in verschiedenen Firmen und stark mit der Treuhand verbunden.« Diese Informationen veranlassten das BKA, mit der Treuhand in Berlin Kontakt aufzunehmen. Das BKA wollte, unter dem Deckmantel der Treuhand, eine Firma gründen, um die Geldwäscheoperationen der Drogenkartelle in den neuen Bundesländern aufzuhellen. In der Berliner Treuhand-Zentrale zeigte man daran jedoch kein besonderes Interesse. Der Plan wurde fallen gelassen.

Besonders interessant für das BKA war Buntes Hinweis auf einen Rainer P. Dieser erfreue sich bester Verbindungen zum Adel. Einer dieser Blaublüter sei ein bekannter preußischer Prinz und werde im folgenden Monat »bei unserem Umweltprojekt als Präsident für Pro Mundo Europa anfangen«. Gegen Rainer P. wurde bei der Staatsanwaltschaft Düsseldorf bereits wegen fortgesetzten Betrugs, Kreditbetrugs und Untreue ermittelt. Und auch bezüglich des preußischen Prinzen lagen dem BKA Kriminalakten im Zusammenhang mit Betrugsgeschäften vor. »Neben dem bereits bekannten P. und dem preußischen Prinzen wurde bekannt«, heißt es in einem Rechenschaftsbericht des BKA, »dass der Hans M. in das Waschen von Drogengeldern involviert sein soll. Er soll ca. 5 Jahre lang Vorstandsassistent des Schweizer Bankvereins gewesen sein. Neben seinen Verbindungen zum Morgan-Trust mit Zentrale in Liechtenstein soll er in geschäftlicher Beziehung zur Cosa Nostra/Camorra stehen.« Überprüfungen dieser Angaben durch Interpol in der Schweiz bestätigten deren Wahrheitsgehalt. Doch auch hier wurde nichts mehr unternommen, die Informationen verstaubten in den Akten.

Bunte arbeitete unverdrossen weiter. Ende August 1992 informierte er das BKA, dass er für einen Gustavo 500 Millionen Lire, den Gegenwert von 500 000 Dollar, übernehmen soll. Gustavo hatte er in Amsterdam kennen gelernt und besuchte ihn am 11. August in Bogotá. »Die Organisation um Gustavo«, meldete er nach Wiesbaden, würde alle zehn Tage etwa 800 Kilogramm Kokain absetzen. »Von seiten der Organisation wurde an VP herangetragen, im Bereich ›Geldwäsche‹ tätig zu werden und monatlich 6 Millionen Mark zu waschen, da die Organisation im Geldwäschebereich nicht viel Erfahrung, jedoch Interesse daran habe.«

Konditionen des sogenannten »Pick-up« waren sieben Prozent Provision für Bunte beziehungsweise die BKA-Tarnfirma in Marbella und ein bis anderthalb Prozent für den Operationsfonds

Bundesrepublik. Zuerst musste Bunte wieder einmal Geld auslegen, fand sich dazu jedoch nicht mehr willens und in der Lage, da er inzwischen ziemlich blank war. Doch das Bundeskriminalamt teilte ihm telefonisch mit, dass es keine Vorauskosten übernehmen werde. In der Wiesbadener Zentrale entbrannte nun ein heftiger Streit. Buntes Kontaktbeamte im BKA wiesen nämlich darauf hin, dass »die Gesamtoperation an der Nichtdurchführung der Maßnahme scheitern« könne, und ersuchten um eine Entscheidung der Amtsleitung. Diese befand, »dass unter diesen Voraussetzungen die Geldvorzeigeaktion nicht durchgeführt wird«. Gleichzeitig teilte man Bunte mit, dass »die Nichtdurchführung der Einzelaktion nicht zwangsläufig das Scheitern der gesamten Operation« bedeuten würde. Und: »Dem entstehenden Eindruck, dass Bunte versuche, lediglich für seine eigenen Ziele tätig zu werden, müsse entgegengewirkt werden.« Noch setzte demnach das BKA auf den V-Mann.

Wenige Tage später war sowieso bereits alles wieder im Lot. Bunte konnte die Kolumbianer davon abhalten, ihnen erneut Geld in der Schweiz zu zeigen. Er versicherte ihnen, dass er in einem Schließfach einer Wiesbadener Bank umgerechnet 400 000 US-Dollar liegen habe. Der Mann des Kartells, Alfredo, ein Kumpan von Gustavo, forderte ihn daraufhin auf, eine Liste zu erstellen, auf der die letzten drei Ziffern der Nummerierung eines jeden Scheines vermerkt waren. Die Erklärung für diese zunächst nicht nachvollziehbare Forderung: Aus den letzten drei Ziffern der Geldschein-Nummerierung ergeben sich keine Anhaltspunkte, woher die Note stammt – das Geld ist nicht zurückzuverfolgen. Das einzig Typische an den alten Tausendmarkscheinen war der Buchstabe W vor der Nummerierung. Das Motiv des Kolumbianers, eine solche Liste erstellen zu lassen, war klar. Sie sollte dazu dienen, anhand eines x-beliebigen Tausendmarkscheins von Bunte überprüfen zu können, ob er wirklich über unverdächtiges Geld verfügte.

Doch von diesem Zeitpunkt an lief irgendetwas schief. Denn Anfang September 1992 wurden die Bürokraten beim BKA in Wiesbaden aktiv. Sie ordneten an, dass sämtliche finanziellen Forderungen beziehungsweise Verbindlichkeiten zwischen Erich Bunte und seinen BKA-Führungsbeamten zu bereinigen seien. Stein des Anstoßes waren ein Scheck über 50 000 DM und die Abrechnungsmodalitäten der von Bunte in Rechnung gestellten Telefonkosten. Hinzu kam noch etwas anderes.

Zur gleichen Zeit transportierte er, mit Wissen des BKA, in drei Koffern den Betrag über 500 000 Millionen Lire, umgerechnet 500 000 US-Dollar, von Rom in sein Domizil nach Marbella. Vorausgegangen war der Anruf seines Kontaktmanns vom Cali-Kartell. »In Rom liegen ein paar hundert Millionen Lira. Hol sie raus«, schilderte Bunte den Auftrag. Das lässt sich auch belegen. In einem Dienstreiseantrag vom 9. September 1992 begründete nämlich ein BKA-Beamter, warum er nach Bogotá reisen müsse, und enthüllte damit den Hintergrund der gemeinsamen Operation: »Im Rahmen der ›Operation UNI‹ bestehen Kontakte zu einer multinationalen Straftätergruppe mit Angehörigen in verschiedenen Staaten Europas und Südamerika. Die Gruppe plant derzeit den Transport von 800 Kilo Kokain von Bolivien nach Europa. Durch VP- und VE-Einsatz soll dieser Transport bis zur Sicherstellung unter Kontrolle bleiben. Gleiche Gruppe will über VP zuvor eine bestimmte Geldmenge in Rom übernehmen lassen und diese in Kolumbien von VP wieder gewaschen übernehmen. In Absprache mit den italienischen Behörden ist der Pick-up in Rom durch VP vorgesehen.«

Es blieb nicht nur bei der Übergabe in Rom. »Tatsache ist«, behauptete Bunte, »dass Geldtransfers von Italien nach Kolumbien via Spanien stattgefunden haben Dabei fungierte Nino als ›Auszahler‹. Hilfe beim ›Geldwaschen‹ leistete die BBV-Bank in Marbella und Madrid. Ich hatte seinerzeit einen Bericht über die Verstrickung der größten spanischen Bank in die Geldwäscherei meinem VP-Führer übersandt. Speziell ging es um eine Verbindung: Marbella–Madrid–Marbella. Einen faktischen Beweis dazu erbrachte ich dadurch, dass ich einen BKA-Beamten bei der Übergabe von italienischen Lire, in US-Dollar etwa 250 000, mit in die BBV-Bank in Marbella nahm. Der Betrag ging, nachdem er von der BBV in Dollar umgetauscht wurde, auf dem Wege Spanien–Kolumbien verloren. Schuld hatte ein eingesetzter Kurier. Empfänger und Eigentümer des Geldes war das Cali-Kartell.«

Wie wurden diese Informationen verarbeitet? Haben sie Aktivitäten im BKA ausgelöst? »Zu dem Komplex BBV habe ich nie seitens des BKA eine Reaktion erhalten, und es war, wie seinerzeit gegen die andere Bank in Marbella, Totenstille.«

Auf einmal überschlugen sich die Ereignisse. Bunte wusste nicht, dass er in Rom von der italienischen Polizei observiert wurde. »Obwohl lt. dem Vertrag mir Aussagen ohne vorherige Genehmigung nicht gestattet sind, muss ich einen Teil dieses Verbots überschreiten, damit es für Dritte besser zu verstehen ist. In einer der Operationen in Bolivien (immer mit Genehmigung des BKA) wurde Kokain für Europa benötigt. Ich wurde mit der Beschaffung beauftragt. Aufgrund meiner Verbindungen konnte ich das Kokain beschaffen. An einem bestimmten Tag flog ich nach Rom, um mich mit einem führenden Mafiamitglied zu treffen, das wiederum in Verbindung mit unserer Gruppe aus Südamerika stand. Es ging um Geldexport und Geldwäsche. Aufgrund eines Missverständnisses kam es nicht zum geplanten Treffen, und wir verabredeten ein zweites Treffen. Was wir nicht wussten, war die Tatsache, dass zur Zeit des geplanten Treffens eine totale Überwachung einiger Mafiamitglieder mit absoluter Geheimhaltung bestand.« Bunte bezog sich auf eine internationale Polizeioperation unter dem Codenamen »Green Ice«.

Der als »Green Ice« im Jahr 1992 von internationalen Ermittlungsbehörden zum Abschluss gebrachte und in einem spektakulären Fahndungserfolg gipfelnde Fall führte in den USA, Kolumbien, Italien und Spanien dazu, dass mehr als 500 Bankkonten beschlagnahmt wurden. Dabei handelte es sich um Guthaben kolumbianischer Geldwäschefirmen, die auf Scheinexportgeschäfte sowie auf die Praktiken der Über- und Unterfakturierung spezialisiert waren. Involviert in die Geldwäsche der Drogenkartelle waren mindestens vier kolumbianische Banken. Zu ihnen zählte die »Corporacion Financiera del Valle«, die mit der Platzierung staatlicher Schuldverschreibungen im In- und Ausland beauftragt war. Unter den über 200 festgenommenen Personen war ein besonders interessanter Mann: der kolumbianische Staatsbürger Rodrigo Polania Camargo. Bei ihm handelte es sich um einen auf die Beobachtung von Geldwäscheaktivitäten spezialisierten Angestellten der kolumbianischen Bankenaufsicht, der sogar diesbezügliche Seminarvorträge hielt und fast in eine von der Regierung bestellte Expertenrunde zur Bekämpfung dieses Delikts aufgenommen worden wäre. Polania soll unter anderem auch für die Verteilung von Bestechungsgeldern an kolumbianische Militärs zuständig gewesen sein.

Im Zusammenhang mit dieser Operation wurden alle Telefongespräche bei jenen mitgeschnitten, die unter Verdacht standen, mit der kolumbianischen beziehungsweise italienischen Mafia zusammenzuarbeiten. Ins Netz der Fahnder geriet dabei auch der in Italien lebende Gaetano Sideri, Spitzname »Nino«. Er galt als Verantwortlicher für das Kassieren und Waschen von Drogengeldern in Rom. »Nino« war jener Mann, mit dem sich Bunte in der italienischen Hauptstadt getroffen hatte.

Bei einer weiteren Übergabe von Geld in Italien, das dem Cali-Kartell und der italienischen Mafia gehörte und anschließend nach Spanien transportiert werden sollte, kam es dann zum Eklat. Das Bundeskriminalamt hatte vom zuständigen italienischen Richter erfahren, dass jeder, der mit »Nino« in Kontakt trete, festgenommen werde. »Nino« sei unter ständiger Observation. In einem Schreiben des BKA vom 10. September 1992 wird dazu festgehalten: »Der Kollege teilte mit, dass bei dem Transport es fraglich sei, ob es sich um den von uns infrage stehenden 800-Kilo-Transport nach Holland oder um den in Aussicht gestellten ca. 500-Kilo-Transport nach Italien handelt.«

Es war der 10. September 1992. Bunte plante, um die Mittagszeit nach Rom zu fliegen, da er noch in der Nacht zuvor den Kolumbianern seine Ankunft avisiert hatte, um erneut Geld in Empfang zu nehmen und somit ins große Drogengeschäft einzusteigen. Bedingt durch die neue Situation – Bunte stand plötzlich auf der Fahndungsliste der italienischen Polizei – untersagten ihm seine BKA-Führungsbeamten, Marbella zu verlassen. In einem Telefongespräch mit dem BKA wies er darauf hin, dass er nunmehr »seine Leute« kontaktieren müsse, wobei ihm nicht klar sei, wie er ihnen sein Nichterscheinen in Rom erklären solle. Akribisch notiert das BKA: »V-Mann 656 wurde eindeutig klargemacht, dass er keine Fehler machen solle, die ihn strafrechtlich belasten könnten.«

Gegen 21 Uhr am selben Tag rief Bunte erneut in Wiesbaden an. »Ich habe die Leute in Bogotá informiert und organisatorische Probleme bei der Anreise nach Rom als Ausrede angegeben.« Am nächsten Morgen erhielt Bunte aus Wiesbaden neue Anweisungen. Er solle sich mit der Begründung, erkrankt zu sein, in ein Hospital begeben und dafür seinen Mitarbeiter nach Kolumbien schicken, »quasi als Puffer, um zu schauen, was oder wie es mit dem Transport noch weitergehen soll«.

Am nächsten Tag flog Buntes Kompagnon tatsächlich nach Bogotá, während er selbst sich in ein Krankenhaus in Marbella verzog. Grund der Einlieferung: Autounfall mit Gehirnerschütterung. Es war ein Glück für ihn, dass er dem Rat des BKA folgte, denn die Kolumbianer fragten prompt im Hospital nach, ob er dort wirklich als Patient gemeldet sei.

In Bogotá selbst wurde daraufhin der Handel abgeschlossen. 500 Kilogramm Kokain sollten über Bolivien nach Europa geschafft werden. Vier Tage später – er war wieder »gesund« – flog Bunte über New York nach Bolivien, zusammen mit einem BKA-Beamten, um den großen Drogentransport vorzubereiten. Als das erledigt war, ging die Reise zurück nach Marbella.

Bunte staunte nicht schlecht, als ihn dort sein Führungsbeamter mit der Tatsache konfrontierte, dass das Gericht in Rom am 26. Oktober unter dem Aktenzeichen A RGNr. 15421/92 einen internationalen Haftbefehl gegen ihn erlassen hatte. Der Hintergrund: Bei der Operation »Green Ice« arbeiteten verschiedene Polizeidienststellen zusammen, und jene, die den Haftbefehl ausstellten, wussten nichts von Buntes Kooperation mit einer anderen italienischen Polizeidienststelle. Noch setzte sich das BKA für seinen V-Mann ein.

Unabhängig davon flog Bunte Ende September erneut nach Bolivien, um von dort 15 Kilogramm Kokain als »Testlauf« für die

Niederlande zu transportieren oder, wie es das BKA formuliert, »die Irritationen durch die Italiengeschichte abzufedern«. Beim BKA lief die Aktion unter der Codebezeichnung »Evita«. Bei dieser Operation erhielt ein Mann namens Vargas vom Kartell die verbindliche Zusage, dass größere Mengen Kokain durch Bunte beziehungsweise das BKA nach Europa gebracht würden. Als Transportlohn-Vorauszahlung sollten 15 Kilogramm Kokain geliefert werden, eine Menge, die den Ermittlern als »Test« für den Transport dienen sollte. Der Preis betrug 25 000 US-Dollar pro Kilo.

BKA-Beamte waren bereits nach Südamerika gereist, um vor Ort die geplante Operation zu begleiten. Denn die Frage, über welche Route das Kokain nach Holland gebracht werden sollte, bedurfte noch der Klärung. Nach langen Verhandlungen wurde diesbezüglich eine Einigung erzielt.

Am 29. September übernahmen Bunte und Beamte des BKA, nach Absprache mit den Behörden Boliviens, Brasiliens, der USA und der Niederlande, die 15 Kilogramm Kokain in Bolivien von dem bolivianischen Delegierten Wilson Vargas. Die Übergabe des Rauschgifts liest sich wie ein Kriminalstück. »Wilson erschien gegen 10 Uhr bei VP und teilte diesem mit, dass seine Kontaktperson Angst habe, die Übergabe im Hotel durchzuführen. Man kam überein, dass VP und VE mit einem Pkw hinter Wilson zu einem von diesem vorgeschlagenen Ort herfahren sollten, um das Kokain zu übergeben. Dieser Vorschlag wurde nach Rücksprache Wilsons mit dessen Kontaktperson über die Mobil-Tel.-Nr. 0139-3122 angenommen. Wilson fuhr in den nordöstlichen Stadtbezirk von Santa Cruz, entfernte sich dort und kam nach ca. 30 Minuten mit seinem Fahrzeug zurück. In seiner Begleitung befand sich eine unbekannte männliche Person, ca. 28 Jahre alt, Mütze, Sonnenbrille. Wilson entnahm seinem Fahrzeug eine Plastiktasche, die mit Kokain gefüllt war, und verpackte diese in den im Fahrzeug von VE und VP befindlichen Koffer. Ferner übergab Wilson eine Handwaage.«

Verpackt lag das Kokain nun in einem Aluminiumkoffer, der mit einem roten Klebeband gekennzeichnet wurde. Planmäßig wurde das brisante Gepäckstück von Santa Cruz in Bolivien mit einem von BKA-Beamten angemieteten Flugzeug nach Brasilien geflogen. Dann ging es weiter nach Miami und von dort anschließend nach Frankfurt, von wo es in einer Lufthansa-Maschine nach Amsterdam gelangte. Am nächsten Tag sollte der Abnehmer, Alfredo Rodriguez, um zehn Uhr im Amsterdamer Hotel Breukelen erscheinen. Aus dem Observierungsprotokoll der Polizei lässt sich der Fortgang der Aktion nachvollziehen.

»10.20 Uhr. Rodriguez erscheint im Hotel. Durch verdeckten Ermittler wird die Tasche an Alfredo übergeben. Alfredo befindet sich mit seinem Kind (rote Jacke) bei verdecktem Ermittler im Hotel. Er wird mit der Tasche vermutlich zum Bahnhof gehen und von dort aus mit seinem Kind zu den Abnehmern fahren. Es wird mitgeteilt, dass Alfredo mit seiner Tochter in der Stadt unterwegs ist. Über den Meldekopf wird bekannt, dass Alfredo außer Kontrolle geraten ist.« Die Observierung durch die holländische Polizei schien wohl etwas lückenhaft gewesen zu sein. Was Bunte nicht unbedingt zum Nachteil gereichte. Denn nun waren die Kolumbianer überzeugt, dass er tatsächlich über die Transportkapazitäten verfügte.

Am 12. Oktober 1992 teilte ein Vertreter des Drogenkartells daher Bunte mit, dass alles für die Übernahme von einer Tonne Kokain in Bolivien vorbereitet sei. Gleichzeitig ging beim Bundeskriminalamt eine Warnmeldung ein. Ihr zufolge sei der verdeckte Ermittler »M.« in Bolivien aufgeflogen, woraufhin beschlossen wurde, ihn sofort aus Südamerika abzuziehen. Vorausgegangen war ein empörtes Schreiben der deutschen Botschaft in La Paz an das Auswärtige Amt in Bonn: »M.« habe in einem Lokal die neunzehnjährige Tochter der Besitzerin tätlich angegriffen. Außerdem habe er die »ebenfalls anwesenden Damen aus dem Lokal mit ehrenrührigen Worten beleidigt«.

Es war eine Falle, in die »M.« hineintappte, die gleichwohl Aufschluss über bestimmte Verhältnisse gibt. Denn aus »M.s« Sicht spielte sich der Zwischenfall wie folgt ab: »Ohne ersichtlichen Grund stieß das junge Mädchen einen Schrei aus. Plötzlich verspürte ich einen heftigen Schlag am rechten Ohr und auf die Nase.

Ich fiel zu Boden, erhielt noch einen Tritt und blieb benommen liegen.« Bei dem jungen Mädchen handelte es sich um die Tochter von »Titti«, der Lebensgefährtin des deutschen Restaurantinhabers. Obwohl »Titti« eigentlich wegen Drogenhandels im Gefängnis hätte sitzen müssen, hielt sie sich häufig im Lokal auf. Den Urlaub verdankte sie einer Richterin, die bekannt dafür war, dass sie Drogenhändlern großzügig Freigänge gewährte. Nachdem der BKA-Beamte diesen Sachverhalt der obersten Staatsanwältin geschildert hatte, wurde an einem Wochenende im Gefängnis von Santa Cruz eine Razzia durchgeführt. 80 Prozent der Gefangenen glänzten aufgrund der Großmütigkeit dieser Richterin durch Abwesenheit. »Titti« erhielt danach keinen Ausgang mehr. Und weil die Mitwirkung des BKA-Beamten im Lokal bekannt geworden war, rächte sich ihre Tochter nun auf die erwähnte Art und Weise. Es war jedenfalls das Aus für den verdeckten Ermittler und der Abbruch der »Operation Evita«.

Am 11. Januar 1993 ging ein Schreiben von der deutschen Botschaft La Paz in Wiesbaden ein, das die Schilderung von »M.« bestätigte. »Die Policia Nacional erklärte der Botschaft, dass Titti, die derzeit eine mehrjährige Freiheitsstrafe wegen Drogenhandels im Gefängnis Palmazola verbüße, damals die Wachen des Gefängnisses bestochen und sich in den Hinterräumen des Restaurants aufgehalten habe. Sie habe eigenen Angaben zufolge den Überfall organisiert und den Vorfall später bei ihrer Rückkehr im Gefängnis mit folgenden Worten kommentiert: ›Das war das Schwein, das mich hierher gebracht hat. Dafür musste er büßen.‹«

Auch für »VP 656«, Erich Bunte, war das Ende der Zusammenarbeit mit dem BKA nahe – zumal es neue juristische Probleme gab. Am 22. September 1992 war das neue Geldwäschegesetz in Kraft getreten. Demnach müssen die Banken dubiose Einzahlungen von mehr als 20 000 Mark den Ermittlungsbehörden melden. Was macht man aber, wenn das BKA selbst in Drogengeschäfte und Geldwäsche involviert ist? Das fragte sich auch der Sicherheitsbeauftragte der Deutschen Bank. Deshalb verfasste er mit Datum vom 8. Oktober 1992 ein Schreiben an den BKA-Abteilungsleiter Schuster. »Durch das neue Geldwäschegesetz

§ 61 StGB sehen wir die Gefahr, dass sich unsere mit der Abwicklung betrauten Angestellten wegen ›Geldwäsche‹ gemäß § 261 StGB strafbar machen würden, wenn sie weiterhin Verfügungen über das Konto zulassen. Wir erlauben uns deshalb darauf hinzuweisen, dass die von Ihren Beamten zugesagte Erklärung der zuständigen Staatsanwaltschaft, wonach unsere Angestellten bei der Durchführung von Geschäften des Kontoinhabers nicht wegen ›Geldwäsche‹ bestraft werden können, hier noch nicht vorliegt.«

Am 24. November 1992 fand ein Krisengespräch zwischen Vertretern des BKA und italienischen Strafverfolgern in Rom statt. Vorrangiges Interesse der BKA-Beamten galt dem Umstand, dass der Haftbefehl gegen Bunte außer Kraft gesetzt wurde. Dabei erfuhren die BKA-Beamten, dass ihr V-Mann während seines Aufenthalts in Rom zwar keinen persönlichen Kontakt mit dem im Visier der Ermittler befindlichen Drogenring gehabt habe. Jedoch waren Telefongespräche zwischen Mitgliedern der italienischen Mafia und den Kolumbianern aufgezeichnet worden, in denen es um die Aktivitäten von Bunte ging. Aus anderen abgehörten Telefonaten bestätigte sich, dass eine Geldübernahme zwischen »Nino« und Bunte zu keinem Zeitpunkt stattgefunden hatte. Die BKA-Beamten waren froh, als sie das hörten. Denn nun konnten sie davon ausgehen, dass von der ersten Geldübernahmeaktion nichts bekannt war. Danach drehte sich die Diskussion um etwaige Möglichkeiten, den Haftbefehl zu annullieren. »Das ist problematisch«, gab einer der italienischen Beamten zu bedenken. »Denn wenn der Haftbefehl zurückgenommen wird, wird das in den Akten erscheinen und damit den Drogenclans bekannt.« Die italienischen Ermittler unterbreiteten daraufhin einen anderen Vorschlag. Erich Bunte solle nach Italien reisen, wo man ihn pro forma festnehmen werde. Er gäbe eine allgemein gehaltene Erklärung über seine Kontakte mit den Italienern ab, woraufhin der Haftbefehl ausgesetzt werde. Alle Gesprächsteilnehmer hielten das für einen gangbaren Weg, »wobei natürlich auch der V-Mann gefragt werden müsse, ob er mit diesem Verfahren einverstanden sei«, wandten die BKA-Beamten ein. Mit diesem trafen sie sich am nächsten Tag in dessen Restaurant in Puerto Banus.

Bunte muss damals Angst gehabt haben. »Denn«, so erinnern sich die BKA-Beamten, »Bunte bat darauf zu achten, dass wir nicht verfolgt würden.« In einem Aktenvermerk des BKA vom 25. November 1992 wird über das Gespräch Folgendes festgehalten: »Im Rahmen des mehrstündigen Gesprächs wurde diesem aufgrund der Tatsache, dass gegen ihn ein internationaler Haftbefehl der italienischen Behörden besteht, aus formalrechtlichen Gründen die Aufkündigung der Zusammenarbeit erklärt. VP 656 wurde nahe gelegt, sich den italienischen Behörden zu stellen und vor Ort die Sachlage gemäß Absprache mit den italienischen Behörden darzulegen. Die in diesem Zusammenhang anfallenden Reisekosten nach Rom würden durch das BKA getragen.«

Bei dem Gespräch im Restaurant ging es nicht nur darum, Buntes Einverständnis für die in Rom vereinbarte Vorgehensweise einzuholen. Das BKA verlangte außerdem, dass er die ausstehenden Leasingraten für seinen Mercedes unverzüglich nach Wiesbaden überwies. Bunte akzeptierte die vereinbarte Regelung jedoch erst, als er die Zusage erhielt, dass sein Flug nach Italien vom BKA bezahlt werden würde. Zumindest von diesem Zeitpunkt an war klar, dass das BKA auf eine weitere Zusammenarbeit mit »VP 656« verzichtete. Denn in einem internen Wiesbadener Protokoll steht: »Es wurde deutlich, dass das BKA keine weitere Zusammenarbeit mit VP 656 eingehen wird.«

Nicht genannt wird der wahre Grund: nämlich dass die ursprünglich vorgesehene Gesamtkonzeption der Operation aus Ermangelung finanzieller Kapazitäten an ihre Grenzen gestoßen war. Die Amtsführung musste sparen und auch die ein Jahr zuvor in Aussicht gestellten 13 BKA-Beamten blieben schließlich ein frommer Wunsch der engagierten Ermittler und Staatsanwälte. Gerade mal drei Beamte kümmerten sich um die Operation und die Führung des V-Mannes, und selbst das nur zeitweise. Und ob sie unter diesen Bedingungen den »V-Mann 656« stets unter Kontrolle hatten, ist äußerst fraglich.

Inzwischen hatten die italienischen Polizeibeamten das mit dem BKA abgesprochene Verfahren in der Angelegenheit Bunte dem zuständigen römischen Ermittlungsrichter vorgelegt. Der modifizierte die Vorschläge und bot zwei Alternativen an: »Dem Ermittlungsrichter wird von offizieller Seite (BKA) mitgeteilt, dass der von den italienischen Behörden identifizierte Erich Bunte in der fraglichen Operation als VP gearbeitet hat oder er sich den italienischen Behörden stellt, offiziell festgenommen wird und eine vorher abzusprechende Aussage macht. Er würde höchstens 5 Tage in Untersuchungshaft verbringen müssen und danach freigelassen. Gleichzeitig müsse sich Erich Bunte in einem inoffiziellen Zusatzprotokoll für eine Zusammenarbeit mit den italienischen Behörden in einem Geldwaschverfahren mit Bezug Südspanien bereit erklären.«

Andere Möglichkeiten schieden für den Richter aus. Denn es sei zwar eine generelle Genehmigung des Einsatzes von Bunte als V-Mann des BKA erfolgt, dieser habe jedoch ohne Wissen der italienischen und deutschen Behörden Kontakt mit der Täterseite in Italien aufgenommen. Außerdem stehe fest, dass beim geplanten Treffen »Ninos« mit Bunte am 4. September 1992 nicht nur ein Informationsaustausch stattfand, sondern auch bereits eine Geldübergabe im sechsstelligen DM-Bereich erfolgen sollte. Die Übergabe scheiterte lediglich an den unklaren Vorgaben »Ninos« an Bunte bezüglich des vereinbarten Treffpunkts.

Für den V-Mann hatte die Einbuße der 250 000 Dollar aus der Italien-Aktion, die »irgendwie verloren gingen«, Konsequenzen. »Negrette-Calderon, der sich in meinem Auftrag zeitgleich in Cali zu Besprechungen mit dem Kartell aufhielt, wurde de facto als Geisel festgehalten und seine Rückkehr von der Erstattung des verloren gegangenen Geldbetrags abhängig gemacht. Mir wurde telefonisch deutlich gemacht, dass der Wochenzins 20 Prozent betragen würde. Das entspricht den Gepflogenheiten der ›Branche‹. Natürlich gab es auch die üblichen Drohungen.« Er wurde von den kolumbianischen Drogenbossen ultimativ aufgefordert, den noch ausstehenden Transport durchzuführen, andernfalls habe seine Familie mit schwerwiegenden Sanktionen zu rechnen. Die unmissverständlichen Telefonate zeichnete Bunte auf und spielte sie seinem BKA-Verbindungsbeamten vor. Dieser schlug in Wiesbaden Alarm.

Am 2. Dezember 1992 erreichte die BKA-Zentrale in Wiesbaden folgendes dringendes Fax aus Marbella: »VP 656 teilte heute mit, dass letzte Nacht erneut Leute aus Bogotá angerufen hätten. Diese fordern ein Tätigwerden von Bunte aus Verpflichtungen zurückliegender Monate ein. Andernfalls drohen sie, sich an ihn und seine Familie zu halten. Seine Adresse und die seiner Familie seien in Bogotá bekannt. Durch die italienischen Probleme, die Bunte zur Untätigkeit verdammen, und die Drohungen aus Bogotá sieht Bunte nicht nur seine wirtschaftliche Existenz bedroht, sondern auch eine Gefährdung von Leib und Leben seiner Familie und sich selbst. Wie soll verfahren werden?«

Wiesbaden reagierte nicht. Die Amtsführung hatte offenbar beschlossen, den Mann, der bislang so eifrig und durchaus effizient für das BKA gearbeitet hatte und dem es gelang, in die Spitzen der kriminellen Finanzhierarchie vorzustoßen, fallen zu lassen.

Für Bunte selbst stellten sich nur zwei Alternativen: Entweder er musste den vereinbarten Drogentransport durchführen oder sich mit 375 000 Dollar von dem Kartell freikaufen. Die Lawine, die inzwischen ins Rollen gekommen war, sollte von niemandem mehr aufgehalten werden. Da steht in einem internen Papier des BKA vom 17. Dezember 1992: »Gegen VP erging durch die italienischen Behörden Ende Oktober 1992 ein Haftbefehl wegen Bildung einer kriminellen Vereinigung und Verstoßes gegen das Betäubungsmittel-Gesetz. Parallel dazu wurde bekannt, dass VP offenbar in der Bundesrepublik Deutschland Gelder geliehen und nicht zurückgezahlt bzw. unterschlagen oder durch Betrug erlangt habe. Die Zusammenarbeit mit VP wurde von hier aus beendet.«

Wie das BKA nun mit Bunte verfuhr, das hat seinen eigenen Charme. Bunte hielt nämlich nicht damit hinter dem Berg, dass er sowohl vom BKA als auch von der italienischen Polizei im Stich gelassen werde, und erklärte trotzig, dass er deshalb auch nicht bereit sei, die ausstehenden Leasingraten für sein Fahrzeug an das BKA zu zahlen. Das alles zählte für das BKA jedoch nicht. Wichtiger war jetzt, dass Bunte das geleaste Fahrzeug an das BKA zurückgab. In einem amtlichen Vermerk vom 2. Dezember 1992 kann man Folgendes nachlesen: »VP 656 wird das Fahrzeug gegen Zahlung des fraglichen Geldbetrages in Höhe von ca. 34 000 DM heute übergeben. VP wird schriftlich darauf hingewiesen, dass bei Nichtzahlung der nächsten Leasingrate unwiderruflich das Fahrzeug zurückgefordert würde, im Nichtaushändigungsfalle dann auch sofort eine Unterschlagungsanzeige mit allen Konsequenzen vorgelegt würde. VP darf die Tarnpapiere noch behalten, da unter Umständen noch eine Zusammenarbeit mit italienischen Behörden/DEA möglich ist, VP wird eine Abschlagszahlung auf noch ausstehende vom BKA zu ersetzende Kosten in Höhe von 10 000 DM gewährt.« Bunte dazu: »Ich habe klar zur Kenntnis gegeben, dass ich keine finanzielle Unterstützung verlange (Festgehalt o. ä.), aber im operativen Bereich und im Aufbau der Operationsstruktur finanzielle Hilfe brauche, z. B. Autos. Es ist schon ein starkes Stück, wenn man mir monatlich zwischen 3500 und 6000 Mark an Autokosten abzieht, während die Führungsmannschaft in 4 Monaten 3 fabrikneue Luxusautos bekommt.«

Zwei Wochen später eskalierte die Auseinandersetzung. »VP 656« wurde telefonisch angewiesen, unverzüglich mit dem Pkw nach Deutschland zurückzukehren, was Bunte wiederum als eine Kriegserklärung ansah. Seine Zeit als »VP 656« war abgelaufen. In einer »Geheimaktion« wurde das Leasingfahrzeug, »unter Beachtung gewisser Vorsichtsmaßnahmen«, von BKA-Beamten aus einer Garage in Torremolinos geholt und nach Deutschland überführt. Die Ereignisse überschlagen sich nun. Im Bundeskriminalamt kursierte zeitgleich das Gerücht, dass Bunte unter dem Deckmantel des BKA eigene, unkontrollierte Drogengeschäfte abgewickelt habe. Und beim damaligen Präsidenten des BKA ging mit Datum vom 3. Dezember 1992 ein Schreiben von Buntes Cousin Hubert Rink ein. Der war stinksauer darüber, dass ihm sein Verwandter Geld schuldete, und bezichtigte ihn nun als Betrüger, der das BKA als Deckung für illegale Machenschaften nutze. In dem Brief an den damaligen BKA-Präsidenten Zachert heißt es: »Ich kann es nicht leiden, wenn eine deutsche Behörde wie das BKA von Betrügern benutzt wird, um ehrlichen Menschen das Fell über die Ohren zu ziehen.«

Dieser Brief dürfte das endgültige Aus für Bunte bedeutet haben. Denn anscheinend waren es erst diese Zeilen, die der BKA-Präsident zum Anlass nahm, sich über das gesamte Ausmaß der »Operation UNI« unterrichten zu lassen. Am 14. Dezember 1992 wird in einem internen Dokument des BKA lapidar festgehalten: »Es wurde nach Weisung VP 656 mit sofortiger Wirkung abgeschaltet.«

Damit könnte die Angelegenheit Bunte ein Ende haben. Zu Ende war jedenfalls das ambitionierte Anliegen von Beamten des Bundeskriminalamts und der Frankfurter Staatsanwaltschaft, den ernsthaften Versuch zu wagen, in die Strukturen der mächtigen Drogenkartelle und ihrer europäischen Geldwäscher einzudringen. Teilweise ist es ihnen ja gelungen. Doch man ließ ihnen nicht die Zeit, weiterzuermitteln. Ihnen blieb nicht einmal ein Jahr für eine solche internationale Operation, ein Witz. Und da stellt sich die Frage: Warum wurde das Ganze beendet? Mit den gewiss unkontrollierten Aktionen des V-Mannes ließ sich der Abbruch der gesamten Operation unmöglich begründen. War das, was die Amtsführung in Wiesbaden beschloss, wirklich »Strafvereitelung im Amt«, wie es ein BKA-Beamter argwöhnt? Gab es gar vom Innen- und vom Außenministerium in Bonn Druck, die Ermittlungen zu beenden? Es darf spekuliert werden. Was einst so erfolgreich begonnen wurde, scheiterte an »höchsten Interventionen«, wird heute noch intern im BKA behauptet. Bunte sei zu nahe an politische und wirtschaftliche Machtzentren in Spanien und Deutschland herangekommen. Da wollte man sich nicht die Finger verbrennen. Die bislang gewonnenen Erkenntnisse der »Operation UNI« machten jedenfalls deutlich, wer alles in den lukrativen Drogenhandel verwickelt ist und dass den kolumbianischen Drogenbossen ohne die finanziellen Drahtzieher in Europa die Hände gebunden sind. Sie müssen sich auf Schattenmänner verlassen, die außergewöhnlich großen Einfluss in Politik und Gesellschaft der europäischen Staaten haben. »Es ist ein Fass ohne Boden«, resümierte lakonisch einer der an der Aktion beteiligten BKA-Beamten. Die Akte der »Operation

UNI« wurde geschlossen und verschwand in den Panzerschränken des BKA. Plötzlich wollte man nichts mehr von dem einstigen V-Mann wissen.

Dafür taucht dessen Name 14 Tage, nachdem er »abgeschaltet« wurde, im Bundeskriminalblatt Nr. 2/93 auf – auf einer internationalen Fahndungsmeldung. »Bunte wird beschuldigt, bis September 1992 in Rom/Italien und anderen Orten als Mitglied einer kriminellen Vereinigung wiederholt die Einfuhr von beträchtlichen Mengen Kokain und Heroin aus Südamerika nach Italien, den Absatz und die Geldwäsche ermöglicht zu haben. Insbesondere kümmerte er sich um die Verbringung der Einkünfte aus dem BtM-Handel in Italien ins Ausland.«

Welch ein Hohn! Dass es das BKA selbst war, das in diese Aktion in Italien verwickelt war, ja fast alles mitplante, was Bunte in Italien tat beziehungsweise dieser Wiesbaden über die meisten seiner Aktivitäten auf dem Laufenden hielt, wurde zynischerweise nicht erwähnt.

Jetzt dauerte es nicht mehr lange, bis Bunte verhaftet werden sollte. Am 18. Januar 1993 rief beim BKA ein Beamter der Polizei aus Marbella an. Er teilte mit, dass Bunte wegen eines italienischen Auslieferungshaftbefehls festgenommen worden sei. In der Führungsetage des BKA interessierte das niemanden mehr. Für Bunte war damit die Angelegenheit noch nicht erledigt. Am 7. Februar 1993 schrieb er an seine Vertrauensperson im Bundeskriminalamt: »Sollte mir in der nächsten Zeit etwas passieren, was man nicht mit einem natürlichen Tod bezeichnen kann, so geht das zu Lasten des Amtes, und die Verantwortung müsste voll übernommen werden. Jeder, der auch nur etwas von der Materie versteht, wird Ihnen bestätigen können, dass das, was wir gemacht haben (mit Zustimmung vom Amt), tödlich sein kann.« Bunte, der bereits so vieles erlebt hatte, war sich völlig darüber im Klaren, dass die Drogenbarone anders reagierten als die Bürokratenseelen in Wiesbaden.

In der Zwischenzeit hatte sich wieder die amerikanische DEA mit Bunte in Verbindung gesetzt, auch durch Vermittlung des

BKA. Noch lag ja der dubiose italienische Haftbefehl als Stolperstein für weitere Aktivitäten des Deutschen im Wege. Nach dessen Angaben kam es bereits Ende des Jahres 1992 in der US-Botschaft Madrid zu einem Treffen, an dem auch der zuständige italienische Staatsanwalt und der DEA-Verantwortliche für Italien teilnahmen. Das Resultat der Verhandlungen war Folgendes: »DEA-Spanien stellt mich für einen begrenzten Zeitraum an DEA-Italien ab. Während dieser Zeit werden 2 Großtransporte der Gruppe Vargas über Italien abgewickelt. Danach Rücküberstellung zu DEA-Spanien. Dafür verbürgte sich der Staatsanwalt, Sorge zu tragen, dass innerhalb von 14 Tagen nach dem ›Treffen‹ der Haftbefehl gegen mich aufgehoben würde.« Bunte sah das als perfekte Lösung an. Dummerweise hatte das BKA jedoch die spanischen Behörden nicht über Bunte und seine besondere Stellung in Kenntnis gesetzt. Das war der Grund für seine Verhaftung in Spanien.

Für die Spanier bedurfte es keiner langen Überlegungen. Ihnen war mit Bunte ein Mann in die Hände geraten, den man aufgrund des Haftbefehls gewaltig unter Druck setzen konnte. »Ich musste mich verpflichten, für die Spanier zu arbeiten, im Gegenzug lehnte der Richter die Auslieferung nach Italien ab.«

Bunte musste seinen Pass abgeben und konnte nur noch mit Arbeitspapieren des BKA, unter Pseudonymen, reisen und tätig werden. Der »abgeschaltete« V-Mann wurde jetzt auf marokkanische Drogenhändler und arabische sowie südamerikanische Geldwäscher in Marbella angesetzt und nach Tanger geschickt. Sein Führungsoffizier war diesmal ein Sekretär des spanischen Konsulats in Tanger, der sein Büro jedoch in Ceuta hatte und auf dem Festland in Cádiz wohnte. Dadurch war er, wie Bunte monierte, »häufig nicht zu erreichen, sodass ich wenig Arbeitsmöglichkeiten sah«. Aber er war immerhin in Freiheit, denn der internationale Haftbefehl der Italiener wurde ausgesetzt, solange er für die spanische Polizei arbeitete. Bunte, der bislang nur im Kokainhandel aktiv war, wunderte sich, warum ihn die Spanier nun auf dem Haschischbereich einsetzten. »Die Tätergruppen um Haschisch und harte Drogen sind anders, und auch die logistischen Strukturen sind verschieden. Später habe ich dann den Hintergrund dieser Maßnahme feststellen können. Durch das Aufdecken von größeren Haschischtransporten konnten größere Geldmengen zur Bekämpfung von Drogen beantragt werden, die aber in Wirklichkeit dazu dienten, den damals extrem hohen illegalen Immigrantenstrom zu kontrollieren.«

Gleichzeitig verstärkte sich der Druck der Abgesandten des Cali-Kartells in Marbella, mit denen er einst im Auftrag des BKA zusammengearbeitet hatte und denen er Geld schuldete. Sein Büro in Marbella wurde demoliert und er massiv bedroht. Für ihn war das der Zeitpunkt zum »Umdenken«. In einer Nacht-und-Nebel-Aktion verließ er Marbella, nachdem er erfahren hatte, dass sich erneut Männer des Cali-Kartells nach seinem Verbleib erkundigt hätten. Es blieb ihm nicht einmal Zeit, seinen Hausrat, die Büroeinrichtung oder Möbel einzupacken. Überstürzt fuhr er mit seiner Frau und seinen beiden Kindern nach Marokko zurück: »Außer den Sachen, die wir am Leibe trugen, konnten wir nichts mitnehmen.«

Von Marokko ging es dann wieder in Richtung Deutschland. Hier angekommen, gründete er, beziehungsweise seine Frau, im kleinen westfälischen Ort Willig eine Firma, die »Handelskontor Transmundo GmbH«, und eröffnete ein Reisebüro, die »Reisegecke GmbH«. In der Gemeinde brachte es der freundliche Geschäftsmann sogar zum Präsidenten eines Sportvereins, dessen Fußballmannschaft in der Landesliga spielt. Mit großem Interesse verfolgte er aus seinem Refugium unter anderem das, was sich inzwischen in Paraguay tat.

Doch seine ehemaligen Geschäftspartner vom Cali-Kartell hatten bereits nach kurzer Zeit sein neues Domizil ausfindig gemacht. »Bei zwei Treffen«, behauptet Bunte, fand man »eine vorläufige Einigung«. Bunte erzählt nicht, welche das war, konnte jedoch einen Teil seiner finanziellen Verpflichtungen gegenüber dem Kartell abzahlen. Immerhin erfreute es ihn, dass am 25. Januar 1995 der internationale Haftbefehl der italienischen Behörden gegen ihn endlich aufgehoben wurde. Weniger glücklich dürfte er gewesen sein, dass er fünf Tage später mit einem neuen Haftbefehl konfrontiert wurde.

Am 31. Januar 1995 meldeten deutsche Medien die Verhaftung eines Deutschen als »einschlägig bekannter Drogenhändler«[34]. Bei diesem handelte es sich um Erich Bunte, der im Hotel Puerto de Africa in der spanischen Enklave Ceuta im Zusammenhang mit der Sicherstellung von 385 Kilogramm Haschisch festgenommen worden war. Das Rauschgift war in einem Lastwagen gefunden worden, welcher der Firma seiner Frau gehörte. Der Wert der Drogenlieferung betrug eine Million DM. Dabei waren es nicht die Ermittlungen der spanischen Behörden, die zum Erfolg führten. Seit 1994 hatte das Zollfahndungsamt Krefeld Buntes Telefon abgehört, nachdem der Fahnder von einer Quelle in Frankreich einen Hinweis erhalten hatte, demzufolge Bunte in den Drogenhandel verwickelt sei. Daraufhin gaben die Fahnder den spanischen Behörden den entscheidenden Wink. Die Krefelder Zollfahndung geht übrigens davon aus, dass Bunte insgesamt mit einer Tonne Haschisch gedealt haben soll. Sie glaubt das auch beweisen zu können, da sie Bunte bei einer »Besichtigung« des Stoffs in seiner Lagerhalle in Ceuta auf Video aufgenommen hatte. Bunte bestreitet das. In einem Brief an einen Mitangeklagten schreibt er: »Wie kam das Haschisch in die Halle? Man ist ja bei der Verurteilung davon ausgegangen, dass entweder Sie oder V. die Drogen in die Halle gebracht hätten und diese dann von mir verpackt wurden. Eine These, die so schwachsinnig ist, dass sie nur mit der professionellen Dummheit spanischer Ermittler erklärt werden kann. Am 21. 12. 1994 war Schlüsselübergabe. Wie Sie und V. wissen und auch angegeben haben, bin ich nach der Schlüsselübergabe sofort abgereist, ohne nochmals in die Halle zu gehen. Als ich dann wieder nach Neujahr nach Ceuta zurückflog, wurde ich schon bei der Ankunft am Flughafen Malaga per Videokamera überwacht. Diese permanente Überwachung dauerte bis zu meiner Verhaftung an. Zu keinem Zeitpunkt konnte seitens der Ermittler eine strafrechtliche Handlung meinerseits hinsichtlich Drogenschmuggel festgestellt werden. Sie und auch V. haben immer wieder behauptet, die Drogen nicht in die Halle gebracht zu haben. Also muss es noch eine weitere Person mit Zugangsmöglichkeiten zur Halle gewesen sein.«

Abgesehen von dieser Beteuerung, die schwer nachzuprüfen ist, führte Bunte als eine Art Entschuldigung an, dass er sich durch seine Aktionen mit dem BKA in Marbella hoch verschuldet und zudem die Verpflichtungen gegenüber dem Cali-Kartell zu erfüllen habe. Außerdem habe er das BKA über die Marihuanalieferungen ständig informiert, sich sogar 1994 noch mit seinem ehemaligen Kontaktbeamten im BKA getroffen. Dies alles sind Hirngespinste, sagt hingegen die Krefelder Staatsanwaltschaft.

Festzustehen scheint, dass er das Marihuana hinter Tarnladungen wie Gebrauchtreifen oder Bierkästen versteckte. Eine Geschichte amüsiert die Ermittler heute noch. Als Bunte das erste Mal nach Marokko fuhr, um eine Ladung Marihuana abzuholen, wusste er noch nicht, dass nur beladene Lkws nach Marokko einfahren durften. Als ihn ein spanischer Freund auf diesen Sachverhalt aufmerksam machte, stopfte er den riesigen Lkw mit einer Unmenge billiger Damenstrümpfe voll, die er in Marokko auf einer Müllhalde »entsorgte«.

Bunte wurde im spanischen Cádiz zusammen mit einigen seiner Kompagnons zu einer vierjährigen Gefängnisstrafe verurteilt – ein Urteil, das Bunte auch heute noch nicht anerkennen will. »So hat zum Beispiel der Koordinator der gesamten spanischen Operation, ein Europol-Beamter, in der Hauptverhandlung ausgesagt, dass man seitens der spanischen Behörden keinerlei Beweise gegen uns hätte oder gehabt habe und dass man sich in der Hauptsache auf die Information durch die deutsche Zollfahndung gestützt habe. Es wurden ja sogar in rechtsfehlerhafter Weise Kopien aus den Ermittlungsakten dem spanischen Gericht zugespielt. Wenn ich aus den mir vorliegenden Ermittlungsakten ersehe, dass ein deutscher Zollamtsrat unberechtigterweise in einem spanischen Verfahren interveniert hat mit dem Ziel, zu verhindern, dass uns seinerzeit im Februar '95 der spanische Ermittlungsrichter entlassen hätte, muss ich mich fragen, inwieweit das alles noch mit Gerechtigkeit zu tun hat. Ich bin bestimmt kein

›Engel‹, aber in diesem gesamten Komplex hat man mich nach allen Regeln der Kunst verheizt.«

In Deutschland wurde seiner Ehefrau, der Geschäftsführerin der Firma »Transmundo«, ebenfalls der Prozess gemacht. Die Staatsanwaltschaft warf ihr Beihilfe zum Drogentransport vor, da Recherchen der Zollfahndung Düsseldorf zufolge mit den Fahrzeugen ihrer Firma etwa eine Tonne Haschisch nach Deutschland transportiert worden sein soll. Buntes Ehefrau wehrte sich gegen die Anklage. Sie habe als Geschäftsführerin nie eine Tätigkeit ausgeübt und sei nur Repräsentantin der GmbH gewesen. Bestätigt wird das auch von ihrem Ehemann. »Was die Rolle meiner Frau anbelangt, so tut es mir Leid, dass sie in diese Sache unbewusst hineingezogen wurde. Meine Frau hat niemals in Drogengeschäften mitgemacht, und das Einzige, was sie in meinem Auftrag ausgeführt hat, waren Anrufe bei bestimmten Leuten, ohne genau zu wissen, was eigentlich dahinter steckte.« Nichtsdestotrotz wurde sie zu einer Strafe von zwei Jahren auf Bewährung verurteilt und lebt nun mit ihren beiden Kindern von Sozialhilfe.

Der »abgeschaltete V-Mann 656« hingegen »wechselte« Mitte 1998 vom spanischen Knast in Ceuta in das deutsche Gefängnis in Krefeld. Die dortige Staatsanwaltschaft warf ihm den Handel mit Drogen vom März 1994 bis Ende September 1994 vor. Laut ihren Ermittlungen habe er »bei sieben Transporten insgesamt 738 Kilo Marihuana von Spanien beziehungsweise Marokko nach Deutschland transportiert«. Ende März 1999 wurde er wegen Handels mit mindestens 540 Kilogramm Haschisch vom Krefelder Landgericht zur Verbüßung einer Freiheitsstrafe von fünf Jahren verdonnert.

Niemand glaubte ihm so recht, dass er einst intensiv mit dem Bundeskriminalamt zusammengearbeitet hatte, eine Zusammenarbeit, die sicher mit ein Grund dafür war, dass er nun wieder hinter Gittern sitzt. Und ob er jemals die Summe von 381 000 Mark erhalten wird, die ihm das BKA aufgrund seiner Aktivitäten in Marbella schuldet – das steht in den Sternen.

Zu diesem persönlichen Drama gesellte sich inzwischen ein neuer Skandal. Im Jahr 1997 ging bei der Frankfurter Staatsanwaltschaft eine sogenannte Verdachtsanzeige im Zusammenhang mit Geldwäsche einer namhaften deutschen Bank ein. Wie bereits erwähnt, müssen die Banken unklare Geldeinzahlungen von über 20 000 DM der Staatsanwaltschaft melden. Als großartiger Fortschritt im Kampf gegen das organisierte Verbrechen wurde bekanntlich das neue Geldwäschegesetz hoch gelobt und von der deutschen Polizei seit langem gefordert. In diesem konkreten Fall ging es um eine geplante Bareinzahlung in Höhe von sage und schreibe 70 Millionen Mark. Die entsprechenden Verträge, die sich auf die mit diesem Betrag verbundenen Investitionen bezogen, lieferte das Geldinstitut gleich mit. Bestimmt waren die 70 Millionen Mark für die Übernahme eines großen deutschen Industrieunternehmens – eine strategische Investition, deren Gesamtsumme 210 Millionen Mark betragen sollte. Und davon eben 70 Millionen in bar. Aus den Verträgen ging hervor, dass es sich bei demjenigen, der bereit war, das Geld »bar« einzuzahlen, um niemand anderen handelte als den bekannten Ex-Partner des BKA-V-Mannes Erich Bunte, M. D.

Rätselhaftes ist nun zu registrieren. Der für die Geldwäsche zuständige Frankfurter Staatsanwalt Dirk Scherp wusste nicht, wer dieser große Investor aus Marbella war. Deshalb fragte er offiziell beim Bundeskriminalamt in Wiesbaden an, ob dort irgendwelche Erkenntnisse über M. D. vorlägen. »Nein«, behauptete das Bundeskriminalamt, »wir haben überhaupt keine Erkenntnisse.« Eine glatte Lüge. Wäre der Staatsanwalt darüber im Bilde gewesen, was Erich Bunte und seine BKA-Verbindungsbeamten bereits 1992 nach Wiesbaden gemeldet hatten, zum Beispiel auch die Geldvorzeigeaktion in Zürich mit M. D., wäre es »mit absoluter Sicherheit«, so der Staatsanwalt, zu einem Verfahren im Zusammenhang mit Geldwäsche gekommen. Da im BKA aber geblockt wurde, musste die Akte M. D. in Frankfurt geschlossen werden. Auch der Frankfurter Großbank blieben die Hände gebunden. Niemand interessierte es später, dass die einstige »strategische Investition« nach einem halben Jahr wieder abgestoßen wurde. »Es war ein Schnäppchen«, begründeten die Investoren ihren Sinneswandel. Als »klassische Geldwäsche« sieht es hingegen einer der damals ermittelnden Staatsanwälte. Beweisen konnte er es nicht, weil das Bundeskriminalamt seine Ermittlungen ins Leere laufen ließ.

Die Lehre aus dieser in jeder Beziehung äußerst »bunten« Episode, die keine Räubergeschichte ist, sondern anhand der vorliegenden BKA-Dokumente genau dokumentiert werden konnte: Drogenbekämpfung ist erfolgreich, wenn man die kleinen Drogenhändler und mittleren Chargen hinter Gitter bringt. Sie wird behindert oder unmöglich gemacht, wenn es um die strategisch denkenden Köpfe geht, um die skrupellosen Nutznießer in der internationalen Finanzwelt und der Politik. Als würde plötzlich ein Scheinwerferlicht in eine dunkle Ecke der Politik gerichtet, wird auf einmal deutlich, dass bestimmte Kreise in Strafverfolgungsbehörden, die sich die wirksame »Drogenbekämpfung« auf ihre Fahne geschrieben haben, selbst am schmutzigen Geschäft beteiligt waren und sind.

So gesehen ist das Geschehen um Erich Bunte mehr als die persönliche Tragik einer schillernden Persönlichkeit, die kaltschnäuzig verheizt wurde. Menschen vom Schlage Buntes gibt es viele. Hinter seinem Fall verbergen sich vielmehr Strukturen der Kriminalitätsbekämpfung, die in das Gegenteil von dem umschlagen, was sie vorgeben erreichen zu wollen. Sie bekämpfen nicht die Drogenkriminalität, sondern fördern sie. Genau deshalb erscheint das Verhalten bestimmter Polizeibehörden, wie das der hoch angesehenen amerikanischen Drogenabwehrbehörde DEA oder des BKA, mehr als zwielichtig. Ihre Methoden sind für einen Rechtsstaat inakzeptabel. Genauso unzumutbar ist es für die Öffentlichkeit hinzunehmen, dass sie dahingehend getäuscht wird, was die wahren Hintergründe großer Drogengeschäfte sind, wie sie für politische und wirtschaftliche Interessen von demokratischen Staaten eingesetzt werden. Und wie die Finanziers der Drogengeschäfte unbehindert weiteragieren können.

Die Kehrseite dieser dubiosen Geschäfte lässt sich daher am

eindringlichsten im klassischen Drogenland Kolumbien vor Augen führen. Hier fließt Blut, hier zeigt sich die hässliche Fratze des sauberen Geldes, das von skrupellosen Vermittlern und Handlangern der kriminellen Syndikate im idyllischen Liechtenstein, in sterilen Banktresoren deponiert ist. Der brutale Terror der Drogenbarone in Kolumbien, eine Kultur des Todes, ist Ausdruck einer sozialen Katastrophe, unter der breite Bevölkerungsschichten leiden. Doch das interessiert das zwielichtige Management in Europa und anderswo ziemlich wenig.

7. Eine Narco-Demokratie, auf die man gern mit dem Finger zeigt

Mitte April 1998 hielt sich der im Weißen Haus zuständige Mann für die Drogenbekämpfung, Barry McCaffrey, zu einer interamerikanischen Tagung in der chilenischen Stadt Santiago auf. Er hatte zuvor eine Stippvisite in Lima eingelegt und dort die »revolutionäre Politik« des peruanischen Präsidenten Alberto Fujimori gepriesen. Die erst habe es ermöglicht, die Kokaproduktion in Peru in nicht einmal zwei Jahren um 40 Prozent zu reduzieren. Ermöglicht wurde diese Eindämmung durch Radarstationen, die von den USA im Norden Perus installiert worden waren. General McCaffrey ist ein hoch dekorierter Mann mit viel Erfahrung. Einst war er Kommandeur in Panama, der dort damals zusammen mit dem panamesischen Diktator Noriega den Kampf gegen kommunistische Bewegungen in Lateinamerika koordinierte. Seine vielen Medaillen erhielt er dafür, dass er den antikommunistischen Tanz perfekt beherrschte. Er wusste alles über den militärisch-industriellen Komplex, wusste, wie man die Subversiven bekämpfen musste und die Investoren von Tabakunternehmen, Ölgesellschaften, Banken und Versicherungsfirmen bei der Stange hielt. Entsprechend strategisch gedacht war wohl auch die Unterstützung der Militärs in Peru.

Dagegen ist nichts einzuwenden, könnte man meinen. Und so war es nicht weiter verwunderlich, dass kurz nach dem Besuch des US-Drogenbekämpfers in Lima im peruanischen Fernsehen Vladimiro Mentesinos erklären konnte, wie wichtig das Treffen mit McCaffrey gewesen sei. Vladimiro Mentesinos ist ein wichtiger Mann, einer der engsten Berater des Präsidenten Fujimori, ein ehemaliger CIA-Agent, Chef des Geheimdienstes und der Todesschwadronen sowie gleichzeitig Leiter der Antidrogeneinheit und Schutzherr bestimmter Drogenbarone. Letzteres ist den amerikanischen Behörden seit langem bekannt, doch scheint es sie nicht sonderlich zu stören. Ein gutes Beispiel für die vielen Widersprüche des Kampfes gegen die Drogen. Das zeigt sich besonders in Kolumbien.

Bogotá, 2500 Meter über dem Meeresspiegel gelegen, ist die Hauptstadt Kolumbiens. Sechs Millionen Einwohner leben in der Stadt, die mit einer der höchsten Kriminalitätsraten der Welt einen traurigen Rekord hält. In Kolumbien, einem 32 Millionen Menschen zählenden Land, werden pro Jahr durchschnittlich 30 000 Morde begangen, 1300 Menschen entführt und rund 200 000 vertrieben. Mehr als 95 Prozent der Fälle bleiben ungeklärt.

Diejenigen hingegen, die Geld haben, schützen sich durch hohe Mauern und bewaffnete Portiers. Kaum ein Haus, in dem man nicht seinen Personalausweis abgeben muss, bevor der Zutritt gestattet wird. Jeder hat Angst, und wer etwas auf sich hält, übt Selbstjustiz. »Ein Angestellter unserer Firma«, erzählt mir ein Unternehmer in Bogotá, »wurde mit 10 000 Dollar zur Bank geschickt. Er kam da niemals an, weil er mit dem Geld geflüchtet ist. Wir gingen daraufhin zur Polizei. Der Captain dort fragte uns nur: Sollen wir ihn töten oder wollt ihr das machen? Wir haben dann jemanden beauftragt, ihn zu suchen und zu erschießen.« Er hat keinerlei Skrupel, das zuzugeben, denn »das macht hier jeder so«.

Terrorisierten die Drogenbarone bis Anfang 1991 selbst in der Hauptstadt die Menschen – so waren Bombenanschläge und Erschießungen von Gegnern der Drogenkartelle an der Tagesordnung –, ist es jetzt die riesige Kluft zwischen Arm und Reich, die zu einem beispiellosen Anstieg der Gewaltkriminalität führt. Taxifahrer in Bogotá verlangen seit kurzem von jedem Passagier, den sie während der Nacht befördern, einen Personalausweis. »1991 war der Wendepunkt bei der Verbrechensentwicklung. Morde, Raubmorde, Entführungen sind um 23 Prozent gestiegen.« Colonel Luis Enrique Montenegro ist außerdem davon überzeugt,

»dass die normale Kriminalität die größte Gewalt in Kolumbien geworden ist«.

In den Barrios de Invasion, den Elendsvierteln, lebt knapp ein Drittel der Bürger Bogotás. In einem dieser Armenquartiere, sinnigerweise haben es die Bewohner selbst »Apartamentos de Villa Cartón« genannt, besteht die einzige Verdienstmöglichkeit darin, Abfälle nach Brauchbarem zu sortieren. Ein paar Pesos am Tag ergibt das, zu wenig, um die Familien ernähren zu können. »Wir helfen natürlich den Drogenhändlern«, erzählen mir zwei junge Frauen, nicht älter als 20 Jahre. Die eine, Maria, ist Mutter von zwei Kindern. Die ältere, 25 Jahre, ist bereits wieder schwanger – mit dem dritten Kind. »Wir hatten gehofft, dass die neue Regierung uns hilft. Aber nichts ist geschehen. Was sollen wir sonst machen? Die geben uns wenigstens ein bisschen Arbeit und Geld, damit wir überleben können.« Bestimmte Bereiche des Polizeiapparats dagegen lösen das soziale Problem auf ihre Weise. Die Rede ist von der »sozialen Euthanasie«.

Killerkommandos, niemand weiß, woher sie kommen, rollen nachts durch die Elendsviertel. Die Fahrzeuge sind gefürchtet: Jeeps mit schwarz angestrichenen Scheiben. Wer fliehen kann, der flieht. Sehen sie Kinder oder Jugendliche, die sie verdächtigen, Straftaten begangen zu haben, stürzen sie blitzschnell aus ihren Autos, greifen sie sich die meist elternlosen Opfer. »Es sind Polizisten«, sagt mir ein katholischer Pfarrer. Doch niemand ist bereit, diesen Verdacht offen auszusprechen. »Viele sind deshalb verschwunden, weil sie die Leute erkannt haben.« Bestenfalls werden den Mädchen und Jungen die Haare mit einer Art Uhu verklebt, das die Kinder inhalieren, um die Not zu betäuben. Schlimmstenfalls tauchen sie nie wieder auf. Tausende Kinder und Jugendliche sind bis heute spurlos verschwunden.

Diese Zahlen sind schon bedrückend genug. Doch um die »Kultur des Todes« zu begreifen, gibt es noch andere, nicht weniger erschreckende Zahlen.

In den Jahren zwischen 1985 und 1998 wurden in Kolumbien insgesamt 950 000 Menschen Opfer der Gewalt. Sie mussten flüchten, um dem Terror von Drogenhändlern, Militärs und Guerilleros zu entkommen: Frauen und Kinder von Polizisten, die umgebracht, politische und gewerkschaftliche Funktionäre, die verfolgt, Bauern, die verschleppt wurden oder Personen, die verschwunden sind. Allein im Jahr 1996 erhielt Amnesty International Berichte über 120 Fälle von »Verschwinden lassen«, doch dürfte die tatsächliche Zahl weitaus höher liegen. Angelastet wird dieses Schreckensszenario den Sicherheitskräften, besonders den »Mobilen Brigaden« der Armee, deren Aufgabe die »Aufstandsbekämpfung« ist. Sie sind hauptverantwortlich für die Liquidierung von Oppositionellen, Gewerkschaftsführern, Menschenrechtsaktivisten, Lehrern, Bauern, Anführern indianischer Gemeinschaften sowie kritischen Journalisten. »In den Städten«, so Amnesty International, »werden ›sozial unerwünschte Personen‹ wie Homosexuelle, Prostituierte, Drogenabhängige, Landstreicher, Kleinkriminelle, Straßenkinder und geistig Behinderte getötet. Die Polizei bezeichnet das als ›soziale Säuberung‹.«

Es sind daher nicht nur die von allen verdammten Drogenhändler, die morden, verschleppen, foltern, sondern auch und gerade paramilitärische Einheiten. 142 dieser Gruppen sind über ganz Kolumbien verteilt, teilweise unterstützt durch das offizielle Militär, das im unwegsamen Landesinnern gleichzeitig mit Drogenkartellen paktiert. »Ein Teil der politischen Gewalt, 44 Prozent, geht auf das Konto des Militärs, der Polizei und der DAS.«[35] Und hier gibt es einen durchaus merkwürdigen Zusammenhang. Die paramilitärischen Einheiten wurden nicht von irgendwelchen südamerikanischen Organisationen trainiert, sondern in aller Regel von der CIA. Die USA sahen anfangs in diesen Verbänden ein Mittel, um die kommunistische Guerilla zu bekämpfen, die auch nach dem Zusammenbruch der UdSSR außerordentlich einflussreich geblieben ist. Zwar dementiert die CIA jegliche Zusammenarbeit mit den paramilitärischen Organisationen, gleichwohl leistete sie beim Ausbau des gesamten militärischen Netzwerks in Kolumbien tatkräftige Hilfe.

»Die Absicht war, nicht mit den Paramilitärs in Verbindung gebracht zu werden«, sagt der inzwischen zurückgetretene US-Major James S. Roach jr., einst Militärattaché in Bogotá und später Verbindungsoffizier der amerikanischen Defense Intelligence Agency (DIA), mit ständigen Kontakten zum CIA. »Man hatte vielmehr ein anderes Ziel. Die CIA benutzte die geheimen Netze der Paramilitärs für ihre eigenen Ziele. Denn die paramilitärischen Einheiten hatten viel Geld. Es war für sie wie Weihnachten.« Ein CIA-Sprecher lehnte diesbezüglich jeden Kommentar ab. »Die CIA durfte«, wie die französischen Journalisten Mylene Sauloy und Yves Le Nonni recherchierten, »lange Zeit die Devise in praktisches Handeln umwandeln, wonach es heißt: Lieber Kokain als Kommunismus.« Deshalb konnte Drogenbaron Rodriguez Gacha alias El Mexicano in Kolumbien ganze Regionen von linksgerichteten Rebellen säubern und dort anschließend seine Kokainlabors aufbauen.

In diesem geschützten Netzwerk entwickelten sich jene paramilitärischen Einheiten, die weniger dazu dienten, den Drogenkampf zu führen, als vielmehr effektiv und nachhaltig gegen die Guerilleros vorzugehen. Wobei diese selbst in den Drogenhandel verwickelt waren und sind. Denn womit sonst hätten sie ihre Waffen bezahlen können? Mit Entführungen allein sicher nicht.

Immerhin scheint festzustehen, dass die Rolle der Guerilla im Drogenhandel weitaus geringer ist als die der rechten Paramilitärs. Dies ist einer Studie zu entnehmen, die von der Clinton-Administration beim Botschafter der USA in Bogotá angefordert wurde. Letztere, so die Studie, »unterhalten mit Unterstützung der Armee zahlreiche Drogenlabors und beherrschen die Drogenrouten«. Das Drogengeschäft ist die Lebensader der Paramilitärs. Der US-Menschenrechtler Noam Chomsky stellte in diesem Zusammenhang fest: »Meiner Meinung nach hat jeder Krieg gegen die Drogen praktisch nichts mit den Drogen selbst zu tun, sehr viel mehr aber mit sozialer und politischer Kontrolle sowie mit dem Ziel, das herrschende sozioökonomische System zu erhalten.« Trotz der stetigen Eskalation der Gewalt, an der Todesschwadronen, paramilitärische Einheiten, staatliche Sicherheitskräfte und die Guerilla beteiligt sind, gehört Kolumbien seit jüngster Zeit zum Kreis der Empfänger deutscher Ausstattungshilfen für Sicherheitskräfte. Demnach gewährte die Bundesregierung 1990 im Rahmen der Bush-Initiative zur Drogenbekämpfung in einem Ad-hoc-Programm Ausstattungshilfen in Höhe von 3,7 Millionen DM. In erster Linie wurde damit der Geheimdienst DAS (Departemento Administrativo de Seguridad) ausgestattet.[36] Dem DAS werden seit langem schwere Menschenrechtsverletzungen vorgeworfen, insbesondere die Verfolgung von Menschenrechtlern.

Einer, der zu den Todesschwadronen gehört, ist Don Victor, wie er von seinen Anhängern genannt wird. Der Hintergrund: Das Medellín-Kartell wollte einst den Smaragdhandel monopolisieren. Blutige Auseinandersetzungen zwischen den Drogenbossen und den Herren über die Edelsteinpfründe waren die Folge, Tausende starben. Victor Carranza hatte diesen Machtkampf gewonnen. Er ist der kolumbianische Edelsteinkönig, ein Mann, dem riesige Smaragdminen in den Boyacá-Bergen, 130 Kilometer von Bogotá entfernt, gehören. Sie erreicht man nur mit dem Flugzeug einer Gesellschaft, die im Besitz des Militärs ist. »Weil die Guerilla die Gegend unsicher macht«, bekommen die Besucher des Gebiets zu hören. In der wildromantischen Landschaft mit hohen Bergen und dschungelartigen Wäldern gibt es keine staatlichen Behörden, weder Polizei noch Militär. Cipana, die nächstgelegene Kleinstadt mit 5000 Menschen, ist wie die gesamte Umgebung von den grünen Smaragden und damit von Victor Carranza abhängig.

Wenn er nicht gerade in Bogotá in seiner mondänen Villa Politiker und Unternehmer empfängt oder in der Welt herumreist, taucht er hin und wieder mit seinem Hubschrauber bei seiner Pfründe auf und kontrolliert, was die Arbeiter im Tagebau und in den Minen unter Tage gefunden haben. In seinen Jeans steckt ein Revolver des Typs Smith and Wesson, nur knapp bedeckt von seinem grünen Poloshirt. Der weiße Panamahut schützt ihn vor den Strahlen der Sonne. Immer mühseliger wird der Tagebau. Ganze Berge müssen in die Luft gesprengt werden, um an die kostbaren Steine zu gelangen. Nach der Sprengung, wenn wieder gegraben werden darf, ist Carranza selbst dabei. Er stößt mit der Spitzhacke in den schwarzen Felsen, sein Gesicht ist inzwischen durch den Staub fast unkenntlich geworden. Großzügig schenkt er seinen Gästen handgroße schwarze Steine, in denen fingernagelgroße Smaragde sitzen, die er gerade aus dem Gestein herausgeholt hat.

Wieder einmal begegne ich einem außerordentlich gastfreundlichen Mann, einem Kumpeltyp. Ohne Probleme kann man ihn als Journalist bei seiner Visite begleiten, wobei allenfalls auffällt, dass ziemlich viele mit Pumpguns bewaffnete Leibwächter um ihn herumlungern. »Hier gibt es viele Banditen«, erzählt er treuherzig. Mindestens 700 Mann gehören zu seiner »Schutztruppe«, wie er sagt, ausgebildet von israelischen Söldnern. Auffällig viele ehemalige Drogenhändler sind in seiner Privatarmee. Der Edelsteinkönig hat große Pläne. Er will den gesamten Markt mit Edelsteinen zentralisieren und eine Smaragdbörse ähnlich der Diamantenbörse in Antwerpen aufbauen. Denn 80 Prozent der grünen Edelsteine werden bislang außer Landes geschmuggelt, nach USA und Japan.

»Das Wichtigste ist«, sagt er, »dass der Markt legalisiert wird. Die Steine sollen bei uns bearbeitet werden.« Er will etwas für sein Land tun, redet aber nicht darüber, warum er denn bislang die Edelsteine nicht dem nationalen Markt zuführte. In bewachten und klimatisierten Räumen werden am Abend die Smaragde gewaschen, kontrolliert und in schwarzen Säckchen verstaut. Pro Tag, so schätzt Carranza, verschwinden so Smaragde im Wert von umgerechnet etwa 700 000 Mark im Tresor.

Carranza ist nicht nur millionenschwerer Edelsteinkönig, sondern inzwischen auch Gebieter über eine Region, in der Drogenpflanzen angebaut und in Kokainlabors verarbeitet werden. Auf die Frage, ob es Verbindungen zwischen dem Drogen- und dem Smaragdhandel gibt, wehrt er ab: »Nein, nein. Das ist wie Feuer und Wasser.« Und selbstverständlich hat er mit dem Drogengeschäft überhaupt nichts zu tun – im Gegenteil: Ihm sei es schließlich zu verdanken, dass einer der größten Drogenbosse des Medellín-Kartells an die Polizei ausgeliefert werden konnte. Wie harmlos ist er nun wirklich?

Erst 1996 wurde er von der kolumbianischen Polizei als einer der größten Drogenhändler Kolumbiens und Führer der berüchtigten paramilitärischen Einheit »Schwarze Schnake« angeklagt. Menschenrechtsorganisationen werfen ihm seit längerem vor, willkürliche Erschießungen und Massaker von Oppositionellen veranlasst zu haben. Aber erst am 25. Februar 1998 wurde er in Bogotá verhaftet.

Unterdessen schuften die Arbeiter in seinen Minen, die kaum abgesichert sind, 100 Meter unter der Erde. Es ist eine Hölle aus schweißtreibender Hitze, Wasserbächen, ohrenbetäubendem Lärm und immer wieder herunterfallendem Gestein. Einmal im Monat dürfen sie auf eigene Rechnung schürfen. Reich ist noch keiner geworden, obwohl sie für kolumbianische Verhältnisse außerordentlich gut verdienen. Ihr Glück suchen auch hunderte von Menschen am Rio Roca, der die Diamantenberge durchquert. Hier hoffen sie, im Abraum irgendwie einen kleinen Smaragd aufzulesen. Sie suchen Jahre, manche ihr Leben lang nach dem Juwel, das ihnen endlich ein menschenwürdiges Dasein ermöglicht. An den Hängen kleben die Holzhütten, Waben der Armut inmitten eines millionenschweren Schatzes. Aus dem Hubschrauber Carranzas betrachtet, gleichen ihre Bewohner einer Heerschar von Ameisen, die im Wasser und Fels umherwimmelt, eine einzige schwarze Masse im grünen Dschungel.

Es ist eine traurige Binsenweisheit: Leidtragende – ob infolge des Drogen- oder des Smaragdhandels – sind die Ärmsten der Armen. »Der gesellschaftliche Frieden ist das Gebot der Stunde«, betitelte daher die angesehene Zeitung *El Espectador* bereits am 15. Dezember 1991 einen Leitartikel. Doch diesen Frieden wird es wohl so lange nicht geben, wie die Drogenbosse und die paramilitärischen Einheiten in Kolumbien herrschen und die soziale Katastrophe nicht behoben werden kann.

Unübersehbar wie die Armut sind in Bogotá die prächtigen Banken. Es gibt kaum eine, auf der kein Geld der mächtigen Drogenbarone deponiert wäre. Würde man die Narco-Dollar einfrieren, die hier gelagert sind, manche Banken müssten die Schalter schließen, der ohnehin marode Staatshaushalt geriete noch mehr ins Trudeln. Wie überhaupt die Frage nach einer Beschlagnahmung der weltweit im Umlauf befindlichen Drogengelder bislang von niemandem beantwortet wurde.

Was geschähe, wenn sie auf einmal oder zumindest für einen überschaubaren Zeitraum konfisziert werden würden? Die Weltwirtschaft käme gewaltig ins Schlingern, bestätigen übereinstimmend Experten der Polizei, ob in Deutschland oder den USA.

Schließlich ist es keine bizarre Episode gewesen, dass im Juni 1984 die wichtigsten Drogenbosse der damaligen Regierung unter Präsident Belisario Betancur »einen Vorschlag unterbreiteten, der zu gut war, um ihn abzulehnen«. Sie erboten sich, die Staatsschulden zu übernehmen, drei Milliarden Dollar. Als Gegenleistung erwarten sie volle Amnestie und Integration in die kolumbianische Gesellschaft. Das Angebot wurde abgelehnt.

In den folgenden Jahren haben es die Drogenbarone geschafft, sich voll ins Wirtschaftsleben zu integrieren. Sie haben zwar nicht die Verbindlichkeiten des Staates übernommen – »sie haben den Staat übernommen«, meinen Agenten der DEA-Station in Bogotá. Salomón Kalmanovitz ist ein hoch angesehener Wirtschaftswissenschaftler in Bogotá. 1990 wurde seine Frau von Killern der Drogenmafia erschossen. Er geht bei seinen Untersuchungen davon aus, dass die Drogenbosse in Kolumbien etwa drei Milliarden Dollar, »Narco-Kapital«, investiert haben. Das entspricht 40 bis 50 Prozent der von den Drogenbossen weltweit erwirtschafteten Profite aus dem Kokainhandel. Der Rest wird in anderen Ländern investiert.

Diese drei Milliarden Dollar, die wieder nach Kolumbien zurückgeflossen sind, entsprechen zwar nur sechs bis sieben Prozent des kolumbianischen Bruttosozialprodukts. Aber es ist Kapital in den Händen weniger. »Und«, so Salomón Kalmanovitz, »zwischen 40 und 50 Prozent der gesamten Exporteinnahmen Kolumbiens resultieren aus den Erträgen des Drogengeschäfts.« Zu den Profiteuren zählte der kolumbianische Präsident Ernesto Samper. 1994 wurde er, dank finanzieller Unterstützung durch das Cali-Kartell, zum Staatspräsidenten gewählt. Sechs Millionen Dollar sollen es gewesen sein. Dabei war er nicht der Einzige, der vom Geldsegen des Cali-Kartells profitierte. Nach Angaben von Staatsanwalt Alfonso Gomez Mendez hatte das Cali-Kartell in der Zeit von 1989 bis 1996 etwa 40 000 Schecks in einer Gesamtsumme von 500 Millionen Dollar an Politiker, Sportler, Journalisten und Staatsbeamte verteilt.

Ins Kreuzfeuer der Kritik geriet der kolumbianische Staatschef, nachdem eine mit einer Maske getarnte Kronzeugin vor einem US-Senatsausschuss aussagte, sie selbst sei dabei gewesen, als Ernesto Samper Geld von Mitgliedern des Cali-Kartells erhalten habe. Samper hatte diese Beschuldigung immer wieder heftig dementiert, als die USA massiv Druck auf ihn ausübten, sein Amt aufzugeben, beziehungsweise versuchten, ihn politisch zu isolieren. Samper revanchierte sich, indem er den USA vorwarf, mit ihren Pressionen »nur den Umtrieben der Drogenschmuggler Vorschub zu leisten«. Dann beschuldigte der kolumbianische Präsident die DEA, einen Mordversuch gegen seinen Rechtsberater mitinitiiert zu haben. Auch die Telefone der DEA in der US-Botschaft wurden angezapft und Gespräche von DEA-Mitarbeitern veröffentlicht – das heißt, sie wurden den Drogenbaronen zugespielt. Erst nachdem Ernesto Samper im August 1998 sein Amt infolge der verlorenen Wahl zugunsten seines Rivalen Andrés Pastrana aufgeben musste, gab er kleinlaut zu, Gelder von den Drogenbaronen des Cali-Kartells kassiert zu haben.

Doch gleichgültig wer nun in Kolumbien regiert – die Narco-Dollars werden verteilt und weiter investiert, in Hochhäuser, Einkaufszentren, in den Kauf von Ländereien wie in der Anhäufung persönlichen Reichtums, und sie werden im westlichen Ausland investiert. Villen der Drogenbarone sind Schatzkammern moderner Kunst und teuersten Kitsches. Im Vergleich dazu leben manche Scheichs in Saudi-Arabien wie die Bettelmönche. Und es gibt viele Banken, die laut Polizeiangaben als eine Art Hausbank der Drogenbosse fungieren. »Sie haben Einlagen in internationalen Banken, ausländische Wertpapiere und Aktien im Wert von etwa 35 Milliarden Dollar, die etwa einem Drittel des Bestands an Kapital, Infrastruktur, Wohnungen und Ländereien Kolumbiens entsprechen. Nach meinen Schätzungen verfügen sie über 30 Prozent des gesamten Reichtums Kolumbiens«, erklärt der Wirtschaftswissenschaftler Salomón Kalmanovitz aus Bogotá.

In den letzten 15 Jahren erst wurden die meisten der prächtigen Hochhäuser Bogotás gebaut, Banken, Versicherungspaläste, Verwaltungszentralen, häufig mit Geld aus dem Drogengeschäft.

»Allein der Wert der Bodenflächen betrüge 300 Millionen Dollar (wenn von einem nationalen Durchschnittspreis von 125 000 Pesos pro Hektar ausgegangen wird). Berücksichtigt man die Gebiete in Stadtnähe und die fruchtbaren Böden sowie die bereits vorgenommenen Investitionen, dürfte der Betrag dreimal so hoch sein.«[37] Eine Million Hektar Land, beste Weidegründe, ist inzwischen in die Hände der Drogenhändler gefallen. Für sie ist es ein Leichtes, alle Modernisierungen zu finanzieren, um auf dem internationalen Markt konkurrenzfähig zu sein. Die Leidtragenden sind die kleinen Grundbesitzer, die Campesinos, die ihren Broterwerb verlieren.

Eine Welle der Gewalt überrollte Kolumbien bis in jüngste Zeit, ein Terror, der sich gegen Politiker, Polizisten, Richter und Journalisten richtete, die es wagten, die Drogenkartelle anzugreifen; ein Terror, der sich insbesondere in den Jahren 1997 und 1998 noch einmal steigerte. Allein zwischen 1985 und August 1989 starben durch die Killerkommandos der Drogenbosse ein Justizminister, ein Generalstaatsanwalt, über 50 Richter, 40 Journalisten und mehr als 3000 Polizisten und Soldaten. Als im August 1989 nacheinander ein oberster Richter, ein Polizeichef und der Präsidentschaftskandidat Luis Carlos Galán ermordet wurden, startete die Regierung eine groß angelegte Offensive zur Bekämpfung des damals noch aktiven Medellín-Kartells, das für die Tötung Galáns eine halbe Million Dollar Blutgeld ausgesetzt hatte. In dieser Zeit plante die Drogenmafia auch noch die Entführung einer der Töchter des damaligen Präsidenten Virgilo Barco und die des aussichtsreichsten Präsidentschaftskandidaten Dussan. All das war Teil eines Planes, um die Auslieferung kolumbianischer Rauschgiftbosse an die USA zu verhindern.

»Wir verpflichten uns, das Krebsgeschwür, das die Nation in ihrer Existenz zerstört, auszumerzen«, erklärte der kolumbianische Staatspräsident daraufhin. Die Antwort gewisser Drogenbosse ließ nicht lange auf sich warten. Ende November 1990 explodierte eine Maschine der kolumbianischen Fluggesellschaft Avianca, die nach Cali fliegen sollte, kurz nach dem Start in Bogotá in der Luft. 107 Menschen kamen ums Leben. Eine Woche später wurde mit einem mit Dynamit beladenen Lastwagen das Gebäude des Geheimdienstes DAS in die Luft gejagt.

»Ihr schaut uns aus der Ferne zu und ruft: Macht nicht schlapp, Jungs. Wir ersetzen euch das Gewehr.« Das sagte Miguel Silva, der Ex-Privatsekretär des kolumbianischen Präsidenten. Er beschreibt die Zwangssituation, in der sich sein Land befindet. International fast geächtet, weil vom Boden Kolumbiens aus sich der Drogenhandel in alle Himmelsrichtungen wuchert, verkennen die mit dem Finger dorthin deutenden Ankläger, dass der Staat zum Instrument der Drogenbarone verkommen ist.

»Cali, du himmlisches Licht. Ich will, dass jeder Cali liebt. Wenn dich jemand anschaut, werde ich eifersüchtig, wenn ich Cali verlasse, werde ich sterben.« So erklingt es mittels heißer Salsa-Rhythmen in einem »Liebeslied«, gesungen von der Grupo Niche, einer der populärsten kolumbianischen Bands.

Zur gleichen Zeit, als das Cali-Liebeslied die Hitlisten eroberte, es war ein heißer Septembertag, flogen fünf erfahrene Beamte der »Dirección de Policia Judical e Investigacion«, DIJN, einer Eliteeinheit, nach Cali. Heraus aus dem abgasverpesteten Bogotá, hinein ins »himmlische« Cali, freuten sie sich. Sie hatten zwar einen richterlichen Auftrag zu erfüllen, sollten den Lear-Jet eines Drogenhändlers beschlagnahmen – doch das war Routine. Sie freuten sich darauf, diese ganz andere kolumbianische Stadt, Nizza Südamerikas genannt, zu genießen.

Kaum in Cali gelandet, umringten sie acht mit Macheten und Maschinenpistolen bewaffnete Männer. »Fahrt nach Bogotá zurück«, forderten sie die Beamten ultimativ auf und verzogen sich wieder. Die Polizisten hielten das für einen Scherz und fuhren zuerst einmal mit einem Taxi ins Interconti-Hotel. Als sie wenig später das beste Hotel am Platze verließen, wurden sie von denselben bewaffneten Männern umringt, die sie schon am Flughafen bedroht hatten. »Wir haben euch doch gesagt, ihr sollt nach Bogotá zurückfahren.«

»Sie kannten unsere Namen«, berichtete später einer der Beamten in Bogotá, »wussten, wie viele Kinder jeder von uns hatte, wie die Kinder hießen und wo wir wohnten.« Die DIJN-Beamten diskutierten nicht mehr, holten auch keine Hilfe, sondern kehrten sofort nach Bogotá zurück, ohne ihren Auftrag auszuführen.

50 Kilometer südlich von Cali wurde zwei Wochen später ein Bauer angeschossen und schwer verletzt. Ein Krankenwagen nahm ihn auf, um ihn ins Krankenhaus nach Cali zu bringen. Doch die Killer, die es auf ihn abgesehen hatten, ließen nicht locker. Sie verfolgten den Krankenwagen und feuerten mit Pistolen auf die Besatzung. Nur mit knapper Not konnte sie eine Polizeistation erreichen – die vermeintliche Rettung. Bis an die Stadtgrenze zu Cali wurden sie von der Polizei eskortiert. Jetzt, so dachte jeder, drohte endgültig keine Gefahr mehr, die letzten Kilometer würde schon nichts geschehen. Wenig später wurden der Verletzte und der Fahrer des Krankenwagens erschossen aufgefunden. Leben in Kolumbien – das ist die ständige Konfrontation mit der gnadenlosen Gewalt. Menschenleben sind wertlos. Eine erbarmungslose Macht hat das Andenland im Griff. Nicht etwa die Droge Kokain, sondern die Profiteure der Droge.

Das Geschäft mit dem aus den Blättern des Kokastrauchs gewonnenen Kokain, dem weißen Gold der Anden, ist einträglich und tödlich zugleich. Es floriert immer besser, trotz aller gut gemeinten Anstrengungen zu seiner Bekämpfung. In der Tat kann keine Rede davon sein, dass die Regierung in Bogotá nichts gegen Drogenhändler unternimmt. Ständig sind sowohl Militär als auch Polizei gegen die Drogenmafia im Einsatz. Schwer bewaffnete Einsatzgruppen suchen nach winzigen, im Busch verborgenen Landebahnen und nach Flugzeugen, mit denen die kostbare Kokainfracht ins Ausland geflogen wird. Sie zerstören Marihuanafelder, führen kleine Drogenhändler dem Richter zu und manchmal auch große, sofern sie welche finden. Doch ein kolumbianisches Drogenkartell schien das lange Zeit nur wenig zu berühren: das Cali-Kartell. Die Millionenstadt Cali liegt in einem weiten, fruchtbaren Talkessel, inmitten einer blühenden Landwirtschaft, begrenzt von der Bergkette der Anden, am Cauca-Fluss.

Cali könnte ein paradiesischer Ort sein. Hier leben verschiedene ethnische Gruppen Kolumbiens harmonisch zusammen: Schwarze, die Nachkommen einstiger Sklaven, von der Küste, Indianer aus den Bergen, Weiße, die nach der Eroberung durch die Spanier ins Land kamen, Mestizen und Mulatten, Mischlinge dieser drei ethnischen Gruppen.

Ein Museum für Moderne Kunst, eines für Archäologie, mächtige Kathedralen, Banken an jeder Straßenecke, fünf bestens ausgestattete Universitäten, hochmoderne Krankenhäuser – in Cali fehlt es an nichts. Eine Fahrt in die Umgebung von Cali ist eine Reise in ein fruchtbares Tal. Ausgedehnte Zuckerrohrfelder, hochherrschaftliche Haciendas, Rinderherden werden von arrogant blickenden Vaqueros bewacht, Weiden, auf denen edle Reitpferde grasen. Der Reichtum ist unübersehbar. Die bescheidenen Anwesen, die bis vor wenigen Jahren auch den kleinen Bauern, den Campesinos, Wohlstand brachten, gibt es nicht mehr. Landwirtschaftliche Agrarkonzerne haben sie aufgesaugt. Eine Oligarchie konservativer Familien beherrscht sowohl die Wirtschaft als auch die Politik.

Hier, in Cali, leben noch immer die großen Familien, deren Angehörige weltweit von allen Drogenfahndern gesucht werden. Cali und Kokain ist ebenso identisch wie Kokain und Kolumbien. Nicht jeder Kolumbianer ist Drogenhändler, aber jeder Drogenhändler ist Kolumbianer, lautet eine simple Gleichung für viele Kontrollbehörden. Im tropischen Cali führen die Drogenbosse samt kriminellem Anhang und die »normale« Gesellschaft eine harmonische Koexistenz. »Wie viel Drogengeld und wie viel normales Kapital in Cali ist, das ist unmöglich zu sagen«, meint Alvaro Camarcho, ein Soziologe aus Cali. »Ob das Establishment von Cali mit den Drogenhändlern leben will oder nicht«, so Camarcho, »es tut es jedenfalls.« Ohne die Drogenhändler gäbe es den Reichtum von Cali nicht.

Die Drogenhändler sind sozial engagiert. Sie spenden für Notleidende, unterstützen Fußballclubs, finanzieren Tanzveranstaltungen für die armen Nachbarn. Schulen und Universitäten bekommen jährlich Millionen. Architekten, Ärzte und Rechtsanwälte arbeiten für sie.

Auch die Bosse vom Medellín-Kartell haben in Medellín soziale »Wohltaten« finanziert. Aber das Cali-Kartell machte damit keine Propaganda. Eskortiert von Leibwachen und der Polizei, fährt Don Rodriguez im gepanzerten Mercedes in die Stadt – ein angesehener Geschäftsmann. »Die Rodriguez' besitzen diese Stadt, und niemand soll das jemals vergessen«, erzählte mir ein Journalist aus Cali, der über enge Bindungen zu diesem Clan verfügte.

Was unterscheidet aber Cali von Medellín? Keiner wird jemals behaupten, das Leben in Cali sei nicht gewalttätig. Nach Medellín ist Cali die Stadt Kolumbiens mit den meisten Morden. An jedem Wochenende werden zwischen 30 und 40 Leichen gezählt. Doch nur selten explodieren Bomben, es gibt keine Entführungen, kaum Hinrichtungen bei Tage wie in Medellín.

Auf dem Höhepunkt des Krieges zwischen Medellín und der Regierung in Bogotá waren es die bewaffneten Banden des Cali-Kartells, die Billighotels ihrer Stadt nach Killern aus Medellín durchsuchten, die Straßenkontrollen und Hausdurchsuchungen in ihre bewährten Hände nahmen. Cali unterstützte den Staat. In einem Brief an die Zeitung *El Tiempo* beschuldigte wiederum Pablo Escobar die Leute vom Cali-Kartell, dass sie die Behörden mit Informationen über Rodriguez Gacha gefüttert hätten, der 1989 getötet wurde. Sein Aufenthalt wurde verraten – durch den Edelsteinkönig Victor Carraza, von dem später noch ausführlicher die Rede sein wird.

Lange Zeit galt: Für das Cali-Kartell »gibt es daher keine Bedrohung durch den Staat. Es stimmt mit ihm absolut überein. Während sich das Cali-Kartell zur ›Reintegration‹ in das zivile Leben entschieden hat, begleitet von einer Public-Relations-Offensive auf allen Ebenen, haben die Leute von Medellín dem Staat den Krieg erklärt.«[38] Auf einer mehr persönlichen Ebene beschrieb Juan Manuel Santos von der Zeitschrift *El Tiempo* den

Unterschied zwischen Drogenboss Escobar und Drogenboss Rodriguez: »Escobar würde in ein Lokal gehen und sofort auftrumpfend sagen: Ich will nicht, dass irgendjemand nach mir hereinkommt oder hinausgeht. Wenn jemand das Lokal verlassen will, dann soll er es jetzt tun. Rodriguez Orejuela, einer der Bosse des Cali-Kartells, geht ganz einfach in ein Restaurant, setzt sich hin und isst.«.

Die Männer aus Cali waren klüger, geschickter als Medellíns Drogenbosse, die verächtlich »Bauernburschen« genannt werden.

Auch die Killer der Drogenbosse aus Cali erschossen Richter, doch zuvor unterbreiteten sie ihnen finanzielle Angebote. In einer Kaserne Bogotás treffe ich eine Richterin aus Cali, die wegen akuter Bedrohung vor kurzem nach Bogotá flüchten musste. 100 Richter wurden in der Vergangenheit ermordet, sowohl vom Medellín- als auch vom Cali-Kartell. Um die Justiz vor Anschlägen zu sichern, wurden ihre Gebäude zu »Festungen« ausgebaut. »Wir haben anonyme Richter eingeführt, ebenso bleibt die Anonymität der Zeugen absolut gewahrt. Diese Bestimmungen garantieren«, so der kolumbianische Justizminister Jaime Giraldo Angel auf der 34. Sitzung der UN-Drogenkommission in Wien, »ein Funktionieren der kolumbianischen Justiz.«

»Das mag für Bogotá gelten, für Cali nicht«, erzählt die Richterin. »Das Drogengeschäft«, sagt sie, »ist eine äußerst schwierige Geschichte. Denn die Drogenhändler haben eine sehr große Macht, und dies nicht nur in wirtschaftlicher Hinsicht. Es ist ihnen ja sogar gelungen, den gesamten Staatsapparat in ihre Hände zu bekommen. Und daher ist es für viele Menschen außerordentlich schwierig, Vertrauen in die Justiz zu setzen. Denn dank ihrer wirtschaftlichen Macht ist es den Drogenhändlern möglich, Menschen zu kaufen, um auf diesem Wege an Informationen zu kommen. Man muss sich also vergegenwärtigen, dass die Korruption in der Gesellschaft eine sehr große Rolle spielt.«

Sicher ist: Während die kolumbianischen Behörden Pablo Escobar und Jorge Luis Ochoa jagten, konnte der nicht weniger mächtige und gefährliche Vorsitzende der »Drogenmanagementgruppe Cali«, Gilberto Rodriguez Orejuela, seine Drogengeschäfte weiterführen, als ginge ihn das alles nichts an. Das Cali-Kartell hatte sich nämlich aufs Schmieren verlegt, während das Medellín-Kartell tötete. Medellíns Drogenbarone kämpften gegen den Staat, Cali kaufte sich ein. Die Folgen sind klar: Tom Cash, ehemals Chef der DEA in Miami: »Die Cali-Leute haben großen Einfluss auf die Regierung und genießen Immunität.« Daran hat sich über Jahrzehnte nichts geändert.

Kolumbianische wie amerikanische Drogenbekämpfer schätzen, dass die Medellín-Gruppe in ihrer Blütezeit etwa 200 Tonnen Kokain pro Jahr allein in die USA exportierte. Europa dagegen wurde zu 70 Prozent vom Cali-Kartell, auch »Big White« genannt, beliefert. Für den Rest sind heute kleinere Organisationen zuständig. Jeder Kokaindeal in Hamburg, Frankfurt oder Pinneberg wird direkt von Kolumbien aus dirigiert. Ohne die Einwilligung aus Cali läuft kein einziges Kokaingeschäft. Ein Abgesandter aus Cali oder ein Resident, der in irgendeinem europäischen Land eine Entscheidung zu treffen hat, muss erst in Cali anrufen und den Beschluss abwarten. Organisiert war das Cali-Kartell wie ein effizienter multinationaler Konzern. Die Holding investierte in legale Unternehmen, von Warenhäusern über Radiostationen und Immobilien bis zu Hotels, Einkaufszentren und natürlich Politiker. Und die kolumbianische Fußballnationalmannschaft war wohl nur deshalb so gut, weil sie mit Narco-Dollars aus Cali kräftig gesponsert wurde.

Arbeitsteilung war das Geschäftsprinzip in der Kokain-Holding »Cali AG«: Die Leute an der Spitze treffen sich nicht mit jedem in der Organisation, sondern nur mit ausgewählten Personen. Jeder hat eine besondere Rolle, und die hat er voll zu erfüllen. Einige kümmern sich ausschließlich um das Geld und sehen nie die Drogen, andere befassen sich nur mit Drogen und kommen nie mit dem Geld in Berührung. Einige Leute verteilen nur, andere mieten lediglich Häuser. Diese von deutschen und amerikanischen Sicherheitsbehörden analysierte Strategie der Cali-Holding bestätigen die kolumbianischen Journalisten Ciro Krauthausen und Fernando Sarmiento: »Anstatt über ein Heer von Angestellten zu verfügen, die Details über die Transaktionen ausplaudern könnten, ist es für die Oligopolisten sicherer, nur die wichtigsten Marktsegmente zu besitzen, je zum Teil also die Verarbeitung des Kokains, die Ausfuhr und den Vertrieb. Es existiert eine Vielzahl von kleinen Dienstleistungsunternehmen, die für riskante Tätigkeiten wie den Kokaintransport, die Lagerung, ja selbst die Verarbeitung unter Vertrag genommen werden können. Anstatt auf allen Ebenen selbst Befehle zu erteilen, koordinieren sie den Kokainhandel.«[39]

In diesem System hat jeder eine besondere Aufgabe zu erfüllen. Ein Teil im System weiß nie, wer auf einer anderen Ebene tätig ist. Wenn einer verhaftet wird, dann hat er nur begrenztes Wissen. »Das Cali-Kartell«, meint DEA-Agent William Mockler, »ist wie ein Geheimdienst organisiert.« Er vergleicht, was die Effektivität betrifft, das Cali-Kartell mit dem Ex-KGB beziehungsweise dem israelischen Geheimdienst Mossad.

Es waren nur wenige Bosse, die in Cali diese Holding leiteten: Es war zum einen der Verwaltungsratsvorsitzende. Sein Name ist bekannt: Rodriguez Orejuela, genannt der Schachspieler, 50 Jahre. Ein äußerst gebildeter Mann, ein Autodidakt, erinnert sich ein Reporter der *New York Times* an seinen Besuch bei Rodriguez. »Er macht sich Gedanken über die Dritte Welt, denkt aber besonders darüber nach, wie er der kolumbianischen Fußballnationalmannschaft zu mehr Renommee verhelfen kann.«

Sein geschäftsführender Vorsitzender ist José Santacruz Londoño, 42 Jahre. Er setzt die internationalen Planungen vom Kokainvertrieb und -absatz bis hin zur Geldwäsche in die Praxis um. »Don Chepe« beziehungsweise »El Universitario«, wie Londoño sich gern nennen lässt, ist mit Rodriguez seit dessen 19. Lebensjahr befreundet. Dritter im Bunde ist schließlich Francisco Helmer Herrera Buitrago, 38 Jahre, der eng mit beiden kooperiert. Don Roque ist ein weiterer Großunternehmer in Cali, der das Kokaingeschäft mitorganisiert. Ein Mann, der sogar bedeutender sein soll, so die Policia Nacional in Bogotá, als Rodriguez Orejuela. Doch über ihn gibt es keine weiteren Informationen – im Gegenteil zu Orejuela. Mit 28 Jahren war er noch Mitglied einer siebenköpfigen Gang, die zwei Schweizer Konsulatsangehörige in

Cali entführte. Danach arbeitete er als Angestellter in einem pharmazeutischen Unternehmen in Cali, hatte bald darauf seine erste eigene Firma und schon verschiedene Namen, unter denen er schließlich andere Geschäfte tätigte: Fernando Gutierrez, Alberto Matarraz, Gilberto Rodriguez Orejuela, Alberto Ortiz oder González Linares.

1976 beschlagnahmte die DEA 290 Kilogramm Kokapaste, ein Nichts im Vergleich zu den zig Tonnen, die Ende der Neunzigerjahre selbstverständlich waren. Zum ersten Mal tauchte damals der Name Rodriguez Orejuela auf. Zwischen 1983 und 1984 ließ er über die wichtigsten kolumbianischen Banken 46 Millionen Dollar waschen. In Spanien wurde er 1984 verhaftet, zusammen mit Jorge Luis Ochoa vom Medellín-Kartell. Ein Krieg der Kartelle war damals noch nicht in Sicht. Anderthalb Jahre später wurden Rodriguez und Ochoa nach Kolumbien ausgeliefert. Als die Beschuldigungen gegen Orejuela in Kolumbien bekannt wurden, die US-Behörden sogar seine Verhaftung und Auslieferung forderten, schrieb er einen Brief an die Medien, in dem er alle Beschuldigungen entrüstet von sich wies: »Ich bin ein normaler Geschäftsmann, das wurde von den kolumbianischen Behörden bestätigt. Die Journalisten sind von der amerikanischen Botschaft betrogen worden.«

Rodriguez verstand es, nur die besten Anwälte zu engagieren. Entsprechend fähige Juristen und Berater dienten ihm in Spanien, darunter der Amerikaner Michael Abbell. Bis 1984 war er leitender Beamter der US-Regierung, Direktor im US-Justizministerium, zuständig für alle kriminalpolizeilichen Ermittlungen mit internationalem Ausmaß einschließlich Drogen- und Waffenhandel.

Sechs Monate nachdem er sein hohes Regierungsamt aufgegeben hatte und in eine Anwaltskanzlei eingetreten war, flog er nach Madrid, wo gerade über die Auslieferung von Orejuela beraten wurde. Seine Forderung: Der Kolumbianer dürfe nicht in die USA ausgeliefert werden, was ja auch nicht geschah. Danach fuhr er mindestens sechsmal nach Cali, um seine prominenten Klienten zu beraten, wie sich ihre Auslieferung in die USA vermeiden ließe.

1989 verkündete er, dass seine Klienten aus Cali bedeutende Geschäftsleute seien, die mehr als 5000 Menschen in der Pharmazie, Banken und anderen Gesellschaften beschäftigten und nicht mit dem Medellín-Kartell in einen Topf geworfen werden sollten. Abbell ist – welch ein Zufall! – ein fanatischer Verfechter der Legalisierung von Drogen.

Anfang 1987 stand Orejuela zum ersten Mal vor einem kolumbianischen Gericht. Schwer belastet wurde er vom DEA-Agenten Richard Crawford, der ihm große Drogengeschäfte und Geldwäscheoperationen nachwies. Vor dem hohen Gericht erklärte Rodriguez, der von eigenen Sicherheitskräften begleitet und durch drei Rechtsanwälte vertreten wurde: »Ich habe niemals illegale Verhandlungen wegen Kokain geführt; Kokain kenne ich ausschließlich aus meiner Tätigkeit als Pharmazeut und Marihuana nur zufällig. Niemals wurde ich, weder in meiner Heimat noch im Ausland, von einem Gericht angeklagt. Die Beschuldigungen sind eine Erfindung der nordamerikanischen Polizei.«[40] Er wurde freigesprochen.

Betriebsunfälle ließen sich trotzdem nicht vermeiden. Da wurde Mitte 1991 im US-Bundesstaat Florida der israelische Kaufmann David Canditti verhaftet. Das Gericht verurteilte ihn zu einer langjährigen Freiheitsstrafe, weil er für das Cali-Kartell 50 Kilogramm Plastiksprengstoff, dutzende M-16-Schnellfeuergewehre und Flugabwehrraketen eingekauft hatte.

Die in Cali und anderswo angesehenen Drogenbosse schickten derweil ihre Kinder, die nicht selten die legalen Geschäfte ihrer Väter schon übernommen haben, zur Ausbildung in die USA. Und, so hört man, der Nachwuchs hat auch politische Ambitionen.

Wie sagte doch ein Journalist in Cali: »Du gehst in irgendein teures Restaurant und siehst sie dort alle mit ihren Juwelen, ihrem Geld und den Diamanten. Jeder weiß, wer sie sind und was sie machen. Es ist kein Geheimnis.«

Manchmal gelingen sogar entscheidende Schläge, auch gegen das Cali-Kartell. Ende Dezember 1991 führten beispielsweise die DEA und die kolumbianische Polizei eine erfolgreiche Aktion gegen Verbündete von Orejuela durch. Während in New York DEA-Sprecher Robert Benner das Gelingen der Operation propagandistisch verkaufte, zeigte in Bogotá General José Cadena Serrano die beschlagnahmten Materialien, mit der heute ein Verbrecherkonzern arbeitet. »Es ist die erste große Operation gegen Geldwäscher«, berichtete er, während in einem Nachbarraum seine Beamten einen Teil des konfiszierten Materials aufbauten. Es ist schon eindrucksvoll, was bei dieser Operation gefunden wurde: 20 Computer, 500 Disketten, vier Radiokommunikationssysteme; fünf Faxgeräte modernster Technologie. Und was nicht weniger wichtig für die Geschäfte war – eine Geldzählmaschine für Beträge von einem bis zu 100 Dollar. Auf den Disketten wurden Finanzoperationen und Namen von Beauftragten des Kartells gespeichert. Die Geldströme, die von diesen Leuten verwaltet wurden, reichen über New York, Hongkong bis in die Schweiz und nach Deutschland. »Die haben im Lauf der letzten beiden Jahre, also 1990 bis 1991, auf diesen Wegen mindestens 120 Millionen Dollar gewaschen. Es ist ein Netzwerk, das kaum ein Land ausgelassen hat.«

Chef der Bande, die von DEA-Agenten und kolumbianischer Polizei empfindlich geschwächt wurde, war José Herrera, der bis dahin als Nummer drei innerhalb der Verbrecherholding in Cali galt. Sein Bruder wurde im Verlauf der Aktion in den USA festgenommen, er selbst erst im Sommer 1996.

Bei ihnen beschlagnahmten die Agenten der DEA keine Computer und Disketten, sondern andere Gerätschaften des Cali-Kartells: Maschinenpistolen, mit Schalldämpfern ausgerüstete Pistolen und Revolver; außerdem noch zwölf Millionen Dollar und 1300 Kilogramm Kokain. »Internationaler Drogenhändlerring aufgeflogen«, »Schlag gegen die internationale Drogenmafia«, »Deutsch-niederländischer Drogenring ausgehoben«, »Rekord-Rauschgiftmenge im Flughafen Zürich-Kloten«, »Beschlagnahme von 330 Kilogramm Kokain in Rotterdam«, »Schlag gegen die Drogenmafia in Hamburg«: Solche Schlagzeilen könnten als Synonyme für Erfolge von Polizeibehörden gegen kriminelle Drogensyndikate ausgelegt werden. Sie können aber auch ein Beleg sein – und vieles spricht dafür –, dass die Drogenhändler mit aller Macht den europäischen Markt erobern, tonnenweise Kokain nach Europa gepumpt wird und sie dabei staatliche Hilfe von jenen genießen, die höchst offiziell verkünden, gegen die Drogenkartelle Krieg zu führen. Die Offensive der Drogensyndikate ist jedenfalls generalstabsmäßig geplant. Überall in Europa haben sie funktionierende Verteilungs- und Verarbeitungszentren aufgebaut: In Spanien, in Frankreich und Italien wurden Kokainlabors entdeckt oder Verarbeitungsstätten für Kokapaste ausgehoben, die von kolumbianischen Staatsbürgern in enger Zusammenarbeit mit der italienischen Mafia betrieben wurden. Das Kokain kommt in Containern tonnenweise an oder wird von »Eseln«, wie die kleinen austauschbaren Kuriere genannt werden, zu den Kunden nach Europa oder in die USA befördert.

70 Prozent der Laboratorien, in denen die Kokapaste aus Peru, Bolivien oder Kolumbien zu Kokain veredelt wird, sind im brasilianischen und venezolanischen Amazonasgebiet versteckt.[41] Es ist ein geradezu ideales Gebiet, schwer zugänglich, unüberschaubar, nicht zu kontrollieren. Der nächste Weg dann führt über Kolumbien, hin zu den Drogenbossen, die seit über zehn Jahren weltweit führend alle Kokaingeschäfte steuern.

Obwohl die Drogenbosse, schlagzeilenträchtig werden sie auch Drogenbarone genannt, durch eine Vielzahl von Untergruppen ihre Geschäfte organisieren lassen, stehen doch hinter jedem größeren Kokaintransport nach Europa und Deutschland nur solche Personen, die von den Clanchefs in Kolumbien oder Mexiko abhängig sind. Jede Abwicklung oder Duldung eines Kokaingeschäfts unterliegt ihrer Genehmigung. Damit das Vertriebs- und Verteilungssystem zwischen Kolumbien und Europa funktioniert, sind alle am Drogengeschäft Beteiligten aufeinander angewiesen. Dazu gehört die Kontrolle der Droge auf dem Weg zum Endverbraucher und das Arrangement mit jenen, die den Vertrieb steuern. Luis German Cano überlebte zwei Mordanschläge. Der Interpol-Chef von Bogotá beobachtet seit mehreren Jahren von seinem Büro aus das internationale Kokaingeschäft. Die Räume, in denen Interpol untergebracht ist, im Polizeihauptquartier der

DAS, wurden 1989 im Auftrag von Drogenbossen, die dem Staat den Krieg erklärt hatten, in die Luft gesprengt. 60 Menschen kamen bei dem Anschlag ums Leben. Kommentar des Interpol-Chefs über die Drogenkartelle: »Diese Zusammenarbeit läuft auf internationaler Ebene im Wesentlichen über die Cosa Nostra und die Camorra. Die Drogenkartelle haben sich den Kokainmarkt gemeinsam mit den italienischen Gruppen geteilt.«

Bis Mitte 1991 gab es für internationale Medien, wenn von den kolumbianischen Drogenkartellen die Rede war, nur zwei Namen: Medellín und Pablo Escobar. Bücher wurden über ihn verfasst, ellenlange Zeitungsartikel veröffentlicht, jedem Politiker, der glaubte, etwas vom Drogenhandel zu verstehen, gingen Escobar und Medellín wie die einzigen Synonyme für Kokainhandel über die Lippen. Man schwelgte in Erinnerungen an die Blütezeit dieses Kartells, das Ende der Neunzigerjahre durch kleinere Organisationen wieder zu neuer Größe aufstieg.

Medellín, inmitten der Anden gelegen, ist eine Zweimillionenstadt nordwestlich von Bogotá. Und Pablo Escobar war einst der mächtigste Boss jener Drogenhändler, die von Medellín aus ihr Unwesen trieben. Die Explosionen von Autobomben haben den folkloristischen Schein der Stadt hinweggefegt. Medellín wurde so gefährlich, dass die US-Regierung die Stadt als »off limits« für ihre Bürger erklärt hatte. Leutnant Rodriguez von der Polizei erzählt es jedem, der es wissen will. »Hier bekommt jeder Sicario, das sind die Killer der Drogenbosse, 4000 Dollar, wenn er einen Polizisten umlegt.«

Bezüglich Pablo Escobar und dem Medellín-Kartell antwortet Gustavo Salazar Pineda, einst für den Drogenboss Gonzales Rodriguez Gacha tätiger Anwalt in Bogotá, auf die Frage, warum so lange nur ein kleiner Teil der Drogenbarone bekämpft wurde: »Die Leute von Medellín investierten lieber in Pferde, als hohe Honorare für Rechtsanwälte zu zahlen. Sie waren unklug, weil sie die Einrichtungen des Staates angegriffen hatten.«

Dabei spielte ein Mann eine gewichtige Rolle: Rodriguez Gacha, der in einem anderen Zusammenhang später wieder auftauchen wird – als Besucher eines in der spanischen Touristenstadt Marbella lebenden Waffen- und Drogenhändlers. Dieser Mann in Spanien geht heute noch ungehindert seinen Geschäften nach und dürfte wahrscheinlich mächtiger sein als der einstige Drogenkönig Escobar.

Der am 18. Mai 1947 geborene Gacha wurde wegen seiner besonderen Affinität für die Musik der Azteken auch »der Mexikaner« genannt. Die Regierung der USA, die immer wieder seine Auslieferung forderte, stufte ihn als zweitmächtigsten Drogenboss der Welt ein. 1989 wurde er in der amerikanischen Zeitschrift *Forbes* als einer der 20 reichsten Unternehmer der Welt aufgelistet. Sein Anwalt meinte dazu. »Die USA sehen in ihm einen mächtigen Drogenhändler, für viele Kolumbianer ist er ein erfolgreicher Unternehmer.«

Drogenboss Gacha war nie kleinlich, wenn es darum ging, die militärische Infrastruktur seines Drogenimperiums zu finanzieren. Seine Cessna und seine vier Hubschrauber hatte er mit jeweils zwei großkalibrigen Maschinengewehren bestücken lassen. Da er gleichzeitig der Chef der berüchtigten Todesschwadronen war, bezahlte er ausländische Söldner, um zusammen mit dem Militär die kommunistische Guerilla auszurotten. So gab er den Befehl für die Ermordung von Jaime Pardo Leal, dem Vorsitzenden der Union Patriotica, der ehemaligen linken Rebellenbewegung M 19. Diese hatte den Weg in das parlamentarische System Kolumbiens gefunden und musste dafür bitter bezahlen. Mindestens 2000 Mitglieder der Union Patriotica, Gewerkschafter, Lehrer, Bauernführer, wurden von paramilitärischen Banden in Zusammenarbeit mit Drogenhändlern des Medellín-Kartells umgebracht.

»Die Mafia hat Leal ermordet«, schrieb die Zeitschrift *El Tiempo* am 13. November 1987. Aufgrund dieser Tat wurde Gacha 1989 angeklagt, nicht etwa wegen seiner Drogengeschäfte. Ein bekannter kolumbianischer Journalist, Hernando Corral, ist der Einzige, dem Gacha je Rede und Antwort stand. »Auf die Frage, ob Pablo Escobar und die Gebrüder Ochoa ihn unterstützten, antwortete er: ›Aber ja, wir sind eins, wir halten zusammen. Die Einzigen, die nicht dazugehören, sind vier Leute, eine kleine Minderheit aus Cali: Die Gebrüder Rodriguez Orejuela, Santacruz und Herrera gehören nicht zu uns, aber alle anderen Caleños sind auf unserer Seite. Die Leute aus Barranquilla halten zu uns, die aus Bucaramanga, die aus Pereira, die von der Küste, die lateinamerikanische Kolonie in Miami, die in New York... Alle rufen sie uns an, sogar aus Europa, um uns zu sagen, dass wir nicht lockerlassen und weitermachen sollen, weil wir eine Sache verteidigen, die alle betrifft.‹«[42]

Am 15. Dezember 1989 ging Gacha in die Falle, die ihm die amerikanische DEA und die kolumbianische Polizei gestellt hatten. Er wurde in Tolú umzingelt und bei dem anschließenden Schusswechsel getötet. »Ein Mann ist gestorben, eine Legende hat begonnen«, meinte sein Anwalt und klagte gleich darauf: »Er hat mich nicht bezahlt!«

Rodriguez Gachas Geschäftspartner Pablo Escobar war ein völlig anderer Typ der Spezies Topdrogenhändler. Unter ärmlichen Verhältnissen aufgewachsen, wurde er einer der reichsten Männer Kolumbiens. Er war jener »Robin Hood«, wie ihn die Bevölkerung einst nannte, der ganze Flugzeugladungen mit Löwen, Tigern, Elefanten, Giraffen und Kängurus importierte, um sie dem besten Tierpark in Lateinamerika zu stiften. 1982 wurde er, obwohl er untergetaucht war, sogar in den kolumbianischen Kongress gewählt. Schon vor seiner Wahl hatte sich Escobar häufig in den Slums im Norden von Medellín blicken lassen. Jetzt war er dort Don Pablo, ein überzeugend sprechender, untersetzter Mann in billiger Hose, Polohemd, mit gesenktem Blick und einer goldenen, mit Diamanten besetzten Rolex-Uhr am Handgelenk. Er ließ Fußballplätze mit Flutlicht ausstatten und Rollschuharenen für die Jugend bauen. Er verteilte Geld. Bald hatte er eine Rundfunksendung, »Bürgerrecht im Vormarsch«, und verkündete ein Aktionsprogramm, das er mit »Medellín ohne Slums« betitelte. Er versprach, auf einem Gelände im Norden von Medellín, das er geerbt hatte, eine Siedlung für Leute mit geringem Einkommen errichten zu lassen, die den passenden Namen Barrio Pablo Escobar erhalten solle. Er hatte eine Zeitung aufgekauft, die ihn als »priesterhaft« verherrlichte. Noch heute gilt er in manchen Barrios, diesen Elendsquartieren aus Hütten und Kartonbehausungen, in denen vom Elend zerfressene Menschen leben, als Held.

Sein Vermögen wurde auf mindestens 800 Millionen DM geschätzt. Doch er hatte sich übernommen – so scheint es zumindest für weite Teile der Öffentlichkeit.

Um ein weiteres Blutbad zu vermeiden und den offen ausgebrochenen Krieg zwischen dem Medellín-Kartell und dem Staat zu beenden, hatte Staatspräsident César Gaviria den Drogenbossen versprochen, sie nicht in die USA auszuliefern, wenn sie sich der kolumbianischen Justiz stellten. Die USA, die sogar damit drohten, Kriegsschiffe an die kolumbianische Küste zu senden, um den Drogenbaronen den Garaus zu machen, lehnten diese Entscheidung des kolumbianischen Präsidenten entschieden ab. Die Drogenbosse sollten vor ein amerikanisches Gericht gestellt werden und dann für immer hinter Gittern verschwinden.

Die Rufe der Gringos blieben ungehört. Im Parlament wurde die Resolution des Präsidenten, das Dekret 303 vom 29. Januar 1991, verabschiedet. Die Drogenhändler, die sich freiwillig stellten, hatten demzufolge Haftstrafen von maximal 15 Jahren beziehungsweise Strafnachlässe von bis zu 65 Prozent zu erwarten.

Hinsichtlich des flüchtigen Escobar formulierte Kolumbiens neuer Präsident César Gaviria einen fast flehenden Appell: »Wenn er seine Verbrechen gesteht, wenn er bereit ist, sich der kolumbianischen Justiz zu stellen und für diese Verbrechen verurteilt wird, und wenn er dann seine kriminellen Aktivitäten einstellt, dann wird er die in dem Dekret vorgesehenen Garantien erhalten.«

In den folgenden fünf Monaten hatten sich dann neun führende Drogenhändler tatsächlich freiwillig der kolumbianischen Justiz gestellt. Die bekanntesten waren Pablo Escobar und Juan David Ochoa. Ihre Verhaftung und der Aufenthalt in einem »Gefängnis« sagt indessen mehr über die Hilflosigkeit des Staates gegenüber den Drogenbaronen, als dass »alles versucht wurde, das Problem zu bekämpfen«, wie der damalige kolumbianische Staatspräsident nicht müde wurde zu betonen.

Das »Gefängnis«, in dem Pablo Escobar untergebracht war, lag außerhalb Bogotás, in Envigado, seinem Geburtsort. Die wenigen, die es in Augenschein nehmen durften, nannten es eine der schönsten Fincas Kolumbiens. Normalerweise konnte dieses »Gefängnis« niemand besuchen, es lag total abgeschottet, so als wollte man etwas verheimlichen. Als Journalisten zum ersten Mal von seiner Errichtung erfuhren, schrieben sie, dass »ein Anwesen, wo Drogenabhängige Heilung finden sollen, in ein Hochsicherheitsgefängnis erster Klasse umgebaut wird. Der 300 000 Dollar teure Umbau des Sanatoriums in einen Spitzenknast erfolgte auf Wunsch von Escobar.«[43]

Nicht nur der Umbau, der gar keiner war, sondern auch der Grundstückskauf bis hin zu einer Drainage für den Fußballplatz – alles entsprach Escobars Wünschen. Ex-Colonel Augusto Bahamón, lange Jahre militärischer Befehlshaber in Medellín, bestätigte in einem Ende 1991 in Kolumbien erschienenen Buch mit dem Titel *»Mi guerra en Medellín«*, dass die Verhandlungen zum Bau der Finca schon geführt wurden, als Escobar offiziell noch einer der meistgesuchten Verbrecher Kolumbiens war.

Für die Gespräche Escobars mit der Regierung, so Bahamón, war ein Vermittler aus Envigado zuständig. Die Emissäre Escobars und die Regierungsvertreter einigten sich darauf, den Bau des Gefängnisses der Öffentlichkeit als Drogenrehabilitationszentrum zu verkaufen. Schließlich kaufte Escobar das Gelände, auf dem die »Finca« errichtet werden sollte – und nicht nur das, sondern auch elf weitere Anwesen in der Gegend, sodass ihm schließlich der gesamte Berg gehörte, für eine Million Pesos pro Hektar.

Gleichzeitig verlangte Escobar über seinen Vermittler, dass das »Gefängnis« genau wie seine Fincas El Bizocho und La Paz, Luxuslandhäuser bei Medellín, aussehen und eingerichtet werden müsse. Das war nur ein Teil seiner Forderungen. Natürlich wollte er nicht nur im Inneren des Gefängnisses wie zu Hause im Luxus leben, sondern auch einen »ausgezeichneten Ausblick, einen Fußballplatz, einen Wasserfall und einen kleinen See«, erinnert sich Bahamón. Außerdem dürfe sein Vermögen nicht beschlagnahmt werden, müsse ihn seine Familie drei- bis viermal in der Woche besuchen können und seine Leseleidenschaft befriedigt werden.

Kontrolliert wurden die Baumaßnahmen von einem Abgesandten des Medellín-Kartells. Alles lief gut – fast alles. Die Konstrukteure des Fußballplatzes hatten vergessen, eine Drainage anzulegen. »Das ist absolut notwendig«, forderte Escobars Abgesandter, »sonst ist das hier, wenn es regnet, ein See, und mein Boss kann dann nicht Fußball spielen.«

Auch diese Forderung wurde erfüllt. Ein weiterer Streitpunkt bezog sich auf das Wachpersonal. Vorgesehen waren 40 Wächter aus der kolumbianischen Provinz Antioqua. »Nein«, bestimmte Escobar, »es sollen nur 20 aus Antioqua sein, 20 weitere müssen aus einer anderen Gegend kommen.«

Und so geschah es. Die Regierung hatte ihre Ruhe, und einer der gefährlichsten Gangster war zwar komfortabel, aber immerhin weggesperrt.

»Von Luftaufnahmen wissen wir, dass es dort Satellitenanlagen gibt«, schimpfte in Miami der DEA-Chef: »Die haben Telefaxgeräte und alle anderen Dinge. Sie bestimmen, wer ein und aus geht. Escobar und Ochoa machen von dort ihre Geschäfte wie zuvor. Nur sind sie jetzt sicher. Der Regierung haben sie erlaubt, eine Pressekampagne zu inszenieren, ihre Fotos weltweit zu veröffentlichen, um zu sagen, wir haben geschafft, was der DEA nicht gelang: Wir haben sie hinter Schloss und Riegel gebracht.«

Mitte Dezember 1991 reiste der DEA-Chef von Miami nach Bogotá und traf sich dort mit dem Chef der kolumbianischen Policia Nacional. Als er ihn fragte, ob er ein Lichtbild oder Fingerabdrücke von Escobar haben könnte, bekam er zur Antwort. »Das ist leider nicht möglich, Don Pablo gestattet es nicht, dass man ihn fotografiert.«

Der DEA-Chef erboste sich damals: »Das Medellín-Kartell existiert also noch immer, und die sind sehr froh, dass Gaviria Präsident ist, weil der mit ihnen so schöne Deals ausgehandelt hat. Die leben wie im Hotel.«

Interessanterweise sah das Bundeskriminalamt Anfang der Neunzigerjahre das Ganze weniger dramatisch: »Wir haben keine Anzeichen dafür, dass die kolumbianische Regierung in den Drogenhandel verwickelt ist.« Damit leistete sich das BKA eines von vielen merkwürdigen Fehlurteilen.

Nun gut, könnte man sagen. Escobar ist heute allenfalls eine Figur der Zeitgeschichte, nachdem er am 2. Dezember 1993, einen Tag nach seinem vierundvierzigsten Geburtstag, bei einer Operation von Polizei und Militär erschossen worden war. Freudig feuerten die Einsatztruppen in die Luft und riefen: »Wir haben gewonnen!« Haben sie tatsächlich gesiegt? Das von Escobar befehligte Medellín-Kartell schien zerschlagen. Auch die führenden Köpfe des alten Cali-Kartells sitzen heute entweder im Gefängnis oder haben sich ins Ausland abgesetzt. Dennoch laufen die Drogengeschäfte unbehindert weiter – eigentlich besser denn je.

Und das nicht nur, weil es inzwischen viele neue Organisationen gibt. Dazu gehört in Medellín der Pate Carlos Castano. Mit seinen paramilitärischen Truppen kontrolliert er die Kokain produzierenden Labors und genießt bei den politischen, industriellen und militärischen Kreisen Kolumbiens großen Einfluss. Castano beherrscht mit seiner Privatarmee einen strategisch wichtigen Korridor, der sich vom Nordwesten Kolumbiens (der Grenze mit Panama und der karibischen und pazifischen Küste) bis in die östlichen und südöstlichen Regionen des Landes erstreckt. Er repräsentiere, das behaupten Drogenermittler des Bundeskriminalamts in Bogotá, einen Staat im Staat, sodass zur Regierungszeit von Präsident Samper die einflussreichsten kolumbianischen Politiker und Geschäftsleute lieber mit ihm verhandelten als mit dem Staatschef selbst. Und deshalb ist es nicht weiter verwunderlich, dass der größte Teil des kolumbianischen Kokains, das derzeit in Spanien, Belgien und Holland ankommt, aus den Regionen stammt, die unter Castanos militärischer und politischer Kontrolle stehen.

Weltweit wurde gejubelt, als Gilberto Rodriguez Orejuela zusammen mit seinem Bruder am 9. Juli 1995 verhaftet wurde. Zumal einen Tag zuvor ein weiterer Boss des Cali-Kartells, José Santacruz-Londoño, ebenfalls in die Fänge der Polizei geriet. »Das ist ein Meilenstein in einer Reihe von Verhaftungen der wichtigen Führer des Cali-Kartells, wahrscheinlich sogar der wichtigsten Figur der kriminellen Welt«, gab sich die amerikanische DEA zuversichtlich. Damit war anscheinend das Cali-Kartell besiegt. Ein

Jahr später, am 12. Januar 1996, flüchtete jedoch Santacruz-Londoño, die Nummer drei des Cali-Kartells, aus dem Hochsicherheitsgefängnis La Picota in Bogotá – unter mysteriösen Umständen. Bei der in Bogotá erscheinenden Zeitschrift *Cambio 16* meldete sich ein Agent der DEA. Gegenüber den Journalisten sagte er aus, dass »die CIA die Flucht organisiert habe, und man habe den Aufenthaltsort Santacruz' bereits lokalisiert«.[44] Sechs Monate später wurde er beim Versuch, ihn wieder festzunehmen, bei einem »Schusswechsel« erschossen. Der Drogenhändler hatte acht Kugeln in seinem Körper; kein einziger Polizeibeamter wurde verwundet, man fand keinerlei Kugeln in der näheren Umgebung des Ortes, wo es zu dem angeblichen Feuergefecht gekommen sein soll. Bei der Obduktion stellte sich heraus, dass der Drogenbaron gefesselt war, bevor er starb.

War mit solchen Aktionen das Problem gelöst? Jeder weiß, dass die Verhaftung der »alten Drogenbosse« kaum Auswirkungen auf das milliardenschwere Drogengeschäft, auch in Kolumbien, haben dürfte. Zu viele politische und wirtschaftliche Interessen stehen auf dem Spiel. Und so klagte der Direktor des angesehenen Instituts für internationale Verbindungen an der Universität Bogotá, Francisco Thoumi, dass die »Eliminierung der alten Paten den Weg freigemacht hat für die neue Generation von Drogenunternehmern«.

Mit protzigen Autos fahren sie vor die Edeldiskos von Cali, die den alten Drogenbaronen gehören, präsentieren offen ihre goldbeschlagenen Pistolen, sind nach der neuesten Mode gekleidet, behängt mit schwerem Goldschmuck. Es ist die neue Klasse, der Mittelbau der Verbrecherholding Cali AG, »Los Traquetos« genannt. Immer mehr junge Drogenschmuggler drängen auf den Markt. »Was wir sehen, ist eine Revolution unter dem Mittelklassekommando. Jeder hat seine eigene Gruppe, jeder will mehr Autonomie«, beschwert sich einer vom alten Establishment des Cali-Kartells. »Bisher haben sechs Leute hunderte Millionen von Dollars verdient. Jetzt haben wir hunderte Leute, von denen jeder eine Million macht.« Inzwischen werden in ganz Kolumbien die

»Alten« durch eine neue Drogenschmugglergeneration ersetzt. Die »Alten« sind entweder verhaftet oder haben sich ins ausländische Exil zurückgezogen. Die »Neuen« sind noch gewalttätiger, ambitionierter und skrupelloser. »Was die Etablierten nicht wollen, ist, dass ihre Errungenschaften von rücksichtslosen Gruppen ruiniert werden«, hört man immer wieder in Cali.

»Das ist der Todesfluss Kolumbiens«, sagt Gustavo Vargas von der Juristenkommission der Anden, einer Menschenrechtsgruppe. Er meint den Rio Cauca und die Strecke zwischen Cali, Tulua bis Cartago.

Täglich werden in den kleinen Ansiedlungen zwischen Cali und Tulua zwei oder drei Leichen angeschwemmt, Opfer von Drogengangstern, die eine ganze Region terrorisieren. Im Cauca-Tal gibt es zwar seit langem Konflikte zwischen kleinen Bauern und Großgrundbesitzern um Land- und Wasserrechte. Doch seitdem die neuen, reichen Drogenbarone mit ihrer politischen, wirtschaftlichen und militärischen Macht das Feld beherrschen, haben die Querelen eine neue Dimension erreicht. »Sie töten jeden, der ihnen im Wege steht«, erzählen die wenigen, die mit Journalisten reden. Fischer berichten, dass nur ein kleiner Teil der Ermordeten, die täglich den Rio Cauca heruntertreiben, von ihnen geborgen wird. »Wenn wir sie herausholen, können wir uns vorstellen, was mit uns geschehen wird.« Weniger als 20 Prozent der Toten, so die Schätzungen von Polizeibeamten aus Bogotá, werden überhaupt aus dem Cauca gefischt.

Die Beamten, die anschließend versuchen, die Leichen zu identifizieren, werden mit grausamen Tötungsmethoden konfrontiert. Sie berichten, dass die Körper der Opfer, nachdem sie zu Tode gefoltert wurden, aufgeschnitten und mit Steinen gefüllt würden, bevor man sie im Fluss versenke. Damit soll sichergestellt werden, dass die Körper für immer verschwinden. Teilweise werden ihnen sogar die Hände abgehackt, damit bei ihnen, sollte die Leiche trotzdem irgendwann und irgendwo auftauchen, keine Identifizierung durch Fingerabdrücke möglich ist. Die Mörder bleiben so ungeschoren. Ohne Skrupel töten sie Bauern, Gewerkschafter, aber nur selten hohe Politiker. Menschenrechtsorganisationen behaupten immer wieder, dass die Drogenhändler eigene Armeen unterhalten, die große Teile des Landes beherrschen. Sie arbeiten mit lokalen Polizeibehörden und Militärkommandanten zusammen. Mitten im Dschungel haben sie riesige Gokart-Rennbahnen und luxuriöse Erholungseinrichtungen mit gigantischen Swimmingpools errichtet als sichtbare Zeichen des neuen Wohlstands. Um den Drogenhändlern Handlangerdienste zu leisten, werden in den verschiedensten Landesteilen verarmte Jugendliche rekrutiert. Versprochen werden ihnen hohe Löhne, arbeiten müssen sie in Kokain- oder Heroinlabors. Sie haben einen Pakt mit dem Tod geschlossen. Wer in den Verdacht gerät, Polizeiinformant zu sein, oder wer zu viel weiß, wird genauso getötet wie der, der sich weigert, solch schmutzige Arbeit zu verrichten.

In dieser Region, in der solche Massaker zum Alltag gehören, herrschen Drogenhändler, die bislang kaum bekannt sind. Die mächtigste Familie in dieser Todeszone sind die Brüder Urdinola, die in der Nähe des Dorfes El Dovio residieren. Beide sind nicht einmal 30 Jahre alt, besitzen aber schon tausende Hektar Land. Mit Privatflugzeugen suchen sie ihre Kunden auf, in großräumigen Jeeps, begleitet von 20 bis 30 Leibwächtern, fahren sie herum, auch nach Cali hinein. Obwohl es zahlreiche Beweise für ihre Verwicklung in den Drogenhandel gibt, besteht gegen sie keinerlei Haftbefehl. »Die Urdinolas nehmen uns das Wasser weg. Wer dagegen protestiert, wird getötet«, geben die Bauern der Polizei zu Protokoll. Doch die unternimmt nichts.

Die Gangsterkarriere der Gebrüder Urdinola begann, als sie 24 Jahre alt waren. Damals, 1987, arbeiteten sie für Escobars Medillín-Kartell. Zwei Jahre später hatten sie sich als eine autonome Organisation im Gebiet von Cali etabliert: das Drogenimperium Cauca-Tal.

Beide Brüder kontrollieren, gemeinsam mit ihren Verwandten von der Familie Grajales das gesamte nördliche Cauca-Tal im Bereich der Städte Yumbo, Buga und Tulua. Sie sind begierig nach mehr Marktanteilen, haben mit den Alten aus Cali nur noch wenig im Sinn, es sei denn zum Wohle des Geschäfts. In Cali erinnern sich viele noch an einen Vorfall im Februar 1991. An der Placa Rancho Bonaz versuchten die Brüder Sunicaz, den Drogenboss Ivan Urdinola zu erschießen. Die Rache der Urdinolas war grausam. Sie nahmen das Telefonbuch von Cali und erschossen alle mit Nachnamen Sunicaz. Erst 1997 wurden diese Drogenbosse verhaftet, auf Druck der USA.

Zwei aus dieser neuen Generation traf ich in Bogotá. Der eine war Chemiker des Cali-Kartells, der andere »Privatpolizist« in einem Heroinlabor. Dass ich auf sie gestoßen bin, war Zufall. Anlässlich eines Interviewtermins bei der Policia Nacional wartete ich in einer Art Empfangszimmer auf Colonel Alfonso Arejano. Im selben Raum saßen außer mir zwei junge Männer, die sich häufig mit Polizeibeamten unterhielten. Nachdem ich bereits eine Stunde auf Colonel Arejano gewartet hatte, kam ich mit den beiden jungern Männern ins Gespräch. Bereitwillig redeten sie darüber, dass sie die Unterschrift des Chefs brauchten, um sich Geld von der Kasse holen zu können. Sie seien Informanten der Polizei, würden aber immer noch für das Kartell arbeiten. Als wir später den zuständigen Polizeioffizier fragten, ob das nicht etwas seltsam sei, einerseits für die Polizei zu arbeiten, andererseits zum Kartell zu gehören, meinte der lapidar: »Sonst kriegen wir überhaupt keine Informationen.«

Später traf ich mich im Hotel mit den beiden. Der vielleicht 25-jährige Mann, der als Aufpasser in einem Heroinlabor im Cauca-Tal arbeitet, wurde nicht einmal verlegen, als er berichtete, dass er seit seinem 16. Lebensjahr in bislang zehn Kokainlabors tätig war, zwei davon waren in Peru und eines im Amazonasgebiet. »Es claro«, sagte er mit der Selbstverständlichkeit des Abgeklärten, »wir haben damals Leute umgebracht. Aber nicht wie die Sicarios. Das war ja deren Job. Wir waren nur da, um die Sicherheit des Labors zu gewährleisten, waren so etwas wie eine Privatpolizei. Wer uns gefährlich wurde, den haben wir erschossen.«

»Was machst du mit dem vielen Geld, das du verdienst?«

»Ich trinke viel, bin Spieler, veranstalte große Partys, fahre zum

Karneval nach Rio. Fünf Millionen Pesos die Woche gebe ich da aus.« Von einer Sekunde auf die andere wechselte das Gespräch zu einem anderen Thema. »Ich habe bei Gacha gearbeitet, mit ihm Fußball gespielt. Als Gacha von der DEA erschossen wurde, habe ich 42 Millionen Dollar bekommen, um das Geld unter seinen Freunden zu verteilen. Er hatte das ganze Geld in einem Kasten versteckt – in der Erde vergraben.«

Warum er mit dem vielen Geld nicht abgehauen sei, wollte ich wissen. »Das mache ich nicht. Immer ist ein Mann da, um mich zu beschatten. Wo ich bin, werde ich umgebracht werden.«

Inzwischen hat er den Job gewechselt. Jetzt arbeitet er in einem Heroinlabor. »Es ist viel schwieriger, Kokain zu machen. Da muss man immer ein paar Monate bleiben. Mit Opium kann man in mobilen Labors Heroin herstellen. Da kriegen wir viel mehr Geld, und es ist viel sicherer.«

Und sein Kollege, der Chemiker, befragt, ob er beleidigt sei, wenn man ihn als Verbrecher bezeichne, antwortet: »Natürlich. Der Grund ist der, dass ich ja nur als Chemiker arbeite, und daher fühle ich mich wirklich nicht als Verbrecher.«

Das alles ist eine soziale Katastrophe, vor deren Hintergrund Vetternwirtschaft, Korruption und maßlose Bereicherung einer kleinen Elite blühen und zwangsläufig nackte Gewalt entsteht. All das ist sicher der wesentliche Grund dafür, dass die Drogenkartelle nicht zu zerschlagen sind. Im Gegenteil, sie erwachen zu neuem Leben. Jorge Ochoa, einer der Drogenchefs des Medellín-Kartells, ist inzwischen wieder in Freiheit. Er sitzt auf seiner feudalen Ranch und kontrolliert jetzt die sogenannten legalen Geschäfte. Gleichzeitig setzt eine neue internationale Arbeitsteilung ein.

In einer Studie, die vom amerikanischen »Zentrum für Strategische und Internationale Studien« (CSIS) erarbeitet wurde, hatten US-Spezialisten die Aktivitäten der Russenmafia untersucht und sind zu folgendem Ergebnis gekommen: »Die wachsenden Allianzen russischer mit kolumbianischen Verbrechergruppen sind der gefährlichste Trend des Drogenschmuggels in der westlichen Hemisphäre.« Da passt es ins düstere Lagebild, dass ein russischer

Mafioso, Ludwig Feinberg, der Polizei in den USA gerade rechtzeitig ins Netz ging. Er hatte unter anderem mindestens zwei Kampfhubschrauber an das Cali-Kartell verkauft und war dabei, ein U-Boot der Tango-Klasse samt 20-köpfiger Besatzung zu veräußern. Fünf Millionen Dollar wollten die Drogenbosse dafür bezahlen.

Aufschlussreiches über diese Entwicklung liefert ein Bericht der amerikanischen Drogenabwehrbehörde DEA aus dem Jahr 1996, der dem amerikanischen Kongressunterausschuss für internationale Beziehungen vorgelegt wurde: »Zum ersten Mal in der Geschichte der Vereinigten Staaten wird die Kriminalität in den USA durch bestens finanzierte und gut ausgerüstete Organisationen kontrolliert, die ihre Geschäfte vom Ausland aus dirigieren.« Ist es wirklich so einfach, alles nur den fremden, allmächtigen Drogenkartellen in die Schuhe zu schieben? Oder ist nicht viel Wahres an der Kritik, die von Bürgerrechtsgruppen in Kolumbien geäußert wird, derzufolge Drogenkrieg eine wichtige Rolle spielt, um die »Notwendigkeit« militärischer und polizeilicher Kooperation und Einflussnahme auf das Land Kolumbien zu legitimieren. Merkwürdig, dass kein anderes lateinamerikanisches Land so viel Polizei- und Militärhilfe aus den USA erhält. Und das führt zu einem Vorgang, der die Ermittlungsbehörden in Deutschland beschäftigt.

In einem Gefängnis im hessischen Schwalmstadt sitzt seit Juni 1993 der Kolumbianer Roberto Soto Prieto. Von der 30. Strafkammer des Landgerichts Frankfurt/Main wurde er im März 1995 zu neuneinhalb Jahren Haft verurteilt – wegen Drogenhandels. Das ist die eine Seite. Andererseits wurde er 1984 in Kolumbien in einen politischen Skandal um Millionenbeträge, die in dubiose Kanäle geflossen sind, verwickelt. Seitdem versuchte die Regierung in Kolumbien mit verschiedenen Mitteln, seiner habhaft zu werden – offiziell, um eine in Abwesenheit verhängte Strafe zu vollstrecken.

Roberto Soto Prieto war in den Siebziger- und Achtzigerjahren im kolumbianischen Staatsdienst tätig, zuletzt als Staatssekretär im Entwicklungsministerium. Danach vertrat er deutsche Unternehmen wie MBB, Hochtief, Klöckner & Co. und die BHF-Bank in Kolumbien. Wegen seiner Verdienste um die wirtschaftlichen Belange Deutschlands wurde er 1979 von der deutschen Bundesregierung sogar mit dem Bundesverdienstkreuz ausgezeichnet. Seit 1984 lebte er in Wien, wo er eine Handelsfirma gründete. Anfangs war er außerordentlich erfolgreich. Doch als die Märkte in Osteuropa Ende der Achtzigerjahre zusammenbrachen, verzeichnete er plötzlich Verluste in Millionenhöhe.

Dann gab es anscheinend eine Lösung für seine finanziellen Probleme. Im September 1991 suchte ihn ein Deutscher auf, um ein Geschäft in Ungarn zu arrangieren. Beim dritten Treffen schlug er Roberto Soto vor, gegen eine Kommission in Millionenhöhe einen Lieferanten für Kokain aus Kolumbien zu finden. Eine deutsch-italienische Gruppe werde für die ganze Abwicklung sorgen. Alles sei ganz einfach. Man müsse nur das Kokain in einem bestimmten Container mit Kaffee verstecken und nach Deutschland schicken. Soto ging auf das Angebot ein. Er fand einen Kolumbianer, der nach Deutschland kam, um mit den Käufern zu verhandeln. Zweimal wurden die konkret vereinbarten Liefertermine nicht eingehalten. Dabei, so berichtete Soto, scheuten die Käufer keine Mühe, um einen potenten Eindruck zu hinterlassen. Sie verfügten über Privatflugzeuge und Yachten, boten ihm einen deutschen Pass an, zeigten ihm acht Millionen Mark in bar, und man organisierte eine Polizeikontrolle, die er unbehelligt mit seinen Freunden passieren konnte. In Genua traf er beispielsweise in der Lobby des ersten Hotels am Platze zwei Männer namens Klaus und Max und einen sehr gut deutsch sprechenden Italiener. Sie begrüßten Soto Prieto und sagten ihm, er sei ihr Gast. Eine Suite sei bereits für ihn reserviert. Eintragen müsse er sich nicht. Mit einem Lächeln gaben sie ihm zu verstehen, das Hotel gehöre ihnen. Soto Prieto bekam den Schlüssel zu der Suite. Er möge sich frisch machen. Anschließend würden sie sofort zu ihrem Chef fahren. Sie trafen sich nach 15 Minuten erneut in der Lobby und fuhren zum Hafen. Dort, auf einer Yacht, empfing sie der »Chef« Marco – ein großer, spanisch sprechender Italiener, erinnert sich Roberto Soto. Sechs waren von der Organisation, Klaus, Max und Paul, drei Italiener, Marco, Mimo und noch einer und ihr Gast, Soto Prieto. Marco, der Chef der Italiener, wiederholte die bereits bekannte Geschichte mit der Türkei, der Vereinbarung mit anderen Italienern bezüglich genau markierter Territorien, der Größe des Marktes von mehr als 10 Millionen Mark pro Monat und der sicheren Organisation, da sie bereits viele Jahre am Markt präsent seien, ohne größere Probleme. Sie suchten Kontakt zu einem potenziellen kolumbianischen Exporteur, mit dem sie eine langfristige Beziehung eingehen könnten. Er habe Soto Prieto persönlich kennen lernen wollen, denn er mache nur Geschäfte mit Menschen, denen er vorher in die Augen gesehen habe. Beim Smalltalk bot er dem Kolumbianer die Yacht samt Besatzung für die Sommerferien an. Doch das Bild der Harmonie trog: Die Beteiligten waren allesamt Polizeibeamte, die hofften, einen großen Drogendealer auffliegen lassen zu können.

Allerdings klappte es nicht so recht mit dem ersten Lieferanten. Daraufhin reagierten die »Käufer«, das heißt die Beamten des Landeskriminalamts, äußerst ungehalten. Man erklärte Soto Prieto, dass er »Besuch aus Italien« erhalte, wenn er keinen neuen Lieferanten fände. Außerdem sollte er die bis dahin angefallenen Kosten in Höhe von 70 000 DM erstatten. Schließlich trieb Soto einen Lieferanten auf. Da sich jedoch Käufer und Verkäufer nicht über die Vorkasse einigen konnten, vereinbarten sie in Abwesenheit von Soto Prieto eine Probelieferung von 30 Kilogramm Kokain zu 30 000 US-Dollar pro Kilo, um sich gegenseitig kennen zu lernen. Der Verkäufer schickte einige Tage vor Ankunft des Schiffes mit dem Kokain einen Vertrauten, um das Geld entgegenzunehmen. Dann wurden 61 Kilogramm Kokain von Bremen aus nach Frankfurt/Main gebracht. Gleichzeitig erhielt Soto Prieto in Wien einen Anruf, dass er nach Frankfurt kommen solle, um seine Provision zu kassieren. In Erwartung einer Millionenkommission, flog er freudig nach Frankfurt. Kaum hatte er das Geld gesehen, wurde er, am 5. Juni 1993, verhaftet. So weit eine Erfolgsgeschichte im Kampf gegen die Drogen. Oder doch nicht?

In Wirklichkeit, das ergab die Gerichtsverhandlung gegen ihn, handelte es sich um eine Inszenierung des Hessischen Landeskriminalamts, an der sieben verdeckte Ermittler und eine sogenannte Vertrauensperson beteiligt waren. Der Grund für das Landeskriminalamt, sich mit Soto Prieto zu befassen, war ein »vager Verdacht«. Der beruhte darauf, dass ein Geschäftsmann aus Venezuela gegenüber einem verdeckten Ermittler den Namen Soto Prieto erwähnte, jedoch ohne einen konkreten Verdacht zu äußern.

Im Urteil selbst hielten die Richter empört fest: »Hier wird nicht einem Verbrecher das Handwerk gelegt, sondern vielmehr ist hier jemand erst zu einem Handwerk gebracht worden, um es ihm dann zu legen.« Gleichzeitig stellte das Gericht aber auch fest, dass er mit »enormer Eigeninitiative« alles versucht habe, den Handel zustande kommen zu lassen. Mit einem großen »Schlag« gegen die Drogenmafia hatte das alles jedoch nichts zu tun.

Das ist die eine Seite der Geschichte. Die andere ist nicht weniger spannend. Im Oktober 1983 berichtete die kolumbianische Presse, dass der größte Teil der Militärausgaben des Landes außerhalb des Haushalts und der Kontrolle durch den Rechnungshof bestritten würden. Es war ein innen- und außenpolitischer Skandal erster Ordnung. Der Generalstaatsanwalt persönlich nahm die Ermittlungen auf und befahl der Kriminalpolizei, sich herauszuhalten. Er verpflichtete sich gegenüber dem Parlament, den Militärs Korruption nachzuweisen und den Fall ohne Rücksicht auf Personen oder Ämter aufzuklären. Inzwischen hatten die Medien herausgefunden, dass unkontrollierte Kredite in Höhe von insgesamt 500 Millionen US-Dollar vergeben worden waren und das gesamte kolumbianische Establishment seinen Nutzen daraus gezogen hatte. Niemand konnte also ein Interesse an der Aufklärung dieses Skandals haben.

Auslöser der Affäre war ein Beamter, der eine Unstimmigkeit entdeckte und einem ihm befreundeten Journalisten davon erzählte. Es bezog sich konkret auf einen in New York verhandelten und unterschriebenen Kreditvertrag zwischen Kolumbien und der Chase Manhattan Bank in Höhe von 42 Millionen US-Dollar für militärische Ausrüstung. Im Gegensatz zu normalen Krediten wurde der Betrag jedoch nicht in den normalen Staatshaushalt eingestellt, sondern unter Umgehung üblicher haushaltsrechtlicher Kontrollen auf ein geheimes Konto bei der Chase Manhattan Bank in London einbezahlt. »Dann wanderte es nach New York, von dort auf ein Konto von Russel in Zürich. Aufgrund der Umstände und des angeblichen Verwendungszwecks für den Kredit – Aufrüstung der nationalen Streitkräfte und Polizei – wurde in der kolumbianischen Presse vermutet, dass es Gelder waren, die der illegalen Beschaffung von Kriegswaffen durch Kolumbien dienten und damit Kriegswaffen nach Argentinien verkauft wurden.«[45]

Und nun kommt Roberto Soto Prieto ins Spiel. Er hatte als Repräsentant einer deutschen Bank in Kolumbien zur gleichen Zeit einen identischen Kreditvertrag über 21 Millionen US-Dollar ausgehandelt und unterschrieben. Soto Prieto wurde nun zum Verdächtigen, indem man ihn mit dem Vertrag der Chase Manhattan Bank dadurch in Verbindung brachte, dass man behauptete, er habe von den Verhandlungen, dem Vertragstext, dem Kreditvolumen und weiteren Details gewusst. Die Anklage in Bogotá gegen ihn nannte als Beweis den identischen Vertrag mit einer deutschen Bank, sein Fachwissen und seine Sprachkenntnisse. Soto Prieto wurde zum »Gehirn« der Transaktion und eine internationale Fahndung gegen ihn eingeleitet. In Wien, wo er sich inzwischen niedergelassen hatte, wurde er kurzfristig verhaftet und sollte nach dem Willen der kolumbianischen Regierung ausgeliefert werden. Doch am 5. Dezember 1985 entschied das Oberlandesgericht Wien: »Zusammenfassend kann davon ausgegangen werden, dass die in den Artikeln 3 und 6 der Menschenrechtskonvention geforderten Voraussetzungen eines ›fair trial‹, bezogen auf dieses Verfahren, wegen des eminenten Interesses der kolumbianischen Öffentlichkeit, einen prominenten und potenten Täter überführen zu können, nicht mehr garantiert sind.« Unterdessen wurde in Bogotá der Prozess gegen mutmaßliche Beteiligte an dem Millionenskandal weitergeführt, auch gegen Roberto Soto Prieto. Die einzige belastende Aussage gegen ihn war die eines Dokumentenvermittlers aus dem Finanzministerium. Dokumentenvermittler sind Personen, die für den Petenten Botengänge in

Ämtern erledigen. Dieser Dokumentenvermittler sagte aus, er wisse, dass Roberto Soto das Gehirn des Ganzen sei.

Auf die Frage, woher er sein Wissen habe, antwortete der Zeuge, »der Generalstaatsanwalt habe es ihm bei seiner Verhaftung gesagt«. In Abwesenheit wurden der amerikanische Unternehmer Russel und Roberto Soto Prieto in Bogotá trotzdem verurteilt, obwohl Russel aussagte, dass er Roberto Soto Prieto überhaupt nicht kenne. Das Urteil lautete auf sieben Jahre Gefängnis.

Dann folgen Merkwürdigkeiten. Der Beamte, der die Unstimmigkeit in der Kontoführung herausfand und einem befreundeten Journalisten davon erzählte, kam am 21. Dezember 1983 bei einem Autounfall unter dubiosen Umständen ums Leben. Einen Monat später, am 23. Januar 1984, wurde der stellvertretende Leiter der kolumbianischen Nationalbank, aus der angeblich die gefälschten Texte abgesandt worden waren, in einem Hotel in Bogotá tot aufgefunden – Selbstmord. Presseberichten war jedoch zu entnehmen, dass keine Waffe gefunden worden und eine Untersuchung des Leichnams auf Schmauchspuren negativ verlaufen war.

Der Pflichtverteidiger des amerikanischen Unternehmers Russel fand den Tod, nachdem er in seiner Wohnung die Treppe heruntergefallen war.

Am 15. Februar 1984 verstarb auch der Privatsekretär des Generalstaatsanwalts, der mit den Ermittlungen teilweise betraut war und diese in London und Zürich geführt hatte. Angeblich durch Selbstmord, im Büro der Staatsanwaltschaft.

Bei einem Unglücksfall kam Juan de la Cruz Lara, ein Vertreter des kolumbianischen Militärs, der den Deal mit Russel abschloss, ums Leben. Unfallursache war ein unbeabsichtigter Schuss aus der Dienstwaffe eines Kriminalbeamten.

Tot ist inzwischen ebenfalls José Antonio Varga Rios, ein kolumbianischer Parlamentsabgeordneter. Varga Rios war vom kolumbianischen Parlament mit einer unabhängigen Untersuchung des Falles betraut worden und hatte sowohl die Banken in London, Zürich und Panama aufgesucht als auch ein langes Gespräch mit Soto Prieto in Wien geführt. Er wurde einen Tag, bevor er seinen Bericht dem Parlament übergeben konnte, mit 21 Messerstichen niedergemetzelt. Vor der Abgabe seines Berichts im Parlament hatte er jedoch bereits der Presse mitgeteilt, dass dieser gegenüber den Erklärungen der Generalstaatsanwaltschaft »große Überraschungen« enthalten werde. Es bestehe auch keine Verbindung zwischen dem Fall und Soto Prieto. Der Bericht selbst wurde in seiner Wohnung nicht mehr aufgefunden, die dazugehörigen Unterlagen waren ebenfalls verschwunden. Er hatte jedoch bereits zuvor eine Erklärung abgegeben, wonach Roberto Soto Prieto nichts mit dem Skandal um die Millionengelder des Militärs zu tun habe. »In unserer Untersuchung, die als vorläufig bezeichnet werden kann, hat es zu keinem Zeitpunkt einen Hinweis auf Roberto Soto gegeben.«

Ein mit einem Angeklagten des Prozesses befreundeter Kriminalkommissar, der diesen entlastete, wurde in aller Öffentlichkeit von einem Mitglied der Sicherheitsbehörden »versehentlich« erschossen. So weit die Umstände um die dubiosen Vorgänge um das kolumbianische Militär, die bis zum heutigen Tag nicht aufgeklärt sind.

Roberto Soto Prieto bangte lange Zeit in seiner Gefängniszelle in Schwalmstadt. Denn er sollte nach Kolumbien ausgewiesen werden. Das könnte für ihn den Tod bedeuten. Der Verdacht drängt sich auf, dass dann das Beiseiteschaffen von Millionen-Dollar-Krediten zugunsten des kolumbianischen Militärs endgültig vertuscht wird. Und vielleicht deshalb ist er auch in die Falle mit dem Drogendeal getappt. War das Hessische Landeskriminalamt daher unwissentlich Erfüllungsgehilfe jener Kreise in Kolumbien, die bis heute alles daransetzen, um die illegalen Geldtransaktionen an das Militär zu verschleiern?

8. Gerechter Feldzug gegen einen Drogenregierungschef?

Panama ist ein kleiner mittelamerikanischer Staat mit knapp 2,6 Millionen Einwohnern. Schaut nach Panama, wird der Optimist argumentieren: Dort haben die USA sogar einen der größten Drogendealer, General Manuel Noriega, durch einen Militärcoup gestürzt, gefangen genommen und ihn anschließend auf eigenem Territorium zu einer 40-jährigen Haftstrafe verurteilt. Daran kann man ermessen, wie wichtig den Vereinigten Staaten der Kampf gegen die Drogenmafia ist. Ist es wirklich so einfach?

Am 19. Dezember 1989 begann die »Operation Gerechte Sache«, der Angriff gegen einen der größten Drogenhändler in Regierungsfunktion, Manuel Noriega. Alle zehn Minuten starteten US-Militärflugzeuge von ihrer Heimatbasis aus in Richtung Panama. Am nächsten Tag erschütterten Explosionen die Hauptstadt Panama City, mindestens 500 Menschen kamen im Bombenhagel um, zehntausende wurden obdachlos. Ein Jahr nach der Invasion stieg die Arbeitslosigkeit auf über 25 Prozent. Ein Krieg für eine gerechte Sache?

Am 3. Januar 1990 wurde Noriega, dem es anfangs gelang zu fliehen, dem amerikanischen Militär übergeben und unter großem Medienrummel nach Miami transportiert. Hier sollte ihm der Prozess gemacht werden. Wie sich die Zeiten ändern beziehungsweise wie politische Großwetterlagen einstige Verbündete zu Feinden machen – Noriega ist ein gutes Beispiel dafür.

Über ein Jahrzehnt war er ein sonders guter Freund der US-Regierung, arbeitete mit der CIA aufs Engste zusammen – obwohl bereits im Jahr 1971 die US-Drogenbehörden »konkrete Beweise« dafür hatten, dass der General mitsamt seinen Schergen tief in

Drogengeschäfte und Geldwäsche verstrickt war. Noriega war zu wichtig für die USA, als dass ihm etwas geschehen durfte. Planmäßig baute Noriega, wegen seines vernarbten Gesichts auch »Ananasgesicht« genannt, das kleine Land, dessen legale Wirtschaft hauptsächlich auf den Gebühren für die Schiffspassagen durch den Panamakanal beruht, mit Duldung und Förderung der US-Regierung in den Siebzigerjahren zu einem sicheren Hafen für die Bosse der internationalen Drogenkartelle aus. Einerseits wurden über Panama die Drogen in die USA geliefert, andererseits mittels panamesischer Banken die schmutzigen Gelder gewaschen – ein idealer Stützpunkt also.

US-Regierungsstellen, einschließlich dem damaligen CIA-Direktor William Wester und verschiedener DEA-Agenten, waren von ihrem politischen Verbündeten gegen die »kommunistische Gefahr« in Mittelamerika so angetan, dass sie ihm Lobesbriefe für seinen Kampf gegen die Drogenkartelle ausstellten. Die meiste Zeit war der 1983 zum Kommandeur der Nationalgarde aufgestiegene Drogenhändler also ein treuer Vasall der Vereinigten Staaten gewesen. Sogar die DEA attestierte ihm noch 1987, dass er ein »wichtiger Partner« sei, um die Geldwäsche wirkungsvoll zu bekämpfen. Wirkungsvoll erfüllte er lediglich die einzige Forderung, die jede US-Regierung an den jeweiligen Herrn des Landes gestellt hatte: Sicherheit für den Panamakanal. Aus diesem Grund erwartete die US-Regierung von Panama ein proamerikanisches, stabiles politisches System, das keine Einwände dagegen erhob, dass ein Kontingent von 10 000 Mann US-Streitkräften ständig auf Stützpunkten am Kanal stationiert war. So lange dieser Vertrag eingehalten wurde, übersahen die USA, wie es schien, alle anderen Sünden.

Doch dann machte die von einem US-Richter gegen Noriega erhobene Anklage deutlich, dass diese Vereinbarung nicht mehr galt. Bis dahin hatten die Vereinigten Staaten beide Augen zugedrückt, obwohl Noriegas Drogengeschäfte längst bekannt waren. Warum jetzt dieser Gesinnungswandel? Im Jahr 1988 konnte er nicht mehr für ein politisch stabiles Panama garantieren. Er hatte die Kontrolle über die Opposition in seinem Land verloren. Bereits 1987 musste die Polizei gegen gewalttätige Demonstranten vorgehen, und 1988 herrschte auf einmal in den USA Einigkeit darüber, dass Noriega ein korrupter Politiker, ein Drogenhändler und Dieb sei. Im Februar 1988 erhob US-Staatsanwalt Leon Kellner Anklage wegen »Verbrechen in Verbindung mit Drogen« in zwölf Fällen, die bis 1982 zurückreichten, gegen den Diktator. »Manuel Noriega und bewährte Mitarbeiter von ihm konnten den Drogenhändlern garantieren, dass Militär, Zoll, Justiz und Polizei nichts gegen ihre Tätigkeit in Panama unternehmen, solange sie Gebühren in beträchtlicher Höhe zahlten – an Manuel Noriega.« Der Anklage zufolge verschaffte Noriega den Drogenkartellmitgliedern eine sichere Zuflucht, gestattete ihnen die Einrichtung eines Drogenlabors in Panama, half ihnen, Kokain in die Vereinigten Staaten zu schmuggeln, und unterstützte sie bei der Beschaffung von Äther und Aceton für den Laborbetrieb. Aber, wie gesagt, es waren Anklagepunkte, die bereits seit Anfang der Achtzigerjahre bestanden, ohne dass jemals eine US-Regierungsstelle an den Machenschaften Anstoß genommen hatte. Gleichzeitig vernahm ein Untersuchungsausschuss für auswärtige Beziehungen im amerikanischen Senat einen Schwarm von Zeugen zu Panama und Mittelamerika. Darunter waren frühere Diplomaten und Offiziere, ehemalige Noriega-Vertraute, umgedrehte Drogenhändler und Geldwäscher. »Der Kampf gegen den Schmuggel von Rauschgift in die Vereinigten Staaten ist für unsere Außenpolitik immer nur eine zweitrangige Angelegenheit gewesen«, erklärte der demokratische Senator John Kerry, der Vorsitzende der Anhörung. »Er wurde wiederholt anderen politischen Zielen geopfert.« Mehrere der früheren Drogengangster, die zu Informanten geworden waren, sagten nämlich aus, dass die von den USA unterstützten Contras ihren Kampf gegen Nicaraguas Sandinisten zeitweise mit Geld vom Drogenkartell finanziert hätten.

Drei Wochen vor der Klageerhebung des US-Richters forderte der damalige US-Außenminister George Shultz öffentlich, dass Noriega zurücktreten müsse. Sein Nutzen als Wahrer der US-Interessen in Panama schwand dahin. Brüsk ließ die US-Regierung ihn jedoch erst fallen, als sie entdeckte, dass ihr einstiger Verbündeter mit Feinden der USA, den Kubanern und Sandinisten, enge nachrichtendienstliche und politische Verbindungen eingegangen war. Das durfte man sich nicht bieten lassen. Und was bietet sich besser als Tarnung für den Sturz eines Diktators an, als hehre Ziele vorzugeben, wie etwa den Kampf gegen die Drogen.

In einem Interview mit CNN beschuldigte Noriega nach seiner Verhaftung den ehemaligen Präsidenten George Bush, dass er geopfert worden sei, »damit nicht die dreckigen Geschäfte, die Bush durchführte, bekannt werden. Sie flogen Waffen zu den Contras und zurück kamen sie mit Drogen für die USA«. Zur Erinnerung: Die Iran-Contra-Affäre betraf zwei geheime Operationen der damaligen Reagan-Regierung, die vom Nationalen Sicherheitsrat koordiniert wurden. Bei der »Iran-Operation« ging es in den Jahren 1985 und 1986 darum, amerikanische Geiseln, die im Iran beziehungsweise Nahen Osten festgehalten wurden, durch den Verkauf von US-Waffen an den Iran freizubekommen, obwohl es ein Waffenembargo gab. Die »Contra-Operation« in den Jahren 1984 bis 1986 beinhaltete die geheime Unterstützung der Contra-Militärs und paramilitärischen Einheiten, die gegen die sandinistische Regierung in Nicaragua kämpften, entgegen dem Verbot des US-Kongresses für derartige Hilfeleistungen. In beiden Fällen wurden amerikanische Gesetze sozusagen von Amts wegen gebrochen. Über die Hintergründe schrieb der Ex-DEA-Agent Michael Levine: »Über ein Jahrzehnt haben die CIA, das Pentagon und geheime Organisationen wie das Unternehmen von Oliver North die größten Drogenhändler der Welt unterstützt und geschützt. Die Contras und einige ihrer zentralamerikanischen Verbündeten haben, wie es in der DEA auch dokumentiert wurde, zuletzt 50 Prozent des nationalen Kokainverbrauchs in den USA geliefert. Der Rest der Drogenlieferungen kam von anderen, CIA-unterstützten Gruppen wie Manuel Noriega.«[46] Die Frage, ob Noriega während seiner Amtszeit von der CIA bezahlt worden war, kam während des Prozesses gegen ihn nur kurz zur Sprache. Der Staatsanwalt berichtete, dass Noriega lediglich 160 000 US-Dollar von der CIA erhalten habe, ein ähnlich hoher Betrag sei von der US-Armee bezahlt worden. Als der Anwalt von Noriega hingegen davon sprach, dass das Millionenvermögen seines Klienten nicht aus dem Drogenhandel stamme, sondern aus Zahlungen der US-Regierung, blieb die öffentliche Empörung aus.

US-Präsident George Bush erachtete Noriegas Verhaftung als einen »wichtigen Sieg über die Drogenbarone«. Das verkündete er im April 1992, nachdem Noriega als erster Regierungschef eines »unabhängigen« Staates vor ein Gericht der Vereinigten Staaten gestellt und letztlich zu 40 Jahren Gefängnis verurteilt worden war. »Ich hoffe«, so Bush, »dass es eine Lehre für die Drogenbarone hier und in der ganzen Welt ist. Sie werden einen Preis zu zahlen haben, wenn sie weiter unsere Kinder in diesem Land und anderswo vergiften.« Wer kann ihm da widersprechen?

Aber die in das Netzwerk von Noriega eingebundenen anderen Drogenbarone haben natürlich eine andere Lehre aus den Worten Bushs gezogen. Welchen Profit ziehe ich persönlich aus diesem Kampf gegen die Drogen? Um Noriega zu verurteilen, brauchte die Staatsanwaltschaft bekanntlich Zeugen. Deshalb kooperierte sie mit den wichtigsten und größten Drogenhändlern, die eng mit Noriega verbunden waren, um ihn verurteilen zu können. Man gewährte ihnen Immunität vor Strafverfolgung, bezahlte sie geradezu fürstlich als Gegenleistung dafür, dass sie Noriega im Prozess belasteten. Die meisten dieser bereits seit einiger Zeit in US-Gefängnissen einsitzenden Kronzeugen verließen das Gefängnis nach der Verurteilung von Manuel Noriega als freie Männer und – was sie besonders freute – nicht weniger vermögend als zuvor.

Deshalb stellt sich die Frage, was die US-Regierung gewann und was sie verlor, um ihren Ex-Günstling hinter Gitter zu bringen, ihn auszuschalten.

Unter den Kronzeugen befand sich zum Beispiel Amjad Awan, ein Banker der berüchtigten Bank for Credit and Commerce International, BCCI, die spöttisch auch Bank of Crooks and Criminal International (etwa: Bank der Betrüger und internationalen Kriminellen) genannt wird. Sie agierte in 73 Nationen, von A wie Argentinien bis V wie Vereinigte Staaten von Amerika. Über dieses »Geldinstitut« liefen Bestechungsgelder an führende Politiker, genauso wie eine Unzahl von Drogen- und Waffengeschäften. Gegründet wurde es 1972 von einem pakistanischen Banker zusammen mit dem ehemaligen Chef des saudischen Geheimdiensts. »An den Aktivitäten der Bank waren Terroristen der Abu-Nidal-Gruppe, die CIA, die Geheimdienste Saudi-Arabiens und Pakistans beteiligt. Die Bank beschäftigte sich im Schwerpunkt mit den Geldtransaktionen von rund 3000 Drogen- und Waffenhändlern, Terroristen und Geldwäschern.«[47]

Amjad Awan bekleidete in diesem Etablissement keinen unbedeutenden Posten. Er war verantwortlich für die Geldwäsche des kolumbianischen Medellín-Kartells. Deshalb drohten ihm in den USA 200 Jahre Gefängnis. Seine Strafe wurde auf zwölf Jahre reduziert, weil er gegen Noriega aussagte.

Cesar Cura, ein Gangmitglied des Medellín-Kartells, hätte wegen des Verkaufs von 750 Kilogramm Kokain und 400 Kilogramm Marihuana eigentlich für 150 Jahre hinter Gittern verschwinden müssen. Nach seiner belastenden Aussage gegen Noriega war er ein freier Mann. Noriegas Pilot, Floyd Carlton Canceres, ein ehemaliger Major der panamesischen Luftwaffe und Besitzer einer Air-Chartergesellschaft, avancierte unter Noriegas Fittichen Anfang der Achtzigerjahre zu einem der größten Transporteure von Kokain. Carlton gab gegenüber der Polizei zu, dass er 1000 Kilogramm Kokain im Wert von 25 Millionen Dollar verteilt habe, und musste mit einer lebenslänglichen Gefängnisstrafe rechnen. Nachdem er sich bereit erklärte, als Zeuge gegen Noriega auszusagen, kam er mit zwei Jahren Haft davon, die auf drei Jahre zur Bewährung ausgesetzt wurden. Er wurde, zusammen mit 20 Familienangehörigen, einschließlich eines Babysitters, ins Zeugenschutzprogramm aufgenommen. Zusätzlich erhielt er 211 681 Dollar plus Lebenshaltungskosten und durfte sein gesamtes Vermögen behalten. Ein prima Geschäft für den Drogendealer.

Brian Davidow, einem Schmuggler, der 1000 Kilogramm Kokain im Wert von 25 Millionen Dollar verkauft hatte, drohte eine 55-jährige Gefängnisstrafe. Als er über seine Verbindungen gegen Noriega auspackte, wurde er ins Zeugenschutzprogramm aufgenommen, blieb gerade mal zwei Jahre und neun Monate hinter

Gittern. Seines durch Drogenhandel erwirtschafteten Vermögens durfte er sich weiterhin erfreuen.

Luis del Cid, einer von Noriegas engsten Mitarbeitern, wusch Millionen von Drogengeldern für seinen Chef. Nachdem er als Zeuge gegen seinen Ex-Boss aufgetreten war, wurde er freigelassen, sein Vermögen aus dem Drogenhandel blieb unangetastet.

Eduardo Pardo war einer der Piloten, die vor dem »Iran-Contra«-Ausschuss aussagten, dass er mit Kokainladungen in die USA zurückgeflogen sei. Seine Aussage gegen Noriega wurde belohnt: mit einer Gefängnisstrafe von lediglich 19 Monaten und damit, dass ihm sein Vermögen erhalten blieb.

Ein anderer großer Drogenhändler, der sich als Zeuge gegen Noriega zur Verfügung stellte, war Enrique Pretelt, der über Noriegas Geldwäscheoperationen und seine Tarnfirmen Auskunft gab. Ihm selbst hätten 35 Jahre Gefängnis gedroht. Verurteilt wurde er zu zwei Jahren. Auch sein Eigentum wurde nicht konfisziert.

Lange blieb es um Noriega ruhig. Im Frühjahr 1996 meldeten sich seine Anwälte wieder zu Wort und verlangten eine Neuaufnahme des Verfahrens. Der Grund war, dass ein wichtiger Belastungszeuge insgesamt 1,2 Millionen Dollar vom Cali-Kartell erhalten hatte, um Noriega zu belasten. Es war Ricardo Bilonik, ein enger Freund von Noriega. Der ehemalige panamesische Diplomat und Besitzer eines Flugzeugs hatte mit Billigung Noriegas tonnenweise Kokain von Panama in die USA geschmuggelt. Es waren, so die Ermittlungsbehörden, 20 000 Kilogramm im Wert von 400 Millionen Dollar. Dafür hätte er mit einer Gefängnisstrafe von 60 Jahren rechnen müssen. Im Austausch für seine Aussage gegen Noriega wurde ihm das Versprechen gegeben, dass er und seine Familie in den Vereinigten Staaten leben könnten und ihr gesamtes Drogengeld behalten dürften. Lediglich drei Jahre musste er ins Gefängnis. Inzwischen hat er sich, wieder in Freiheit, zu einem angesehenen Unternehmer gemausert.

Doch sorgte die Verhaftung von Noriega wirklich dafür, dass nun ehrliche Politiker in Panama regieren, die nichts mit dem Drogenhandel zu tun haben?

»Ironischerweise stieg der Drogenverkehr durch Panama nach der US-Invasion.«[48] Der erste, von den USA eingesetzte Interimspräsident Guillermo Endera hatte ganz sicher keine weiße Weste. Er war Besitzer einer Bank, die selbst in Geldwäscheoperationen verwickelt war. Auch sein Nachfolger hatte Verbindungen zu den Drogenkartellen. Diese hatten bereits im Frühjahr 1991 Panama wieder zum Zentrum ihrer Drogenschiebereien auserkoren. Nach der ersten freien Präsidentschafts- und Parlamentswahl im Mai 1994 übernahm Ernesto Pérez Balladares am 1. September 1995 das Präsidentenamt. In seiner Antrittserklärung sprach er davon, dass er sich für eine Politik der nationalen Aussöhnung einsetzen, die Ära des Ex-Diktators Noriega abschließen, eine von politischen Einflüssen freie Justiz aufbauen und den Drogenhandel und die Geldwäsche bekämpfen werde.

Ein Jahr später kam es zum Eklat. Es stellte sich heraus, dass einflussreiche Mitglieder seiner Partei, der »Demokratischen Revolutionären Partei« (PRD), laut Angaben von US-Behörden weiter in den Drogenhandel und die Geldwäsche verstrickt waren. Dann geriet der Präsident selbst ins Fadenkreuz. Dubiose Verbindungen wurden bekannt, nachdem im Frühjahr 1996 die »Agro-Industrial and Commercial Bank« in Panama zusammenbrach, mit einem Defizit von 50 Millionen Dollar.

Die Bank, so stellte sich heraus, fungierte als eines der wichtigsten panamesischen Geldwäscheunternehmen. Vizepräsident der Bank war der Chefspendensammler für den Präsidenten und das Verbindungsglied zwischen Partei und der Wirtschaft. Und größter Aktienbesitzer der Bank war der Botschafter Panamas in den Vereinigten Staaten. Bereits während Noriegas Regierungszeit wurde der Bankvize als Teil einer kleinen Gruppe von Bürgern bezeichnet, die in enger Verbindung zu Noriega standen. Doch nichts wurde gegen ihn unternommen – im Gegenteil. Als Pérez Balladares sein Amt übernahm, ernannte er ihn zum Vorsitzenden der Zentralbank von Panama.

Er war nicht der Einzige, der den Wahlkampf des neuen Regierungschefs finanzierte. Ein weiterer Freund des Präsidenten ist José Castillon Henao. Er stellte dessen Wahlkampagne 51 000

Dollar zur Verfügung. Seine Firma »Fuji Investments« entpuppte sich als Tarngesellschaft für Drogengeschäfte. »Sie sagen«, kritisieren panamaische Bürger, »dass es einen Wechsel gegeben hat. Aber in Wahrheit ist es die gleiche Bande – sie hat nur ein anderes Gesicht.« Doch diesmal fühlt sich der große Nachbar im Norden nicht durch dieses Gesicht gestört.

9. Turbulenzen auf der Voodoo-Insel

Haiti unter dem Regime des Diktators François Duvalier, »Papa Doc«, und seines Sohnes und Nachfolgers Jean-Claude, »Baby Doc« – es war eine blutige Epoche, in der die Menschen von Gewalt traumatisiert waren. Während der Regierungszeit von Ronald Reagan und George Bush war Haiti ein umschwärmter Verbündeter. Das Land entwickelte sich zu einem begehrten »Outsourcing«-Stützpunkt. Arbeitskräfte produzierten dort zu Hungerlöhnen, das heißt kostengünstig für große US-Firmen, Elektronik, Textilien und andere Artikel, die in die USA reexportiert wurden. Angesichts der Profite nahm man es hin, dass unter der Knute der Duvaliers mindestens 30 000 Menschen ihr Leben verloren und die Diktatoren im Drogengeschäft Millionen verdienten. Die Bilder ihrer Schergen, der »Tonton Macoutes«, der Männer mit den schwarzen Sonnenbrillen, gingen durch die Welt. Die Duvalier-Diktatur, die das Volk in bittere Armut stieß, endete im Februar 1986, als Baby Doc in einem Jet der US-Luftwaffe nach Frankreich ausgeflogen wurde. Da lebt er seitdem im luxuriösen Exil in der Nähe von Nizza.

Das Militär und die Geheimpolizei übernahmen nun die Macht. Umgehend erhielten sie von der US-Regierung 500 000 Dollar zur »Aufstandsbekämpfung«. Oppositionelle wurden weiter verfolgt, ermordet oder ins Exil vertrieben, mehr als während der Duvalier-Ära. Und ein Geschäftszweig boomte jetzt erst richtig: Der Drogenhandel, so geheime Berichte der DEA, wurde demnach von der haitianischen Armee gefördert. Geheim blieben diese Berichte, weil die Soldateska von Haiti aus amerikanischer Sicht nichts mit dem Drogenhandel zu tun haben durfte, sie war vielmehr Garant für das herrschende System. »Ganze Sektionen der Armee arbeiten Hand in Hand mit den in Haiti lebenden Kolumbianern zusammen.«[49] Kleine kolumbianische Flugzeuge flogen so häufig Haiti an, dass die einheimischen Bauern sie als »Air-Franc-Flüge« bezeichneten.

Doch dann betrat ein charismatischer Priester die Bühne, der 1953 geborene Jean-Bertrand Aristide. Bereits kurz nach dem Sturz von »Baby Doc« Duvalier organisierte er, der zuvor in einem der ärmsten Ghettos arbeitete, einen Erinnerungsmarsch zum Fort Dimanche, dem berüchtigsten Gefängnis des Diktators. Er wollte an die zehntausende Gefangenen erinnern, die hinter den dicken Kerkermauern erstochen, erschossen und gehängt wurden. Als seine Predigten über den Sender Radio Soleil, die Radiostation der katholischen Kirche, an politischer Brisanz zunahmen, wurde er wie alle anderen Oppositionellen verfolgt und schließlich aus der Kirchenhierarchie ausgeschlossen. Seine Stimme im Radio Soleil verstummte. Verehrt wurde er jedoch weiterhin von den einfachen Menschen.

Angesichts der anhaltenden Massendemonstrationen gegen das Militärregime und nachdem die erste freie Wahl am 29. November 1987 von den Militärs sabotiert wurde, überzeugte die US-Regierung ihren Verbündeten, 1990 eine Präsidentschaftswahl abzuhalten. Doch nicht der mit viel Geld von den USA unterstützte Kandidat Marc Bazin, ein ehemaliger hoher Angestellter der Weltbank, wurde am 16. Dezember 1990 gewählt, sondern der Priester Aristide. Er siegte mit überwältigender Mehrheit. Da halfen auch die geheimen Geldtransfers der CIA an ihren Protegé Bazin nichts.

Viele US-Politiker befürchteten nun, dass der neue Präsident eine für sie nicht akzeptable Form der wirtschaftlichen Unabhängigkeit Haitis von den USA durchsetzen werde, die deren Interessen in der Region widersprächen. Also kein Labor für billige Arbeitskräfte mehr und keine günstigen Investitionen, wie es doch so schön unter den vorherigen Machthabern funktionierte.

Erschwerend kam hinzu, dass Aristide die bis dahin praktizierte US-Politik gegenüber Haiti heftig kritisierte. Sie habe »die Institutionen der Repression unterstützt und die Ausbeutung der Volkswirtschaft gefördert«, klagte er. Besonders missfiel der US-Regierung, dass Aristide ein überzeugter Vertreter der katholischen Befreiungstheologie war. Diese wiederum galt Washington seit langem als ein Werk des kommunistischen Teufels, bedrohte dadurch die arg gefährdete nationale Sicherheit der USA.

Was hatte das aber alles mit dem internationalen Drogenhandel zu tun?

Während der Siebziger- und Achtzigerjahre war Haiti ein wichtiger Umschlagplatz für kolumbianische Kokaintransaktionen, insbesondere durch das Cali-Kartell. Die Militärjunta war dabei intensiv in diesen illegalen Drogenhandel verwickelt und mitverantwortlich dafür, dass jährlich 50 Tonnen Kokain aus Kolumbien in die USA geschmuggelt wurden. Und das, obwohl die US-Regierung 1987, nachdem das haitianische Militär eine freie Wahl blutig verhinderte, ihre bis dahin geleistete Unterstützung offiziell beendete. Die einzige Kooperation auf Regierungsebene im Kampf gegen die Drogen war sowieso eine flexible Handhabung von Kontakten auch auf anderen Gebieten. Berichte der DEA bestätigen, dass gerade die hohen Angehörigen des Militärapparats jährlich eine Milliarde Dollar durch die Drogengeschäfte verdienten. Das Ergebnis: Die Insel entwickelte sich unter den Augen der allmächtigen Supermacht zum zweitwichtigsten Kokaintransfergebiet – nach den Bahamas. Die Wahl des neuen Präsidenten markierte einen Einschnitt.

Die Austrocknung des Drogensumpfs war zweifellos eines der wichtigsten Ziele der neuen Regierung Aristide. Und prompt stößt man in diesem Zusammenhang auf die Spuren von Nachrichtendiensten und die Verstrickung amerikanischer Dienststellen. Denn eine wichtige Rolle im Drogengeschäft spielte ein mysteriöser »Nationaler Nachrichtendienst Haitis«, SIN. Aristide wusste anfangs nicht, wie er mit dieser Organisation verfahren sollte, deren führende Mitglieder enge Beziehungen in die USA unterhielten. Für ihn war es unvorstellbar, dass es sich bei diesem Nachrichtendienst um ein Produkt der amerikanischen CIA gehandelt habe. Aber selbst nach Berichten der amerikanischen

Drogenabwehrbehörde DEA aus dem Jahr 1992 war die SIN ein »geheimer Drogennachrichtendienst«, der häufig mit der CIA zusammenarbeitet«. Das gab jedenfalls der DEA-Agent Tony Greco zu Protokoll.

Als ein SIN-Offizier verhaftet wurde, weil er Interna ausgeplaudert hatte, erhielt er in der US-Botschaft Todesdrohungen. Blitzartig musste er das Land verlassen. SIN, aufgebaut gegen den Kokainhandel, deren Mitglieder von der CIA trainiert wurden, bot den USA die Möglichkeit, über ein willfähriges Instrument der Kontrolle in Haiti zu verfügen. Dass SIN darüber hinaus zu einem Gehilfen des politischen Terrors verkam, nahm man – wie so oft – hin. War der Feind doch Aristide.

Einer der wichtigsten Berater des neuen Präsidenten war Patrick Elie, Besitzer eines privaten Consultingunternehmens für pharmazeutische Produkte. Er galt als der Architekt des neuen Antidrogenprogramms der Regierung. Nach seinem Plan sollten alle in den Drogenhandel verwickelten Bereiche des Militärs und der Polizei reorganisiert und Besitztümer, die aus Drogengeschäften resultierten, beschlagnahmt werden. Eigentlich müssten auch die amerikanischen Dienststellen ob dieses Vorhabens höchst erfreut gewesen sein.

Patrick Elie erinnert sich noch gut daran, wie er vom Führungsbeamten der CIA in Port-au-Prince zurückgepfiffen wurde, als er ihn über die kriminelle Verstrickung des Militärs und der SIN in den Drogenhandel informieren wollte. »Die CIA sagte mir, dass sie sehr unglücklich darüber sei, dass ihre Kenntnisse, ihre Ausrüstung und ihr Geld nicht für Dinge eingesetzt würden, für die sie eigentlich gedacht waren.«

Der Zweck der Gründung des Geheimdienstes SIN beruhte nämlich darauf, dass er das Drogenunwesen in der Region infiltrieren und bekämpfen sollte. Patrick Elie dazu: »Die SIN hat in enger Kooperation mit der CIA agiert. Diese baute den Dienst auf und finanzierte ihn.« Aber warum deckte dann die CIA die kriminellen Machenschaften der SIN? Diese war in Wirklichkeit eine reine Drogenhändlerorganisation, aus der sich die berüchtigten Todesschwadronen rekrutierten. Die SIN war maßgeblich daran beteiligt, zunächst jene Volksbewegung für Demokratie zu zerschlagen, die Aristide letztlich an die Macht brachte.

Ist die SIN der CIA wirklich aus dem Ruder gelaufen, wie es die Amerikaner behaupten?

Tatsächlich fanden sich nach Antritt der Regierung Aristide zahlreiche hohe Beamte der ehemaligen Junta wegen ihrer Drogengeschäfte im Gefängnis wieder. Sieben Monate war Aristide im Amt, als er am 30. September 1991 von den allmächtigen Militärs und dem Nachrichtendienst gestürzt wurde. Die Putschisten stoppten somit auch das engagierte Vorhaben der Drogenbekämpfung. Nach dem Coup wurden alle diejenigen, die wegen Drogenhandels inhaftiert waren, wieder freigelassen. Dafür musste Aristide ins Exil flüchten, und die Militärs setzten ihre Terrorherrschaft fort. Der Druck war derart massiv, dass jeder Bürger, der nur das Wort Aristide in den Mund nahm, Repressionen riskierte. Weitere 5000 Menschen fielen der Schreckensherrschaft der Militärs und der Geheimpolizei zum Opfer.

Kurz nach dem Putsch wurden Anhänger von Aristide Zeugen einer Funkanweisung, mit der ein bekannter Mann, Michel François, den Flughafen in Port-au-Prince für Drogentransporte freigab. Michel François, der sich nach dem Putsch selbst zum nationalen Polizeichef ernannt hatte, zählte zu den einflussreichsten Juntaangehörigen. Er qualifizierte sich für sein neues Amt unter anderem dadurch, dass er im amerikanischen Trainingslager Fort Benning ausgebildet wurde. Er war ein reicher Mann, besaß eine luxuriöse Villa, für die er 500 000 US-Dollar in bar hingeblättert hatte.

»Ich beobachtete Michel François, den Polizeichef«, erzählt Elie, »wie er direkt die Anweisungen gab, wo die Flugzeuge mit den Drogen landen sollten. Ich informierte sofort die US-Botschaft und sprach mit dem Vertreter der CIA. Ich teilte ihm die Zeit und das Datum der Landung mit. Aber es gab keinerlei Reaktionen.« Gegenüber seinen ehemaligen Freunden übte man eben große Nachsicht. Davon profitierte nicht nur Juntamitglied François, der einem Report des US-Senats zufolge von den kolumbianischen Kartellen jährlich 100 Millionen Dollar kassiert haben soll, sondern auch andere hohe Militärs. Das größte Spielcasino von Port-au-Prince, El Rancho, wurde das Hauptquartier des Cali-Drogenkartells in Haiti. Geschützt wurde das Casino durch den Chef der Kriminalpolizei, der dort sinnigerweise für organisiertes Verbrechen zuständig war.

Als Folge des Putsches gegen Aristide begann ein Massenexodus. Die hoffnungslosen Menschen flüchteten in Scharen mit winzigen Booten über das Meer, Richtung Südflorida. Die Haltung der US-Regierung gegenüber dem abgesetzten Präsidenten war nun durchaus zwiespältig. Im Gegensatz zu allen Berichten von Menschenrechtsorganisationen über die Verfolgung von Oppositionellen in Haiti waren sowohl US-Präsident Bush als auch sein Nachfolger Bill Clinton nicht unbedingt davon überzeugt, dass die Menschenrechte in Haiti massiv verletzt würden. Und dass das Militär vom Drogenhandel profitierte, wurde schlichtweg geleugnet, genauso wie die grausame Realität des Mordens und der willkürlichen Verhaftung Tausender. Dafür wurde gegen Aristide eine Pressekampagne angezettelt mit dem Ziel, ihn zu diskreditieren. Er sei ein »haltloser, kranker Mensch«, hieß es auf einmal. Vorausgegangen war eine entsprechende Aussage des CIA-Analysten Brian Latell vor einem Senatsausschuss. Der CIA-Report bezog sich auf einen angeblichen Aufenthalt Aristides in einem kanadischen Krankenhaus. Als peinlich für Latell erwies es sich, dass Aristide in dem genannten Zeitraum, während dem er sich in besagtem Hospital aufgehalten haben sollte, in Israel studierte. Latell war auch jener CIA-Vertreter, der dem Kongress gegenüber behauptete, dass es keinerlei Beweise für Repressionen in Haiti gebe.

Erst im September 1994 stationierten die USA 15 000 Soldaten auf der Insel. Ziel war, insbesondere aufgrund des internationalen Drucks, die Wiedereinsetzung des gestürzten Präsidenten Jean-Bertrand Aristide und die Wiederherstellung demokratischer Verhältnisse. Armeechef Raoul Cedreas erklärte nach drei Jahren blutiger Militärherrschaft seinen Rücktritt und setzte sich nach Panama ab. Am 15. Oktober 1994 kehrte Präsident Aristide nach Port-au-Prince zurück. Nach seiner Ankunft sprach Aristide vor der Generalversammlung der Vereinten Nationen. Gebannt lauschten die Diplomaten den Anklagen des Präsidenten. Demnach hatte ihn das Militär gestürzt, um sich weiter ungehindert dem Drogenhandel widmen zu können – einem Geschäft, das mit dem kolumbianischen Kartell vereinbart worden war und den Militärs Einnahmen von 200 Millionen Dollar bescherte.

Der zwielichtige Geheimdienst SIN ist inzwischen aufgelöst, Haiti nicht mehr eines der wichtigsten Transitländer für Drogen. Aber nicht etwa, weil sein Präsident der tatkräftigen Unterstützung durch die amerikanischen Behörden sicher sein konnte, sondern weil er und seine Mitstreiter einen mutigen Kampf gegen die von der CIA unterstützten Drogenmilitärs führten.

Blutige Machtkämpfe, ein korrumpiertes politisches System und die Zerstörung einer humanen Gesellschaft – das ist nicht nur die Geschichte von Haiti.

10. Mords-Stimmung im Mariachiland

Mexiko ist als ideales Reiseland in jedem europäischen Prospekt zu finden. Geworben wird mit den Bauwerken der Azteken und der angeblich attraktivsten Stadt Mittelamerikas, Acapulco, mit 250 Sonnentagen im Jahr und kilometerlangen Sandstränden. Das Land übt dank seiner unzähligen Naturschönheiten und Sehenswürdigkeiten eine magische Anziehungskraft aus. Touristen ergötzen sich an der Mariachifolklore, wenn mexikanische Machos mit ihren silberbetressten schwarzen Anzügen, spitzen Stiefeln und breitkrempigen Sombreros zum Klang von Fiedeln, Gitarren und Trompeten ihre schwülstigen Lieder schmettern.

In den Vereinigten Staaten von Mexiko leben etwa 95 Millionen Menschen auf einer Fläche, die so groß ist wie Deutschland, Frankreich, Großbritannien, Italien und Spanien zusammen. 3326 Kilometer lang ist die Grenze zu den USA. Etwa 130 Kilometer östlich der Hauptstadt Mexico City liegt Puebla. Hier wird seit 1964 unter anderem auch der VW-Käfer der ersten Generation für den amerikanischen Markt gebaut – und seit kurzem der neue »Beetle«. Der staatlich festgelegte Mindestlohn von umgerechnet fünf Mark am Tag ist für drei Viertel der Bevölkerung Utopie. Auch wenn die Löhne der VW-Arbeiter mit umgerechnet 400 bis 600 DM deutlich über dem Mindestlohn liegen, können sie sich die Fahrzeuge, die sie herstellen, nicht leisten. Ein Reiseland, ein billiges Reservoir für Arbeitskräfte und massive Menschenrechtsverletzungen – ein Teil der düsteren Realität in Mexiko. Luis Maria Garcia, Redakteur der Tageszeitung *La Tarde*, wurde am Freitag, dem 13. Februar 1998, auf offener Straße ermordet. Der Journalist, Autor zahlreicher Artikel über Korruption in den Reihen der Polizei, hatte an jenem Freitag einen Termin beim Generalstaatsanwalt. Als er dessen Büro in Mexico City verließ, feuerten vier Unbekannte neun Schüsse auf ihn ab und entkamen unerkannt. Garcia, der über die Drogenarbeit in Mexiko und Bestechung im Regierungsapparat recherchierte, ist der vierte mexikanische Journalist in nicht einmal zwölf Monaten, der Opfer seines Berufes wurde, meldete die Organisation Reporter ohne Grenzen in ihrem Rundbrief. 30 weitere Journalisten wurden angegriffen, elf massiv bedroht. Mexiko ist neben Kolumbien der lateinamerikanische Staat, in dem seit Anfang 1997 die meisten Journalisten in Ausübung ihrer Tätigkeit ermordet wurden.

Anfang Oktober 1997 hielt sich der mexikanische Präsident Ernesto Zedillo zu Gesprächen mit Vertretern der Europäischen Union in Paris auf. Dort traf er mit Repräsentanten von Menschenrechtsorganisationen zusammen. Sie wollten mit ihm über die zahlreichen Fälle von »Verschwundenen«, die vielen von der Justiz niemals aufgeklärten Folterungen und über die Drohungen, Angriffe und Mordanschläge gegen Menschenrechtsvertreter und gegen Journalisten sprechen. Zedillo ließ sich in Paris nicht zur geringsten Zusage bewegen. »Kein Handel mit dem Folterstaat«, forderten daher die Menschenrechtsorganisationen – vergeblich. Vom 5. bis 12. Oktober war Zedillo Gast der Bundesregierung. Der damalige Bundesaußenminister sah, in Anlehnung an die USA, Mexiko als Wunschpartner. Wer ist dieser Partner wirklich, warum wird er von der internationalen Staatengemeinschaft gedeckt, warum umfängt man den »Drogenstaat« als Hätschelkind mit den fürsorglichen Armen der westlichen Staatengemeinschaft?

Die Drogendemokratie Kolumbien scheint im öffentlichen Bewusstsein längst vergessen. Inzwischen hat sich eine neue Bedrohung herauskristallisiert, und sie liegt direkt vor den Toren der Vereinigten Staaten. Als seien sie geachtete Unternehmer, kontrollieren kriminelle Geschäftemacher den Transit von Drogen, tonnenweise, ob Kokain oder Heroin, bestechen Polizei, Armee und Regierungspolitiker. Die Rede ist vom Reiseland Mexiko, dem Wunschpartner Deutschlands in Lateinamerika.

Als Pufferstaat zwischen den reichen englischsprachigen Nachbarn und Lateinamerika, dessen Armut von den USA als Bedrohung empfunden wird, ist Mexiko mit zwei unterschiedlichen Systemen konfrontiert. Da gibt es den entwickelten Norden, mit besonderen Beziehungen zu Schmuggelaktivitäten, und den unterentwickelten Süden, eine Agrarregion, ausgebeutet und teilweise tief in bürgerkriegsähnliche Auseinandersetzungen verwickelt, eine Region, in der die Drogenproduktion ständig steigt.

Ein Schweizer Staatsanwalt, der sich derzeit mit den Geldgeschäften eines ehemaligen mexikanischen Regierungsclans beschäftigt, sagt dazu: »Zu Beginn des Falles hörte ich Gerüchte, wie das in Mexiko funktioniert. Wer wen protegiert, wer wem Geld gibt, damit die Drogenladungen Mexiko durchqueren können. Sie kamen aus Kolumbien und gelangten über den Rio Grande in die USA. Für einen Schweizer Polizisten oder Richter klingt das unglaublich.«

Mexiko hat Kolumbien längst den Rang als Drogenstaat abgelaufen. Aber seltsamerweise intervenieren die USA nicht. Weder planen sie eine militärische Operation wie in Panama, noch setzen sie Mexiko auf eine schwarze Liste wie Kolumbien. Macht das Sinn, obwohl bekannt ist, dass die mexikanischen Drogenkartelle heute die mächtigsten der Welt sind?

Charles Intriago, ein ehemaliger mexikanischer Staatsanwalt und Experte für Geldwäsche, zu den Gewinnen der Drogenkartelle: »Sie sind erstaunlich. Ein Viertel des Geldes, das nach Schätzung der Amerikaner in diesem Land verdient wird, geht nach oder kommt aus Mexiko. Es handelt sich um 20 Milliarden Dollar pro Jahr. Jeden Tag geht es um große Summen. Deshalb überraschen mich die Vorwürfe massiver Bestechung überhaupt nicht. 150 Millionen für diesen Beamten, 10 Millionen für den Mann oder 40 Millionen pro Monat für jene Leute. In vor kurzem veröffentlichten Dokumenten des FBI steht, dass pro Monat 150 Millionen Dollar an mexikanische Beamte bezahlt werden. Das überrascht mich nicht. Das sind Kleinigkeiten.«

Sie sind die neue Kraft in der mexikanischen Politik. Es sind Paten, die, wie einst Escobar im Medellín-Kartell, sich mit der Aura des Sozialrebellen umgeben. Weil die Jungfrau von Guadeloupe, die Nationalheilige Mexikos, als Schutzpatronin nicht ausreicht, haben die Drogenkartelle einen neuen Schutzpatron. Jesús Malverde heißt er. »El Narco-Santón [der Drogenheilige], war ursprünglich ein Dieb, der zu Beginn des Jahrhunderts hingerichtet wurde. In Culiacàn, der Hauptstadt Sinaloas, hat der mexikanische Robin Hood seine eigene Kapelle. Wenn ihm Opfergaben dargebracht werden, leistet er Beistand im Kugelhagel und breitet seine schützende Hand über Drogentransporte.«[50]

Wie jedes westliche Industrieunternehmen auch, benutzen sie ihr Vermögen, um die lokale und nationale Regierung für ihre Interessen einzusetzen. Einen einzigen Unterschied gibt es trotzdem. Die Unternehmen der Drogenmafia bezahlen größere Bestechungssummen als die legale Wirtschaft. Ihre exorbitanten Profite machten die Drogenbarone reicher als jeden der anderen Mexikaner, die auf der bekannten *Forbes*-Liste der reichsten Männer der Welt stehen. Der Vermögendste der mexikanischen Drogenkönige ist Amado Carillo Fuentes, Kopf des Juáres-Kartells, bekannt als der »König der Lüfte«. Sein Vermögen wird auf 15 Milliarden Dollar geschätzt. 1997 wurde er zusammengeschossen. Er hielt sich gerade in einer Klinik auf, für eine Schönheitsoperation.

Seine Macht, die erst durch einen Killer beendet wurde und nicht durch die Behörden, führte dazu, dass in Mexiko öffentlich folgende Fragen gestellt wurden: Sind die Kartelle hierzulande die größten und reichsten Arbeitgeber? Haben ihr Vermögen und ihre politischen Verbindungen die höchsten Ebenen der Regierung beeinflusst? Sind die ständigen Bemühungen der Drogenbekämpfung nicht eher ein Krieg zwischen den Kartellen, um sich die Kontrolle über die lukrativen Geschäfte zu sichern?

Ein Beispiel hinsichtlich der Verstrickungen von Drogenzaren und Politikern ist der ehemalige mexikanische Präsident Carlos Salinas de Gortari. Ende 1988 wurde er zum Präsidenten gewählt. Sein Nachfolger wurde Ernesto Zedillo. Kurz nach dessen Ernennung, im März 1995, erklärte er, »verschiedene Personen, die der Regierung angehören, könnten die Interessen der Drogenhändler vertreten haben«. Gemeint war die abgelöste Regierung von Carlos Salinas. War das alles für die USA neu und ist Zedillo nicht ganz so korrupt wie sein Vorgänger? Wohl kaum. Seit Jahren lagen zahlreiche Informationen darüber vor, dass Salinas' Clan eng mit Drogenzaren zusammengearbeitet hatte. Aber Präsident Carlos Salinas war politisch für die internationalen Handelsbeziehungen wichtig, insbesondere, damit das NAFTA-Abkommen geschlossen werden konnte. Das Anfang 1994 in Kraft getretene Freihandelsabkommen NAFTA zwischen den USA, Kanada und Mexiko sollte einen gemeinsamen Wirtschaftsraum erschließen. Doch in Wirklichkeit hat NAFTA (Northern American Free Trading Agreement) die Drogengeschäfte eher belebt und gleichzeitig Mexiko in eine finanzielle und wirtschaftliche Krise geführt, bekannt als Tequila-Affäre. Die maßgeblichen Politiker in den USA hatten daher wenig Interesse, sich mit den Anschuldigungen gegen die Drogenregierung zu beschäftigen. US-Präsident Bill Clinton erteilte der Regierung sogar die Absolution, sagte, sie sei ein »wichtiger Verbündeter« im Kampf gegen die Drogenmafia.

Zur gleichen Zeit, als er das sagte, spazierte einer der maßgeblichen Drogenbarone, Humberto Garcia Abrego, aus dem Gefängnis. Und ein anderer, Caro Quintero, den US-Behörden als Schlüsselfigur des Sonora-Kartells bekannt, flanierte derweil vollkommen unbehindert in seiner Heimatstadt herum. Wenige Stunden bevor Clinton die Regierung in Mexiko als »Verbündeten« lobte, erklärte der Chef der DEA dem US-Kongress, »dass es keine einzige Strafverfolgungsbehörde in Mexiko gibt, mit der die DEA vertrauensvoll zusammenarbeiten kann«. Tatsache ist, dass sowohl dem FBI als auch der DEA, noch vor dem Abschluss des NAFTA-Abkommens, die Aussagen des ehemaligen Privatsekretärs eines Bosses des Golf-Kartells vorlagen. Das Golf-Kartell ist der wichtigste Verbündete des Cali-Kartells in Mexiko. Der Ex-Privatsekretär sagte aus, dass der stellvertretende Generalstaatsanwalt Mexikos zwischen 1988 und 1990 mindestens 20 Millionen Dollar durch den Drogenhandel eingenommen habe, genauso wie viele seiner engsten Mitarbeiter. Der Ex-Sekretär des Drogenzars wurde in den USA angeklagt, da 40 Prozent des in die

USA geschmuggelten Kokains über die Kanäle seines Chefs dorthin gelangt sein sollen. Nicht nur Carlos Salinas soll dabei kräftig mitverdient haben, sondern insbesondere auch sein Bruder Raul oder Carlos Hank Gonzáles, der ehemalige Minister für Landwirtschaft in der Regierung Salinas und führendes Mitglied der herrschenden Partei PRI. Sie galten als die wichtigsten »Beschützer« des Kartells. »Alle zu schnellem Reichtum gekommenen Geschäftsleute, die ihr Kapital in Immobilien, Banken, Autofabriken, Tourismus investierten, benutzten die Kontakte ihrer Familie und ihre politischen Beziehungen, um eine freie Passage für Drogen und die Geldwäsche zu unterstützen.«[51] Es gibt sogar Stimmen, die behaupten, dass Carlos Salinas während seiner Amtszeit der wahre »Boss des Kartells« gewesen sei.

Warum also verschloss man im Weißen Haus die Augen vor der Realität? Die Gründe sind im NAFTA-Abkommen zu suchen. Wenn Mexiko es nicht unterzeichnet hätte, wären die USA gezwungen gewesen, jegliche finanzielle Unterstützung für das Land zu beenden. Das, so befürchtete man in Washington, hätte zu einer Wirtschafts- und Währungskrise führen können, und die Rückzahlung der Schulden wäre gefährdet gewesen. Wirtschaftspolitische Interessen wiegen allemal schwerer als der Kampf gegen Drogen. In diesem Kontext sind die Duldung und politische Förderung des mexikanischen Präsidenten Carlos Salinas überhaupt erst zu verstehen – und auch die die dem Kampf der USA gegen Drogen innewohnende Heuchelei, die sich auch als wirtschaftspolitisches Interesse umschreiben lässt.

Heftiger Gegner des Beitritts Mexikos zu diesem Abkommen waren die konservativen Republikaner, die sich heute bestätigt fühlen. Sie beklagen, dass es 1996 ein Rekordhandelsdefizit von 17 Milliarden Dollar gegeben habe. »Während die US-Unternehmen sich aus dem Süden zurückziehen, benutzt Mexiko unser Land als einen sicheren Zufluchtsort für seine Millionen von Arbeitslosen. Teile des Südens«, so der Konservative Pat Buchanan, »sind eine Kriegszone. Mexiko ist eine Narco-Demokratie.«[52]

Während sich Mexiko aus der Tequila-Affäre in den Jahren 1994/95 noch durch Exporte herauslavieren konnte, vor allem als

Öl- und Zulieferer (Marquillas, sogenannte Weltmarktfirmen) zum Wirtschaftsboom in den USA beitrug, wird dieser Ausweg angesichts des Ölpreisverfalls und der Billigkonkurrenz aus dem südostasiatischen Raum heute immer schwieriger. Hinzu kommt, dass infolge jahrelangen Lohndumpings die Löhne in den Südstaaten der USA kaum höher sind als in den mexikanischen Marquillas. In den USA gibt es aber in der Regel besser ausgebildete Arbeitskräfte. Verschlimmert wird die wirtschaftliche Situation Mexikos durch Börsenbaisse und die Zurückhaltung des Auslandskapitals. Der Anschluss an die Erste Welt ist, obwohl mit Freihandel, Liberalisierung, Deregulierung und Sozialabbau neoliberale Strategien verfolgt wurden, nicht gelungen. Das Land steht vor einem riesigen Berg sozialer, politischer und ökonomischer Probleme. Einziger florierender Wirtschaftszweig ist der Drogenhandel. Und damit ist man bei den Profiteuren dieses Systems.

Ein enger Freund des mexikanischen Ex-Präsidenten Carlos Salinas ist Carlos Hank Gonzáles, der heute zu den 30 reichsten Unternehmern Mexikos gehört. Auf insgesamt 1,3 Milliarden Dollar wird sein Vermögen geschätzt. Er ist Besitzer mehrerer Banken, Teilhaber an einer Fluggesellschaft, an deutschen Autofirmen und anderen, hochprofitablen Industriezweigen. Unter anderem geriet er 1988 in die Schlagzeilen, als behauptet wurde, dass er als einer der mächtigsten Politiker der Regierungspartei und Minister für Tourismus in Korruptionsfälle verwickelt sei. Außerdem verdächtigte man ihn, einen Mordanschlag auf den damals (1982–1988) regierenden Präsidenten Miguel de la Madrid mitgeplant zu haben. Präsident Madrid hatte kurz vor dem Attentat angeordnet, den Korruptionsvorwürfen, so auch gegen Hank, nachzugehen. Aufgrund der Verdächtigungen, er sei am Attentat beteiligt, musste Carlos Hank Gonzáles sein Ministeramt bis zum Ende der Amtszeit Madrids aufgeben.

Bis dahin widmete er sich dem weiteren Ausbau seines Imperiums. Er entwickelte vielfältige Aktionen, kooperierte geschäftlich unter anderem mit einem der berüchtigtsten Drogenclans in Mexiko, dem Arellano-Clan in Tijuana. Dass die Hanks in den Drogenhandel verstrickt sein dürften, deckt sich mit einer Veröffentlichung in der *Los Angeles Times.* Demnach sind offizielle Stellen in Washington davon überzeugt, dass die Arellanos »die Befehle eines ›stillen Bosses‹« ausführen, der mächtiger und einflussreicher als sie selbst ist, mit eigenen Banken und ganz normalen Geschäften.[53] Dieser mächtige Boss, das ergaben zumindest Ermittlungen von DEA-Agenten, sei kein anderer als Carlos Hank Gonzáles. Er habe über einen Mann namens Marcelino Guerrero nachweislich Kontakte zum sogenannten Golf-Kartell. Guerrero wird als einer der größten Geldwäscher von Mexiko bezeichnet, ein Drogendealer, der in ganz Mexiko investiert hat. Es war Carlos Salinas, der von Washington und der Wallstreet als bedeutender Reformer gepriesen wurde, der diesen Hank sogar in sein Kabinett aufnahm. In einem Interview beschrieb Eduardo Valle, ehemals Generalstaatsanwalt, dass Carlo Hank Gonzáles der »capo di tutti capi« sei, der wichtigste Vermittler zwischen den multinationalen Drogenkartellen und dem mexikanischen politischen System. »Die Arellanos werden durch Carlos Hank Gonzáles geschützt.«[54]

Auch Sohn Jorge Hank Gonzáles hatte prächtige Beziehungen zu einem Drogenclan. Was sich wohl zwangsläufig ergeben haben muss. Schließlich ist er Manager des Familienimperiums, unter anderem Besitzer einer Rennbahn in der Stadt Tijuana, dem Zentrum des sogenannten Tijuana-Kartells. Jorge Hank besaß hier ein Hotel und Restaurant, das laut mexikanischen Presseberichten häufig von den Arellanos besucht wurde. Die Pferderennbahn Agua Caliente gilt bei den amerikanischen Ermittlungsbehörden, ob DEA oder FBI, als einer der wichtigsten Knotenpunkte zur Wäsche von Drogengeldern, meldete die *Washington Post.*

Jorge Hank ist aber auch ein großer Tierfreund, mit einer Obsession für exotische Tiere. »Er ist einer der wichtigsten Händler für aussterbende Tierarten«, schreiben Journalisten in Mexiko. Ihm gehörte der »Marinepark« in Mexico City, wo über Jahre hinweg der berühmte Wal Keiko, ein Filmheld, den Zuschauern präsentiert wurde, bis er einzugehen drohte. Man muss gestehen, dass er ein Mann mit einer glücklichen Hand ist. 1988 wollte der Kolumnist und Mitherausgeber der Wochenzeitung *Zeta* seine Geschäftsaktivitäten in Tijuana untersuchen. Prompt wurde er erschossen. Zwei der engsten Leibwächter von Jorge Hank wurden zwar gefasst und wegen des Mordes zu einer Gefängnisstrafe verurteilt, Jorge Hank hingegen kein einziges Mal von der Polizei verhört. »Wir wissen, dass die materiellen Mörder gefasst und verurteilt wurden«, schrieb der mexikanische Publizist Jesus Blancornelas. »Aber wir wissen auch, dass der geistige Urheber des Mordes noch frei ist und gefasst werden muss.« Er selbst war ein Jahr zuvor nur knapp einem Attentat entkommen.

Durch einen Vermittler ließ Carlos Hank Gonzáles dem Nachfolger des Journalisten mitteilen, dass er ihm eine Reise nach Europa bezahle, wenn er in Zukunft nicht mehr über seinen Sohn berichte. Der Familie Hank ist bereits vier Jahre zuvor von den Medien übel mitgespielt worden. Im Mai 1993 erschoss ein Killerkommando Kardinal Juan Jesús Posadas am internationalen Flughafen Guadalajara. Haftbefehle ergingen gegen zwei der Arellano-Brüder, von denen es hieß, sie persönlich hätten die Killer angemietet. Während die Behörden behaupteten, dass die Mörder den Kardinal mit einem Rivalen verwechselten, sahen die Fakten anders aus. Die Killer öffneten zuerst die Tür des Autos, dann schossen sie mit automatischen Waffen aus einer Distanz von wenigen Zentimetern auf den Kardinal.

Kardinal Posadas hatte, als er noch Bischof von Tijuana war, der Heimatbasis des Arellano-Clans, heftige Auseinandersetzungen mit den Brüdern Arellano. Öffentlich beschuldigte er sie des Drogenhandels und der Korrumpierung höchster Regierungskreise. Doch wie alle anderen mexikanischen Drogenkartelle verfügten sie über zahlreiche Verbündete innerhalb der mexikanischen Polizei. Kaum verwunderlich war es daher, dass Bundespolizeibeamte nach dem Attentat ihre Flucht in das Flughafenterminal deckten. Ohne Probleme, von der Polizei eskortiert, konnten sie in eine Maschine der Fluggesellschaft Aeromexico steigen. Deren Abflug hatte sich so lange verzögert, bis die Arellanos an Bord waren. In Tijuana konnten sie wiederum das Flugzeug verlassen, ohne dass sie von der Polizei behelligt wurden. »An Bord der Maschine, in der ersten Klasse, neben den beiden Killern, saß der milliardenschwere Unternehmer Jorge Hank.[55] Alles nur ein Zufall? Tatsache jedenfalls ist, dass die Familie Hank über eines der einflussreichsten Imperien von Mexiko verfügt und dass die mexikanischen Drogenkartelle ihr Geld bevorzugt in der Tourismusindustrie investieren.

Hank war nicht der Einzige mit einer Drogenkarriere im Kabinett von Carlos Salinas. An seinen ersten Marineminister, Admiral Mauricio Schleske, erging zwar die Aufforderung zum Rücktritt, als die Verdachtsmomente immer stärker wurden. Aber niemals wurde ein Verfahren gegen ihn eingeleitet.

1994, ein Jahr nach dem Mord an Kardinal Posadas, besuchte Benjamin, das Oberhaupt des Arellano-Clans, den päpstlichen Nuntius Geronimo Prigione in seiner Residenz in Mexico City. Das Arrangement für das Treffen organisierte der Gemeindepfarrer der Arellanos.

»Während des Gesprächs telefonierte der päpstliche Nuntius mit Präsident Salinas, der nichts unternommen hatte, um die Flüchtenden zu verfolgen.«[56]

Unterdessen hatte Carlos Salinas irgendwann begriffen, dass das Image eines »Mexi-Kolumbien« den Einfluss der Anti-Mexiko-Lobbyisten im amerikanischen Senat stärken würde. Insbesondere nachdem die *New York Times* einen Artikel veröffentlichte, in dem es hieß, dass »die Gefahr einer drogenabhängigen Regierung in Mexiko größer ist als in Kolumbien«. Die Salinas-Regierung sah sich zu Aktionen gegen die Drogenkartelle gezwungen. Die Folge war die spektakulär inszenierte Verhaftung einiger Drogenbosse und vom Drogenhandel profitierender Polizeibeamter. 100 Angestellte der Staatsanwaltschaft wurden entlassen. Und der Präsident selbst richtete ein »Nationales Institut zur Bekämpfung des Drogenhandels« ein, eine mexikanische DEA. Mit finanzieller Unterstützung der USA in Höhe von 54 Millionen Dollar sollte die neue Institution ab sofort den Kampf gegen die Drogenkartelle koordinieren.

Besonders wirksam verkaufte Salinas die Berufung von Javier

Coello Trejo zum obersten Drogenbekämpfer. Berüchtigt war er unter dem Spitznamen »Der eiserne Staatsanwalt«. Dieser Ruf ging ihm nicht unbedingt wegen seiner unnachgiebigen Verfolgung von Straftätern, unabhängig von Rang und Würde, voraus. Er verdankte seinen »Titel« dafür, dass er Bürger foltern und ermorden ließ, auch wenn überhaupt nichts gegen sie vorlag. Selbst die regierungseigene Menschenrechtskommission kritisierte seine Ernennung. Nichts geschah. Auch nicht, als bekannt wurde, dass der »eiserne Staatsanwalt« große Schwächen gehabt haben muss – für Schmiergelder. »Coello stand auf der Lohnliste der Mafia. 1994 sagte ein Angehöriger des Golf-Kartells vor einem Gericht in Texas aus, dass Coello mehr als eine Million Dollar Schutzgeld kassiert habe.«[57]

Zum Generalstaatsanwalt ernannte Salinas Señor Alvarez del Castillo, dem wiederum enge Bindungen an das Guadalajara-Kartell nachgesagt wurden. Er war dafür bekannt, dass er keinerlei strafrechtliche Untersuchungen gegen bekannte Drogenbosse eingeleitet hatte. »Zwei Augenzeugen beschuldigten ihn, die Entscheidung mitgetroffen zu haben, den DEA-Agenten Enrique Camarena 1985 zu ermorden.«[58] Haben sich daraufhin die USA oder irgendeine Dienststelle bei Präsident Salinas zu Wort gemeldet, so wie in Kolumbien oder Bolivien? Nichts ist geschehen.

Carlos Salinas, so viel scheint sicher, schröpfte in seiner sechsjährigen Amtszeit vor allem die Ärmsten der Armen und flüchtete dann mit einem Teil seines Vermögens nach Irland. Im Familienbetrieb wirkte auch sein Bruder Raul erfolgreich mit. Die mexikanische Musikgruppe »Los Tigres del Norte« nahm übrigens diese verwandtschaftliche Konstellation zum Anlass, um über die Brüder Carlos und Raul Salinas einen »Corrido« aufzunehmen: »Während der eine Bruder die konkurrierenden Drogenbosse aus dem Wege räumt, übernimmt der andere deren Claims.« Mindestens 100 Millionen Dollar deponierte allein Raul Salinas auf Schweizer Bankkonten – nur ein Bruchteil seines wahren Vermögens. Was sich auf den zuständigen Ermittler vom Bundesamt für Polizeiwesen in Bern dahingehend auswirkte, dass er seit 1997 eine komplizierte Spur durch die Banken in verschiedenen Ländern verfolgen musste. Für Valentin Roschacher war es trotzdem ein ganz einfacher Fall: »Da wurden Drogengelder über die verschiedensten Banken gewaschen.«

»Nein«, sagt Nicholas Pictet, Präsident der Schweizer Pictet-Bank, bei der ein Teil des Geldes von Raul Salinas deponiert war: »Wir lassen es nicht zu, in solche Sachen verwickelt zu werden. 200 Jahren haben wir uns um den Aufbau unserer Reputation bemüht. Die darf man nicht in zwei Minuten zerstören, nur weil jemand bei uns ein Konto eröffnet hat. Man hat uns betrogen. Das ist ärgerlich. Das Geld hat keine besondere Herkunft. Es handelt sich um Banktransfers oder Schecks von sehr bekannten Banken.« Banken wie etwa die amerikanische Citibank, die nach US-Recht schwer bestraft werden kann, wenn sich herausstellen sollte, dass sie über die Herkunft der Gelder Bescheid wusste.

Der Geldwäscheexperte Charles Intriago meint dazu: »Für die amerikanischen Banken heißt das, wenn bewiesen wird, dass das Geld aus dem Drogenhandel stammt, dann können die Banken in den USA, die das Geld verwaltet haben, wegen Geldwäsche belangt werden. Für die amerikanischen Banken und die Angestellten, die in diese Transaktionen verwickelt sind, könnte das Strafmaß sehr hoch sein. Im US-Recht gibt es ein so genanntes Todesurteil für Banken, das heißt, sie verlieren ihre Geschäftsgenehmigung.«

Die Bundesstaatsanwaltschaft in Manhattan und das FBI untersuchten ein Jahr lang die Aktivitäten der Citibank und deren Verbindungen zu Raul Salinas bezüglich möglicher Geldwäsche. Die Bankoffiziellen behaupteten, sie hätten mit den Untersuchungsbehörden zusammengearbeitet: »Wir haben nach möglichen Verletzungen des Gesetzes geforscht, jedoch nichts gefunden.« Charles Intriago sieht das etwas anders: »Bei ihrer Einvernahme sagten sie, Raul Salinas sei auf Empfehlung eines anderen Bankkunden zu ihnen gekommen. Sie tätigten Transaktionen in der Höhe von 50, 70, 80 Millionen Dollar. Zuerst sagten sie, dies sei mit ihren Vorgesetzten abgesprochen worden. Doch sie hätten die Herkunft des Geldes nicht nachprüfen müssen. Das wäre so, als würde man die Rockefellers fragen, woher sie ihr Geld hätten. Sie hatten sich mit der Antwort zufrieden gegeben, dass das Geld aus dem Verkauf eines Bauunternehmens stammte.«

Die Wahrheit über die Herkunft von Raul Salinas' riesigem Vermögen könnte nicht nur für die Banken und ihre Angestellten Folgen haben, sondern sich auch auf das gesamte politische Vermächtnis der Salinas-Familie in Mexiko auswirken. John Wanach von der Harvard-Universität: »Bei der Politik in Mexiko steht auf dem Spiel, ob die Reformgruppe der Achtzigerjahre endgültig zerschlagen wird.« Würde also die Verbindung zum Drogenhandel das Ende der Salinas-Clique bedeuten? »Ja, wenn die US-Regierung beweist, dass Raul und Carlos darin verwickelt sind, dann ist es das Ende des Salinas-Clans.«

Während Raul Salinas sein Geldvermögen auffüllte, bis es die magische Zahl von einer Milliarde Dollar erreicht hatte, häufte sein Bruder Carlos Salinas politisches Kapital an. Damit seine Partei an der Macht und sein zukünftiger Einfluss erhalten blieben, brauchte er Geld – eine Kriegskasse. Deshalb lud er am 23. Februar 1993 zu einem Dinner ein, und zwar die 20 wichtigsten Unternehmer, die alle von der Privatisierung der Staatsbetriebe profitierten. Die Multimillionäre fuhren in ihren Limousinen in der Residenz von Salinas vor. Sie hatten allenfalls eine Ahnung, wussten aber nicht genau, warum der Präsident sie sprechen wollte. Bei dem Abendessen wurde jeder um 25 Millionen Dollar für den kommenden Präsidentschaftswahlkampf gebeten. 25 Millionen Dollar pro Nase, das macht zusammen 500 Millionen. Das war weit mehr, als jemals ein amerikanischer Präsident von der Privatwirtschaft erhalten hatte.

Nicht alle reichen Unternehmer Mexikos genossen die Ehre, am Präsidentendinner teilzunehmen. Einer davon war der millionenschwere Geschäftsmann Juan Sanches. Er gehörte zu jenen, die politisch immer unabhängig agiert hatten. »Selbst mit einer Einladung wäre ich nicht gekommen. Ich hatte Glück. Ich muss Gott dafür danken, dass ich nicht zum Bankett eingeladen war. Ich hätte mich schlecht gefühlt. Es war ein klares Bild für eine enge Beziehung. Eine kranke Beziehung zwischen den mächtigsten Unternehmen und dem nationalen politischen System. Bei diesem

Abendessen wurde die Verbindung zwischen einigen Geschäftsmännern und der Regierung offen gelegt. Das System ist von Grund auf korrupt.«

Eigentlich war das keine große Neuigkeit. Es ist ein politisches System, das auf dem Glauben beruht, dass eine einzige Partei die Wahlen beherrschen muss, obwohl diese fast nie regulär verlaufen sind. Nur so konnte sich das System einer politischen Klasse am Leben erhalten, ein System, das immer inniger mit den Drogenkartellen verschmolz. Dann ging jedoch die Amtszeit von Carlos Salinas zu Ende.

Gemäß mexikanischer politischer Tradition entschied er sich für Luis Ronaldo Colosio als Nachfolger, einen Technokraten und Reformer, der zuvor sein Wahlkampfberater war. Colosio war aber nicht der gefügige Mann, wie ihn sich Salinas vorgestellt hatte. Er wurde zu populär und forderte zudem noch politische Reformen. Damit bedrohte er nicht nur die alten Parteibonzen, sondern auch die Drogenkartelle. Am 23. März 1994 wurde er während einer Wahlkampfveranstaltung in der Grenzstadt Tijuana erschossen. Es sei die Rache eines Liebhabers gewesen, interpretierte die Regierung das Motiv für den Mord. Der »Mörder«, ein kleiner Fabrikarbeiter, wurde schnell verhaftet, gefoltert und unterschrieb ein Geständnis. In dem Prozess wurde er zu 50 Jahren Gefängnis verurteilt. Niemand glaubte wirklich, dass er das Attentat begangen hatte. Insgesamt fünf Staatsanwälte wurden im Verlauf des Ermittlungsverfahrens abgelöst. Der Staatsanwalt, der ihn letztlich angeklagt hatte, wurde inzwischen selbst per Haftbefehl gesucht. Er soll Beweise in anderen Verfahren gefälscht haben. 1997 wurde ein neuer Staatsanwalt eingesetzt. Der prüft seitdem, ob in den Mord an Colosio Drogenkartelle oder hohe Regierungsangehörige verwickelt sind. Zu ersten Erkenntnissen ist er immerhin bereits gekommen.

Bei der Autopsie von Colosio stellte sich heraus, dass zweimal auf ihn gefeuert worden war und die Schüsse aus zwei verschiedenen Waffen abgegeben worden waren. Der Hauptentlastungszeuge für den vermeintlichen rachsüchtigen »Liebhaber« war ein Mann, der für das »Zentrum für Untersuchungen und Nationale

Sicherheit«, CISEN, arbeitete. Das CISEN ist Mexikos CIA. Er behauptete, während des Attentats überhaupt nicht in der Nähe gewesen zu sein. Videoaufnahmen zeigten ihn jedoch unmittelbar am Ort des Geschehens. Nach der Verhaftung des Fabrikarbeiters flüchtete seine Familie in die USA und erhielt dort politisches Asyl.

Mit der Ermordung von Colosio verlor Carlos Salinas endgültig die Kontrolle über seinen Nachfolger. Er musste das Präsidentenamt dem politischen Neuling Ernesto Zedillo überlassen. Zedillo war Mitglied der seit Jahrzehnten regierenden »Partei der Institutionalisierten Revolution«, PRI, von 1988 bis 1992 Haushalts-, dann bis Dezember 1993 Bildungsminister und Wahlkampfmanager des Präsidentschaftskandidaten Luis Donaldo Colosio. Er hatte bis dahin angesichts des korrupten Systems durchaus keine Widerstände erkennen lassen.

Dann überschlugen sich die Ereignisse. Carlos Salinas hatte den Peso abgewertet. Panik brach aus. Es folgten ein Börsenkrach und eine Wirtschaftskrise. Die spürten auch die kleinen Unternehmer. Denn als die Abwertung ins Rollen kam, stiegen die Zinsen für Geschäftsanleihen von 15 auf 97 Prozent. Für viele Betriebe war das das Ende, und für die normalen Mexikaner bedeutete es den wirtschaftlichen Zusammenbruch. Sie hatten kein Geld und keine Arbeit mehr und machten daher Carlos Salinas für ihre elende Lage verantwortlich. Der renommierte mexikanische Politologe Jorge Catenada sieht es so: »Er hat diesem Land mehr geschadet als jeder andere Präsident, und zwar wegen der verfehlten Wirtschaftspolitik, wegen der Korruption, zu der er ermutigt hat und an der er und seine Regierung beteiligt waren, und seiner sechs Jahre dauernden autoritären Herrschaft. Die Mexikaner machen ihn für die Katastrophe verantwortlich. Sie glauben, er hat sie betrogen und sich mit dem Geld davongemacht.« Damit lagen sie bekanntlich nicht falsch.

Neben diesen Anschuldigungen musste Carlos Salinas noch eine weitere Krise bewältigen. Im Rahmen der Untersuchung des Mordes an seinem Schwager José Francisco Ruiz Massien stieß der neue Justizminister auf einen neuen Hauptverdächtigen –

seinen Bruder Raul. Andreas Oppenheimer, Auslandskorrespondent des *Miami Herald*: »Das war ein entscheidender Moment in Mexikos Geschichte. Es handelte sich um ein Mitglied der Präsidentenfamilie in einem Land, in dem der Präsident König ist. Das war eine große Sache. Der Staatsanwalt schickte seine Truppen los, um Raul im Haus seiner Schwester in Mexico City zu verhaften.« Adriana Salinas, die Schwester von Raul und Carlos Salinas, erinnert sich: »Über 100 Leute hatten das Haus umstellt. Sie kletterten über die Mauer.«

Carlos Salinas schickte seine eigene Leibwache, um seine teuren Geschwister zu schützen. 20 Minuten standen sich zwei bewaffnete Gruppen, die der neuen und die der alten Regierung, vor dem Refugium des Verdächtigen gegenüber. Minutenlang sah es so aus, als wäre eine Auseinandersetzung unvermeidlich. Schließlich erfolgte ein Befehl vom Präsidentensitz, gegen Raul läge ein Haftbefehl vor. Daraufhin machte die Leibwache von Carlos kehrt und zog ab. Raul Salinas wanderte ins Gefängnis. Die Anklage gegen ihn lautete auf Anstiftung zum Mord. Wie ließ sich das aber beweisen? Der Mörder war zwar gefasst und beschuldigte mit anderen zusammen Raul der Mittäterschaft. Dazu sagte Antonio Lozano, ehemaliger mexikanischer Innenminister: »Zeugen haben ausgesagt, dass zwischen Raul Salinas und Ruiz Massien eine persönliche und politische Fehde herrschte. Wir haben den Beweis von José Francisco, dass Raul den Befehl zum Anheuern eines Killers gegeben hat.«

Antonio Lozanos Untersuchung brach wegen gefälschter Beweise und dem daraus entstandenen Medienzirkus in sich zusammen. Er wurde gefeuert. Sein Chef selbst flüchtete, und sein Stellvertreter wurde verhaftet. Doch lange, bevor das passierte, war Carlos Salinas unter dem Schock der Festnahme seines Bruders und aus Furcht, selbst wegen Anstiftung zum Mord an Colosio belangt zu werden, aus dem Land geflohen. Der stellvertretende Justizminister dürfte nach Erkenntnissen eines amerikanischen Gerichts während der Ära Salinas von den Drogenkartellen Geld erhalten haben. »Er [gemeint ist der Bruder des ermordeten Ruiz Massien] hat unter Carlos Salinas«, so ein Gericht in Houston,

»acht Millionen Dollar von den Drogenkartellen bekommen.« Die Frage stellt sich eigentlich nicht mehr, was und ob Carlos Salinas etwas über die Korruption und die Drogengeschäfte wusste, sondern eher, in welchem Maße sein Bruder Raul daran beteiligt war.

Carlos Salinas lebt inzwischen wohl behütet in Dublin. Mit Unschuldsmiene schildert er Journalisten seine Sicht der Dinge, bestätigt ihnen gegenüber aber nur das, was er vorher schon überall verkündet hatte: Alle Anschuldigungen, inklusive jener gegen seinen Bruder Raul, seien Teil einer Verschwörung, die seine Reformen stoppen wollte. Er und seine Familie seien die Sündenböcke. Die Anschuldigung, er sei im Drogenhandel mit Geldwäsche involviert, seien unglaubliche Hirngespinste. Was seinen Bruder Raul betrifft, so wünscht er sich, dass er »mehr auf ihn aufgepasst hätte«.

Raul Salinas befindet sich seit 28. Februar 1995 im Hochsicherheitsgefängnis Almoloya de Juarez. Außer Mordverdacht ist er wegen Steuerhinterziehung angeklagt. In der Schweiz erwartet ihn darüber hinaus ein Verfahren wegen Geldwäsche. Zu seiner Entlastung behauptet Raul Salinas, die 100 Millionen US-Dollar von »Geschäftsfreunden« erhalten zu haben, um das »Geld zu investieren«. Warum es aber jahrelang auf Konten in der Schweiz lagerte, konnte er nicht erklären. In den Augen seiner Familie gilt er als politischer Gefangener, Opfer der Feinde seines Bruders Carlos. Anfang 1999 wurde er wegen Mordes zur Höchststrafe von 50 Jahren Haft verurteilt. Der Richter befand ihn für schuldig, den Mord an dem Generalsekretär der PRI, José Francisco Ruiz Massien, in Auftrag gegeben zu haben.

Was ist jedoch aus der Macht und dem Einfluss der Drogenkartelle geworden? Außenminister José Angel Gurrio meint beschwichtigend: »Es gibt keinen Beweis dafür, ich zweifle jeden an, der das behauptet. Das ist eine sehr schwere Beschuldigung. In den letzten paar Jahren ist das Verantwortungsbewusstsein der Beamten sehr stark gestiegen. Heute gibt es viele Möglichkeiten, die Korruption zu erkennen und sie zu verfolgen. Noch haben wir sie nicht ausgemerzt. Es gibt sie noch auf der unteren Ebene. Aber wir arbeiten dran.«

Ob es der Außenminister nun zugeben will oder nicht, ob die herrschenden politischen Parteien und ihre Repräsentanten im Drogenhandel tief verstrickt sind, spielt eigentlich keine große Rolle. Realität ist, dass Korruption und Geschäfte der Drogenzaren weiter bestens florieren. Übrigens ist der einzige unbestechliche Staatsanwalt, den die Schweizer Behörden bei ihren Ermittlungen gegen Raul Salinas in Mexiko auftrieben, sofort abgelöst worden, nachdem er mit den Ermittlern des Bundesamtes für Polizeiwesen in Bern kooperiert hatte.

Das Szenario der Korruption ist derart düster, dass selbst die Regierung von Ernesto Zedillo offiziell bestätigen musste, dass es zwei Systeme gibt, die zum Beispiel die Polizei bezahlen. Zum einen ist es der Staatsapparat selbst, und dann sind es die Drogenindustriellen, die wiederum die Repräsentanten des Staatsapparates, insbesondere Polizei und Justiz, auf ihrer Gehaltsliste führen. So mussten alle Bundesbeamten der Provinz Jalisco entweder entlassen werden oder wurden gleich eingesperrt, weil sie sich von den Drogenkartellen bezahlen ließen. Unbehelligt landete zur gleichen Zeit, als die Regierung in Mexiko wieder einmal vom Kampf gegen die Korruption sprach, Drogenboss El Guero mit seinem Privatjet auf dem Flughafen von Mexico City, empfangen und eskortiert von seinen Freunden und dem regionalen Direktor der mexikanischen Bundespolizei. Mit demselben Jet besuchte er die Schwester des Ex-Präsidenten Salinas. Nichts wurde gegen ihn unternommen – bis ihn die Killer eines Rivalen liquidierten.

Über alles legt sich wie ein dichter Schleier die Verdrängungspolitik der USA. Mexiko ist und bleibt ein Freund und wichtiger Partner der Vereinigten Staaten. Was vielleicht daran liegt, dass die besten Kunden der Kartelle in den USA sitzen. Der frühere Staatsanwalt Hector Castenada, der die nationale Sicherheit Mexikos in einer Doktorarbeit abhandelte, schätzt, dass die Profite aus dem Drogenhandel inzwischen dem Wert der gesamten legalen Exporte des Landes entsprechen.

Zu Beginn seiner Regierungszeit hatte Präsident Zedillo daher große Schwierigkeiten, die Menschen zu überzeugen, dass er und seine Regierung zum Wohle des Landes arbeiten. Kriminalität, Gewalt und institutionalisierte Korruption gingen Hand in Hand mit einer explosionsartig expandierenden Drogenwirtschaft. »Als Ernesto Zedillo neuer Präsident Mexikos wurde«, so der Bericht eines DEA-Agenten vor dem auswärtigen Ausschuss des US-Senats im August 1995, »hatte es den Anschein, als dass ein Krieg auf allen Ebenen gegen die Drogenkartelle und ihre Verbündeten in der PRI geführt werde. Unfähig, irgendjemandem in seiner eigenen Partei zu trauen, berief er einen Führer der Opposition zum Generalstaatsanwalt. Er eröffnete neue Untersuchungen über die Ermordung zweier prominenter Politiker und des Kardinals, tauschte den gesamten höchsten Gerichtshof aus und setzte einen neuen Polizeichef ein. Es gab zweifellos zahlreiche Verhaftungen. Doch die hatten nur symbolischen Wert.« Aber gleichzeitig heißt es, »dass die Narco-Politiker und Drogenbosse erst so richtig unter der Herrschaft des Präsidenten Carlos Salinas wie seines Nachfolgers Ernesto Zedillo ihre Macht entfalten konnten«.[59]

In der Regierungszeit von Zedillo ist die Zahl der Drogenkartelle auf 19 emporgeschnellt. Sie sind die wahren Herrscher Mexikos: Umberto Garcia Abregos Bruder Juan, einer der Bosse des Golf-Kartells im Norden Mexikos mit Verbindungen nach Texas, sitzt in einem amerikanischen Gefängnis. Sein Bruder Umberto wurde zwar verhört, konnte sich danach jedoch frei bewegen. Bedeutsam als eine der wichtigen Drogenfamilien sind die Brüder Arellano, Dreh- und Angelpunkt des Drogensyndikats auf der Halbinsel Baja California. Um ihre Macht zu sichern, nahmen die Arellanos hunderte Mitglieder einer privaten Armee unter Sold, in der sowohl Bundespolizei als auch die Landespolizei vertreten sind.

Das Tijuana-Kartell gilt als eine der drei mächtigsten Organisationen an der Grenze zu den USA. Sie haben das lukrative Geschäft des Transfers für das Cali-Kartell übernommen und sind darüber hinaus zuständig für die Lieferung von Heroin aus Asien und Pakistan in die Vereinigten Staaten. Am Ende der Grenze, in

Matamors, dominiert das Golf-Kartell, das die östlichen Lieferrouten nach Texas kontrolliert. Am anderen Ende wacht das Tijuana-Kartell über die Pazifik-Lieferrouten.

In Mexiko wird nicht nur das Kokain der kolumbianischen Kartelle verschoben, hier wird auch kräftig produziert. Allein zwei Drittel des US-amerikanischen Marihuanabedarfs werden in Mexiko angebaut. Bei den Mohnblüten für Heroin sind es mehr als 20 Prozent. Außerdem ist Mexiko einer der größten Geldwaschsalons der Welt geworden. Weite Bereiche des privatisierten Bankensektors sind an dem Geschäft beteiligt.

Da vom Staat kaum Gefahr droht, können sich die Drogenclans auf ihren blutigen Kampf um die Machtanteile konzentrieren. Allein in der Provinz Sinaloa starben in den vergangenen Jahren über 4000 Menschen. Ein ehemaliger Staatsanwalt spricht gar davon, dass politische Entscheidungen in Mexiko mittlerweile nur nach Rücksprache mit den Drogenbossen möglich seien.

Mitunter zeichnen sich in der letzten Zeit Hoffnungsschimmer ab. Dies betrifft zum Beispiel den von den USA hoch gelobten neuen Chef der mexikanischen Drogenbekämpfung. Bei einem Treffen mit der US-Drogenbehörde wurde er Barry McCaffrey vorgestellt, der bekanntlich für das Weiße Haus die Drogenbekämpfung organisiert. »Wir sind erfreut, General Rebollo zu treffen. Wir kennen seinen Ruf und seine Integrität.« Rebollo war zu diesem Zeitpunkt Mitglied einer hochrangigen Regierungsdelegation, die im Januar 1997 Washington besuchte. »Herzlich, so schildern die Besucher, sei der Empfang bei Barry McCaffrey gewesen, der ihn außerdem als einen Mann mit Reputation und tadelloser Integrität bezeichnete.«[60] Danach traf Rebollo den FBI-Direktor Louis Freeh und den DEA-Direktor Thomas Constantine. Im Dezember 1996 nahm er bereits an einer Konferenz über Antidrogenstrategien teil, die vom Weißen Haus wie auch von der Residenz des mexikanischen Präsidenten organisiert wurde. Während des 16-stündigen Hearings bezeugte Rebollo, dass der Verteidigungsminister drei Zusammenkünfte mit drei einflussreichen Unternehmern hatte. Bei einem der Treffen wurde über eine Vereinbarung zum Schutz bestimmter Drogenbarone gesprochen.

Gonzáles, einer von ihnen, besuchte den Minister zweimal, zusammen mit dem mexikanischen Generalstabschef.[61] Außerdem verblüffte Rebollo die Anwesenden mit der Erklärung, dass die Verhaftung des Drogenzaren Hector Palma durch direkte Intervention des Ministers verpfuscht worden sei. Während dieser Anhörung beschuldigte er mehrmals den neuen Präsidenten. Dessen Familie und politischen Verbündeten seien in den Drogenhandel verstrickt. Er benannte unter anderem Zedillos Vater und Bruder, die mit den Amezcua-Brüdern geschäftlich verbunden waren, einem Clan, der auf die Einschleusung synthetischer Drogen in die USA spezialisiert ist. Aber er konnte seine Behauptungen nicht belegen. Es schien, als sei er ein unbestechlicher Mann.

Der Plan der Regierung, den Elitegeneral Jesús Gutiérrez Rebollo zum Chef der Drogenbekämpfungsbehörde INCD zu ernennen, die unter seiner Führung die Drogenkartelle zerschlagen sollte, schien ein gelungener Coup zu sein, um das Misstrauen des großen Nachbarn zu zerstören. Rebollo war vor seiner Ernennung Kommandeur der 5. Militärregion, zu der auch die Provinzen Jalisco und Sinaloa gehörten, die wichtigsten Stützpunkte der Drogenbarone. Während seiner Zeit als Chef der Militärregion wurde Kardinal Juan Jesús Posadas ermordet. Bereits einen Monat zuvor, am 29. April, fiel der ehemalige Distriktstaatsanwalt von Sinaloa, dem eine Schlüsselrolle bei der Verhaftung wichtiger Drogenhändler zukam, in Mexico City einem Attentat zum Opfer.

Mit Rebollo hatten die Amerikaner dummerweise den Bock zum Gärtner gemacht. Denn dieser mietete sich, quasi als erste Amtshandlung, in ein Luxusapartment ein, das direkt neben dem Domizil des mächtigsten Kartellchefs Amado Carillo Fuentes lag und von ihm sogar bezahlt wurde. Aufgrund der Nachbarschaft muss sich eine Art Freundschaft entwickelt haben. Folge davon war, dass Rebollo ihn mit brandaktuellen Informationen aus seiner Behörde versorgte. Auf den Hinweis eines Journalisten an den obersten Drogenbekämpfer der USA, dass er öffentlich für Rebollos Integrität gebürgt habe, antwortete der: »Ich bürge nicht öffentlich für die Integrität einer Person. Ich verhandle mit den Vertretern der ausländischen Mächte. Damals war er für uns wie für unseren Geheimdienst das Gleiche wie für die Mexikaner: ein ehrlicher, hart arbeitender Praktiker, den sie nach oben befördert hatten und der sich als Schuft herausgestellt hat.« Und nicht nur das. Laut Angaben des FBI und der DEA hatte General Rebollo vor seiner Enttarnung hoch gestellte Informanten verraten, die dafür mit dem Leben bezahlen mussten.

Tatsächlich wusste die DEA schon lange, dass General Rebollo in den Drogenhandel verwickelt war. Daten im Computersystem der DEA, dem Narcotics and Dangerous Drug Information System (NADDIS), zeigten, dass der General »enge Beziehungen mit Drogenhändlern« hatte.[62] Hatte die DEA diese Informationen dem Drogenchef der US-Regierung vorenthalten? Oder war gar, wie vermutet wird, ein Krieg zwischen der DEA, dem CIA, dem Außenministerium und dem Weißen Haus im Gange, die unterschiedliche Interessen hatten, was die Auswertung der vorhandenen Informationen anging?

Am 6. Februar 1997 klingelte in Rebollos Luxussuite – er war noch im Schlafanzug – das Telefon. Am Apparat war der Verteidigungsminister. Der befahl ihm, sofort in sein Büro zu kommen. Dort wurde er verhaftet. Der Vorwurf gegen ihn lautete: »Sie haben Geld vom Drogenzar Carillo Fuentes kassiert.« Seine Entlassung, die erst zwölf Tage später bekannt gegeben wurde, schockierte die Armee und zeigte doch nur, wie tief die Drogenkartelle bereits die mexikanischen Regierungsbehörden infiltriert hatten. Einen Monat zuvor hatte die mexikanische Zeitung *Reforma* berichtet, dass vier wichtige Dokumente über kriminelle Aktivitäten des Golf-Kartells auf mysteriöse Weise aus dem Büro von Rebollo verschwunden seien. »Jeder kann bestochen werden«, so lautet die knappe Erkenntnis von Juan Antonio Ortiz, einem Chef des Golf-Kartells. Dessen Gefängnisstrafe von 20 Jahren war auf sechs Jahre reduziert worden, nachdem er sich bereit erklärt hatte, mit den US-Behörden zusammenzuarbeiten. »Nach dem, was ich weiß, ist jeder bezahlt worden, bis ganz oben.«

Hartnäckig hält sich das Gerücht, dass das spektakuläre Debakel mit General Rebollo Teil eines Komplotts der US-Regierung war. Diese verfolgte nachdrücklich eine Strategie der

Pression gegenüber Mexiko, um es zum Subjekt der Politik des US-Verteidigungsministeriums zu machen. Demnach sollte der Kampf gegen den Kommunismus durch die Auseinandersetzung mit dem Narco-Terrorismus ersetzt werden. Der Plan der US-Regierung bestand darin, eine multinationale Antidrogen-Luftstreitmacht, die unter dem Kommado des Pentagon stand, aufzubauen und mit ihr die gesamten lateinamerikanischen Streitkräfte einzubinden. Dieser Strategie widersetzte sich General Rebollo mit dem Argument: »Nur Mexikaner schützen den mexikanischen Himmel.«[63] Die intensiven Bemühungen nach der Verhaftung des Generals, dieses Ziel durchzusetzen, bekräftigen jedenfalls diese Vermutungen. Die USA benutzten den skandalösen Vorfall, um Präsident Ernesto Zedillo zu zeigen, dass das mexikanische Militär allein unfähig sei, den Drogenhandel zu bekämpfen.

Mexiko war lange Zeit dafür bekannt, dass sich das Militär nicht in die Politik einmischte. Angesichts der ökonomischen Krise gab das Militär jedoch seine traditionelle Zurückhaltung auf und wurde zunehmend wichtiger in der Innenpolitik. Mit der Begründung des Kampfes gegen den Drogenhandel, den sie im Süden beobachten und im Norden bekämpfen, hatten sich die bewaffneten Streitkräfte inzwischen bereit erklärt, die soziale Befriedung in Mexiko durchzusetzen. Was dazu führte, dass die militärischen Interventionen gegen die populären Zapatista-Rebellen in Chiapas von jenen Militärs durchgeführt wurden, die gleichzeitig im Drogenhandel verwickelt sind.

»Das Militär ist die einzige, trainierte, disziplinierte Streitmacht, die wir einsetzen können, um die Situation in kurzer Zeit zu lösen«, verkündete der neue Präsident Zedillo, nachdem er am 1. Dezember 1994 sein Amt übernommen hatte. Eine seiner ersten Handlungen bestand darin, Militärs in die Drogenkontrollstrategie der Regierung einzubinden. Dann genehmigte er ihnen, mit den US-Behörden zusammenzuarbeiten, indem er den Einsatz von US-F-5-Kampfflugzeugen genehmigte, um die Jets der Drogenschmuggler zu jagen. Schließlich erlaubte er den Militärs, die Beamten der Bundespolizei in jenen Grenzstädten zu ersetzen, die besonders unter dem Drogenschmuggel litten. Um den Kampf erfolgreich zu führen, schenkte das US-Verteidigungsministerium der Regierung 73 Kampfhubschrauber, mit denen die Eliteeinheiten schnell von einem Operationsgebiet zum anderen transportiert werden konnten. Die Hubschrauber sollten natürlich nur für Antidrogenoperationen eingesetzt werden. Aber mexikanische und amerikanische Armeeangehörige verhehlen nicht, dass die Helikopter auch die linken Befreiungsbewegungen im Süden des Landes, in Guerrero und Chiapas, bekämpften.

Das neue, so genannte Antidrogenprogramm wird von Belize aus gesteuert. Verantwortlich für die US-Regierung zeichnen dabei Ted Shackley, ehemals stellvertretender Direktor der CIA, und Felix Rodriguez, ebenfalls ein CIA-Veteran. Sie fielen im Rahmen der »Iran-Contra«-Affäre in Pakistan und in Vietnam/Laos auf, in Verbindung mit schmutzigen Drogengeschäften im Auftrag der CIA. Daher ist es nicht unwichtig, ihre professionellen Fähigkeiten im Kampf gegen die Drogen etwas näher zu betrachten. Von 1960 bis 1973 führte die CIA in Laos einen Krieg, von dem der amerikanische Kongress und die Öffentlichkeit erst Jahre später erfuhren. Das erklärte Ziel dieser verdeckten CIA-Operation bestand darin, den Vormarsch der prokommunistischen Pathet Lao und des Vietcong aufzuhalten. Die CIA stellte deshalb eine geheime Armee auf die Beine, die aus 30 000 Meo-Bauern bestand und von General Vang Pao geführt wurde. Die Hauptmission der CIA sah nun vor, die Meos auf ihre Seite zu ziehen. Dazu musste ihnen die Opiumernte abgekauft werden. Das Goldene Dreieck warf Rekordernten ab, jährlich bis zu 1000 Tonnen Opium. Rund die Hälfte davon kam nach Laos.

Während dieser verdeckten Aktion amtierte Theodore Shackley als CIA-Stationschef in der laotischen Hauptstadt Vientiane. Vor dem Laos-Einsatz war er in Miami stationiert, wo er unter Exilkubanern und vor allem im Ganovenmilieu Söldner rekrutierte. Mit Sabotage und Attentaten wollte man den Sturz von Fidel Castro erzwingen. Später, bei dem geheimen Unternehmen »Iran-Contra«, so schreiben Pascal Auchlin und Frank Garbely, zwei renommierte Schweizer Publizisten, hatte Theodore Shackley die Schweiz als Drehscheibe für geheime Militärhilfe an den Iran und die Contras benutzt. »Shackley gehörte zur ersten Sturmtruppe, die die CIA bei Geheimoperationen weltweit gegen die kommunistische Bedrohung und angeblich zur Verteidigung von Freiheit und Demokratie einsetzte.« Alte Kämpfer für die Freiheit des Westens, die vielleicht etwas dazugelernt haben? Daran darf man zweifeln.

Dass die mit Hilfe von Ted Shackley neu aufgebaute Drogeneinheit wieder Verbindung zur CIA aufnahm, ist ein offenes Geheimnis. »Es könnte einige Kontakte geben, aber sie sind nicht offiziell«, so Generalstabschef Juan Heriberto Salinas Altes. Dessen Name – wen wundert's noch? – tauchte bereits Anfang 1990 in DEA-Unterlagen auf. Ihnen zufolge wurde er 1988 zum Chef der 9. Militärregion in Acapulco ernannt. Hier arbeitete er sechs Jahre. Seine offizielle Aufgabe bestand darin, gegen die Drogenhändler vorzugehen. Erst später stellte sich heraus, dass ein Drogenhändler mit einem General Salinas Altes telefonischen Kontakt aufgenommen hatte. Der schwere Verdacht verdichtete sich, als im Sommer 1997 bekannt wurde, dass sowohl Salinas Altes als auch andere hohe Offiziere sich mit einem »Leutnant« des Drogenzaren Carillo Fuentes getroffen haben sollen. Der »Leutnant« hatte ihm dabei angeboten, dass er die Behörden im Kampf gegen die Drogenmafia unterstütze, wenn ihm erlaubt werde, die Hälfte seines Vermögens zu behalten und er in Frieden weiter Geschäfte machen könne. »Da war überhaupt nichts«, antwortete Salinas Altes auf die Vorwürfe. »Ich habe lediglich mit einem jungen Geschäftsmann gesprochen, der Informationen über den internationalen Drogenhandel gab.« Bei diesem jungen »Geschäftsmann« handelte es sich um einen Mann, so behauptete es zumindest der inzwischen verhaftete Ex-Drogenabwehrchef Gutierrez Rebollo während seines Prozesses, »der bei zwei anderen Treffen sechs Millionen Abschlagszahlung auf eine Summe von insgesamt 60 Millionen für Regierungsangehörige bezahlt hatten. Die Beschuldigungen wurden sofort dementiert, als ›Lügen‹ und ›Infamie‹. Doch dem stehen Aussagen von US-Regierungsbeamten gegenüber, denen zufolge es »glaubwürdige Informationen gibt, dass dieser junge Geschäftsmann mehrmals bei hohen Militärs gesehen wurde und die Aussagen von Rebollo durchaus glaubwürdig sind«[64].

So hofft man nun in den USA, ein neues Bollwerk gegen die illegalen Drogenlieferungen von Mexiko in das Nachbarland aufbauen zu können, indem man die mexikanische Armee in den doppelbödigen Antidrogenkampf einbindet. Dabei ist die US-Regierung nicht kleinlich. Immerhin erhielten in den letzten zehn Jahren, laut offiziellen Angaben aus dem Pentagon, tausende Offiziere der mexikanischen Streitkräfte und der Marine ein Antidrogentraining in den USA. Die brüderliche Hilfe bestand nicht nur aus Drill und Ausrüstung, sondern auch aus Beratung durch die CIA. Sie forciert das Ziel einer Eliteeinheit, die an vorderster Front das Drogenunwesen bekämpfen soll. Diese Unterstützung wurde seltsamerweise gewährt, obwohl bekannt war, dass Teile ebendieses Militärs wesentliche Stützpfeiler des Drogenhandels in Mexiko sind.

Während inzwischen die Clinton-Regierung die US-Hilfe als von zeitlich begrenzter Dauer bezeichnet, machen das US-Verteidigungsministerium und die CIA Druck, die Unterstützungsmaßnahmen weiter auszubauen. Sie tun das, so sehen es zumindest amerikanische Medien, »weil sie nach dem Ende des Kalten Krieges neue Aufgaben suchen«.[65] Die Risiken werden schlichtweg geleugnet. Risiken, die darin bestehen, dass höchste Generäle die Drogenhändler unterstützen und, was noch weniger zu ertragen ist, es das gleiche Militär ist, das Verbindungen zu den gefürchteten Todesschwadronen unterhält. Und wieder wird die Öffentlichkeit getäuscht und der Freund im Geiste geschützt. Glaubt man einem Artikel in der *New York Times*, so war die CIA wenig interessiert an den Erkenntnissen der DEA über die Beziehungen des Militärs und der Regierung zu den Drogenkartellen. »Die CIA-Station in Mexiko, die größte auf dem Kontinent, schließt ihre Augen, wenn es bedeutende Beziehungen in Bezug auf Korruption und Drogen im politischen Sicherheitsapparat gibt.«[66]

Eine Militarisierung des Drogenkampfes mit unterschiedlichen Zielrichtungen – das scheint die Politik der USA zu sein. So sagt ein Experte für nationale Sicherheit, John Sace-Fernández, dass es »seit geraumer Zeit Beweise dafür gibt, dass die Vereinigten Staaten eine bewaffnete Streitkraft außerhalb ihrer Heimatbasis benötigen, damit sie auf interne Konflikte in Mexiko agieren können. Dieser Plan sieht vor, die Ressourcen Lateinamerikas, insbesondere Öl und Uran, abzusichern und zu kontrollieren«.[67] Aber das ist es nicht allein. Besonders gut geeignet sind die Antidrogen-Sondereinheiten der mexikanischen Armee für den Kampf gegen die »Nationale Befreiungsarmee Zapata«, die am 1. Januar 1994 mit ihrer Forderung nach sozialen Reformen mehrere Dörfer besetzt hatte. Es war eine Aktion, die weltweit Aufsehen erregte. Der Anführer der Rebellen, Subcommandante Marcos, beschuldigte die seit 65 Jahren regierende »Partei der Institutionalisierten Revolution«, PRI, »der politische Arm des organisierten Verbrechens und des Drogenhandels zu sein. Arbeitslosigkeit, Not und Elend werden für die Mehrheit der Mexikaner zum Albtraum.«

Das Militär als letzte Bastion einer nationalen Moral und Existenz ist inzwischen in sich zusammengebrochen. Immer häufiger berichten die mexikanischen Medien über Verhaftungen sogenannter Narco-Generäle. Einer von ihnen, José Chavez, kassierte monatlich eine Million Dollar als Gegenleistung für die freie Passage von Drogen. Ein anderer, Antonio Memendi, hatte 500 Kilogramm Kokain geschmuggelt. Es sind zwei von über 400 hohen Militärs, die sich im Drogengeschäft eine goldene Nase verdienen dürfen. Die Skandale um diese korrupten Armeekommandeure änderten nichts am Programm des Pentagons, mit dem Training mexikanischer Offiziere fortzufahren.

Und wem nutzt das alles? Die Kartelle haben ihre Produktpalette ausgeweitet. Einst konnten sie nur in geringem Umfang Heroin herstellen und verteilen. Jetzt sind sie die wichtigsten Heroinproduzenten für den US-Markt. Und das, obwohl noch 1996 die US-Behörden davon sprachen, dass die mexikanischen Kartelle lediglich billiges Heroin herzustellen in der Lage seien, mit einem Reinheitsanteil von sieben bis 20 Prozent. Inzwischen liegt der Reinheitsgehalt bei 76 Prozent. Deshalb spielen die einst dominierenden asiatischen Organisationen keine wesentliche Rolle mehr. Ihr Anteil am Heroinhandel mit den USA ist von 90 Prozent im Jahr 1992 auf 28 Prozent im Jahr 1998 gefallen. »Mexiko ist die zweitgrößte Quelle für das in den USA konsumierte Heroin«, meldete die *Washington Post* am 2. Juni 1998. Ein Grund für diese rasante Entwicklung dürfte unter anderem darin liegen, dass eine Allianz zwischen kolumbianischen Heroinhändler-Organisationen und den mexikanischen Drogenzaren geschmiedet wurde. Sie haben gelernt, wie man den Rohopiumsaft in Heroin umwandeln kann. Basierend auf einem Reinheitsgrad von 90 Prozent erschloss man sich einen neuen lukrativen Geschäftszweig, neben dem traditionellen Kokainhandel.

Welch ein Widerspruch aber: Während die US-Regierung die mexikanische Regierung dazu trieb, den Drogenhandel im Norden zu »kontrollieren«, schaute sie gelangweilt weg, als in großem Umfang Waffen aus den Vereinigten Staaten nach Mexiko geschmuggelt wurden. Der illegale Waffenhandel, der unter anderem AK-47-Schnellfeuergewehre betrifft, wird in aller Regel mit Drogengeld bezahlt. Außer den »Sicherheitseinrichtungen« der Drogenorganisationen werden mit den Schmuggelwaffen normale Kriminelle und diverse bewaffnete Gruppen, die besonders im Süden agieren, ausgerüstet. Aber solche Aktivitäten bedeuten für die amerikanische Waffenindustrie ein gutes Geschäft, und daher unternimmt man wohl nichts.

Es wäre nun jedoch fatal, nur diese Seite des milliardenschweren Drogengeschäfts zu sehen. Die andere ist nicht weniger dramatisch, nämlich der Tatbestand der direkten Verzahnung dieser Drogenbosse und ihrer Helfershelfer mit westlichen Regierungsstellen. Vielleicht erklärt diese Zusammenarbeit und Komplizenschaft erst, warum die Drogenkartelle blühen und gedeihen können. Bei näherem Hinsehen offenbart sich eine Welt, in der hochanständige Geschäftsleute und Politiker mit hochkriminellen Paten agieren. Es ist eine Welt, in der es nicht nach Gewalt, nach Blut riecht. Eine Welt, in der keine bittere Armut herrscht. Es ist die Welt der Saubermänner, die wahrscheinlich selbst niemals mit Kokain oder Heroin in Berührung gekommen sind. Aber diese Politik ist nichts Neues – sie ist die Fortsetzung einer langen Tradition, wonach insbesondere die USA in den Achtzigerjahren im Kalten Krieg die Droge als Waffe einsetzten.

Die Rede ist vom Krieg der Contras Anfang der Achtzigerjahre gegen die linke sandinistische Regierung in Nicaragua. Der damalige US-Präsident Ronald Reagan feierte die ultrarechten Rebellen als »Kämpfer für die Freiheit«. Nach peinlichen Pannen des Geheimdienstes – die CIA ließ sich beim Verminen von Hafenanlagen in Nicaragua erwischen – stoppte der Kongress im Oktober 1984 jede Hilfe an die Contras. Er verbot gleichzeitig jegliche Unterstützung »durch die CIA, das Verteidigungsministerium oder jede andere Behörde und jegliche nachrichtendienstlichen Aktivitäten«. Daraufhin wandte sich Präsident Ronald Reagan an Mitglieder des Nationalen Sicherheitsrats. Sie sollten sich etwas einfallen lassen, um den Contras jene Mittel zu beschaffen, die ihnen der Kongress verweigerte.

Eine Lösung des Problems ließ nicht lange auf sich warten. US-Politstrategen waren nicht immun gegen die gefährliche Idee, dass Drogengeld eine perfekte Alternative für die finanziellen Schwierigkeiten der Contras sei. Obwohl es gerade Ronald Reagan höchstpersönlich war, der vollmundig und überzeugend erklärt hatte: »Drogen bedrohen unsere traditionellen Werte und untergraben unsere Institutionen. Mit einem langsamen, aber sicheren chemischen Tod terrorisieren Drogenhändler unser Land.«

Entgegen den Auflagen des Kongresses wurden auf Veranlassung des Nationalen Sicherheitsrats, initiiert durch Oliver North, trotzdem Waffen an die Contras verschoben. In einem Dokument des Nationalen Sicherheitsrats vom 5. März 1985 wird diese Hilfe für die Contras offen angesprochen. Da schreibt Oliver North: »Das wahre Ziel ist es, einen Weg zu finden, wie wir die außergewöhnliche Unterstützung für die Freiheitskämpfer kompensieren können.« Es ging um Munition im Wert von acht Millionen Dollar für die Contras. »Die Munition und Waffen werden in verschiedenen Lieferungen versandt werden (zwei durch Flugzeuge und eine über See), mit Beginn vom 10. März 1985.«

Zwei Monate zuvor hatte sich North bereits beim Millionär Ross Perot um finanzielle Unterstützung für die Contras bemüht. Dieser lehnte ab: »Ich sagte ihm, das ist eine blöde Idee. Ich gab ihm keinen Cent.«

Trotzdem wurden die Contras reichlich mit Waffen ausgestattet. Dies geschah zum Beispiel dadurch, dass gefälschte Dokumente benutzt wurden, um Waffen im Wert von über zehn Millionen Dollar – einschließlich Gewehre, Mörser, Maschinengewehre und Munition – den Contras zu übergeben. Aber woher stammten eigentlich die finanziellen Mittel, um diese Waffen einzukaufen? Wie DEA-Agenten gegenüber einem US-Untersuchungsausschuss, dem »House Judiciary Subcommittee on Crime«, in Washington erklärten, habe Oliver North ihnen im Juni 1985 den Vorschlag unterbreitet, anderthalb Millionen Dollar, die durch eine sogenannte Sting-Operation beim Medellín-Kartell beschlagnahmt worden waren, an die Contras zu übergeben. Sting-Operations sind Scheingeschäfte mit Drogenhändlern, bei denen verdeckte Ermittler der Polizei in der Szene versuchen, Drogen aufzukaufen. Der Vorschlag wurde von der DEA abgelehnt. Immerhin verdeutlichte dieser Plan, dass es im Weißen Haus konkrete Vorstellungen gab, den Contras Drogengelder zur Verfügung zu stellen. Und dieses Szenario sollte ja tatsächlich Wirklichkeit werden. In seinem Tagebuch vom 9. August 1985 beschreibt Oliver North ein Treffen mit Robert Owen, seinem Verbindungsmann zu den Contras. Sie diskutierten die Unterstützung für die Contras durch Hilfsflüge von Los Angeles nach Honduras. North schreibt: »Die DC-6 aus Honduras wurde für Drogenlieferungen in die USA benutzt.«

Am 1. April 1985 verfasste Robert Owen ein Memorandum zu Händen von Oliver North. Darin wird Oliver North mit dem Codenamen »Hammer« bezeichnet. Beschrieben werden Operationen der Contras an der Südfront, also an der Grenze zu Costa Rica. Robert Owen teilt Oliver North mit, dass der Führer der Contragruppe, Adolfo Calero, einen neuen Kommandeur ernannt habe, einen ehemaligen Major von Eden Pastora. Des Weiteren berichtet er, dass es sich bei den Führungsmitgliedern der FDN um Leute handelte, »die wegen vergangener Indiskretionen fragwürdig sind, wie José Robelo, von dem behauptet wird, dass er stark im Drogenhandel engagiert ist, und Sebastian Gonzales, der nun in Drogengeschäfte von Panama aus involviert ist«.

Drei Monate später, am 12. Juli 1985, notierte Oliver North einen Telefonanruf des zurückgetretenen Luftwaffengenerals Richard Secord. Beide hatten über ein Waffenlager in Honduras diskutiert, von dem aus die Contras mit Waffen versorgt werden sollten. Demnach habe Richard Secord seinem Freund Oliver North laut dessen Tagebuchaufzeichnung erzählt, dass die »Gelder zur Finanzierung der Waffen von Drogen kommen«. Nicht weniger aufschlussreich ist ein anderes Memorandum. Mit Datum vom 10. Februar 1986 schrieb Owen erneut an Oliver North. Diesmal erhält Oliver North die Codebezeichnung BG, was für »Blut und Mut« steht. Es ging um ein Flugzeug mit humanitärer Hilfe für die Contras, das jedoch zuvor zu Drogentransporten eingesetzt worden war: »Du weißt zweifellos, dass die DC-4 einmal zum Drogentransport benutzt wurde und Teile der Crew eine kriminelle Vergangenheit haben. Nette Gruppe, die die Boys ausgewählt haben.«

Das Flugzeug gehörte der in Miami ansässigen Firma Vortex, deren Besitzer zu dieser Zeit einer der größten Marihuanahändler in den USA war. Obwohl seine lange Karriere im Drogengeschäft bekannt war, erhielt er 300 000 Dollar von Oliver North für »humanitäre Hilfen« zugunsten der Contras. All das sind keine Einzelfälle. Celerino Castillo III arbeitete 1985 als leitender DEA-Agent in Guatemala, zuständig auch für El Salvador. »Ich erhielt ein Telex von der DEA Costa Rica. Sandy Gonzales bat mich, die beiden Flugzeughangars Nr. 4 und 5 in Ilopango [El Salvador] zu überprüfen. DEA Costa Rica habe wichtige Hinweise, dass die Contras dort Kokain lagerten. Beide Schuppen sind im Besitz der CIA und der NSA [National Security Agency]. Verantwortlich für die Hallen sind Lt. Col. Oliver North und ein CIA-Agent: Felix Rodriguez.«

Bei seinen Überprüfungen bestätigte sich der Verdacht. »Wir sahen das Kokain, und wir sahen Kisten voller Geld – sehr große Mengen von Kokain und Millionen von Dollar.« Sein Bericht an die Vorgesetzten »enthielt nicht nur die Namen der Schmuggler, sondern auch den Bestimmungsort der Drogen und detaillierte Flugdaten«. Besonders gut erinnerte er sich an den 14. Januar 1986. An diesem Tag traf er den damaligen Vizepräsidenten George Bush bei einem Empfang in der US-Botschaft in Guatemala. Der DEA-Agent versuchte Bush mitzuteilen, dass »irgendetwas Seltsames« in Ilopango vorginge. »Aber er schüttelte nur meine Hand, lächelte und war wieder weg.« Wenig später beobachtete er, wie sich Oliver North und der Contraführer Adolfo Calero und George Bush ausführlich unterhielten.

Soweit die Verwicklung einer obersten Regierungs- und Planungsbehörde, des Nationalen Sicherheitsrats, in kriminelle Machenschaften. Vielleicht dachte man ja, dass der Zweck die Mittel heiligen würde. Weitere schillernde Personen und Plätze tauchten auf. Diesmal war Costa Rica Zentrum der Aktivitäten. Im Norden des mittelamerikanischen Landes spielte zum Beispiel eine Ranch eine maßgebliche Rolle, die einem engen Mitarbeiter der CIA, John Hull, gehörte. Nach Costa Rica kam er Mitte der Siebzigerjahre. Auf dem riesigen Areal, das er kaufte, befanden sich insgesamt sechs Start- und Landepisten für Flugzeuge. John Hull war eine zentrale Figur in den Operationen der Contras und unterstützte diese mit militärischen Ausrüstungsgegenständen und anderen Dingen. »Diese finstere Gestalt, die am Hafen von San Carlos den Empfang von Waffen für die Contras und die Verschiffung von Drogen nach Miami kontrolliert und gleichzeitig in der Region Huetar Norte als Förderer der Umstellung in der Landwirtschaft auftritt, hinterlässt eine breite Spur illegaler Aktivitäten, ohne jemals dafür bestraft zu werden.«[68] John Hull war nur das letzte Glied der Kette in der Strategie der totalen Kriegführung auf niedrigster Ebene. Begleitet und initiiert wurde dieser Plan von höchsten Stellen des amerikanischen Sicherheitsapparats.

Während der verdeckten Aktionen der USA gegen Nicaragua

entwickelte sich die Ranch von John Hull jedenfalls zu einem zentralamerikanischen Casablanca, zu einem Ort der Intrigen, an dem Geheimdienste, »Freiheitskämpfer« und die Drogenmafia aufeinander trafen, ohne dass es irgendwelche Berührungsängste gegeben hätte. CIA-Offiziere waren darunter, Söldner, costa-ricanische Geheimdienstbeamte, kubanische Exilanten. Hier besprachen sie bei Whisky und Bier, wie die Sandinisten in die Knie gezwungen werden konnten.

John Hull selbst war für den inneren Zirkel der Reagan-Regierung ein Mann sowohl mit der richtigen – das heißt rechten – Ideologie als auch mit einem großen Grundbesitz genau an der richtigen Stelle. Seine Auftraggeber waren von nun an Oliver North vom nationalen Sicherheitsrat der USA und der damalige CIA-Direktor William Casey. »Er war ein wahrer Patriot«, lobte North seinen Freund in Costa Rica.

Anfangs war Hull maßgeblich an der Organisation von Waffenlieferungen für die Contras beteiligt. Auf seinem Landbesitz starteten und landeten kleine Maschinen, beladen mit Waffen und manchmal mit Drogen. Ein kolumbianischer Drogenhändler erinnerte sich: Nachdem die Drogenkuriere, zu denen er gehörte, die Waffen ausgeladen hatten, seien »große grüne Säcke voller Kokain, die den Contras gehörten, eingeladen und in die Vereinigten Staaten geflogen worden«. Üblicherweise zum Flugplatz von Opa Locka in Florida. »Bei jedem Flug, den ich nach Costa Rica unternahm, war Kokain an Bord, das den Contras gehörte.« Es gab auch Unfälle: So stürzte am 23. März 1984 nahe seiner Ranch eine DC-3 mit sechs Mann an Bord und Waffen ab.

Einschlägig bekannte Drogenhändler behaupteten, dass sogar der ehemalige Präsident von Costa Rica, Daniel Oduber, mit ihnen und Hull im Jahr 1983 darüber diskutierte, wie man eine militärische Einheit unter Führung des Rivalen der Sandinisten, Eden Pastora, aufbauen könne. Fünf Zeugen sagten gegenüber einem US-Untersuchungsausschuss aus, dass John Hull selbst in den Drogenhandel verwickelt war. Einer von ihnen, Gary Betzner, ein Drogenpilot, war Augenzeuge, als in Anwesenheit Hulls Kokain in Flugzeuge geladen wurde. »Diese Flugzeuge starteten danach in Richtung USA. Ich habe zuerst Waffen zur Ranch geflogen und auf dem Rückweg in die USA Kokain transportiert.« Zwei weitere Zeugen berichteten von dem Verlust von 538 Kilogramm Kokain, das dem Cali-Kartell gehörte. In der Nähe der Ranch von Hull stürzte die Cessna 310 mit dem Kokain an Bord ab, der Pilot wurde dabei getötet, und das Rauschgift verschwand.

John Hull bestritt vehement, dass von seiner Ranch aus Drogen geschmuggelt wurden. In einem Bericht des Generalstaatsanwalts von Costa Rica steht jedoch etwas anderes zu lesen: »Bei einer Gelegenheit, im Juni 1983, besuchten John Hull, Marcos Aguado und George Dran zusammen mit einem kolumbianischen Freund das Büro Nr. 415 auf dem Flugplatz Opa Locka. Ziel war es, 40 Granatwerfer illegal aus den USA und nach El Salvador zu fliegen, bestimmt für die Contras. Sie landeten auf der Piste von John Hull, wurden dann mit Treibstoff beliefert und flogen weiter nach Rio Hacha in Kolumbien. Von dort kehrten sie in die USA mit einer Ladung Marihuana zurück. Die Piloten bestätigten, dass alle ihre Flüge von Agenten der US-Regierung gedeckt wurden.«

Über einen anderen Flug heißt es: »Der erste Flug von Costa Rica aus wurde durch George Morales und Aguado durchgeführt. Auf dem Rückflug wurde Kokain geladen. Aber im letzten Moment erklärte ihm Marcos Aguado, dass er das Risiko nicht eingehen könne, mit Drogen gefasst zu werden, da er enge Verbindungen zur CIA habe. Daher steuerte wahrscheinlich Gary Betzner im Juli 1984 das Flugzeug. An Bord waren 60 Maschinengewehre. Der Flug von Fort Lauderdale hatte als Bestimmung John Hulls Farm in San Carlos. Dort gab es ein Treffen mit John Hull, einem blonden Freund und zwei Latinos. Das Flugzeug wurde entladen und dann mit sieben Koffern und 56 Kartons Kokain beladen. Die Ladung wurde nach Fort Lauderdale geflogen zu einem Flughafen, der von den US-Behörden kontrolliert wurde. Zehn Tage später unternahm Gary Betzner einen erneuten Flug. An Bord der Maschine waren abermals Waffen. Die Maschine landete wieder auf einer Landebahn des Geländes von Hull. Diesmal wurde das Flugzeug mit 15 kleinen Koffern, jeder voll mit 30 Kilogramm Kokain, beladen.«[69]

Einer der Piloten, der häufig die Ranch anflog, Tito Carrasco, hatte anfangs Befürchtungen, mit den Drogen an Bord geschnappt zu werden. Seine Bedenken verflüchtigten sich, als ihm einer der Kommandanten der Contras versicherte, dass »die CIA die Flüge von Costa Rica auf dem gesamten Weg nach Florida decke. Nichts werde geschehen, wenn die Flugzeuge in Opa Locka ankämen«, erinnert sich Carrasco. »Jede Woche flog ich von Panama nach Costa Rica mit verschiedenen Pässen und verschiedenen Namen, und niemals fragte mich jemand, warum. Wenn das keine Protektion ist, weiß ich nicht, was es sonst wäre.«

Piloten, wie Jorge Abello, bestätigten diese Aussage: »Ich habe 1984 und 1985 fünf Ladungen Kokain, zwischen 300 und 400 Kilogramm, im Auftrag von George Morales in die USA transportiert. Im Flugzeug befanden sich außerdem Gewehre und Munition, die ich für Costa Rica geladen hatte. Dort wurden die Waffen ausgeladen, dann das Flugzeug mit Drogen beladen. Das Flugzeug landete in den USA.« Diese Aussage machte er vor einem amerikanischen Gericht.

Auf die Frage des Richters, ob er zu dieser Zeit jemals behelligt worden sein, antwortete Abello. »Niemals.«

»Es war Ihre Überzeugung, dass Sie die Drogen mit Kenntnis der CIA in die USA brachten?«

»Ja.« Diese Bestätigung aus seinem Mund kam jedoch erst, nachdem auf Intervention der Staatsanwaltschaft die Frage neu formuliert werden musste.

»Als Sie mit dem Flugzeug aus Costa Rica zurückflogen, glaubten Sie, dass Ihr Boss, Morales, mit Kenntnis und Zustimmung der CIA arbeitete. Korrekt?«

»Das ist richtig.«

Auch die nächste Frage des Verteidigers war zuvor auf Widerstand bei der Staatsanwaltschaft gestoßen.

»Sie operierten im Glauben, dass die Besitzer des Kokains, das Sie aus Costa Rica im Tausch gegen Waffen und Munition ausflogen, die Contraführer in Nicaragua waren. Korrekt?«

»Das ist richtig.«

Fest steht, dass Hulls Verbindungen inzwischen so vielfältig und mächtig waren, dass er sich an den internen Fehden der Drogenkartelle beteiligen konnte und gleichzeitig in den Streitigkeiten zwischen den in Costa Rica vertretenen amerikanischen Geheimdiensten Partei ergreifen beziehungsweise diese beeinflussen konnte. Seine Ranch war aber sicher nicht der einzige Stützpunkt der Contras. Eine Vielzahl anderer Pisten im Norden von Costa Rica wurde ebenfalls zum Drogenschmuggel benutzt.

Werner Lotz, Pilot von zwei costa-ricanischen Präsidenten, gab zu Protokoll, dass die Operationen der Contras an der Südfront in Wirklichkeit mehr oder weniger nur dem Drogentransport dienten. Drogenpiloten nutzten diese Start- und Landebahnen, wenn sie keine Waffen geladen hatten. »Sie wussen, dass die Behörden die Pisten nicht überprüfen würden, denn der Krieg war gedeckt«, so Werner Lotz gegenüber US-Senator Robert Kerry. Sozusagen nebenbei berichtete er Kerry über die Beziehungen der Drogenhändler zu den Contras. Es war zu Beginn des Konflikts, als die Südfront gerade eingerichtet war und die Contras über wenig finanzielle Mittel verfügten. »Es gab kein Geld. Es gab zu viele Führer und zu wenige Leute, die ihnen folgten. Und jeder versuchte Geld herbeizuschaffen, so gut er konnte.« Für ihn gab es keinen Zweifel, dass die Contraaktivitäten an der Südfront in Wirklichkeit durch Drogenoperationen finanziert wurden: »Mit den kleinen Flugzeugen kamen gemischte Ladungen nach Costa Rica – Waffen und Drogen für die Contras. Danach wurden die Flugzeuge wieder aufgetankt und flogen in Richtung USA, mit dem Kokain an Bord.«

Bekanntheit erlangte in diesem Zusammenhang das Unternehmen DIACSA, eine Mietfluggesellschaft, die der einflussreichen Familie Guerra in Costa Rica gehörte. Ihr Präsident war Alfredo Caballero aus San José, der bereits Mitte der Achtzigerjahre von der DEA wegen des Verdachts auf Kokainschmuggel und Geldwäsche observiert wurde. Ein eingeschleuster Agent fand heraus, dass in den Büros der Firma die Schmuggelaktivitäten geplant wurden. Und sie dienten als Sammel- und Verteilungszentrale für große Bargeldtransaktionen aus den Drogengeschäften. Der Agent erhielt von der Organisation 3,8 Millionen Dollar mit der

Aufgabe, das Geld in Form telegrafischer Überweisungen in der ganzen Welt zu verteilen. Nur ein kleiner Teil davon wurde an offizielle Stellen in Costa Rica zwecks Bestechung überwiesen.

Dass die Firmeninhaber später nicht wegen Geldwäsche, sondern vielmehr wegen Schmuggels von 900 Kilogramm Kokain, mit Bestimmungsort USA, angeklagt wurden, gilt heute als einer von vielen Beweisen für die Verbindungen zwischen Drogenhändlern und den Contras. Zu den Kunden des Unternehmens zählten übrigens die US-Botschaften von Panama und Costa Rica.

Alle wussten von diesen Verbindungen, keiner redete offen darüber. Das gilt auch für die Contras selbst. Nach den Worten eines führenden Offiziers der Contraorganiation ARDE »versuchten Drogenhändler, sich politischen Gruppen wie uns anzunähern, um einige Deals zu machen, die ihre Aktivitäten verschleierten«. In einem Memorandum vom 25. Oktober 1984 berichtete die CIA, dass Adolfo Popo Chamarro eine Person über eine Vereinbarung informierte, die er gerade getätigt hatte. Zu dieser Zeit war Adolfo Chamarro in Costa Rica der offizielle Repräsentant der von Eden Pastora geleiteten ARDE. Chamarro sagte aus, dass er in Miami eine Vereinbarung getroffen habe, und zwar mit einem Drogenhändler kubanischer Nationalität namens George Morales. Dieser Übereinkunft zufolge würden die Contras ihre operativen Mittel, insbesondere Landebahnen in Costa Rica, zur Verfügung stellen, um Drogen zu transportieren. Als Gegenleistung würden die Drogenhändler »finanzielle Unterstützung, Flugzeuge und Ausbildung von Piloten« für die Contras übernehmen.

Am 16. Oktober 1984 übergab George Morales den Contras zwei Helikopter und eine Maschine vom Typ DC-3. Die Vereinbarung zwischen George Morales und den Contras beinhaltete außerdem das Training für zwei Piloten der Rebellen in Miami, die von Kolumbien aus Drogen zu von den Contras in Costa Rica kontrollierten Flugpisten und danach in die USA transportieren sollten.

Für diese Geheimpolitik – Waffen gegen Drogen – gibt es, abgesehen von dem Netzwerk des Norwin Meneses Cantarero oder John Hull, zahlreiche weitere Beispiele. Da gab es zwei Kommandanten der Contras, die gleichzeitig CIA-Kollaborateure waren. Einer von ihnen war der Cousin von Octaviano Cesar, einem wichtigen CIA-Mitarbeiter mit verschiedenen Funktionen, der einen eigenen Informantenring führte. Im Frühjahr 1984 war er an einem Deal mit dem kolumbianischen Drogenhändler George Morales beteiligt.

Der Multimillionär George Morales war einer der wichtigsten Drogenverteiler im südlichen Florida. Auf seiner Gehaltsliste standen Präsidenten und Generäle der gesamten Karibik und Mittelamerikas. Nachweislich erhielt er Besuch von einer Delegation aus Costa Rica. Es waren ein Pilot und zwei Offiziere der Contras, die sein Büro am Flugplatz von Opa Locka in Florida betraten. Die beiden Contras bezeichneten sich selbst als CIA-Agenten, was George Morales bereits wusste. Diskussionsgegenstand war ein Deal: George Morales lieferte den Contras Waffen nach Mittelamerika, und auf dem Rückflug würde Kokain in die USA transportiert, unter Protektion der CIA. In den nächsten 18 Monaten wurde das Geschäft perfekt gemacht. Von Opa Locka und Fort Lauderdale aus wurden Waffen und Munition nach Costa Rica, Honduras und El Salvador und zurück Kokainladungen in die Vereinigten Staaten geflogen. Im März 1984 wurde Morales von der DEA ins Visier genommen und beschuldigt, Kokain in die USA zu liefern und dort zu verteilen. Doch dabei blieb es auch.

Ein weiterer Zeuge für die verhängnisvolle Zusammenarbeit amerikanischer Dienststellen mit Drogenhändlern ist einer der bekanntesten Führer der Contras, Sebastian Gonzáles alias Guachan. Er berichtete, dass er Augenzeuge war, als Waffen und Drogen in und aus den Lagern der Contras transportiert wurden. »1983 landete eine Cessna 404, die von einem Amerikaner geflogen wurde, auf einer kleinen Piste in der Nähe von Liberia, um zu tanken.« Liberia liegt in der Provinz Guanacaste in Costa Rica, nahe der Südfront. »Waffen wurden ausgeladen und etwa 300 Kilogramm Kokain an Bord genommen. Es war um Mitternacht. An der Flugpiste warteten 15 bis 20 schwerbewaffnete Männer auf das Flugzeug – alles Mitglieder der Contras, die mit israelischen Uzis [Maschinenpistolen] und belgischen Gewehren ausgerüstet waren. Das Flugzeug landete, um zu tanken. Der Pilot sprach einige Wörter in Englisch. Er war Amerikaner. Waffen wurden augeladen und dann zwischen 250 und 300 Kilogramm Kokain in der Maschine verstaut. Arrangiert hatte den Flug Adolfo Kiminezk, ein Farmer aus Costa Rica, ein aktiver Antikommunist. Das Kokain war in kleinen Paketen versteckt, jedes davon wog ein Kilo und war in wasserdichtem Papier eingewickelt. Die Pakete waren sehr hart, wie Steine. Ich habe die Päckchen nicht gezählt, aber es müssen mehr als 250 gewesen sein.«

Im Juli 1984 erhielt Guachan in Los Loros, einem kleinen Dorf in der Nähe von Punta Arenas, erneut Waffen – wieder im Austausch gegen Kokain. »Ich war dort, um die Waffen in Empfang zu nehmen, dafür war ich verantwortlich. Ich stellte niemals Fragen. Ich weiß nicht, wer die Aufträge erteilte. Alles, was ich weiß, ist, dass das Kokain in den Norden geschickt wurde, ich vermute in die USA.« Die Piloten, behauptete Guachan, die das Kokain in die USA weitertransportierten, flogen im Auftrag der CIA.

In einem Memorandum der CIA vom 5. Dezember 1984 lieferte der US-Geheimdienst weitere Informationen über diesen Vorgang. Demzufolge fand das erwähnte Treffen zwischen Eden Pastora, Popo und Roberto »Tito« Chamarro am 29. November 1984 in Miami statt. Morales hatte den Contraführern 30 000 Dollar übergeben und ihnen gleichzeitig zugesagt, dass ihnen 20 seiner Flugzeuge zur Verfügung gestellt wurden. Zu dieser Zeit liefen bereits gegen Morales Verfahren wegen Drogenhandels. »Im Mai 1984«, berichtete Morales, »wurde ich von einem Contraführer kontaktiert, der mich fragte, ob ich ihnen Geld, Piloten und Flugzeuge zur Verfügung stellen könne. Als Gegenleistung wurde mir versprochen, dass meine damaligen Probleme mittels hochrangiger CIA-Kontakte gelöst würden.« Danach traf sich Morales mehrmals mit dem Contraführer in Miami. Dieser fragte George Morales: »Können Sie in Zukunft Waffen für die Contras über die Ranch von John Hull in Costa Rica liefern?«

Demgegenüber bestätigt zwar die CIA, dass Hull ihr bei der Lieferung von Waffen und humanitärer Hilfe für die Contras und deren Familien Unterstützung geleistet habe. Doch seine Ranch und insbesondere seine Pisten seien von Piloten benutzt worden, nur um Waffen und anderes Material für die Contras einzufliegen. Nicht mehr und nicht weniger – auf dieser Feststellung beharrt die CIA.

1984 sollte sich die privilegierte Stellung von John Hull ändern. Und das hing mit Eden Pastora zusammen. Dieser war schon seit geraumer Zeit nicht mehr als ein Bauer auf dem Schachspiel um Macht und Einfluss. Seine Rebellen konnten nur geringe militärische Erfolge vorweisen, und man war der Meinung, dass er die meiste Zeit in Costa Rica verbringe, anstatt in Nicaragua zu kämpfen. Der Vorwurf seiner amerikanischen Freunde: »Er weigert sich, mit den im Norden agierenden Contras zusammenzuarbeiten, deren Führer der verhassten Nationalgarde angehören.« Dann erfuhr die CIA, dass seine Organisation mit »Spionen der Sandinisten« durchsetzt war, zu denen auch seine Geliebte gehörte, welche die Sandinisten in der nicaraguanischen Hauptstadt Managua mit geheimen Informationen versorgte.

Eden Pastora war während des Befreiungskampfes gegen die Diktatur Somoza ein Held, verehrt als »Commandante Zero«. Mit 26 weiteren Rebellen hatte er den Nationalpalast erstürmt, hunderte von Regierungsangestellten als Geiseln genommen und Somoza gezwungen, politische Häftlinge freizulassen. Nach dem Sturz des Diktators boten ihm seine Mitstreiter, die neuen Herren, lediglich eine unbedeutende Position in der Regierung an. Wenig später brach er mit den Sandinisten und wurde Führer einer Contragruppe an der südlichen Grenze von Nicaragua.

Pastora lebte in einer gefährlichen Welt mit vielen Feinden. Die Sandinisten hätten ihn lieber tot als lebendig gesehen und einige seiner eigenen Leute, die in den Drogenhandel verwickelt waren, führten Ähnliches im Sinn. Schließlich wollte ihn die CIA seines Postens als Kommandant entheben, ein Vorschlag, den Eden Pastora kategorisch ablehnte.

Es war John Hull, der das Gerücht verbreitete, Eden Pastora

sei ein Verbündeter der Sandinisten und würde sich – welche Schande! – zuerst um verwundete Gegner und erst dann um seine eigenen Kämpfer kümmern. »Es war für mich, dem Botschafter und jedem Beteiligten klar, dass Pastora entweder unglaublich inkompetent war oder ein Spion.« John Hull wiederum befürchtete, dass ihn Pastora ermorden lassen wollte. Seine ehemalige Sekretärin Sheila Ugalde ist noch heute davon überzeugt, dass Hull und seine Freunde glaubten, Eden Pastora würde ihn mit einer Bombe töten. In dieser gereizten Atmosphäre nahm John Hull am 29. Mai 1983 an einem Treffen teil, an dem sich auch Angehörige der Sicherheitskräfte von Costa Rica und anderer paramilitärischer Gruppen beteiligten. Ihr Plan war, Pastora zu eliminieren.

Am nächsten Tag traf Hull sich mit Robert Owen, dem Verbindungsmann zu Oliver North im Nationalen Sicherheitsrat.

Die bis ins letzte Detail abgesprochene Aktion ließ nicht lange auf sich warten. Kurz darauf explodierte während einer von Pastora kurzfristig einberufenen Pressekonferenz im Hotel Irazu in Rio San Juan eine Bombe. Drei Journalisten starben. Der nur leicht verletzte Pastora konnte fliehen.

Nach dem Bombenanschlag lehnte die CIA jede weitere Zusammenarbeit mit der ARDE ab, während die anderen Contragruppen durch verschiedene Kanäle weiterhin Unterstützung erhielten. Als Grund für die Aufkündigung des Bündnisses mit der ARDE wurde die Verstrickung ihrer Mitglieder in den Drogenhandel angegeben. So behauptete der CIA-Chef für Zentralamerika, dass jeder um Pastora wisse, dass er in den Kokainhandel verwickelt sei. »Sein Stab und seine Freunde sind Drogenschmuggler oder in den Drogenhandel involviert.« Auch Oliver North kritzelte in sein Tagebuch: »Pastora ist ein Drogenhändler.« Eden Pastora dementierte zwar heftig die Existenz von Verbindungen zwischen seiner Organisation und den Drogenhändlern und behauptete, dass diese Beschuldigungen durch die CIA erhoben würden, um ihn, den ehemaligen sandinistischen Kommandanten, und seine Freunde zu diskreditieren.

Doch die gleichen Drogenfürsten aus Kolumbien, die bis dahin die ARDE unterstützt hatten, dachten strategisch und halfen nun verstärkt anderen Contragruppen, die weiterhin politische und finanzielle Hilfe aus den USA erhielten. So moralisch kann die Motivation der USA für ihr Handeln also nicht gewesen sein.

Anfang 1985 geriet Hull zum ersten Mal voll ins Visier der US-Staatsanwaltschaft in Florida. Um die Ermittlungen gegen ihn zu forcieren, flogen im März 1985 der stellvertretende Staatsanwalt und zwei FBI-Agenten nach Costa Rica. Staatsanwalt Feldman und die beiden FBI-Agenten trafen sich dort mit dem US-Botschafter Lewis Tambs und dem CIA-Residenten. Der machte ihnen von Anfang an klar, dass John Hull ein wichtiger Mann und unter anderem mit Oliver North bestens bekannt sei. »Er vermittelte uns den Eindruck, dass Hull seit März 1984 für amerikanische Dienststellen arbeitete.« Zusätzlich gab einer der Sicherheitsoffiziere der US-Botschaft einem der FBI-Agenten den wohlmeinenden Rat, »dass wir die Arbeit der Agentur nicht stören sollen«. Als der Staatsanwalt trotzdem versuchte, mit Hull selbst zu sprechen, wurde dieser vom Botschafter eindringlich aufgefordert, sich darauf nicht einzulassen. Staatsanwalt Feldman schloss daraus, dass man seitens der US-Botschaft alles daransetzte, John Hull zu schützen. Die Ermittlungen verliefen einstweilen im Sande.

Die Polizei in Costa Rica verhaftete Hull erst im Januar 1989 – wegen Drogenschmuggels und »feindlicher Akte« gegen die Neutralität Costa Ricas. Sofort hagelte es Proteste aus den USA. In einem Brief, unterzeichnet von verschiedenen amerikanischen Senatoren, wurde seine sofortige Freilassung gefordert. Andernfalls werde die wirtschaftliche Hilfe für Costa Rica gesperrt. Nach drei Monaten wurde Hull bis zum Beginn des Prozesses wegen starker Herzbeschwerden auf Kaution (37 600 US-Dollar) aus der Untersuchungshaft entlassen. »Ich wusste, dass die Behörden mich auch wegen des Anschlags auf Pastora anklagen und mich wieder ins Gefängnis stecken wollten. Dank des Nachrichtendienstes und der DEA konnte ich ausgeflogen werden.« Und zwar zuerst nach Haiti und dann in die USA. Beteiligt an der Befreiung von John Hull war ein Agent der DEA für Sonderaufgaben, J. J. Perez. »Das geschah ohne unser Wissen«, sagt die DEA über die Aktivität ihres später gefeuerten Mitarbeiters. »Mein Gott. Du bekommst keinen DEA-Piloten und DEA-Flugzeuge, die mit dir herumfliegen, ohne dass es von oben gedeckt wird«, meinte dazu lapidar John Hull.

Interessant ist, dass es der DEA-Agent Perez war, der auch die Beschuldigungen, wonach John Hull in den Drogenhandel verwickelt sein sollte, untersuchte. Seinen Vorgesetzten berichtete er, dass er keinerlei Hinweis finden konnte, demzufolge die Pisten der Hull-Ranch für Drogentransporte benutzt würden. Er selbst habe sogar eine Landebahn observiert – eine relativ kurze Graspiste, zu schwierig für den Transport von Drogen. Seine Erkenntnisse teilte er mündlich seinem Chef, dem DEA-Residenten in Costa Rica, mit. Und der schwieg. Die DEA hatte es immer abgelehnt, zu diesen Vorwürfen Stellung zu nehmen. »Die Untersuchungen sind noch im Gange«, hieß es lediglich.

Auslieferungsbegehren der Regierung von Costa Rica an die USA wurden brüsk abgewiesen. Diese starre Haltung der US-Regierung führte zu einer scharfen Stellungnahme des Generalstaatsanwalts von Costa Rica. »Die DEA hat die Gesetze von Costa Rica gebrochen, indem sie die Flucht von John Hull mit organisierte.« Trotz der mangelnden Bereitschaft der US-Behörden zur Kooperation arbeitete die Staatsanwaltschaft in San José unermüdlich weiter, sammelte hunderte von Dokumenten. Aus ihnen ging eindeutig hervor, dass John Hull und andere »Patrioten« verantwortlich für den Bombenanschlag auf Pastora waren. Nach einem Bericht des Staatsanwalts wusste »wahrscheinlich sogar ein Mitarbeiter von Oliver North im Voraus über den Bombenanschlag Bescheid«.

Ein weiteres Kapitel über die Skrupellosigkeit und das Doppelspiel amerikanischer Behörden, die ansonsten vorgeben, massiv den Drogenhandel zu bekämpfen, ist die Geschichte von Joseph Kelso. Er war freier Mitarbeiter der US-Zollbehörde und kam 1986 erstmals nach Costa Rica mit dem Auftrag, gegen eine internationale Geldfälscherbande zu ermitteln. Während seiner Recherchen besuchte er häufiger eine Bar in San José, die gegenüber dem Stützpunkt der rechtsradikalen Gruppe »Costa Rica Libre« lag. »In der Bar hielten sich ständig Leute der spanischen ETA, der M 19 [einer kolumbianischen Terrorgruppe] und deutsche Mafiosi auf. Sie tranken zusammen, hatten ein gutes Leben. Wie alte Kameraden.«

In diesem erlauchten Kreis kamen ihm viele Gerüchte zu Ohren. Eines besagte, dass DEA-Agenten aus Costa Rica einen Teil einer beschlagnahmten Menge Kokains an sich genommen hätten. Joseph Kelso war alarmiert, wollte dem Vorwurf nachgehen. Monatelang beobachtete er das Geschehen in der Bar und um die amerikanische Botschaft herum, in der das DEA-Büro untergebracht war.

Während seiner Nachforschungen glaubte er herausgefunden zu haben, dass die DEA-Agenten sogar verschiedene Drogenlaboratorien in Costa Rica unterhielten. Sechs Augenzeugen – ehemalige und noch aktive Regierungsbeamte Costa Ricas und der USA – waren bereit auszusagen, dass ein leitender DEA-Agent sich von dem beschlagnahmten Kokain einen Teil angeeignet hatte und Kokainlabors im Norden deckte.

Einer von Kelsos Gewährsleuten war Warren W. Treece, im Ministerium für öffentliche Angelegenheiten Direktor der Drogenbekämpfungsabteilung. Der hatte ähnliche Informationen an die DEA in Costa Rica weitergegeben. Aber es wurden keine weiteren Ermittlungen durchgeführt.

»Das lag unter anderem daran«, behauptete ein ehemaliger Staatsanwalt und Richter aus San José, »dass nach meiner Meinung beide DEA-Beamte in der US-Botschaft in Costa Rica mit der CIA in Verbindung standen. Da gibt es keine Zweifel«. Und weiter: »Sie finden natürlich keine konkreten Beweise, denn es waren verdeckte Operationen. Aber ich führte eigene Untersuchungen durch und konnte zu keiner anderen Schlussfolgerung gelangen.«

Kelso hatte sogar genaue Landkarten angefertigt, auf denen die Positionen der Kokainlabors in Costa Rica markiert waren. Er hatte, wie auch immer, sich Dokumente der beschuldigten DEA-

Agenten als Beweismittel besorgt und kannte deren Codenamen: »Januar 1«, »2« und »3«.

Ende Juli 1986 glaubte er über genügend Unterlagen und Informationen zu verfügen, um sie seinem Führungsagenten von der US-Zollbehörde und dem US-Militärhauptquartier Süd in Panama zu übergeben. Dort lösten sie helle Aufregung aus.

DEA-Agenten aus Washington flogen mit Sondermaschinen nach Costa Rica, um sich mit dem Enthüller dieser prekären Vorgänge zu unterhalten und den Vorwürfen nachzugehen. Kelso erinnert sich an diese Besuche: »Die Beamten wurden nervös, als sie meine Unterlagen sahen, und sagten, dass sie die Informationen dem beschuldigten DEA-Agenten in der Botschaft San José vorlegen müssten.« Das war entweder Absicht oder Dummheit.

Am nächsten Tag – Kelso wartete in seinem Hotelzimmer in San José auf weitere Befehle – rief die DEA-Station bei der costaricanischen Drogenpolizei an. Sie wies die ahnungslosen Beamten an, Kelso zu verhaften, weil er ein Drogenhändler sei. Zusammen mit einem DEA-Agenten stürmte die Polizei das Hotelzimmer und beschlagnahmte alle Unterlagen, darunter die Karten mit den eingezeichneten Kokainlabors. Nach der Festnahme von Kelso tauchte im Büro der Stadtpolizei von Costa Rica der von ihm beschuldigte DEA-Agent auf. »Du Sohn einer Hündin, du bist tot!«, brüllte er Kelso an. Problemlos erhielt er die Erlaubnis, den des Drogenhandels Beschuldigten zur US-Botschaft zu bringen. Dort waren seine Kollegen bereits eifrig damit beschäftigt, Kelsos Dokumente zu kopieren, »bis eine Person, die ich nie zuvor gesehen hatte, in das Zimmer kam. Der Mann war sehr gut gekleidet und ich erfuhr später, dass es Robert Owen war.« Robert Owen war sowohl Ohr als auch Auge der CIA wie das von Oliver North, einer ihrer wichtigsten Verbindungen in Costa Rica.

Owen gestattete Kelso, in sein Hotel zurückzukehren. »Ich hatte Angst, was jetzt mit mir passierte, und telefonierte mit einigen Freunden bei der Polizei.« In Begleitung des Sicherheitschefs des Präsidenten Oscar Arias verließ er fluchtartig in einem Auto San José. Der Sicherheitschef dirigierte ihn zur Ranch von John

Hull. »Dort gab es eine Piste, von der mich ein Flugzeug schnell außer Landes bringen konnte.«

Am späten Abend kamen sie nach einer strapaziösen Fahrt endlich an. John Hull wusste anfangs nicht, was er mit ihm anfangen sollte. Er schrieb einen Report über den unerwarteten Besuch, notierte dabei, dass »Kelso behauptete, dass er die DEA-Landkarten besitze, auf denen die Kokainlabors eingetragen seien, die unter ihrem Schutz stünden«. Er steckte Kelso in sein Gästehaus und ließ dieses bewachen, um »darüber nachzudenken«, wie mit dem ungebetenen Gast zu verfahren sei. Die Order aus San José war eindeutig. Gegen drei Uhr am frühen Morgen wurde Kelso durch heftiges Gewehrfeuer geweckt. Die Polizei stand vor seinem Zimmer. Er war in Lebensgefahr. »Einer der Offiziere kam angerannt, zeigte mit dem Finger auf mich und schrie: ›In der US-Botschaft hat man mir gesagt, dass Sie extrem gefährlich sind. Es ist besser, ich töte Sie, als dass Sie mich töten!‹« Tatsächlich hatten die Beamten von dem DEA-Agenten, der durch Kelso schwer belastet wurde, den Rat erhalten: »Erschießt ihn, wenn er Widerstand leistet.«

Er wurde zwar nicht erschossen, aber verhaftet, zusammengeschlagen und von der Polizei wieder nach San José zurückgebracht. Der US-Botschafter Lewis Tambs hatte die Regierung Costa Ricas unterdessen aufgefordert, Kelso sofort auszuweisen, weil er im Besitz falscher Passdokumente sei. Dem Ansuchen wurde stattgegeben, Kelso an Bord des nächsten Flugzeuges gesetzt und außer Landes verfrachtet, nach Denver.

Die Aussagen von Joseph Kelso zur Verwicklung der DEA in den Drogenhandel in Costa Rica wurden übrigens von der Staatsanwaltschaft Denver überprüft. »Das meiste von dem, was er behauptete, konnte nachgeprüft werden. Aber einiges ist schwer zu verifizieren und das lag in der Art und Weise seiner Arbeit.« Die von ihm gesammelten Dokumente und Tonbandaufzeichnungen tauchten niemals wieder auf. »Sie wurden weggeworfen, zusammen mit anderen Unterlagen, als ich Costa Rica verließ«, gestand Robert Owen vor dem »Iran-Contra«-Ausschuss des amerikanischen Parlaments.

Der beschuldigte DEA-Agent aus Costa Rica erklomm die Karriereleiter. Er wurde sinnvollerweise Verantwortlicher für Untersuchungen über den Kokainhandel in Washington. 1995, bei seiner Demissionierung, war er sogar Direktor der internationalen Abteilung der DEA. Als Privatmann fand er eine neue Stellung – in einer Firma in Virginia, die Schutzwesten herstellt. Deren Eigentümer sind Oliver North und der ehemalige CIA-Resident von Costa Rica.

Bereits Ende 1986 befürchtete Oliver North, dass es zu einer Enthüllung seiner Aktivitäten kommen und das Konsequenzen für den Präsidenten haben könnte. Das geht zumindest aus einem Brief an seinen Mitstreiter, Vizeadmiral Poindexter, hervor: »Je mehr Geld zur Verfügung steht (und wir werden in ein paar Tagen eine beträchtliche Summe haben), desto klarer wird das Programm erkennbar (Flugzeuge, Piloten, Waffen, Lieferungen etc.) und desto neugieriger werden Leute wie Kerry, Harkins und andere werden. Mir persönlich ist es zwar völlig egal, was sie über mich sagen, aber es könnte für den Präsidenten und für Sie politisch peinlich werden.«

In den USA selbst hatte sich die öffentliche Meinung bezüglich der Bedrohung durch die »kommunistischen« Regierungen in Mittelamerika weitgehend gewandelt. In einer Umfrage der *New York Times* nannten 48 Prozent der Befragten den Drogenhandel als wichtigstes Thema der Außenpolitik, nur 22 Prozent Mittelamerika. Auf die Frage, ob es wichtiger sei, dem Drogenhandel Einhalt zu gebieten oder die mittelamerikanischen Regierungen bei ihrem Kampf gegen den Kommunismus zu unterstützen, waren 63 Prozent der Meinung, der Drogenhandel habe höchste Priorität, und nur 21 Prozent vertraten die Ansicht, es sei oberstes Gebot, den Kommunismus aufzuhalten. Keiner der Befragten wird sich damals vorgestellt haben, dass ihre Regierung den Drogenhandel massiv unterstützt hatte, um die »kommunistische Gefahr« einzudämmen.

Es waren Berichte in amerikanischen Medien, die 1996 in den USA großes Aufsehen verursachten. War es tatsächlich so, dass der Crackmarkt in den USA erst dadurch richtig angekurbelt wurde, nachdem bekannte Drogenhändler mit stillschweigender Duldung amerikanischer Nachrichtendienste das Kokain nahezu ungehindert in die USA einführen konnten? Undenkbar?

Im August 1996 veröffentlichte die Zeitung *San José Mercury News* eine Artikelserie mit dem Titel »Dark Alliance: Die Geschichte hinter der Crackexplosion«. In diesen Berichten wird behauptet, dass verschiedene Personen mit Verbindungen zu den Contras in den Achtzigerjahren Los Angeles mit Kokain überflutet hätten. Gleichzeitig hätten diese Personen mit den Gewinnen aus dem Drogenhandel den Kampf der Contras gegen die Sandinisten finanziert. Am explosivsten war die Feststellung, dass die CIA von diesen Aktivitäten gewusst oder sogar die Drogengeschäfte geduldet beziehungsweise sich nicht weiter darum gekümmert habe.

Die beiden Verfasser der Artikelserie, die hoch angesehenen Journalisten Gary Webb und George Hodel, unterstellten in keinster Weise, dass die CIA den Deal Drogen gegen Waffen direkt organisiert hatte. Aber ihre Schlussfolgerungen waren eindeutig: Durch die Duldung und Inanspruchnahme krimineller Drogenhändler in den Reihen der Contras kam es zu einem Kokainboom in Los Angeles, indirekt ausgelöst durch die Machenschaften amerikanischer Regierungsstellen, die keinen Finger rührten, um diese Transaktionen zu unterbinden. Besonders fatal war natürlich, dass diese Operationen während der Regierungszeit von Ronald Reagan aufblühten, der bekanntlich Anfang der Achtzigerjahre mit bebender Stimme zum »Krieg gegen die Drogen« aufgerufen hatte.

In einer wenig später veröffentlichten Untersuchung der CIA bezüglich der gegen sie erhobenen Vorwürfe kam die Behörde zu dem Schluss, dass es zwar richtig sei, dass verschiedene in den Zeitungsartikeln genannte Personen bekannte Drogenhändler waren, welche zudem die Contras unterstützten. Wichtiger war jedoch die Feststellung, »dass die Behauptung, wonach die CIA mit diesen Personen in Verbindung gestanden hatte, durch die Fakten nicht gedeckt wurde«. Mit riesigem Propagandaaufwand wurden die Rechercheergebnisse der Journalisten als »lächerlich« abgetan. Der Eindruck drängte sich auf, dass man die schmutzigen Einzelheiten eines politischen Deals mit allen Mitteln unterdrücken wollte – letztendlich sogar mit Erfolg.

Tatsache ist aber – und das fand bereits 1987 der von Senator John F. Kerry geleitete Senatsuntersuchungsausschuss über die Beziehungen von Drogenhändlern und den Contras heraus: Die Contras standen in enger Beziehung zu den Drogenkartellen. Auszüge aus dem Bericht des US-Senators John F. Kerry, der wegen seiner Untersuchung öffentlich beschuldigt wurde, die Justiz zu behindern:

»Drogenhändler nutzten den Krieg der Contras und die Verbindungen zu ihnen für ihre kriminellen Unternehmen in Honduras und Costa Rica. Die Hilfe der Drogenbarone war entscheidend für die Contras, deren Operationen sie schützten. Mitglieder der Contras waren in den Drogenhandel selbst involviert. Drogenhändler unterstützten die Aktionen der Contras und hatten zu ihnen Geschäftsbeziehungen. Drogenhändler verteilten Bargeld, Waffen, Flugzeuge, Piloten und anderes Material an die Contras. Humanitäre Hilfe für die Contras, die vom amerikanischen Kongress genehmigt worden war, wurde an Drogenhändler ausbezahlt. Einige der Drogenhändler erklärten, dass ihre Aktionen durch Regierungsstellen der US-Regierung sanktioniert waren.«

Das Kerry-Komitee konnte keinen einzigen Fall nachweisen, bei dem bekannte Drogenhändler aufgrund eines Hinweises von US-Nachrichtendiensten an die Strafverfolgungsbehörden zur Rechenschaft gezogen wurden. Und das, obwohl es zahlreiche Berichte über Drogengeschäfte und Drogenhändler gab, die der CIA zur Kenntnis gelangten.

So heißt es im Kerry-Bericht: »Amtliche Stellen, die mit den Contras in Verbindung standen, wussten, dass Drogenhändler die Infrastruktur der Contras benutzten und diese von den Drogengeschäften profitierten. Vielmehr verschlossen sie die Augen und berichten nichts den zuständigen Strafverfolgungsbehörden.«

Endlich, am 23. Juli 1998, veröffentlichte das US-Justizministerium den lang erwarteten Bericht seiner Untersuchungen zu den schweren Vorwürfen. Der Titel des Berichts lautete: »The CIA-Contra-Crack Cocaine Controversy – ein Ergebnis der Untersuchungen des Justizministeriums und der Staatsanwaltschaft«. Die Resultate wurden im Wesentlichen von der CIA zusammengestellt – von Frederick Hitz, dem »Wachhund«, verantwortlich für alle internen Ermittlungen der Mammutbehörde. CIA-Direktor John Deutch hatte ihn nach den massiven Vorwürfen gegen seine Behörde, den Drogenhandel mit den Contras zu decken, beauftragt, eine intensive Untersuchung durchzuführen. Am 16. März 1998 erklärte er vor dem für Nachrichtendienste zuständigen Ausschuss des Repräsentantenhauses in Washington, dass er und 17 Mitarbeiter insgesamt 250 000 Dokumente überprüften und über 365 Befragungen von Personen in vier Kontinenten durchführten. Zu den Befragten zählten ehemalige Direktoren und stellvertretende Direktoren der CIA, Angehörige des Geheimdienstes, Sekretäre, logistisches Personal, Operationsbeamte, Staatsanwälte, ehemalige Mitglieder der Contras, angeklagte Drogenhändler.

Das Ergebnis seiner Ermittlungen: »Wir haben keine Informationen gefunden, denen zufolge in der Vergangenheit oder Gegenwart Angestellte der CIA oder irgendjemand, der im Auftrag der CIA gearbeitet hatte, irgendeine Kenntnis vom Drogenhandel der Hauptbeteiligten Ross, Blandón und Meneses hatte.«[70] Von Deutch sollte Monate später ein Dokument publik werden, wonach es 50 Contras gegeben habe, die in den Drogenhandel verwickelt waren. Es war zugleich die Bestätigung dessen, dass die Reagan-Administration die Drogenoperationen schützte und damit FBI-Beamte frustrierte, die versuchten, die Drogenhändler dingfest zu machen. Die CIA hatte stets vehement jegliche Kontakte zu Drogenhändlern und deren Machenschaften dementiert.

Und heute? Noch immer arbeitete die CIA mit Personen zusammen, die in den Achtzigerjahren beschuldigt wurden, in den Drogenhandel verwickelt zu sein. Das meldete die *New York Times* am 17. Juli 1998. »Die CIA setzt ihre Zusammenarbeit mit zwei Dutzend nicaraguanischen Rebellen der Contras und ihren Unterstützern fort, obwohl diese beschuldigt wurden, in den Drogenhandel verwickelt zu sein. Die Entscheidung der CIA, diese bezahlten Agenten zu behalten oder mit ihnen auf weniger formaler Ebene zusammenzuarbeiten, wurde im CIA-Hauptquartier Langley von hohen Mitarbeitern getroffen.«

Umfangreiche Passagen des Berichts des Justizministeriums wurden als geheim eingestuft. Und selbst der veröffentlichte Teil war voller Widersprüche. Da heißt es an einer Stelle, dass es keine Beweise dafür gegeben habe, wonach sowohl Blandón wie Meneses, bekannte Drogenhändler, mit der CIA in Verbindung gestanden hatten. In einem anderen Teil des Berichts steht hingegen, dass das FBI davon ausging und immer noch davon ausgeht, dass beide Männer Informanten der CIA waren. Bestätigt wurde vom FBI, dass Norwin Meneses Cantarero und andere Drogenhändler in die Contrabewegung integriert waren und Verbindungen zu deren Führern hatten. Und dass die Profite aus den Drogengeschäften durch Meneses und andere gewaschen und an die Contras weitergeleitet wurden sowie dass Norwin Meneses Cantarero Verbindungen zur CIA hatte, die wiederum die Contras und andere in Mittelamerika aktive, USA-freundliche Bewegungen mit Waffen versorgte.

Insbesondere in der schwarzen Bevölkerung der USA konnte der vorgelegte Untersuchungsbericht die Wellen der Empörung nicht glätten. Nun schaltete sich die für Los Angeles zuständige Kongressabgeordnete Maxine Waters ein. Persönlich befragte sie zahlreiche Zeugen: Anwälte, Polizeibeamte und verurteilte Drogenhändler.

»Der offizielle Report«, beschwerte sich nach Überprüfung der Quellen die Kongressabgeordnete, »behauptet, dass 365 Personen befragt worden seien. Aber es wurde nur eine zusammenfassende Erklärung von zwölf Personen angeführt. Ich besitze eine Liste von über 70 Personen, die unter Eid durch die CIA befragt werden sollten, wenn die Untersuchung wirklich glaubwürdig sein sollte.« Zahlreiche in die Affäre verwickelte CIA-Agenten weigerten sich von vornherein auszusagen, obwohl sie alle eine Schlüsselposition bei dem Deal Drogen gegen Waffengeschäfte innegehabt hatten. Zu ihnen gehörten Joseph Fernandez, der ehemalige CIA-Resident in Costa Rica, oder Duane Clarridge, der erste CIA-Offizier, der half, die Contrabewegung aufzubauen, als bereits Drogenlieferungen für die Rebellen durchgeführt wurden. Sein Name taucht zwar im Notizbuch von Oliver North auf – als Verantwortlicher für die Verbindungen zu Panamas Diktator Manuel Noriega –, aber nicht im Untersuchungsbericht des Justizministeriums. Duane Clarridge kommentierte die Fragen, die ihm von der CIA im Zusammenhang mit der Untersuchung schriftlich gestellt wurden, wie folgt: »Sie sandten mir Fragen, die Mist waren, und dies schrieb ich ihnen auch zurück.«

Zurück bleibt der bittere Nachgeschmack, dass die Crack-Epidemie, die Anfang der Achtzigerjahre in den schwarzen Ghettos, beispielsweise von Los Angeles, ausbrach, das Werk jener Personen ist, die tief in die Contraaffäre verwickelt sind. Und das waren, so grotesk es klingen mag, Personen, die eng mit amerikanischen Nachrichtendiensten kooperiert hatten. Ein Vorgang, der bis zum heutigen Tag in Europa nur am Rande Erwähnung gefunden hat.

11. Die Abrechnung

»Ist die Türkei ein demokratisches Land oder wird sie von einer Diktatur gelenkt?«, fragte der Träger des Friedenspreises des Deutschen Buchhandels, der türkische Schriftsteller Yasar Kemal, in seiner aufrüttelnden Rede anlässlich der Preisverleihung im Oktober 1997 in der Frankfurter Paulskirche. Und er hatte auch gleich die Antwort parat: »Den Durchblick haben nicht einmal die Regierenden selbst. Ein völliges Durcheinander.« Viele seiner Zuhörer werden nicht verstanden haben, welche Zustände Yasar Kemal anprangerte.

Mörder, Kopfgeldjäger, Folterer, Drogen- und Waffenhändler, Saboteure, Provokateure, Politiker und Mafiosi – sie bestimmen das politische Leben in der Türkei mit. Werden sie per Zufall entdeckt, sagen sie immer das Gleiche: »Wir haben im Auftrag des Staates gehandelt. Es gibt nichts, wofür wir zur Rechenschaft gezogen werden können.«

Niemand weiß genau, ob es gesundes Misstrauen ist oder schlichtweg Paranoia, wenn man sich dem türkischen Modell der verstaatlichten Mafia und ihrer Protagonisten zuwendet. Eine Frage stellt sich dabei zwangsläufig: Wie ist es möglich, dass ein europäischer Staat von Personen und Organisationen gesteuert werden kann, der kriminelle Machenschaften als eine Tugend, als patriotische Pflicht definiert? Was seit mindestens 20 Jahren innerhalb weniger internationaler Sicherheitsorgane und einer kritischen Öffentlichkeit durchaus bekannt war, das wurde seit dem Jahr 1997 als ein Quell neuer skandalöser Erkenntnisse weltweit verbreitet. Der Staat ist die Mafia und umgekehrt. Plötzlich ist zumindest in der Türkei Tagesgespräch, dass mafiose Strukturen Teil des politischen Systems sind, der Staatsapparat als solcher in die Hände von Mafiapaten geraten ist. Der Vorsitzende der Industrie- und Handelskammer von Istanbul, Mehmet Yildirim, zählt gewiss nicht zu jenen, denen man Panikmache unterstellen kann. Aber er ist davon überzeugt, dass die Mafia das letzte Wort bei allen Privatisierungsmaßnahmen hat, einschließlich jener Firmenkonglomerate, die dem Militär gehören. Er geht davon aus, dass die Verbindungen der türkischen Mafia sogar weit in den Militärapparat hineinreichen. Und das Militär ist jenes Herrschaftsinstrument in der Türkei, das in der Vergangenheit vorgab, die Tugenden eines demokratischen Staates zu schützen.

»Die türkische Politik gleicht einer absurden Seifenoper.«[71] Denn seit zwei Jahrzehnten spielen sich, häufig in ewig gleicher Besetzung, die gleichen Tragödien ab. Die Hauptakteure, die Regierungschefs, wechseln – was bleibt, ist die verhängnisvolle Kooperation mit mafiosen Strukturen. Es war Ministerpräsident Mesut Yilmaz, der im Oktober 1998 erklärte, er sei davon überzeugt, dass der Staat vom organisierten Verbrechen übernommen worden ist. Wenige Wochen später wurde er gestürzt. Der Vorwurf: Er sei selbst in Mafiakontakte verstrickt. Und Ende 1998 wurde er von einer Parlamentskommission der Korruption und des Machtmissbrauchs bezichtigt. Eine verkehrte Welt.

In einem vertraulichen Dokument des nationalen Sicherheitsrats, des obersten Überwachungsgremiums türkischer Innen- und Außenpolitik, heißt es zur inneren Bedrohung der Türkei, es seien »vom Westen unterstützte Fundamentalisten, türkischer nationaler Rassismus und die Graue-Wölfe-Mafia«. Graue Wölfe nennen sich die Anhänger einer der größten rechtsextremen Parteien der Türkei, mit innigen Beziehungen nach Deutschland. Bislang war die »Bedrohungsliste« des Sicherheitsrats auf die Linksextremisten und kurdischen Separatismusbewegungen reduziert. In dem Dokument werden nun erstmals die rechtsradikalen Organisationen beschuldigt, seit mehreren Jahrzehnten »Verbindungen mit kriminellen Gruppen aufrechtzuerhalten«. Darüber hinaus habe die CIA, so der Bericht des Nationalen Sicherheitsrats, »die türkischen Geheimdienste dazu gezwungen, eine taktische Allianz mit den Grauen Wölfen und dem organisierten Verbrechen der extremen Rechten einzugehen«. Ein schwerer Vorwurf, der bislang allenfalls von linken Oppositionellen erhoben wurde und deshalb als billige Propaganda abgetan wurde.

Die Türkei, die im Herbst 1998 den 75. Jahrestag der Republikgründung feierte, scheint zu einem Staat verkommen zu sein, in dessen Namen Erpressungen, Drogenhandel, Folter, Exekutionen und Sabotagen an der Tagesordnung sind. Diejenigen, die damit zu tun haben, behaupten, stets mit Wissen von Präsidenten, Ministern und Generälen gehandelt zu haben. Und im Jahr 2000 ist es konstitutionelle Praxis geworden.

In diesem Kontext ist eine Zustandsbeschreibung der allgemeinen Menschenrechte Voraussetzung, um die Ereignisse in der Türkei überhaupt verstehen zu können. Denn Menschenrechtsverletzungen sind der Alltag, ein grausamer Alltag, der im Westen nicht mehr wahrgenommmen wird, ein Alltag, der alles übersteigt, was in Bosnien oder im Kosovo zu blankem Entsetzen der Weltgemeinschaft geführt hat.

General Korkut Eken fand nichts dabei, die kurdischen Dörfer im Osten der Türkei niederzubrennen, Gefangene hinter den Panzerfahrzeugen herschleifen zu lassen oder sie lebend aus dem Hubschrauber zu werfen. Vorfälle wie jene, die ein Arbeiter schildert, sind an der Tagesordnung: »Auf der Straße zwischen Sirnak und Nuseybin mussten wir wegen Straßenbauarbeiten vor der Brücke anhalten. Plötzlich sahen wir vier Leichen in der gerade vom Bagger ausgehobenen Erde. Die Leichen waren zerstückelt worden. Es gab mehr als zehn Mitfahrer im Bus. Wir waren entsetzt. Die Soldaten und Offiziere eines Sonderkommandos vor Ort kamen auf uns zu und deckten unseren Minibus mit einer Segeltuchplane ab, um uns an der Sicht zu hindern. Wir hatten Angst, getötet zu werden. Das Segeltuch wurde entfernt, nachdem die Leichen beseitigt worden waren. Die Soldaten befahlen uns weiterzufahren, als ob nichts geschehen wäre. Sie sagten uns: ›Keiner hat hier etwas gesehen.‹«

In einer alten Kurdenchronik aus dem Jahr 1000 unserer Zeitrechnung, so erzählen kurdische Großväter ihren Kindern, heißt es: »Ein Gefangener, an einen Baum gefesselt, bat seine Wächter, ihn abzubinden und an eine benachbarte Eiche zu binden. Nachdem sie dies getan hatten, fragten die Wächter, warum er das gewünscht habe – ein Baum sei doch wie jeder andere Baum. Ich konnte dreißig Schritte tun, antwortete der Gefangene.«

Nicht einmal diese »Freiheit« haben die Kurden heute. Fünf Millionen Menschen wurden in den letzten Jahren aus den kurdischen Provinzen in Ostanatolien vertrieben, tausende Dörfer dem Erdboden gleichgemacht. In Mardin, einer kleinen, beschaulichen Stadt, fuhren am 10. Juni 1998 Männer in einem Pkw ohne Nummernschild vor das Haus von Mizgin Kivilcim, einer jungen Frau, und brachen deren Wohnungstür auf. Seitdem ist sie verschwunden. Und seitdem demonstriert Leyla, die Mutter der jungen Frau, zusammen mit vielen anderen so genannten Samstagsmüttern in Diyarbakir, jeden Samstag. Sie hofft, ihre Tochter eines Tages wiederzusehen – bislang jedoch vergeblich. Die Methode des Verschwindenlassens gehört bekanntlich zu den häufigen Maßnahmen von Diktatoren, um sich unliebsamer Oppositioneller zu entledigen. Das hat gerade die Praxis, insbesondere in Argentinien, gezeigt. Argentinien ist weit weg und schon für viele vergessen. Doch die Türkei ist nahe und das Verschwindenlassen von missliebigen Bürgern an der Tagesordnung – unkommentiert von der internationalen Öffentlichkeit.

In Istanbul, dem Zentrum des Protestes der Frauen, die gegen das Verschwinden von Angehörigen in Polizeigewahrsam demonstrieren, wurden Ende Juli 1998 mehr als 100 Menschen festgenommen. Ihr Verbrechen: Sie forderten Auskunft über die verschwundenen Väter, Söhne und Töchter. Laut Menschenrechtsorganisationen sind in der Türkei in den letzten drei Jahren mehr als 800 Menschen spurlos verschwunden, meist nach der Festnahme durch die Polizei. Sie werden im Gegensatz zu früheren Jahren nicht einmal mehr tot, geschweige denn lebendig aufgefunden. Gegen diese Politik der türkischen Regierung, Oppositionelle »aus dem Verkehr zu ziehen«, haben die Mütter und Familienangehörigen der »Vermissten« seit dem 20. Mai 1995 ihren persönlichen Widerstand organisiert. Ihr Vorbild sind Mütter von der Plaza de Mayo in Buenos Aires. Deshalb versammeln sie sich jeden Samstag vor dem Galatasaraygymnasium in Istanbul, führen Sitzaktionen durch, um so auf das Schicksal ihrer Angehörigen aufmerksam zu machen. Sie protestieren mit der Parole: »Ihr habt unsere Kinder lebendig mitgenommen, wir wollen sie lebendig zurück.« In den Händen halten sie die Bilder der Verschwundenen, ihrer Kinder, Freunde oder Familienangehörigen. Regelmäßig geht die Polizei gegen sie mit Knüppeln und Hunden vor, um ihren Willen zu brechen – bislang jedoch vergeblich.

Die Türkei, der wichtigste Handelspartner Deutschlands, ein Mitglied der NATO und des Europarats, konnte demnach schwerste Menschenrechtsverletzungen begehen, dort konnte das Militär nach Gutdünken putschen und fundamentale Menschenrechte außer Kraft setzen – indigniert wandte sich der »humanistische« Westen ab. Wegen dieses Wegsehens können und konnten die Repressionsorgane des Staates bis heute Menschen foltern, verschwinden lassen oder ganze Landstriche von vermeintlichen »Terroristen« säubern. Wie schrieb doch der kurdische Schriftsteller Ali Dicleli: »Wenn einmal Folter, die Gewalt, die Gesetz- und Justizlosigkeit, wenn all dies einmal zur Methode geworden ist, so kennt sie keine Grenzen mehr. Sie verbreitet sich wie eine radioaktive Wolke, kommt von Kurdistan nach Ankara, nach Istanbul, kriecht selbst in deine Wohnung, dein Schlafzimmer, in die Korridore des ›erhabenen Parlaments‹.«

Unbequem wird es daher, politisch und moralisch, für die demokratischen westlichen Regierungen aus folgendem Grund: Sollte sich herausstellen, dass sie dieses mafiose System, einschließlich des florierenden Drogenhandels, politisch, wirtschaftlich und militärisch unterstützt haben, dann würde das zwangsläufig bedeuten, dass ohne ihre Hilfe der ganze Apparat auch nicht hätte funktionieren können. »Mafia in der Polizei reicht nicht«, schreibt der prominente Journalist Yalcin Dogan in der Zeitung *Milliyet*. »Mafia in der Politik reicht nicht. Mafia im Staat reicht nicht. Die Mafia ist überall. Diejenigen, die mit der Mafia verbunden sind, kommen in diesem Staat in die höchsten Positionen.«

Seit Jahren gab es in der Türkei immer wieder Versuche, einen Zusammenhang zwischen den menschenverachtenden Folterpraktiken, Exekutionen von Oppositionellen oder normalen Bürgern und dem Handeln von Regierungsbehörden und Regierungschefs herzustellen. Offiziell wurde das grundsätzlich als Lüge und billige Propaganda von »Vaterlandsverrätern« hinweggefegt. Inzwischen bekennen sich hohe Funktionäre des Staatsapparats offen zu diesen Taten – und wieder zeigt der Westen keine Reaktion.

Bülent Ecevit, Führer der türkischen Sozialdemokraten, ein rechtskonservativer Politiker, umschrieb die Situation mit folgenden Worten: »Kriminelle Organisationen, die Mafia und feudale Strukturen haben sich, mit staatlicher Aufsicht, wie ein Spinnennetz um Staat und Gesellschaft gelegt.« Was nichts daran ändert, dass er gleichzeitig mit den politischen Protagonisten dieser Strukturen Koalitionen eingeht.

Dabei wehrt sich die Bevölkerung der Türkei schon lange gegen den mafiosen Terror. Am 3. November 1998 demonstrierten tausende Türken in Ankara und Istanbul gegen diese Verbindungen des türkischen Staates mit Kriminellen. Auf der Protestkundgebung in Ankara, die von verschiedenen kleinen Parteien und politischen Bewegungen organisiert worden war, wurden Parolen laut wie: »Wir stehen Schulter an Schulter gegen die Banditen.« Ein eher frommer Wunsch, der angesichts der aufgefahrenen Panzerfahrzeuge der Polizei und der Sondertruppen ein Zeichen großer Zivilcourage war. Nicht nur die Bevölkerung meldete sich zu Wort, sondern auch Mafiabosse.

Bei der Zeitung *Turkish Daily News* ging im September 1998 der persönlich unterschriebene Brief von Kürsat Yilmaz ein, einem Gangster, der in Bulgarien verhaftet worden war. Zweimal war es ihm gelungen, aus einem türkischen Gefängnis zu fliehen. Der Sympathisant der Grauen Wölfe und glühende Verehrer des inzwischen verstorbenen rechtsextremen Parteiführers Alparslan Türkes hatte enge Beziehungen zum Staatspräsidenten Süleyman Demirel. In dem Brief beschuldigt er hohe Politiker, behauptet, dass eine »organisierte Bande« im türkischen Staat existiere. »Im Lichte der neuesten Entwicklung halte ich es für notwendig, die türkische Öffentlichkeit zu informieren. Ich sehe, dass die Menschen, die mir bislang gefolgt sind und die versuchten, mich über Vermittler zu erreichen, nun die politische Arena betreten haben und sich als Heroen der Demokratie verstehen. Diese Leute, die sich nicht schämen, in alle Bereiche des Diebstahls und der Korruption involviert zu sein, wollen nun der Nation Ethikunterricht geben. Sie beschuldigen mich, ein Mafiaboss zu sein. Ich war niemals ein Mafiamitglied und Pate. Ich bin nur ein ehrenwertes Kind der Türkei. Bis zum heutigen Tag war ich in keine schmutzigen Geschäfte verwickelt.«

Er ist so ehrenwert wie der inzwischen ebenfalls inhaftierte Korkmaz Yigit. Der Istanbuler Villenkönig – zu Beginn seiner Karriere war er ein einfacher Architekt – stieg in wenigen Jahren zu einem der einflussreichsten Unternehmer auf. Viele Gerüchte gab es in der Türkei, wie er zu seinem Reichtum gekommen sei, doch niemand fragte nach. Als die türkische Regierung in einer Art inoffizieller Finanzamnestie erklärte, sie werde nicht nach der Herkunft des Kapitals fragen, das bis zum 30. September 1997 als Vermögen deklariert werde, kaufte Yigit unter anderem zwei Tageszeitungen, *Milliyet* und *Yeni Yüzyil*, und mehrere Fernsehstationen. Niemand nahm daran Anstoß. Dann tauchte auf einmal der Tonbandmitschnitt eines Telefongesprächs zwischen ihm und einem Mann namens Alaatin Cakici auf.

Cakici ist ein führendes Mitglied der Grauen Wölfe und inzwischen, wie viele aus dieser politischen Bewegung, zum Mafiaboss avanciert. Cakici ist nicht irgendein kleiner Mafiaboss. Er wird für mindestens 41 Morde vor dem Militärputsch im September 1980 verantwortlich gemacht. Als im Januar 1993 in Ankara eine Autobombe den Publizisten Ugur Mumcu zerfetzte, wohnte Cakici im nahe gelegenen Ankara Oteli, wo er auch türkische Politiker empfing, die teilweise noch heute als Minister amtieren. Ugur Mumcu hatte gerade über den türkischen Drogenhandel und die Verbindungen in den Staatsapparat recherchiert.

Ein weiteres Attentat auf den türkischen Journalisten Hincal Uluc schlug 1994 fehl, ebenfalls das auf den Textilunternehmer Cavit Caglar. Dieser hatte sich geweigert, dem Druck Cakicis nachzugeben und sein Angebot für die Privatisierung der Etibank zurückzuziehen. Cakici nahm auch unpolitische Auftragsmorde entgegen. Erol Evcil, ein Geschäftsmann aus Bursa, hatte ihn beispielsweise mehrmals angeheuert, um Geschäftskonkurrenten auszuschalten. Er liquidierte also nicht nur politische Gegner der türkischen Regierung oder unliebsame Konkurrenten, sondern auch selbst seine Ex-Ehefrau Ugur. Sie war die behütete Tochter eines bekannten Mafiachefs. Weil der eifersüchtige Cakici glaubte, sie habe mit dem stellvertretenden Istanbuler Polizeichef geflirtet, erschoss er sie am 20. Januar 1995. Die verbrecherische Energie dieses Mannes macht das Folgende erst zum politischen Skandal.

Denn der bereits erwähnte Mitschnitt eines Telefongesprächs zwischen Cakici und dem Unternehmer Yigit wurde anonym dem sozialdemokratischen Abgeordneten Fikri Saglar zugesandt. Yigit bestätigte jedenfalls, dass er mit Cakici telefoniert habe, wies jedoch kriminelle Machenschaften weit von sich.

Die beiden, so das aufgezeichnete Gespräch, sprachen über den Verkauf von 84,52 Prozent der Türk-Ticaret-Bank, einer der größten und einflussreichsten staatlichen Banken der Türkei. Sie sollte im Zuge der vom Internationalen Währungsfonds geforderten Privatisierung von Staatsunternehmen von Yigit für 600 Millionen Dollar gekauft werden. In dem Telefongespräch bat Korkmaz Yigit den Mafioso zu intervenieren, um vier weitere Mitbewerber kaltzustellen. Anfangs gelang das jedoch nicht. Daraufhin ließ der erboste Pate eine Reihe von Geschäftsleuten tätlich angreifen und behauptete bei einer Talkshow, zu der er aus dem Ausland telefonisch zugeschaltet wurde, Özer Ciller, der undurchsichtige Ehemann der damaligen Ministerpräsidentin, habe bei der Privatisierung der Bank für den Zuschlag eine Kommission von 20 Millionen US-Dollar gefordert.

Von dem nun siegreichen Bieter für die Bank, dem Unternehmer Korkmaz Yigit, kassierte Cakici umgehend Provisionen für seine Dienstleistung, das heißt Schutzgelder. Wiederholt war Cakici auch für die Familie des ehemaligen Staatschefs Turgut Özal tätig. Einmal soll er erreicht haben, dass eine Bank die Eintreibung eines Kredits von fünf Millionen gegenüber dem »TV-Kanal 6«, der einem Sohn von Turgut Özal gehörte, aufschob.

Seitdem beschuldigte die türkische Presse Yigit, er sei nur der Deckmantel für Alaatin Cakicis Geschäfte gewesen. Daraufhin musste er den Kauf der beiden Zeitungen stornieren, auch den der Expressbank mit 18 Filialen und eines Fernsehkanals. Yigit hatte viele respektheischende Freunde. Zu ihnen zählte der Ende 1998 zurückgetretene Ministerpräsident Yilmaz. Als die Verbindungen zu Yigit ruchbar wurden, wies er brüsk Rücktrittsforderungen von sich. »Ich denke überhaupt nicht über einen Rücktritt nach«, erklärte er vollmundig auf einer Pressekonferenz. »Das ist Teil einer Konspiration, um das Bemühen der Regierung, die Mafia und kriminellen Organisationen in der Türkei zu zerschlagen, zu sabotieren.« Das sagte er, obwohl er vor dem letzten Besuch von Yigit bei ihm durch die Polizei gewarnt wurde, wonach die Mafia versuche, sich mittels der Person Yigits in die Privatisierung einzumischen. Dumm nur, dass die entsprechenden Warnungen und Dokumente verschwanden, nachdem sie auf den Schreibtisch des Premierministers geflattert waren. Yigit wiederum erhob nun schwere Vorwürfe gegen seinen Ex-Freund Yilmaz und dessen Wirtschaftsminister Günes Taner. Beide, so Yigit, hätten ihn zum Kauf der Türk-Ticaret-Bank ermutigt, ihm sogar Kredite angeboten.

»Täglich neue Überraschungen, täglich neue Erschütterungen«, stöhnt die englischsprachige Tageszeitung *Turkish Daily News*. Und die altehrwürdige Zeitung *Cumhuriyet* fragt: »Sind wir wirklich eine Bananenrepublik?«

Die oppositionelle »Partei des rechten Weges« (DYP) von Tansu Ciller rieb sich nun die Hände und beschuldigte ihren Erzfeind Yilmaz der »Verbindungen mit mafiosen Elementen«. Was aus dem Munde von Tansu Ciller, der ehemaligen Ministerpräsidentin, reichlich makaber klingt. Schließlich erfreut sie sich seit langem bester Beziehungen zu kriminellen Strukturen. Doch darüber später mehr, weil sonst in dieser türkischen Tragödie alles noch viel komplizierter wird.

An diesen Alaatin Cakici kann sich auch der Direktor des privaten Fernsehsenders Flash TV in Istanbul noch gut erinnern. Am 2. Mai 1997 stürmte eine bewaffnete Truppe die Studios der TV-Station, verprügelte die anwesenden Journalisten, schoss in die Luft und zerstörten das gesamte Mobiliar. »Die Banditen«, so Nazmi Baran, einer der Direktoren des Senders, »haben Verbindungen zur Partei der Premierministerin Tansu Ciller.« Und er führte weiter aus: »Ich hatte bereits seit geraumer Zeit Drohungen von Mitgliedern der Partei erhalten, nachdem Alaatin Cakici den Ehemann von Ciller beschuldigte, 20 Millionen Dollar Bestechungsgeld empfangen zu haben, um seinen Einfluss bei der Privatisierung der Türk-Ticaret-Bankasi auszuüben, die privatisiert werden sollte.«

Nur einen Tag nach dem Überfall wurde der türkische Sender von den Sicherheitsbehörden geschlossen. Hintergrund der Aktion: Der Medienbaron Aydin Dogan und Özer Ciller, Ehegatte von Tansu Ciller, standen in Cakicis Schuld. Denn er soll, wie Zeitungen über die »türkische Staatsmafia« berichteten, persönlich an ihren »finsteren Machenschaften beteiligt gewesen sein«. Dazu gehörten der Drogentransfer von der Türkei nach Europa, Goldgeschäfte mit dem Kaukasus und der Schmuggel von russischem Osmium, einem für die Atomwaffenproduktion benötigten Rohstoff.

Nichts wäre aufgefallen, wäre Alaatin Cakici nicht im Sommer 1998 im französischen Nizza verhaftet worden. Er stand seit Jahren auf der internationalen Interpol-Fahndungsliste. Sein Strafregister reichte von Betrug über Erpressung bis hin zu Mord.

Cakici behauptete nach seiner Verhaftung gegenüber der französischen Polizei, dass er Verbindungen zum türkischen Nachrichtendienst MIT habe und von hochgestellten Politikern geschützt werde. So habe er mehr als zehnmal persönlich mit Ministerpräsident Yilmaz telefoniert – was dieser sofort abstritt.

Auch hinsichtlich der Behauptung des Mafioso, er habe für staatliche Regierungsstellen gearbeitet, verhielt sich Yilmaz nach Bekanntwerden der Festnahme eher zurückhaltend. Er dementierte, dass Cakici für irgendeine staatliche Behörde tätig gewesen sei, dass vielmehr der Gangsterboss staatliche Dokumente für seine eigenen Ziele benutzt habe. Noch in Freiheit war der Mafiapate, in der Türkei Baba genannt, Dauergast in den Fernsehsendern seiner Heimat. Per Handy meldete er sich zu Wort, wenn es um die Querverbindungen zwischen Politik, Staat und Unterwelt ging. Aus dem Ausland manipulierte er millionenschwere Immobiliengeschäfte, was ohne Mitwirkung korrupter Politiker und hoher Beamter kaum möglich gewesen wäre. Kurz nach seiner Festnahme – er war im Besitz eines grünen Diplomatenpasses, ausgestellt von Avuz Atac, einem hochrangigen Mitarbeiter des türkischen Nachrichtendienstes MIT – drohte er: »Ich werde ein Erdbeben auslösen.« Atac und Cakici kannten sich seit 1991. In jenem Jahr war Atac, im MIT bereits für die »Bekämpfung armenischer Organisationen« zuständig, Trauzeuge bei der Hochzeit von Cakicis Schwester. Schon damals soll er auch die Dienste Cakicis genutzt haben. Später wurde Atac an die türkische Botschaft nach Peking abgeschoben. Dort soll er bei Revolten der turkmenischen Minderheit der Uiguren im Westen Chinas die Hand mit im Spiel gehabt haben.

Atac war also kein kleiner Agent. Der MIT hatte vielmehr einen seiner Mächtigsten nach China entsandt. Nach dem Willen von Cakici sollte sein Freund noch höher steigen, sollte Chef des gesamten Geheimdienstes MIT werden. So soll Cakici von dem für den MIT zuständigen Staatsminister Eyüp Asik die Beförderung seines Freundes Atac verlangt haben. Als Asik ablehnte, griff der Pate auf bewährte Drohungen zurück: »Du und Yilmaz, ihr seid in meiner Reichweite.«

Im November 1997 besuchte Cakici seinen Freund in Peking, um den Diplomatenpass abzuholen, den ihm Atac im Namen und Auftrag des MIT ausgestellt hatte. Tatsächlich unterstand Atac in seiner Funktion als Leiter der Außenoperationen des türkischen Geheimdienstes auch ein Team von Killern aus der Mafiaszene. Einer war der im August 1996 auf Anordnung seines ehemaligen Geschäftsfreundes Cakici in Istanbul erschossene Tevfik Agansoy. Auf das Konto von Agansoy, wie Cakici ein Grauer Wolf, gingen in den Siebzigerjahren mindestens 15 Morde. »Agansoy ist Cakicis Mann für das Grobe.«[72] Ihm war, mit Hilfe des türkischen Geheimdienstes, nach einem Auftragsmord im Jahr 1991 die Ausreise nach Deutschland gelungen. Dort wurde er jedoch am 30. August 1994 verhaftet. Obwohl dem BND eine schriftliche Aussage von Agansoy vorlag, in der er von seinen Beziehungen zum türkischen Geheimdienst berichtet, half ihm das diesmal nicht. Die bayerische Polizei übergab den mehrfachen Mörder und Drogenhändler den Sicherheitskräften der Türkei. Nach vier Monaten wurde er dort bereits wieder aus dem Gefängnis entlassen. Warum er die Morde beging, erklärte im September 1996 seine Ehefrau: »Wir hatten in dieser Zeit finanzielle Probleme und baten den Staat um Überlebenshilfe. Doch der Staat gab meinem Mann kein Brot. Er gab ihm Waffen.«

Agansoy wurde am 28. August 1996 in einem Lokal in Istanbul von Cakicis Leuten ermordet. Zwei seiner Begleiter kamen im Kugelhagel ebenfalls ums Leben. Beide waren Tansu Cillers Sicherheitsbeamte. Der Grund für die Ermordung? Er hatte der türkischen Presse zu viel von geheimen staatlichen Geschäften mit der Mafia berichtet.

»Atac«, so meldeten türkische Medien, »arbeitete wahrscheinlich auch mit anderen Figuren der Unterwelt zusammen, beispielsweise mit Mehmet Kaksizoglu.« Dieser wurde verdächtigt, maßgeblichen Einfluss in der berüchtigten illegalen »Türkischen Rachebrigade« TIT gehabt zu haben. Außerdem soll er der Kopf hinter dem gescheiterten Attentat auf Akin Birdal, den Vorsitzenden des Menschenrechtsvereins, gewesen sein. Birdal wurde am 12. Mai 1998 im Büro seiner Organisation von zwei bewaffneten Tätern mit 13 Kugeln niedergestreckt – trotz seiner schweren Verletzungen kam er mit dem Leben davon.

Zur Tat bekannte sich die »Türkische Rachebrigade«, eine Spezialeinheit innerhalb der türkischen Gendarmeriegruppe JITEM. Am 17. Mai veröffentlichte die Zeitung *Aydinlik* Aussagen eines ehemaligen PKK-Überläufers, der im Gefängnis »umgedreht« wurde und anschließend für den Nachrichtendienst MIT arbeitete. Dieser reuige Ex-PKKler erklärte, dass das Attentat von einer Spezialeinheit aus drei MPH-Mitgliedern und zwei PKK-Überläufern geplant und durchgeführt worden sei. Wenig später wurden auch, insbesondere nachdem die europäische Öffentlichkeit Druck ausgeübt hatte, Verdächtige festgenommen, darunter ein Unteroffizier des Nachrichtendienstes MIT.

Nach Cakicis Verhaftung zirkulierten Tonbandaufnahmen über Telefongespräche, die er mit verschiedenen Persönlichkeiten, einschließlich rechtsradikaler Politiker, in der Türkei geführt hatte. Einer von ihnen musste deshalb im September 1998 zurücktreten: Minister Eyüp Asik, die rechte Hand von Premierminister Yilmaz. Das Telefonat des Ministers mit dem Mafioso bewies, dass die beiden seit langem eng befreundet waren. Mehrfache Hinweise in diesen Gesprächen auf den Chef der ANAP-Partei, Yilmaz, konnten bei einem unvoreingenommenen Mithörer den Eindruck erwecken, dass dieser über die geheimen Kontakte informiert sei. Türkischen Presseberichten zufolge ging aus den Telefongesprächen hervor, dass Eyüp Asik den Mafiaboss Cakici vor einer geplanten Verhaftung durch die türkische Polizei gewarnt hatte. Asik bestätigte zwar das Telefongespräch, dementierte aber energisch, dass er Cakici auf die bevorstehenden Polizeiaktionen hingewiesen habe. Im Fernsehsender Kanal D wurde dieses Tonband schließlich der staunenden Öffentlichkeit präsentiert. In dem Gespräch nennt der Mafioso den Minister »meinen Bruder« und fragt ihn über Mesut Yilmaz' Verhältnis zu ihm aus.

Ende September 1998 wurde die Existenz eines weiteren Gesprächs, diesmal mit der Innenministerin Meral Aksener, bekannt. Auch sie soll Cakici vor einer Polizeiaktion gewarnt haben. Aksener bestritt jeglichen Kontakt zu dem Ganoven. In Erklärungsnot geriet sie indessen, warum sie der Mafioso als eine »alte Freundin« bezeichnete und sie durch ein Video belastet wurde, das sie auf einer großen »Fete« eines anderen Mafioso als umworbenen Gast zeigte. Für die türkische Öffentlichkeit war das nur ein Beispiel mehr dafür, dass die gesamte Staatsführung, gleichgültig wer ein Regierungsamt innehatte, in die schmutzigen Machenschaften verstrickt ist.

Türkische Oppositionspolitiker gehen jedenfalls davon aus, dass Cakici vom türkischen Geheimdienst MIT bereits zu Beginn der Achtzigerjahre rekrutiert wurde – für besondere Einsätze gegen politische Oppositionelle. Den Ursprung dieser mörderischen Koalition findet man in den Achtzigerjahren. Damals, als die Aktivitäten der Kurdischen Arbeiterpartei (PKK) eine ernsthafte Bedrohung für den türkischen Staat wurden, waren führende Politiker und Generäle der Überzeugung, dass die PKK, wie andere Oppositionelle auch, nur durch einen Einsatz von Organisationen bekämpft werden könne, die in keiner direkten Verbindung zum Staatsapparat standen.

Bestätigt wird dieser Verdacht durch einen Bericht des MIT, der am 22. September 1996 in der Zeitung *Aydinlik* veröffentlicht wurde: »Zur Bekämpfung der PKK und Dev-Sol wurde von der obersten Polizeidirektion ein besonderes Team für die Begehung von Straftaten zusammengestellt, das hauptsächlich aus ehemaligen Grauen Wölfen besteht. Das Team arbeitete unter Anbindung an den obersten Polizeidirektor Mehmet Agar und wurde vom Staatssekretär bei der obersten Polizeidirektion, Korkut Eken, geleitet. Den Mitgliedern des Teams wurden Polizeiausweise und Diplomatenpässe ausgestellt.«

Dank der »Arbeit« dieser Politgangster wurden die tatsächlichen oder vermeintlichen Unterstützer der PKK »ruhig gestellt«, das heißt gefoltert, erschossen, in die Luft gesprengt, oder sie verschwanden einfach. Nachdem sie die Aufgabe erfolgreich erledigt hatten, arbeiteten sie weiter, quasi als offizielle Mafia. »Diese illegalen Organisationen wurden von verschiedenen Regierungsbehörden eingerichtet.« Diese schockierende Aussage von Hanefi Avci, dem stellvertretenden Direktor der Abteilung Geheimdienste der Sicherheitsbehörde, vor einer parlamentarischen Untersuchungskommission beleuchtete erstmals die geheimen Verbindungen von Mafia, Politik und dem Militär. Die Antwort ließ nicht lange auf sich warten. Nach seinen schockierenden Ausagen wurde Avci im Juli 1977 auf einen unwichtigen Posten versetzt und im Februar 1998 sogar vorübergehend festgenommen, um ihn endlich zum Schweigen zu bringen.

Avci brach ein Tabu: Er sprach offiziell von der Existenz einer »besonderen Behörde«. Dabei handle es sich um verschiedene

Einheiten von Polizei, Militär und dem MIT, die in Zusammenarbeit mit der Mafia Einsätze im In- und Ausland organisierten und durchführten. Die Mafiosi erledigten dabei die Drecksarbeit bei den Anschlägen auf Oppositionelle oder gegen unzuverlässige Geschäftspartner. Erpressungen, internationale Drogenschiebereien und Waffengeschäfte gehörten ebenfalls zu ihrem Aufgabengebiet.

Der Abgeordnete Fikri Saglar ist deshalb fest davon überzeugt, dass die kriminellen Aktivitäten dieser Spezialeinheiten viel mit dem Drogenhandel zu tun haben. Denn dank dieser Geschäfte erwirtschaften die Banden pro Jahr 70 Milliarden US-Dollar, mit denen unter anderem ihre Aktionen und auch politische Parteien der Türkei finanziert worden sind.

Nach diesen Enthüllungen wies nun das Militär, einer der Drahtzieher des politischen Systems in der Türkei, darauf hin, dass die wachsende Macht dieser Organisationen, auch Konterguerilla genannt, nur eine Konsequenz haben könne: Der Staat müsse darauf reagieren. Rechtsextremismus und organisiertes Verbrechen sind plötzlich die große Bedrohung. Ganz im Gegensatz zu ihren kriminellen Aktivitäten werden diese rechtsradikalen Personen trotzdem bis zum heutigen Tag von vielen Türken als »Volkshelden« gefeiert. Und sie werden mit Posten in der Regierung Ecevit belohnt.

Die Verhaftung von Cakici war das Ergebnis einer engen Zusammenarbeit zwischen dem MIT und der französischen Polizei. Ein Faktum, das darauf schließen lässt, dass innerhalb des MIT heftige Konkurrenzkämpfe tobten. Schließlich hatte der Geheimdienst Cakici jahrelang beschäftigt. Die Festnahme wiederum stand in direktem Zuammenhang mit der Hochzeitsfeier des Sohnes von Mehmet Agar, dem ehemaligen Innenminister. Wie tief die türkische Gesellschaft im Sumpf der Mafia versunken ist – ungläubig beobachtet von der westlichen Staatengemeinschaft –, das zeigte diese Hochzeitsfeier im Sommer 1998 besonders deutlich. Ausrichter der Hochzeit war Mehmet Agar. Er musste 1996 als Innenminister zurücktreten, als sich herausstellte, dass er enge Beziehungen zu einem anderen gesuchten rechtsradikalen Terroristen und Mafioso hatte: zu Abdullah Catli.

Obwohl die kriminelle Karriere des Ex-Innenministers jedem bekannt war, wollte das türkische Establishment anscheinend sehen, wie sein Freund, trotz aller Vorwürfe, Familienfeiern veranstaltet. Der Ex-Innenminister verfolgte ein anderes Ziel. Es sollte eine Show zur Wiederherstellung seines in der Zwischenzeit doch arg beschädigten Rufes werden. Gefeiert wurde im Büyük Kulüp in Istanbul-Kadiköy, einer der feinsten Adressen der Metropole. Die Hochzeit seines Sohnes sprengte alles bislang Dagewesene. 250 Kellner bedienten 1800 Gäste, eine Armee von 1000 Polizisten riegelte die Umgebung ab, observierte mit Feldstechern die Nachbarschaft und durchsuchte die umliegenden Geschäfte nach Bomben. Umgerechnet 200 000 Mark dürfte das Fest gekostet haben, bei dem Tolgar Agar und die schöne Özlem Altindab sich das Jawort gaben. Politiker, Industriebarone, Medienmoguln, Popstars und Sportskanonen hatten ihr Erscheinen angekündigt. Und sie kamen alle – unter ihnen der Trauzeuge des illustren Paares, der Putschgeneral vom September 1980 und Ex-Staatspräsident Kenan Evren, sowie milliardenschwere Unternehmer wie Rahmi Koc und Sakip Sabanci. Präsident Süleyman Demirel, der als Trauzeuge bei der Hochzeit fest eingeplant war, sagte in letzter Minute ab, nachdem er von der Verhaftung Cakicis gehört hatte. Er ließ seinem Freund mitteilen, dass er »müde« sei und daher nicht an der Hochzeit teilnehmen könne. Kurzum – die Elite der Türkei gab Mehmet Agar, dem Ex-Innenminister, die Ehre, trotz aller öffentlichen Vorwürfe gegen ihn. Und die sind gewaltig. Immerhin steht Mehmet Agar wegen Verbrechen gegen den Staat vor einem Istanbuler Staatssicherheitsgericht.

Er ist ein Mann, »der als einer der mutmaßlichen Paten des schmutzigen Netzes aus Politik, Polizei und Mafia in der Türkei gilt«, schreibt Wolfgang Koydt in der *Süddeutschen Zeitung*. »Er scheint keine strafrechtliche Verfolgung zu befürchten. Im Gegenteil. Die Hochzeit des Jahres, zu der sogar Generalstaatsanwalt Mete Yüksel erschien, soll der Anfang einer neuen strahlenden Karriere sein.«

Mehmet Agar konnte nachgewiesen werden, dass er Mafiamitglieder mit Waffen und Polizeiausweisen versorgte und eigenmächtig bereits festgenommene Mörder wieder auf freien Fuß gesetzt hatte. Doch er war gedeckt. Über Tansu Ciller soll er reichlich kompromittierendes Material gesammelt haben. Das will er, so meldete die Zeitung *Aydinlik*, dem Staat zur Verfügung stellen. Sein Preis: die Einstellung des Verfahrens und der Vorsitz der Partei des rechten Weges, deren Chefin Tansu Ciller ist. Der ehemalige Chef für Terrorismusbekämpfung im MIT, Mehmet Eymur, lieferte gleichfalls schockierende Einzelheiten zu Agar. Während seiner Amtszeit habe der Innenminister gefälschte Ausweispapiere, Waffenlizenzen und Pässe verteilt. Außerdem sei er im Drogenhandel verstrickt und der Kopf einer »illegalen Organisation«.

Mord, Drogenhandel, staatliche Todeskommandos und eine von der Politik gehegte Mafia – alles kam heraus, als ein Skandal knapp zwei Jahre vor der Verhaftung Cakicis die Türkei erschütterte. Damals, am Abend des 3. November 1996, raste auf einer finsteren Landstraße nahe der westtürkischen Stadt Susurluk ein Mercedes mit 200 Stundenkilometern in einen Lkw. Durch diesen banalen Verkehrsunfall »wurde das morsche Gebäude des 73-jährigen Staates in seinen Grundfesten erschüttert«[73].

Fahrer des Mercedes war Huseyin Kocadag, der allmächtige Chef der Abteilung für Terrorismusbekämpfung der Istanbuler Polizei, der zugleich an der Gründung geheimer Organisationen in den kurdischen Provinzen mitgewirkt hatte. Kocadag war einer der höchsten türkischen Polizeichefs. Er verstarb am Unfallort. Einer der Beifahrer war der Parlamentarier Sedat Bucak, der einzige Überlebende. Ums Leben kamen hingegen neben anderen ein Mann namens »Mehmet Özbay« und eine ehemalige türkische Schönheitskönigin. Als die Polizei zum Unglücksort kam, fand sie im Kofferraum des Wagens ein ganzes Waffenarsenal: fünf Pistolen und zwei Maschinenpistolen mit Schalldämpfern sowie zwei Abhörgeräte, gefälschte Nummernschilder für das Auto und eine gefälschte Zufahrtsberechtigung für das Gebäude des türkischen

Parlaments. Bei Mehmet Özbay fand man einen gefälschten Personalausweis und einen Diplomatenpass.

Bei näherer Prüfung platzte dann die Bombe. Mehmet Özbay war in Wirklichkeit ein gesuchter Killer mit Namen Abdullah Catli. Das Passdokument, das nur höhere Staatsbeamte erhalten, verlieh ihm die Identität eines regierungsamtlichen Finanzinspektors. Nach dem Verkehrsunfall in Susurluk telefonierte ein Bodyguard aus dem Begleitwagen in panischer Angst mit einem führenden Mitglied der Grauen Wölfe: »Der Chef [Catli] ist schwer verletzt. Er stirbt.« Deshalb wurde in kürzester Zeit in der Türkei bekannt, dass es sich bei dem Getöteten um Abdullah Catli handelte, einen Mörder, der weltweit gesucht wurde – Killer, Drogenhändler und führender Grauer Wolf in Personalunion. Er zusammen mit hohen Repräsentanten des türkischen Staates in einem Auto – war das nur ein Zufall?

Stunden bevor ihr Mercedes verunglückte, hatten Bucak und Kocadag das Touristenzentrum Kusadasi besucht, um ein Grundstück für ein Spielkasino zu kaufen. Warum Kusadasi? Der Kasinokomplex in Kusadasi war anscheinend so wichtig, dass Innenminister Agar es dem gesuchten Mörder Catli erlaubte, hier Kasinos zu eröffnen. Es ist ein lukratives Geschäft, und was wahrscheinlich den Ausschlag gab, über die Spielkasinos lässt sich Drogengeld waschen. Mit dem Ende der Regierungszeit Cillers und ihrem Wechsel ins Außenministerium seien die Quellen aus den Geheimfonds versiegt, hieß es. Deshalb habe sich die »Organisation«, an der Catli wie auch der Innenminister beteiligt waren, den Spielkasinos als Finanzierungsquelle zugewandt. Durch Drohung und Mord hatten sie bereits die alteingesessene Spielhöllenmafia verdrängt. Das neueste Gesetz der Regierung, die bestehenden Kasinos zu reglementieren und ihnen nur bestimmte Gebiete zuzuweisen, erleichterte ihr Vorhaben. Kusadasi war als eines dieser Zentren im Gespräch. Hauptspekulant auf diesem Sektor ist im übrigen die Familie Ciller.

Was hatte es noch mit der seltsamen Reisegruppe im verunglückten Pkw auf sich?

Kocadag wollte eine Art Friedensvereinbarung zwischen Sedat

Bucak und einer Mafiaorganiation abschließen. Deshalb waren sie auf dem Weg nach Bursa, wo sie sich mit einem Mann namens »Demir« verabredet hatten. Dieser war ein hochrangiger Beamter der Istanbuler Polizei, bekannt für seine engen Kontakte zu einer Gangsterbande namens Söylemez. Geplant war eigentlich, dass »Demir« die Mafiabande unterwandern sollte. Ein hoher Geldbetrag machte ihn jedoch zu deren Komplizen.

Um seine Spitzenposition in illegalen Geschäften zu sichern, führte Bucak, wie türkische Zeitungen übereinstimmend berichteten, im Sommer 1995 einen blutigen Abrechnungskrieg gegen die Söylemez-Gruppe. Die Söylemez-Brüder und ihre weit verzweigte Organisation war die bislang größte Mafiafamilie, die im Sommer 1996 verhaftet wurde. Die Brüder Söylemez kamen in den Achtzigerjahren aus der ostanatolischen Stadt Mus nach Istanbul, um dort zu studieren. Anschließend widmeten sie sich mehr den illegalen Geschäften, die bekanntlich viel einträglicher sind, vor allem dem Drogen- und Waffenhandel, bis hin zu Auftragsmorden und Entführungen. Die Mafiafamilie war insbesondere im Vergnügungsviertel von Istanbul und Ankara aktiv, beteiligte sich aber auch an staatlichen Ausschreibungen sowie im Bank- und Kreditgeschäft. Nur – was heißt schon Mafiafamilie?

Mehmet Söylemez war ein Arzt im Range eines Leutnants, sein Bruder Mustafa ein ehemaliger Sicherheitsbeamter des Innenministeriums. Die anderen waren Unteroffiziere beim Heer, Kommissar, Kommandant einer Spezialeinheit der Gendarmerie, Chef der Sittenpolizei, ehemaliger Oberkommissar im Drogendezernat. Die Verstrickung von Polizei und Militär in die kriminellen Aktivitäten des Söylemez-Clans bezeichnet Mehmet Agar, als er noch Innenminister war, als »eine Katastrophe«. Wobei die kritische Aussage in krassem Widerspruch zu einem Bericht des türkischen Geheimdienstes MIT steht, demzufolge er selbst einigen dieser Mafiabosse sehr nahe gestanden haben soll.

Die Friedensmission von Bucak scheiterte – wegen des Verkehrsunfalls. Am nächsten Tag, dem 4. November 1996, meldeten die Zeitungen, dass Catli im Unglücksmercedes war. »Demir« las die Zeitungen und begriff, dass die Männer im Mercedes keineswegs in einer Friedensmission unterwegs waren, sondern beabsichtigt hatten, ihn zu töten. Sofort flüchtete er und wird seitdem gesucht. Nicht nur von der Polizei, sondern auch von anderen »Kräften«, die ihn ausschalten wollen. Was ist jedoch so wichtig an »Demir«? Weiß er etwas über die Verbindungen des türkischen Kasinokönigs Ömer Topal? Kennt er die Namen der hoch gestellten Politiker, die eine bedeutende Rolle bei dessen Ermordung spielten?

In Bursa angekommen, suchten Kocadag und Bucak das Hotel Terminal auf. Gleichzeitig traf auch der Mafioso Abdullah Catli ein. Zu ihnen gesellte sich noch ein Sami Hostan, in der türkischen Unterwelt unter dem Spitznamen »Sami der Albaner« oder »Sami der Holländer« bekannt. Hostan kann auf eine aufschlussreiche Biografie verweisen. In München wurde er im Oktober 1974 mit fünf Kilogramm Morphinbase und einem gestohlenen Pass verhaftet. Nach dreieinhalb Jahren Gefängnis wurde er in die Türkei abgeschoben. Da wurde er wieder verhaftet, doch merkwürdigerweise nach nur wenigen Tagen wieder freigelassen. Danach reiste Hostan nach Holland. Dort gründete er Mitte der Achtzigerjahre einige Textilfirmen und knüpfte enge Kontakte zu türkischen Gesinnungsgenossen der Grauen Wölfe, die wegen des Militärputschs 1980 von der Polizei gesucht wurden. Es dauerte nicht lange, und Hostan wurde die rechte Hand von Halit Unlu, einem der führenden Vertreter der holländischen Heroinszene, daher der Spitzname »Sami der Holländer«. Die steile Karriere wurde durch einen »dummen Zufall« leider kurzfristig unterbrochen. In Amsterdam versuchte eine linke Splittergruppe, den Besitzer des Lokals Karadeniz zu erpressen. Das Etablissement war jedoch das Hauptquartier von Hostan und seinen Drogendealern. Prompt lieferten sich er und seine Beschützer ein Feuergefecht mit den Schutzgelderpressern. Als die Polizei endlich eintraf, flüchtete Hostan, setzte sich nach London ab.

Sein Reichtum mehrte sich, und Hostan entschloss sich, wieder zurück in die Türkei zu gehen, um wie ein wahrer national gesinnter Unternehmer sein Geld anzulegen. Unter anderem erwarb er einen 50-prozentigen Anteil am Kasino Imperial im Istanbuler

Sheraton-Hotel, das dem Kasinokönig Ömer Topal gehörte. Ein weiterer Partner von Hostan war Abdullah Catli. Und das führt zu Ex-Innenminister Mehmet Agar. Während dessen Amtszeit wurden drei Mitglieder eines sogenannten »Spezialteams« befreit.

Die drei wurden im August 1986 in Istanbul verhaftet, einen Monat nach der Ermordung des Istanbuler Kasinokönigs Ömer Topal. Topal verbüßte von 1979 bis 1984 wegen Drogenschmuggels eine Gefängnisstrafe. Nach seiner Entlassung durchlief er eine steile Karriere. Sein jährlicher Gewinn bewegte sich um eine Milliarde Dollar. Im Susurluk-Report heißt es über ihn: »Die Handelsaktivitäten von Topal haben im Laufe der Neunzigerjahre eine unglaubliche Entwicklung genommen, aber – wie bekannt – setzte er auch seinen Drogenhandel fort. So wurden in den Jahren 1993/94 vier Techniker der Turkish Airlines auf europäischen Flughäfen mit Drogen erwischt, die allesamt angaben, für Ömer Topal tätig zu sein. Das Problem, Kuriere zu finden, bewegte Topal dazu, besonders ausgeklügelte Lösungen zu ersinnen, und so machte er bei der Privatisierung der Havas [einer Fluggesellschaft] für 60 Prozent der Anteile das Höchstgebot. Doch es gibt Behauptungen, wonach dem Generalpolizeipräsidium ein Dokument der Interpol vorgelegen habe, dass Topal Drogenhändler sei, was ihn letztlich am Abschluss des Geschäfts gehindert habe. So wurde die Havas schließlich an die Yazeks verkauft, doch vermutet man, dass ein Teil der notwendigen Finanzen wiederum von Topal aufgebracht wurde.«

Topal war nicht nur ein Boss der Unterwelt und Besitzer verschiedener Kasinos, sondern spielte – vielleicht gerade deshalb – eine wichtige politische Rolle, zum Beispiel dahingehend, dass er die Partei des rechten Weges (DYP) von Tansu Ciller finanziell unterstützte, um die Wiederwahl Mesut Yilmaz' zu verhindern.

Der Auftrag zur Ermordung Topals, der es zu unglaublicher Macht und einem märchenhaften Vermögen gebracht hatte, sei von höherer Stelle erfolgt, sagten die Killer später bei der Polizei in ihrer Vernehmung aus. »Sie gaben ihn fürs Vaterland zum Abschuss frei.« Nach Angaben von Erhan Göksel, dem persönlichen Berater von Yilmaz, hatten die drei Beamten des »Spezialteams«

zu Protokoll gegeben, dass sie in eine Serie von Attentaten verwickelt gewesen seien, ein Opfer war Ömer Topal. Sie nannten auch den Namen des vorgesetzten Offiziers, der den Mord angeordnet hatte. Doch daraufhin wurden die weiteren Ermittlungen abrupt abgebrochen und die Killer nach Ankara gebracht. Dort nahm man sie erneut ins Verhör, ließ sie danach aber frei. Wer den Befehl dazu gab, ergibt sich aus einem Polizeidokument vom 22. November. Ihm zufolge erklärten sowohl der Direktor des »Generaldirektorats für Sicherheit« als auch der Chef der »Abteilung für besondere Operationen«, dass sie den Befehl für die Freilassung der drei Beschuldigten per Telefon von Mehmet Agar erhalten hätten.

Anstatt sie vor ein Gericht zu bringen, wurden sie demnach, auf Anordnung von Innenminister Agar, zu offiziellen Leibwächtern des kurdischen Clanchefs Sedat Bucak ernannt.

Nach dem Unfall in Susurluk wurden die Beamten erneut verhaftet, wieder unter der Beschuldigung, den Kasinokönig Topal ermordet zu haben. Ende November 1997 waren sie bereits wieder in Freiheit – angeblich mangels ausreichender Beweise. Diese richterliche Verfügung löste im Gerichtssaal blankes Entsetzen aus. Insbesondere wegen des Tatbestandes, dass Präsident Mesut Yilmaz kurz nach der Susurluk-Affäre erklärt hatte, dass es ein Video über die Vernehmung der drei Killer gebe, auf dem sie ihre Tat gestanden hätten. Doch wenig später wollte Mesut Yilmaz von der Existenz dieses Videos nichts mehr wissen. Damit brach die Anklage in sich zusammen. Nicht nur die Hintermänner der Killer freuten sich, sondern auch ihre Anhänger. Ein großer Autokonvoi der Grauen Wölfe eskortierte sie nach Hause.

Der kurdische Stammesführer Sedat Bucak hatte also drei weitere Killer in seiner privaten Armee. Und das führt zu der Frage: Wer ist dieser dubiose Sedat Bucak eigentlich? Einige Hintergrundinformationen sind notwendig, um zu verstehen, weshalb Bucak so mächtig und einflussreich werden konnte.

Als Abkömmling der kurdischen Großgrundbesitzerfamilie Bucak aus dem Dorf Siverek hatte er als Stammesführer bereits

Ende der Siebzigerjahre einen unerbittlichen Kampf gegen kulturelle und politische Forderungen oppositioneller Kurden geführt. Das brachte ihm viel Lob von Politikern und reichlich Unterstützung seitens der türkischen Sicherheitskräfte ein. Glaubt man Angaben der Tageszeitung *Hürriyet*, verfügt er heute über eine Privatarmee von 50 000 sogenannten »Dorfschützern«. Dabei handelt es sich um jene Kurden, die vom Staat bewaffnet und bezahlt werden, um insbesondere gegen die PKK zu kämpfen.

In den Gründungsjahren jener Dorfschützer wurde ihre Aufgabe folgendermaßen definiert: »Sie sollen die Dörfer vor der PKK schützen.« Um die Bauern von der Idee zu überzeugen, wurden ihnen Löhne versprochen, Versicherungen und Pensionen bewilligt. Für einen armen kurdischen Bauern ein attraktives Angebot. Die Dorfschützer mussten jedoch einige Bedingungen erfüllen: Sie mussten Türkisch lesen und schreiben können, ihren Militärdienst abgeleistet haben und durften nicht länger als 50 Tage im Gefängnis gewesen sein. Kaum ein Bauer konnte sich gegen die Aufforderung der Regierung wehren, als Dorfschützer tätig zu werden. Hunderte von Dörfern, deren Einwohner sich weigerten, wurden abgefackelt, tausende kleine Bauern umgebracht, die zwischen die Fronten von PKK und türkischem Militär geraten waren, wobei ihre Ermordung der Öffentlichkeit häufig als das Ergebnis einer bewaffneten Konfrontation zwischen rivalisierenden Clans verkauft wurde.

Und damit ist man wieder bei Sedat Bucak. Er wird für sogenannte »unbekannte« Morde verantwortlich gemacht, die bis heute nicht aufgeklärt wurden. In den Kellern der Häuser in den von ihm beherrschten Dörfern wurden die mutmaßlichen Anhänger der PKK verhört, gefoltert und ermordet. Allein seine Machtstellung im Kampf gegen die PKK war Gewähr dafür, dass Bucak reich und einflussreich und damit in der Hierarchie der Partei des rechten Weges von Tansu Ciller immer weiter nach oben klimmen und schließlich Abgeordneter im türkischen Parlament in Ankara werden konnte.

Seinen größten Profit erzielte Bucak mit der Gesellschaft »Petrol«, von der alle öffentlichen Einrichtungen in seiner Heimat Siverek, einschließlich Krankenhäuser und Schulen, ihren Brennstoff beziehen müssen. »Sämtliche öffentlichen Aufträge in der Gegend bekommen die Bucaks, zum Beispiel den Bau von zwei Dorfstraßen zum Preis von 500 Milliarden türkischer Lire [TL] im Auftrag des Amts für Dorfwesen, den Auftrag für eine Milchfabrik und die Futtermittelfabrik in Hilvan, einen Auftrag der Elektrizitätswerke über 50 Milliarden TL, um nur einige zu nennen.«

Neben seiner Tätigkeit als Unternehmer und Abgeordneter ist er bekannt für allerlei dunkle Geschäfte, insbesondere im Heroinhandel. Was den Staatsminister Öner Barutrcu nicht daran hinderte, Bucak als nationalen Helden zu würdigen. »Sedat Bucak und seinesgleichen zu finden, ist wahnsinnig schwierig. Für die Aufrechterhaltung des Staates setzte er sein Leben aufs Spiel. Er ist ein nationaler Held.«

Nach dem Autounfall wurde Bucak in die Istanbuler Universitätsklinik gebracht. Mit Freude wird er dort vernommen haben, wie ihn die damalige Außenministerin Tansu Ciller, die mit dem Islamistenführer Erbakan eine Koalitionsregierung führte, als »Kämpfer gegen den Terrorismus« lobte. Rund 200 bewaffnete Männer schirmten den kurdischen Stammesführer Tag und Nacht in der Klinik ab. Dann entschwand er durch die Hintertür, während seine Leibwächter auf die am Haupteingang wartenden Journalisten und Kameramänner einschlugen. »Wollt ihr unbedingt sagen: Journalist ermordet?«, drohte ein bewaffneter Bewacher in die Fernsehkamera.

Am 21. November 1996 tauchte Sedat Bucak dann erstmals in einer Fernsehsendung auf. Großen Wert legte er auf die Feststellung, dass er Abdullah Catli wie einen Bruder liebe. »Ich kenne Catli seit 1993. Er befand sich in einer wichtigen Position des Staates. Wenn ich die Dokumente, die ich besitze, publik mache, dann wird herauskommen, welche Arbeit Mesut Yilmaz und die anderen oberen Staatsbeamten und Vorsitzenden leisten. Aber ich werde es jetzt noch nicht sagen. Wenn der Staat Abdullah Catli nicht in Schutz nimmt, dann ist dieser Staat kein Staat. Ich würde

Mesut Yilmaz nicht einmal in meinem Dorf zum Bürgermeister machen. Der Staat hat Catli benutzt.«[74]

Seit dem Zusammenbruch der UdSSR und der Gründung unabhängiger Republiken ist die Türkei besonders in Aserbaidschan politisch aktiv, versucht dort, politischen und wirtschaftlichen Einfluss zu gewinnen. Die Regierung in Ankara hat ein großes – wirtschaftliches – Interesse, dass das aserbaidschanische Öl durch die Türkei fließt. Ein anderes – strategisches – Interesse der Türkei in Aserbaidschan hat viel mit großtürkischen Träumen zu tun; 1992 reiste der Führer der Grauen Wölfe, Alparslan Türkes, nach Baku, wo er überschwänglich willkommen geheißen wurde. Offen trat er für Abulfas Eltschibej ein, einen Sympathisanten der Grauen Wölfe. Zum Innenminister wurde ein Mann berufen, der sich unverhohlen für die Schaffung eines großtürkischen Reiches einsetzte, das den Norden des Iran einschließen und sich bis nach Sibirien, China und Indien erstrecken sollte. Zum Rücktritt wurde der Graue Wolf Eltschibej gezwungen, nachdem er Armenien mit einem Atomangriff drohte. Im Juni 1993 wurde er durch einen Staatsstreich entmachtet. Er war der Mann, den die damalige türkische Regierung favorisierte, denn er stimmte mit deren pantürkischer Ideologie überein.

Gestürzt wurde Eltschibej von seinem Konkurrenten Gaidar Ali Risa Alijew. »Und Alijew selbst kehrte triumphierend, wie der Erlöser seines Volkes auf einem weißen Ross reitend, ins politische Leben zurück«, schreibt Arkadi Waksberg, Schriftsteller und Journalist der Zeitung *Literaturnaja Gaseta.* »Nirgendwo zeigte die sowjetische Mafia nationalpatriotischen Zuschnitts so klar und überzeugend, wie lebensfähig sie ist und wie kraftvoll sie allen stürmischen Winden standhalten kann.« Unter Gorbatschow musste Alijew zurücktreten, wegen offensichtlicher exzessiver Korruption und seiner Kooperation mit Mafiaclans. Er zog sich nach Nachitschewan zurück, einer zu Aserbaidschan gehörenden, zwischen Armenien und Iran gelegenen Enklave. Nach dem Putsch gegen Eltschibey wurde in Aserbaidschan eine Präsidentenwahl abgehalten, mit einem typischen ZK-Ergebnis: 98,8

Prozent für Don Alijew. Und dieser Mann sollte nun abgesetzt werden. Höhepunkt der türkischen Interessen in Baku war, das berichtete nicht nur die Zeitung *Aydinlik*, »der Putschversuch von Tansu Ciller im März 1995 gegen Gaidar Alijew«, den stalinistischen Betonkopf und Präsidenten der ehemaligen sowjetischen Republik. Ciller und Türkes wollten Abulfas Eltschibej wieder einsetzen. Zahlreiche führende Mitglieder der rechtsextremistischen MHP hielten sich in Baku auf, um den Putsch zu organisieren. Das waren nun die Bündnispartner der damaligen türkischen Regierung. Den Putsch selbst begannen am 15. März 1995 Eliteeinheiten der aserbaidschanischen Polizei in Baku. Die Revolte scheiterte.

Präsident Demirel verhinderte den Coup in letzter Minute, indem er seinen Kollegen persönlich warnte. Beide, Alijew und Demirel, beschuldigten später Tansu Ciller sogar öffentlich, den Putsch mitorganisiert zu haben. Ein Berater von Süleyman Demirel schrieb in seinen Memoiren: »Fehmin und Ali, zwei Aserbaidschaner, schlagen dem Staatsminister Gökdemir einen Putsch vor. Er leitet dies weiter an Ciller. Von da an treffen sich die beiden Aserbaidschaner und Ciller des Öfteren.«[75] In einem geheimen Dokument der Istanbuler Polizeigeneraldirektion wurden die Aktivitäten des involvierten türkischen Geheimdienstes MIT aufgeführt, insbesondere im Zusammenhang mit Abdullah Catli. Darin wird unter anderem behauptet, dass Abdullah Catli beim Putsch gegen den aserbaidschanischen Präsidenten Alijew mitgewirkt habe.

Die gleiche Clique von Politikern und Mafiosi wollte übrigens auch den georgischen Präsidenten Schewardnadse ermorden. Was hat das nun mit den Spielkasinos zu tun? Hintergrund für Putsch- und Mordpläne waren nicht nur ideologische Fragen oder geostrategische und wirtschaftliche Interessen, sondern die Gründe dafür waren vergleichsweise banaler. Es ging um den Bau von Spielkasinos in den ehemaligen Sowjetrepubliken Aserbaidschan und Georgien, die teilweise aus türkischen Steuergeldern finanziert werden sollten. Der einheimischen Bevölkerung bringt das bekanntlich nichts, umso mehr jedoch der neuen Nomenklatura.

Nach Berichten der Zeitung *Radikal* stimmte der aserbaidschanische Präsident Alijew dem Bau eines Kasinos zu, um Schulden von elf Millionen Mark zu begleichen, die sein Sohn Ilham bei dem türkischen Kasinokönig Topal gehabt haben soll. Und natürlich ging es auch um lukrative Drogengeschäfte.

Sowohl Catli als auch Sedat Bucak besuchten im Jahr 1995 Baku, um dort mit Regierungsrepräsentanten zu verhandeln. Laut Unterlagen des MIT wollte Abdullah Catli in Baku einen logistischen Stützpunkt für den Heroinschmuggel einrichten. Von dort sollte das Heroin nach Deutschland, Belgien und Holland geliefert werden, und zwar über Verbindungen der Grauen Wölfe.

Ein Heroinlabor war bereits voll installiert. Gedeckt wurde das Ganze vom aserbaidschanischen Präsidenten höchstpersönlich. Die Zeiten haben sich erst in den letzten beiden Jahren geändert. »Heute ist in Baku Adik Alijew, der Sohn des Präsidenten, an der Spitze, ein Geschäftsmann mit Verbindungen zu britischen und amerikanischen Ölfirmen.« Mit »an der Spitze« ist nach diesem Bericht der angesehenen französischen Organisation »Observatoire de Geopolitique des Drogues« in Paris auch der Drogenhandel gemeint. Die gescheiterten Putschversuche hatten die Grauen Wölfe gelehrt, dass sie nun mit einer anderen Mafia zusammenarbeiten müssen, und zwar mit der von Nachitschewan, einem neuen ideologischen Zentrum der türkischen Rechtsradikalen, einer kleinen politischen Enklave in Aserbaidschan.

Baku ist inzwischen zu einem der wichtigsten Stützpunkte für den Rohstoff Opium geworden, der in den Heroinlabors der Türkei zu Heroin verarbeitet wird.

Doch wieder zurück zu dem Geschehen von Susurluk. Hier wurde ja das innige Verhältnis von Mafia, Polizei und Politik per Zufall sichtbar. Hätte sich der Unfall nicht ereignet, hätte man über diesen politischen Irrsinn nur weiter spekulieren können. Susurluk führte den naiven Glauben vieler Türken an die Existenz eines einigermaßen funktionierenden Rechtsstaats jedoch ad absurdum.

Das Innenministerium in Ankara sah sich nach dem in jeder Beziehung tragischen Verkehrsunfall jedenfalls im Erklärungsnotstand. Es musste begründen, wie es zu der seltsamen Personenkonstellation im Unglücksauto gekommen war. Zuerst beschwichtigte Innenminister Mehmet Agar, dass dieser Unfall nichts Außergewöhnliches sei, eben ein ganz normales tragisches Ereignis. »Das Auto prallte gegen einen Lastwagen aufgrund eines misslungenen Überholversuchs.« Wobei er die spannende Frage nicht beantwortete, warum ein per Haftbefehl gesuchter Mafioso gemeinsam mit einem Polizeichef und einem Abgeordneten im selben Auto durch das Land kutschierte. Daraufhin einigte man sich im Innenministerium auf die Sprachregelung, dass der Polizeichef und der Abgeordnete »mit Sicherheit den von Interpol gesuchten Catli unterwegs festgenommen hatten und gerade auf dem Wege zu einer Polizeistation waren«.

Als aufmüpfige Journalisten bei Innenminister Mehmet Agar nachhakten, ob da nicht vielmehr ein Zusammenhang von Polizei und Politikern zur Mafia sichtbar geworden sei, wiegelte er ab: »Der Parlamentarier Sedat Bucak ist unser Freund. Seine Freundschaft mit dem früheren Polizeichef Huseyin Kocadag ist normal.« Die Presse und die Öffentlichkeit gaben sich damit nicht zufrieden. Warum befand sich im Auto ein ganzes Arsenal von nicht unbedingt polizeitypischen Waffen mit dazugehörigen Schalldämpfern? Wer setzte Catli als Polizisten ein? Woher stammte das Geld, das man angeblich in zwei Aktentaschen im Auto gefunden hatte? War es Drogengeld? Warum verschwand die Aktentasche? Ist die Behauptung wahr, dass die Insassen des Pkws Alaatin Cakici in Kusadasi getroffen hatten? Worüber haben sie geredet? Viele Fragen, auf die sich erst im Verlauf der nächsten Monate Antworten finden sollten.

Und natürlich stellt sich die grundsätzliche Frage: Wie kommt ein Mörder und Drogenhändler in den Besitz eines grünen Diplomatenpasses, ausgestellt vom Innenminister persönlich? Oder die Frage: Wie kommt ein Mörder zu einer Waffenbesitzbescheinigung mit folgendem Text: »Die Person auf diesem Foto, Mehmet Özbay, arbeitet als Spezialist für das Polizeidirektorat. Es ist ihm erlaubt, Waffen zu tragen.« Mehmet Özbay war eines der vielen Pseudonyme von Catli.

Der Innenminister war nicht der Einzige, der sich nach dem Unfall um Schadensbegrenzung bemühte. Andere waren seine politischen Freunde, Anhänger der Grauen Wölfe – zum Beispiel Ali Yasak: »Catli ist mit dem Flugzeug in die Türkei geflogen. Und dort stieg er zufällig in das Auto von Sedat Bucak. Der Polizeipräsident hat nicht gewusst, dass er einen falschen Ausweis besitzt. Abdullah wurde von der Polizei gesucht. Es war normal, dass er einen falschen Ausweis besitzt. Weil wir Abdullahs Leiche mit der türkischen Fahne bedeckt haben, reden sie über uns. Er ist ein Held. Diejenigen, die behaupten, Abdullah war ein Unterweltler, sind würdelos. Ich war in den Achtzigerjahren Ülkücü [Grauer Wolf]. Jetzt habe ich nichts mehr damit zu tun. Mit Sedat Bucak stehe ich in Blutsverbindung. Wer Abdullah Catli und Sedat Bucak als Mafia bezeichnet, dem werde ich es zeigen.«[76] Und ein einflussreicher Parlamentarier der rechtsextremen Partei BBP drohte gleichfalls: »Wer Abdullah Catli einen Verbrecher nennt, ist selber ein Verbrecher, ein unwürdiger Zuhälter.«

Gleich einem einfachen Puzzle ergeben die Antworten auf diese Fragen das Bild eines politischen Systems, in dem kriminelle Organisationen mit staatlicher Unterstützung agieren. Und wieder fällt der Name des Innenministers. Mehmet Agar, Sohn eines ehemaligen Polizeichefs, hat eine qualifizierte Ausbildung hinter sich. 1970 erhielt er in den USA eine Sonderausbildung für Polizeibeamte. 1973 wurde er kommissarischer Hilfsbeamter im Sicherheitsdienst des Staatspräsidenten, wirkte danach in verschiedenen Provinzen der Türkei als Landrat. 1979 wurde er stellvertretender Polizeidirektor in Istanbul. Während dieser Zeit erlangte das Istanbuler Polizeipräsidium seinen üblen Ruf wegen der Folterung von Häftlingen. So etwas fördert den Aufstieg im Staatsapparat. Seine weitere Karriere: 1988 Ernennung zum Polizeichef in Ankara. Vier Jahre später wurde er Gouverneur von Erzurum, und die Regierung in Ankara ernannte ihn gleichzeitig zum türkischen Polizeichef. In dieser Zeit wurden in der türkischen Polizeidirektion Todesschwadronen aufgebaut, und Agar bekämpfte nun mit allen Mitteln aufbegehrende Bürger.

Ein typisches Beispiel: In der Nacht vom 31. Januar 1990 umstellten tausende Polizisten und Soldaten das Elendsviertel Kucukarmutlu in Istanbul. Viele Häuser wurden zerstört, Einwohner zusammengeprügelt und angebliche Sympathisanten der kurdischen PKK verhaftet. Den Einsatzbefehl gab Agar. Doch er war ein Mann mit großen Ambitionen. »Während seiner Amtszeit in Istanbul hatte Agar nicht nur enge Beziehungen zu Bauchtänzerinnen, Sängerinnen und Frauen des Nachtlebens, sondern er vermittelte diese Frauen auch an hochrangige Gäste in Istanbul. Kompromittierende Szenen nahm er auf Videos auf und benutzte diese bei späteren Gelegenheiten als Druckmittel.«[77] Das wäre noch relativ harmlos. Aber seine »Arbeit« hinterließ eine Blutspur von Folterungen und Morden an politischen Oppositionellen. Das prädestinierte ihn wahrscheinlich in den Augen seiner politischen Ziehväter zu höheren Weihen im Staatsapparat. Im Dezember 1995 wurde er in Ankara in das Parlament gewählt. Nach einer kurzen Phase als Justizminister, während der er öffentliche, »außergerichtliche Hinrichtungsmöglichkeiten von Gefangenen« forderte, wurde er von der damaligen Regierungschefin Tansu Ciller zum Innenminister ernannt. Jetzt konnte er noch effektiver seines Amtes walten. Ein Vorfall, geschehen am 12. und 13. März 1995 in Istanbul, beleuchtet einen Teil dieses Wirkens. Damals kam es im Istanbuler Stadtteil Gaziosmanpasa zu einem Aufstand der überwiegend alewitischen Bürger. Gaziosmanpasa ist ein Stadtteil, der aus »Gecekondus« entstand, über Nacht gebauten Bretterverschlägen, insbesondere für aus dem Osten hinzugezogene Kurden. Es wurde eines der typischen Viertel Istanbuls, in dem Türken, Kurden, Alewiten und Sunniten vor allem eines gemeinsam haben: das Elend, in dem sie leben.

Die Revolte der kurdischen und alewitischen Bewohner wurde ausgelöst, als unbekannte Täter aus einem Taxi heraus in Kaffeehäuser feuerten und dabei einen alewitischen Geistlichen töteten. Als die Polizei nicht daran dachte, etwas gegen die Todesschützen zu unternehmen, zogen etwa 600 Demonstranten zu der kleinen Polizeistation in Gazi. Dabei wurde ein Demonstrant durch Schüsse aus einem Schützenpanzer der Polizei getötet. In der Folge entwickelten sich Straßenschlachten mit der Polizei,

Autos wurden in Brand gesteckt und rund 100 Läden verwüstet. In dieser chaotischen Situation feuerten die Polizisten gezielt in die aufgebrachte Menge. 28 Menschen starben, teilweise durch Treffer ins Herz und in den Kopf, wie spätere Autopsien ergaben. Über 100 Bürger wurden schwer verletzt. Erst als das Militär einschritt, konnten die Unruhen beendet werden. Die Todesschützen blieben anfangs unbehelligt. Erst nach massivem Protest der Öffentlichkeit wurde schließlich gegen die mutmaßlichen Killer ermittelt. Doch wurde das Verfahren sehr schnell mit der Begründung eingestellt, dass die Beamten in Ausübung ihrer Amtspflicht gehandelt hätten. Und der Anwalt der Angeklagten verteidigte diese Mörder als »Patrioten und Helden im Dienste des Vaterlandes«.

Auslöser der Unruhen, die Schüsse auf die Kaffeehäuser, waren keine willkürliche Taten irgendwelcher durchgedrehter Fanatiker. Die Schützen agierten mit eiskalter Logik. Das ergaben inzwischen neue Untersuchungen im Zusammenhang mit der Susurluk-Affäre. Beteiligt war nämlich Hüseyin Kocadag, also jener Mann, der in Susurluk ums Leben kam. Er war selbst Alewit, also Angehöriger einer liberalen islamischen Glaubensrichtung. Ihn sah man auf Fotos, wie er von einem Polizeiwagen zu den aufgebrachten Bürgern sprach. Das wäre natürlich nicht einmal ansatzweise ein Beweis für eine bewusste Provokation durch die Sicherheitskräfte. Aber schließlich gab der stellvertretende Sektionschef des polizeilichen Geheimdienstes, Hanefi Avci, zu, dass ein weiterer Kumpan von Catli »bei der Provokation in Gazi seine Finger im Spiel gehabt hatte«. Der stammte, ebenso wie Catli, aus dem Dunstkreis der Grauen Wölfe, deren Spezialität es bereits in den Siebzigerjahren war, mit Überfällen auf Kaffeehäuser Straßenschlachten zu provozieren. Und genau das wurde in Istanbul, in Gaziosmanpasa, wieder einmal praktiziert. Es handelt sich dabei um keine Einzelfälle. Provokationen dieser Art sind ein Teil der Strategie des Staates gewesen, genauso wie Morde.

»In der Amtszeit von Mehmet Agar als Chef der obersten Polizeidirektion wurden im Zeitraum von 1993 bis 1995 830 Menschen von ›unbekannten Tätern‹ ermordet. Von diesen entfielen

288 Fälle auf das Jahr 1993, 423 Fälle auf 1994 und 119 Fälle auf das Jahr 1995. Demzufolge brachte es Agar in seiner Amtszeit zu einem neuen Rekord an Morden ›unbekannter Täter‹. Für ihn ›eine ehrenvolle Zeit‹.«[78] Da dürfte er wohl mit seiner Chefin, der damaligen Ministerpräsidentin Tansu Ciller, auf einer Linie gelegen haben. Diese feierte ja sogar den Profikiller Abdullah Catli als »Helden der Nation«.

Zu behaupten, es sei eine »ehrenvolle Zeit« gewesen, Oppositionelle zu erschießen oder Massenmörder als nationale Heroen zu würdigen, veranschaulicht nicht nur den totalen Verfall jeglicher moralischer Hemmschwellen, insbesondere weil Politik und Minister wie Mehmet Agar fest von der Richtigkeit ihres Tuns überzeugt waren. »Ich habe alles für den Staat getan. Ich führte die Beschlüsse des Nationalen Sicherheitsrats aus«, gibt Agar stolz von sich. Und vor einer Untersuchungskommission bekannte er sich offen dazu, dass er und seine Organisation tausende solcher Aktionen durchgeführt hätten. »Wenn all diese Operationen enthüllt werden, bricht der ganze Staat zusammen«, tönte er selbstbewusst.

»Operationen« – welch ein steriles Wort für das Foltern und Erschießen von Menschen und die Zerstörung von Zeitungsverlagen, Partei- und Gewerkschaftsbüros. Dass die wahren Hintergründe dieser Operationen jedoch publik würden, konnte der Regierungsspitze in Ankara nicht recht sein. Denn die Feststellung von Mehmet Agar bewies, dass er nicht als dumpfer Einzelkämpfer, sondern auf Anordnung der jeweiligen Regierungschefs und natürlich des allmächtigen Militärapparats gehandelt haben muss.

In Absprache mit Staatspräsident Demirel verkündete Tansu Ciller daher, Wochen nach dem Unfall, den Rücktritt des Innenministers. Nur sei dieser Rücktritt in keiner Weise mit den aktuellen Ereignissen und Enthüllungen über Agar in Verbindung zu setzen. Vielmehr habe Agar ein schwerkrankes Kind, was ihn in der Ausübung seines Amtes wesentlich behindern würde.

Zugleich versprach sie, dass Mehmet Agar recht bald seinen »treuen« Dienst wieder antreten werde. Eine Bemerkung, die sogar im Einklang mit den Intentionen des Staatspräsidenten Süleyman Demirel stand. Der meinte nämlich: »Lasst uns nicht das ganze Haus wegen einer Maus abbrennen.«

In den Wochen und Monaten nach der Susurluk-Affäre redete man in der Öffentlichkeit trotzdem von einer »Organisation« oder einer »geheimen Organisation«, die über dem Staat steht, nannte aber anfangs keine Namen. Für Staatspräsident Demirel sind es Cliquen. »Es gibt im Staat Cliquen, aber diese sind in keiner Weise in Verbindung mit dem Staat zu sehen. Der Staat hat die Aufgabe, diese Cliquen zu bekämpfen.«

Diese sogenannten »Cliquen« lassen sich am besten an der Person des bei dem Unfall getöteten Abdullah Catli darstellen, weil sie ansonsten zu abstrakt und damit unglaubhaft wären. Denn wer kann sich wirklich vorstellen, dass Killer jahrelang für eine Regierung arbeiten, die Mitglied der Europäischen Union werden will und im Europarat vertreten ist?

Von Catli, einem Mitglied der Grauen Wölfe, hörte die türkische Öffentlichkeit erstmals im Jahr 1978, als er wegen des Mordes an sieben linken Studenten angeklagt wurde. Das war der Beginn seiner beispiellosen Karriere. Dann tauchte sein Name im Zusammenhang mit der Ermordung von Abdi Ipecki, dem Chefredakteur der liberalen Tageszeitung *Milliyet*, auf. Ihn hatte er gemeinam mit einem seiner besten Freunde namens Mehmet Ali Agca kaltblütig erschossen. Für diesen Mord wurden sie bezahlt. Auf dem Konto von Mehmet Ali Agca fand man von einem Tag auf den anderen eine Überweisung von 360 000 türkischen Lire. Das waren zu der damaligen Zeit etwa 80 000 Mark. Agca wurde daraufhin verhaftet und musste mit der Todesstrafe rechnen. Mit Hilfe »dunkler Quellen«, wie es damals in den Zeitungen stand, durfte er aus dem bestbewachten Gefängnis der Türkei fliehen. Eine Woche nach seiner Flucht wurden Anwälte linker Klienten im selben Gefängnis von 50 MHP-Mitgliedern, die ungehindert den Besucherraum betreten konnten, zusammengeschlagen. Die wachhabenden Offiziere schauten teilnahmslos zu – Sinnbild der bestehenden Machtverhältnisse.

Die geheimnisvolle »dunkle Quelle« war eine dritte Person in dem feinen Kreis rechtsextremer Killer, sein Freund Oral Celik. Sie alle, Mehmet Ali Agca, Oral Celik und Abdullah Catli, sollten zwei Jahre später erneut gemeinsam in Erscheinung treten. Alle drei erhielten Ende der Siebzigerjahre eine militärische Ausbildung in Lagern der Grauen Wölfe. Nach seiner Flucht versteckte sich Agca bei seinem Freund Abdullah Catli, der ebenfalls von der Polizei gesucht wurde, nachdem auch er aus dem Gefängnis flüchten konnte. Das Rätsel um die Flucht von Catli aus dem Gefängnis sollte sich erst 15 Jahre später, nach seinem Tod, auflösen. Einer der engsten Freunde des Killers und Drogenhändlers der Grauen Wölfe, Ibrahim Ciftci, gleichfalls eine wichtige Figur im Umfeld der Grauen Wölfe, legte am 13. Oktober 1996 gegenüber der Tagszeitung *Milliyet* ein Geständnis ab. Daraus geht hervor, dass Angehörige des türkischen Geheimdienstes nach dem Militärputsch 1980 die verurteilten Grauen Wölfe im Mamakgefängnis in Ankara besuchten und sie aufforderten, gegen die PKK zu kämpfen. Als Gegenleistung würden sie freigelassen werden. »Wenn Catli kein Staatsbeamter ist, was hat er neben einem Abgeordneten und Polizeichef zu suchen? Wenn man die ganze Schuld auf Catli schiebt, kommt man zu keinem Ergebnis. Wenn Catli ein Staatsbeamter ist, so muss der Staat offen auftreten und sagen, er ist einer von uns.«

Catli handelte demnach nicht auf eigene Rechnung. Seine Frau Meral bestätigte das. »Mein Mann war für die Regierung tätig und es waren Regierungsangehörige, die es ihm ermöglichten, aus dem Gefängnis zu fliehen. 22 Tage nach dem Militärputsch vom 12. September 1980.« Gerade diese Zeit, die Achtzigerjahre, sind wichtig, um die künftige Bedeutung von Abdullah Catli verstehen zu können. Es war die heiße Zeit des Kalten Krieges, eine Zeit, in der auch die kurdische Opposition immer stärker wurde.

In dieser Phase sorgte Mehmet Ali Agca erneut für Schlagzeilen in der Türkei. In einem Leserbrief an die Zeitung *Milliyet* kündigte er am Vorabend des Papstbesuches in der Türkei an, er werde Johannes Paul II. ermorden. »Diesen Leserbrief hat Oral Celik für mich geschrieben«, wird er zwei Jahre später, nachdem er tatsächlich ein Attentat auf den Papst verübt hatte, gegenüber dem römischen Untersuchungsrichter Illario Martella aussagen.

Und auch Abdullah Catli taucht als Helfershelfer bei dem Anschlag auf den Papst auf. Denn wenige Tage vor dem Attentat flog Mehmet Ali Agca zusammen mit seinem Freund Oral Celik und einem Mehmet Sener, alles bekannte Graue Wölfe, nach Sofia. Unterschlupf gewährte ihnen einer der großen türkischen Mafiachefs. Der versprach ihnen für die Ermordung des Papstes drei Millionen Mark. Nachdem sie einen Vorschuss und falsche Papiere erhalten hatten, versteckten sie sich in Wien in einer von Catli angemieteten Wohnung. Nach einem Abstecher nach Deutschland reisten sie Anfang April in die Schweiz, um dort die letzten Vorbereitungen für das spektakuläre Attentat zu treffen.

Es ist Mittwochnachmittag, der 13. Mai 1981. Rom, Vatikanstadt. Vor dem Petersdom warten tausende von Menschen auf die Ankunft von Papst Johannes Paul II. Für die meisten Gläubigen aus aller Welt sind der Vatikan, der Papst und die Kardinäle heilig, unangreifbar, ist der Vatikan die Inkarnation der moralischen Sauberkeit. Um 17 Uhr erscheint Johannes Paul II. auf dem Petersplatz in seinem offenen Wagen. Er winkt nach allen Seiten. Dann fallen plötzlich Schüsse. Der Papst bricht in seinem Wagen zusammen. Seine weiße Soutane beginnt sich langsam mit Blut zu färben. Einer der Attentäter versucht nach dem Anschlag zu flüchten, wird aber festgehalten und von der Polizei abgeführt. Es handelt sich um einen 23-jährigen Türken mit Namen Mehmet Ali Agca. Um 20.15 Uhr meldet in der Bundesrepublik die ARD-Tagesschau: »Mehmet Ali Agca ist ein Mitglied der türkischen rechtsextremistischen Grauen Wölfe gewesen.« Wenig später wird bekannt, dass er sich auch in Deutschland aufgehalten hatte.

Ein Attentat von türkischen Rechtsradikalen auf den obersten Würdenträger der katholischen Kirche – keiner konnte sich einen Reim darauf machen. Auch der Attentäter schwieg lange Zeit darüber, welches seine Motive für den Mordanschlag waren und ob er von »fremden Mächten« gesteuert worden war. Bereits zwölf Tage nach dem Attentat verfasste General Giuseppe Santovito,

Chef des italienischen militärischen Geheimdienstes SISMI, einen Bericht über Agca. Detailliert wurde beschrieben, wo sich Agca seit seiner Flucht aus dem türkischen Militärgefängnis in Istanbul aufgehalten hatte, und er nannte auch seine Komplizen: darunter Mehmet Sener, Abdullah Catli und Oral Celik. »Wie kam der italienische Nachrichtendienst so schnell – innerhalb zehn Tagen – an so verlässliche Informationen? Kannte auch dieser Dienst – wie der französische SDECE – die Attentatspläne der Grauen Wölfe? Warum wurde der SISMI, immerhin auf Terroristenjagd spezialisiert, nicht aktiv?«[79]

Anderthalb Jahre später wurde Agca jedoch plötzlich zum Kronzeugen für die These, der bulgarische Geheimdienst und damit der sowjetische KGB wären an dem Komplott gegen den Papst beteiligt gewesen. Eine Theorie, die bis zum heutigen Tag nicht eindeutig geklärt werden konnte. Abdullah Catli wurde übrigens im September 1985 vor dem Gericht in Rom zu seinen Aktivitäten und denen von Mehmet Ali Agca befragt. In seiner Aussage erklärte er, der westdeutsche Geheimdienst BND sei an ihn herangetreten und habe ihm ein hübsches Sümmchen geboten, damit er den russischen und bulgarischen Geheimdienst in Zusammenhang mit dem Attentat auf den Papst bringe. »Sechs Jahre später enthüllte Melvin A. Goodman, ein früherer Experte der CIA, dass seine Kollegen damals auf Weisung von oben ihre Beichte gefälscht hatten, um diesen Anschuldigungen Glaubwürdigkeit zu verleihen.«[80]

Eng waren in dieser Epoche die Verbindungen zwischen den Grauen Wölfen und der CIA. In diesem Zusammenhang wurde ein Name genannt: Paul Henze. Der 1993 ermordete Publizist Ugur Mumcu erklärte bereits Anfang der Achtzigerjahre: »Paul Henze ist Mitarbeiter der CIA. Vor etwa zwei Monaten drangen Henze und die amerikanische Journalistin Claire Sterling unerwartet bei mir ein. Henze und die Sterling redeten mir lange zu, ihre Mär, der sowjetische Geheimdienst habe seine Hand beim Mordanschlag gegen den Papst im Spiel, zu unterstützen. Doch dies ist eine glatte Erfindung. Keine Beweise, keine Indizien. Das ist unglaublich.« Der türkische Publizist Ugur Mumcu ist unverdächtig, ein Propagandamärchen zu erzählen. Er war der erste türkische Publizist, der die Verbindungen zwischen der türkischen Mafia, die ihre Geschäfte im Wesentlichen über Bulgarien ablaufen ließ, und den türkischen Rechtsradikalen aufdeckte. Deshalb wurde er auch zehn Jahre nach diesem Gespräch ermordet. Ugur Mumcu über weitere Verbindungen: »Merken Sie sich den Namen Ruzi Nazar. Er ist der langjährige Verbindungsmann der CIA zu den Grauen Wölfen. Davor war Ruzi Nazar angeblich als Mitarbeiter der US-Botschaft tätig. Später fuhr er in die BRD, wo die Grauen Wölfe mehrere tausend türkische Männer und Frauen, die aufgrund eines Vertrages in diesem Land arbeiten, in ihren Netzen eingefangen haben. 1980 wurde in der Türkei ein Schreiben des in die Bundesrepublik geflüchteten Agca an den Anführer der Grauen Wölfe abgefangen. Dort hatte er Unterkunft bei den örtlichen Anführern der Grauen Wölfe gefunden, mit denen auch der CIA-Agent Nazar in engem Kontakt stand. Nazar weiß am besten von allen, wer die terroristischen Aktionen von Agca leitet, wie und warum das getan wird.«

Was man auf jeden Fall, unabhängig von der Frage, ob und welcher Geheimdienst die Attentäter mit Waffen versehen hatte, ziemlich sicher weiß, ist die Tatsache, dass der Papstattentäter ein Mitglied der Grauen Wölfe war und mit Hilfe von Komplizen, auf dem Höhepunkt des Kalten Krieges, ein Attentat auf die Symbolfigur der westlichen Welt verübte. Nicht mehr und nicht weniger. Da steht in der Anklageschrift des italienischen Generalstaatsanwalts gegen die Hintermänner des Attentats: »Ali Agca und Oral Celik, Graue Wölfe, aus denen gedungene Abenteurer und internationale Terroristen geworden sind, benötigten mehr denn je ein organisiertes Netz für Logistik und Einsatzverbindungen. Sie brauchten unabdingbar Helfer, sichere Wohnungen, gefälschte Papiere, Informationsquellen.« Und die wurden ihnen, so die Generalstaatsanwaltschaft in Rom, »von den Grauen Wölfen, das heißt von der ›Türkei-Föderation‹, das heißt von Musar Serdar C. angeboten.«

Serdar C. war bis zu seiner kurzfristigen Verhaftung Vorsitzender der Türk-Föderation, der Auslandsfiliale der MHP in Frankfurt am Main. Und über ein anderes Führungsmitglied der Grauen Wölfe, Ali B., steht in derselben Anklageschrift: »Stimmt es vielleicht nicht, dass Agca schon im Juli 1980 von Sofia aus den Telefonanschluss 06074 - 32662 angerufen hatte, der auf Ali B., den Vizepräsidenten der Türk-Föderation«, lautete? Also auch hier die Spur nach Deutschland.

Der römische Untersuchungsrichter zitiert in seinem Schlussbericht Ali Agca: »Bei den Grauen Wölfen leitete ich eine Gruppe, die mindestens 50 Mann zählte. Oral Celik, Abdullah Catli und Mehmet Sener waren meine engsten Genossen.«

All das war demnach international bekannt. Warum wurde trotzdem nichts gegen die Zentralen dieser kriminellen Aktivitäten in der Türkei sowie in Deutschland unternommen? Das Gegenteil war der Fall: Graue Wölfe wie Catli konnten ungehindert in ganz Europa agieren. Dabei wäre es interessant zu erfahren, warum er, einer der Unterstützer des Papstattentäters, zwar im Winter 1983 in Aachen verhaftet wurde, kurze Zeit später jedoch wieder freikam. Hatte hier ein heimlicher, unheimlicher Nachrichtendienst seine Hände im Spiel?

Während die Grauen Wölfe nach außen weiter den Eindruck vermittelten, sie seien harmlose Idealisten, zeichnete sich eine neue Dimension ihres Tuns ab. In der Schweiz wurde unter der Codebezeichnung »Maiskolben« eine Fahndungsaktion gegen Graue Wölfe durchgeführt, die den Drogenhandel in den Händen hatten. In diesem Netz verfing sich unter anderen ein Mann namens Mehmet Sener, der bereits im Zusammenhang mit dem Papstattentat aufgefallen war. Er verhalf nicht nur dem Papstattentäter zu seiner Waffe, sondern war auch gleichzeitig ein führendes Mitglied der Grauen Wölfe in der Schweiz. Zusammen mit Abdullah Catli organisierte er auch andere Dinge, zum Beispiel den Drogenhandel. Abgewickelt wurden diese »Geschäfte« in der Regel über so genannte Kultur- und Idealistenvereine. Der Baseler Staatsanwalt Jörg Schild, der das Verfahren führte: »Der Drogenhandel ist für die Grauen Wölfe ein wichtiges Finanzierungsmittel. Nichts geht bei diesen Geschäften ohne Kenntnisnahme von ganz oben in der Organisation.« Gemeint ist die Zentrale der Kultur- und Idealistenvereine, die Türk-Föderation. Im folgenden Heroinprozess, im Mai 1985, verhängte das Gericht Strafen zwischen fünf und zehn Jahren Gefängnis. Mehmet Sener wurde zu fünf Jahren Haft und zu 15 Jahren Landesverweis verurteilt. Abdullah Catli und Oral Celik, obwohl ebenfalls angeklagt, waren die großen Abwesenden bei diesem Verfahren. Abdullah Catli wurde später in Paris verhaftet. Nachdem er dort eine mehrjährige Strafe abgesessen hatte, lieferte ihn Frankreich an die Baseler Justiz aus, die ihn zu neun Jahren Zuchthaus verurteilte. Oral Celik, den die Baseler Polizei als Boss des aufgedeckten Drogenrings bezeichnete, setzte sich ebenfalls nach Frankreich ab. Der französische Nachrichtendienst observierte sogar seine Pariser Wohnung. Als Staatsanwalt Jörg Schild Celiks Verhaftung forderte, konnte ihn die französische Polizei plötzlich nicht mehr finden. Während einer Verhandlungspause hatte der Journalist Frank Garbely Gelegenheit, mit dem auf der Anklagebank übrig gebliebenen Mehmet Sener zu sprechen.

»Das ist ein politischer Prozess, eine Alibiübung.«

»Sie haben mit Drogen gehandelt, jetzt werden Sie dafür bestraft«, antwortete Garbely.

»Auch Abdullah Catli und Oral Celik haben mit Drogen gehandelt«, erwiderte Sener. Auf den Einwand, dass beide untergetaucht seien und die Polizei nach ihnen fahnde, konnte Sener nur zynisch reagieren.

»Dass ich nicht lache. Dann erklären Sie mir, warum die Polizei die beiden laufen ließ.«

»Sie wollen sagen, Abdullah Catli und Oral Celik waren in der Schweiz verhaftet worden?«

»Ganz genau. Ich war dabei. Wir wurden alle drei gemeinsam verhaftet. Mich, den kleinen Fisch, sperrten sie ein.«

Tatsächlich waren Mehmet Sener und Abdullah Celik bereits am 22. Februar 1982 in Zürich festgenommen worden. Gegen beide lag ein türkisches Auslieferungsbegehren vor. Catli wurde wegen der Ermordung von sieben linksgerichteten Gewerkschaftern in Istanbul gesucht. Ein Baseler Untersuchungsrichter bestätigt die Angaben von Sener: »Wir sind überzeugt, dass die Züricher Polizei zusammen mit Sener und Catli auch Oral Celik angehalten hatte. Er wurde jedoch sofort wieder freigelassen. Polizeiakten über die vorübergehende Verhaftung von Oral Celik gibt es offenbar nicht. Wir konnten diese jedenfalls nicht ausfindig machen.«[81]

Während einer Rundreise durch Lateinamerika und im September 1982 in Miami wurde Abdullah Catli in Begleitung eines Stefano Delle Chiaie gesichtet. Er ist insofern von Interesse, weil dieser in seiner italienischen Heimat wegen zahlreicher Bombenanschläge, politischem Mord und Schändung jüdischer Friedhöfe gesucht wurde. 1979 setzte er sich zuerst nach Argentinien und dann nach Bolivien ab. Dort beteiligte er sich mit anderen europäischen Extremisten an einem Putsch. »Am 17. Juni 1980, vier Wochen vor dem Putsch, trafen sich die sechs wichtigsten Drogenhändler Boliviens mit den Putschisten, um die Gegenleistung für eine langfristige Absicherung ihres Drogengeschäfts auszuhandeln. Die Ergebnisse blieben nicht geheim. In einer Zeitungsnotiz hieß es, ein führender bolivianischer Geschäftsmann habe vorgeschlagen, den sich abzeichnenden Coup als ›Kokainputsch‹ zu bezeichnen.«[82] Am 17. Juni 1980 kam es tatsächlich zu einer blutigen Revolte. Wenig später lernte er Abdullah Catli kennen.

Was jedoch viel schlimmer wiegt, ist, dass Catli auch von einigen europäischen Geheimdiensten beschützt wurde.

»Er und seine Freunde wurden mit Hilfe des italienischen Geheimdienstes SISMI, des Geheimdienstes der Schweiz, des französischen und des deutschen Nachrichtendienstes mit falschen Papieren ins Ausland gebracht. In den Jahren, in denen Catli illegal im Ausland lebte, konnte er sogar in die USA reisen. Einer seiner Helfershelfer war ein Mann mit besten Beziehungen zu Nachrichtendiensten. Stefano Delle Chiaie war ein bekanntes Mitglied einer inzwischen aufgedeckten Geheimorganisation namens Gladio«, so der französische Journalist Jean Marie Stoerkel. Er traf Catli in der Schweiz, als dieser dort wegen Drogenhandels vor Gericht stand. »Als ich fragte, wie er so einfach in die USA gehen konnte, sagte er mir: Bring nichts durcheinander. Ich möchte nichts erzählen. Viele Geheimdienste wollten uns ausnutzen. Aber wir waren nicht ihre Marionetten.«

Mitte 1982 lebte und arbeitete Abdullah Catli in Frankreich, wo er, nun unter dem Namen Hasan Kurtoglu, seine Dienste für den türkischen Staat wieder aufnahm. Er wurde beauftragt, Attentate gegen armenische Einrichtungen und gegen die militante armenische Organisation ASALA durchzuführen. Dazu heißt es in einem Bericht des türkischen Geheimdienstes: »Im Rahmen der gegen ASALA [armenische Befreiungsbewegung] gerichteten Aktivitäten, die 1982 begannen, nahm der MIT am 22. Oktober 1983 in Paris mit ihm Kontakt auf. Beim ersten Treffen wurde er gefragt, ob er diese Aufgabe annehmen wolle. Nachdem er zugestimmt hatte, wurde ihm die Aufgabe übertragen. Gegen armenische Ziele wurden folgende Aktionen geplant und ausgeführt: 5. Dezember 1983, Paris: zwei Autobomben gegen das Fahrzeug von Ara Aronyan. 17. März 1984, Marseille: ein Bombenanschlag auf das Gebäude der armenischen Jugendorganisation. 1. Mai 1984, Paris: eine Autobombe wird im Auto eines armenischen Oppositionellen platziert. 4. Mai 1984, Alfortville: Bombenanschläge auf das armenische Denkmal, das Gebäude der armenischen Jugendorganisation, die Sporthalle, die Wache und auf ein Fahrzeug der Feuerwehr. 24. Juni 1984, Paris: Bombenanschlag auf das armenische Jugendheim.«

Und immer war Drahtzieher der Terroraktivitäten der türkische Geheimdienst, der seinen besten Mitarbeiter Abdullah Catli dafür eingesetzt hatte. Catli war mit Staatsauftrag auch in Deutschland aktiv, wo er, so die Fernsehsendung Kontraste im April 1997, zu Spionagetätigkeiten gegen die PKK eingesetzt wurde. Weiter ging der ehemalige Chef des Nachrichtendienstes der Polizei, Hanefi Avci. Er sagte vor einer parlamentarischen Untersuchungskommission aus, dass »die Bande um Catli mit dem deutschen Geheimdienst zusammengearbeitet habe«.[83] Der BND erklärte dem Fernsehmagazin auf Nachfrage, dass man dazu keine Stellung nehmen könne. Dies würde die politischen Interessen der Bundesrepublik Deutschland berühren.

Doch Catli tötete und bombte nicht nur, sondern er war auch

bereits in das Drogengeschäft eingestiegen. Das sollte ihm kurzfristig zum Verhängnis werden. In der Schweiz hatte die Staatsanwaltschaft gegen ihn wegen der Lieferung von vier Kilogramm Heroin am 7. September 1984 einen internationalen Haftbefehl erlassen. Am 24. Oktober 1984 wurde er in Paris wegen Drogenhandels verhaftet und am 27. Januar 1986 zu sieben Jahren Gefängnis verurteilt. Catli wurde drei Jahre später in die Schweiz überstellt und dort ebenfalls wegen Drogenhandels zu sieben Jahren Haft verurteilt. Mit Hilfe seiner Freunde vom türkischen Nachrichtendienst MIT konnte er bereits im Frühjahr 1990 aus dem Schweizer Gefängnis Bostadel flüchten und kehrte wenige Wochen später triumphierend nach Istanbul zurück. Catlis Frau Meral bestätigte diese Information. Demnach waren »es Beamte des MIT, die es meinem Mann ermöglichten, aus dem Schweizer Gefängnis zu flüchten, wo er wegen Heroinhandels eine Strafe verbüßte«.

Unterdessen hatte man in Istanbul eine Wohnung für Catli angemietet und einen Ausweis auf den Namen Mehmet Özbay ausgestellt. Catlis nächster Schritt war nun der Versuch seiner Legalisierung. Dazu wandte er sich an den Vorsitzenden der parlamentarischen Justizkommission, das ehemalige MHP-Mitglied Alparslan Pehlivanli. Der hoffte, Justizminister zu werden, und versprach Catli, sein Strafregister zu löschen. Aus dem Karrieresprung wurde aber nichts, denn Catli hatte inzwischen wichtigere Personen kennen gelernt, die ihn unterstützten.

Als Erstes baute er ein kleines wirtschaftliches Imperium auf. Als Vermittler für ausländische Unternehmen, der Medikamente und medizinisches Material an Krankenhäuser verkaufte, war ein Grundstock gelegt. Danach gründete er Textilfirmen, wie die Firma Sultan Textil. Kleidung wurde zwar nicht produziert, dafür aber über das Unternehmen Drogen nach Europa geschmuggelt. Schließlich widmete er sich dem Zuckerhandel und war im Erdölgeschäft tätig. Am 26. Februar 1992 wurde Catli auf dem Atatürk-Flughafen in Ankara verhaftet. Damals benutzte er als Pseudonym den Namen Sahin Ekli. Bei der Polizei nahm man seine Fingerabdrücke, und jeder glaubte, nun würde er für längere Zeit inhaftiert werden. Schließlich war bekannt, dass er wegen mehrfachen Mordes gesucht wurde. Was sich damals niemand erklären konnte, war die Tatsache, dass er wenig später, auf Anweisung der Istanbuler Sicherheitsdirektion, wieder entlassen wurde. Immerhin hatte man seine Fingerabdrücke. Diese wurden später auf dem Magazin der Kalaschnikow gefunden, die von den Mördern des Kasinokönigs Topal benutzt wurde. Im Mai 1993 wurde Abdullah Catli wegen Geldwäsche und Bankbetrugs in Großbritannien verhaftet. Wenig später konnte er fliehen. »Die Flucht wurde von Deutschland aus organisiert, da das Flugzeug und der Pilot durch einen Enver A. organisiert worden sein sollen«, behauptet die türkische Zeitung *Aydinlik*. Merkwürdig ist es schon, dass der Gangsterboss Abdullah Catli mit einem auf der Interpol-Fahndungsliste vermerkten Pass in Deutschland ein und aus gehen konnte. Als ein deutsches Reporterteam bei Beamten des Bundesgrenzschutzes anfragte, ob ihnen Catli denn nie aufgefallen sei, verneinten diese. Sie führten den von Catli benutzten Pass nicht in ihrer Kartei. Alles Zufälle?

Ende 1993 – welch eine Ironie! – wurde derselbe Mann Polizeiexperte in der Türkei, erhielt einen Waffenschein, bezog ein Doppelhaus und hatte drei Luxuslimousinen zur freien Verfügung.

Abdullah Catli, den Tansu Ciller als »großen Patrioten« würdigte, funktionierte perfekt. Ein Beispiel: In der Türkei kursierte eine Liste von Personen, die erpresst wurden. Die ließ er zunächst einmal zahlen und versprach ihnen, ihre Namen von der Liste zu streichen. Er kassierte das Geld, ließ die Opfer trotzdem entführen und töten, nachdem sie zuvor gefoltert wurden. Eines seiner Opfer, Behcet Canturk, zahlte zehn Millionen Dollar Lösegeld, die der Kasinokönig Topal um weitere 17 Millionen aufstockte. Am 28. Juli 1996 wurde er von Polizisten, die mit Catli zusammenarbeiteten, entführt. Die Kidnapper wurden am 25. August von einem Zeugen in Istanbul erkannt und bei der Staatssicherheit angezeigt. Der Zeuge überlebte gerade einmal drei Tage seine Aussage. Catlis Frau Meral behauptet: »Er kannte viele Politiker. Eines Tages erzählte er mir, dass er Mesut Yilmaz getroffen und dieser ihm für seine Dienst gedankt habe. Ich weiß nicht, ob er

Tansu Ciller kannte und sie traf. Aber er kannte ihren Ehemann, Özer Ciller.« Ein Zustand, den der Journalist Oktay Eksi folgendermaßen zusammenfasste: »Die türkische Regierung wurde eine Organisation, die bis zum Hals in Mord, Drogenhandel und Erpressung steckt.«[84]

Wer so eng mit Nachrichtendiensten und Regierungsstellen zusammenarbeitet wie Abdullah Catli, scheint nicht nur unbeschränkte Mittel, sondern auch unbeschränkte Einsatzmöglichkeiten zu haben. 1996 brannten riesige Waldflächen auf den griechischen Inseln ab. Niemand vermochte zu sagen, ob es sich dabei um leichtsinniges Hantieren mit Feuer oder um Brandstiftung handelte. Bis dann der Abgeordnete Sedat Bucak gegenüber einer türkischen Zeitung behauptete, dass »wir die Brände gelegt haben«. Laut Bucak war der Anstifter dieser Brände, die Teile der griechischen Inseln einäscherten, »Abdullah Catli, der Führer der Grauen Wölfe«. Dieses Bekenntnis deckte sich mit den Berichten griechischer Behörden, wonach die Brände jedes Jahr auf den griechischen Inseln ausbrechen und von speziellen Einsatzkräften gelegt werden. Hätte Bucak nicht mit dieser Aussage geprahlt, wäre die Feststellung der griechischen Regierung, dass türkische Dienststellen für die Feuersbrünste verantwortlich seien, als billige Propaganda abgebügelt worden.

Trotzdem blieb Catli ein wahrer Patriot und Volksheld. Bei seinem Begräbnis kamen tausende Anhänger der Grauen Wölfe und des politischen Establishments, um ihm die »letzte Ehre« zu erweisen. Journalisten, die das Begräbnis und die anwesenden Freunde filmisch dokumentieren wollten, wurden von wütenden Anhängern Catlis attackiert, während die Polizei in aller Seelenruhe zuschaute.

Ein Innenminister und rechtsextreme Gangs als Helfershelfer der Mafia – viel höher kann es nicht gehen, dachten zahlreiche Bürger in der Türkei. Doch weit gefehlt. Kutlu Savas, der Sonderbeauftragte, den Ministerpräsident Yilmaz nach seinem Regierungsantritt mit der Aufklärung der »Susurluk-Affäre« betraute, wies in seinem diesbezüglichen Untersuchungsbericht darauf hin, dass ein Mann wie Yesil, genannt »der Terminator«, für mindestens 19 Morde, so etwa an dem Abgeordneten Mehmet Sincar, verantwortlich sei. Er beschuldigte ihn außerdem, zwei junge Frauen entführt, vergewaltigt, grausam gefoltert und schließlich erschossen zu haben.

Es war dieser »Susurluk-Report«, der aufgrund von intensiven Vernehmungen beteiligter Offiziere und Polizeibeamter explosive Enthüllungen preisgab. Demnach habe Tansu Ciller, Ex-Regierungschefin und Vorsitzende der Partei des rechten Weges, eine Geheimorganisation, bestehend aus Mafia und Polizei, während ihrer Regierungszeit aus ihrem persönlichen Sonderfonds finanziert. Mit einem Etat von umgerechnet 40 Millionen Mark wollte man die kurdischen Separatisten bekämpfen.

»Gleich nach ihrem Regierungsantritt im Juni 1993 beriet die neue Regierungschefin Tansu Ciller auf mehreren Konferenzen mit ›Sicherheitsfachleuten‹, Militärs, Geheimdienstlern und anderen über eine Lösung der Kurdenfrage. Beschlossen wurde, künftig stärker als je zuvor neben den staatlichen Sicherheitskräften auch geheime Killerkommandos einzusetzen, die aus mafiotischen Strukturen, aus dem Milieu der Grauen Wölfe oder direkt aus dem Sicherheitsapparat rekrutiert werden sollten, um entscheidende Schläge gegen die kurdische Opposition, vor allem die PKK, zu führen.«

In den beiden Städten Bolu und Hatay wurden daraufhin zwei Schulungslager für diese Kommandos eingerichtet. Dort wurden in den nächsten Wochen und Monaten je etwa 20 Killerkommandos ausgebildet. Gleichzeitig kündigte die Ministerpräsidentin an, die »über 100 potentiell die PKK finanzierenden Arbeitgeber« müssten »mit Konsequenzen rechnen«. »Die Liste der Geschäftsleute, die die kurdische Arbeiterpartei unterstützen, ist in unserer Hand«, zitiert der Bericht die frühere Regierungschefin. Was heißen sollte, dass sie potentielle Opfer der Killer im Auftrag des Staates waren. Tatsächlich wurden daraufhin reiche kurdische Unternehmer wie Behcet Cantürk, ein Finanzier der prokurdischen Tageszeitung *Özgür Gündem*, ermordet. Das Büro der Zeitung wurde am 3. Dezember 1994 in die Luft gejagt. Kutlu Savas folgerte aus seinen Untersuchungen, die im Februar 1998 der Öffentlichkeit zugänglich gemacht wurden: »Der Rechtsstaat ist in der Türkei ausgehoben worden, die vom Staat eingesetzten mafiosen Banden hatten mehr Einfluss als staatliche Institutionen.« Dabei zeichnete sich dieser Susurluk-Bericht durch zwei Besonderheiten aus. »Zum einen wagte es die Kommission nicht, das Ehepaar Ciller vorzuladen und die direkte Verantwortung der Regierung oder anderer staatlicher Organe für Morde und die gesamte Affäre zu thematisieren. Zum anderen wagte man sich nicht an die Militärspitze heran.«[85]

Uluc Gürkan, stellvertretender Parlamentspräsident der Türkei, äußert sich dazu gegenüber dem Autor folgendermaßen: »In den letzten Jahren sind die Grauen Wölfe und die Mafia von Frau Ciller sowie ihrem Mann zu verschiedenen Zwecken organisiert und benutzt worden. Und sie werden auch von ihr geschützt. Weil diese Banden unter ihrem Schutz stehen, können sie so aktiv sein und gegen die Sicherheit des Staates verstoßen. Durch diesen Unfall werden die ersten Beweise für diese Verbindung öffentlich.«

Bestätigt werden solche Beschuldigungen von Mitgliedern ihrer eigenen Partei. Der ANAP-Delegierte Avni Carsancakli erklärte: »Es geht nicht nur um Agar. Diese Aktionen wurden von Özer und Tansu Ciller angeordnet. Catli rief mehrmals bei mir an und sagte: ›Gestern hatte ich ein Dinner mit Ciller. Wenn du willst, dass irgendetwas getan werden muss, ich kann es für dich tun.‹«

Und Dogu Perincek, Vorsitzender der kleinen linken »Arbeiterpartei«, gleichwohl mit hervorragenden Kontakten zum Militär und Nachrichtendienst MIT, beschimpfte Tansu Ciller gar als »Patin der Mafia«. Hat Tansu Ciller wirklich Verbindungen zur Mafia? »Ja«, behauptet Dogu Perincek im Gespräch mir gegenüber. »Dafür gibt es viele Beweise. Presseagenturen haben über zehn Politiker berichtet, die im Zusammenhang mit Korruption genannt werden. Die höchste politische Position unter ihnen hatte Tansu Ciller.«

Schon mehrmals war die ehemalige Ministerpräsidentin der Türkei mit Korruption und Amtsmissbrauch in Verbindung gebracht worden, nie jedoch mit Vorwürfen bezüglich Mafiakontakten. Und immer konnte sie sich einer strafrechtlichen Verfolgung entziehen. Im April 1996 beantragte die damals noch oppositionelle islamische Wohlfahrtspartei »Refah« von Necmetin Erbakan einen parlamentarischen Untersuchungsausschuss. Der Vorwurf: Tansu Ciller und ihr Mann hätten sich durch Manipulation von Verträgen beim staatlichen Elektrizitätskonzern bereichert. Danach wurde eine Untersuchung gegen die Politikerin im Zusammenhang mit dem Verkauf des staatlichen Automobilkonzerns Tofas eingeleitet. Doch kaum ging die »Refah« des Islamistenführers Erbakan mit Tansu Ciller eine Regierungskoalition ein, entschieden die parlamentarischen Ausschüsse, keine Klage gegen die Ex-Ministerin zu erheben. »Eine ernsthafte Untersuchung der Vorwürfe gegen Frau Ciller widersprach nun der Koalitionsräson. In jüngster Zeit kamen die drei Untersuchungsausschüsse zu dem Ergebnis, dass es für eine Anklage vor dem höchsten Gericht keine hinreichenden Anhaltspunkte gebe. In allen drei Fällen wurde der Beschluss mit den acht Stimmen der Vertreter der Regierungsparteien gegen die sieben Stimmen der Opposition gefasst. Ein Freispruch, wie Frau Ciller glauben machen wollte, war das nicht gerade.«[86] Mehrere Mitglieder der Untersuchungskommission, die gegen die Mehrheit stimmten, begründeten ihre Bedenken damit, dass Tansu Ciller sich geweigert habe, Dokumente vorzulegen.

Es glaubte auch kaum einer, dass das gemeinsame Vermögen der ehemaligen Regierungschefin und ihres Mannes auf sauberem Wege erworben wurde. Das Missfallen der Bürger, die von dem Votum des Parlaments nicht überzeugt waren, drückte dich nun darin aus, an der Aktion »Eine Minute Dunkelheit für dauerndes Licht« teilzunehmen, wobei viele abends um neun Uhr nicht nur das Licht abdrehten, sondern auf die Straße gingen und mit Pfeifen und scheppernden Kochtöpfen ihrem Anliegen Gehör verschafften. Es war nur ein kurzfristiges Aufbäumen. Mitte Mai 1998 wurde ein neuer Untersuchungsausschuss eingesetzt. »Es sei offensichtlich«, stand es in dem von der Regierung Yilmaz eingebrachten Antrag, dass Cillers Vermögen »eine illegale, unsittliche und übertriebene Vermehrung« erfahren habe. Demnach ist die Herkunft von Vermögenswerten in Höhe von umgerechnet 3,65 Millionen Mark unklar. »Als Ciller in die Politik kam, bezifferte sie ihr Vermögen auf umgerechnet 750 000 Mark. Die Millionen investierte Ciller während der vergangenen Jahre in Immobilien in der Türkei sowie in den USA, zum Beispiel in ein Holiday-Inn-Hotel und ein Einkaufszentrum in New Hampshire.«[87]

Tansu Ciller, die Tochter aus großbürgerlichem Hause, studierte in den USA unter anderem an der Eliteuniversität Yale und kam 1978 stolz mit einem Doktortitel zurück. 1983 wurde sie ordentliche Professorin. 1990 trat die Mutter von zwei Kindern der »Partei des rechten Weges« bei, wurde binnen kurzer Zeit Vorsitzende dieser rechtskonservativen Partei. Bereits 1991 war sie Abgeordnete im Parlament. Ihren größten Triumph feierte sie am 13. Juni 1993. An diesem Tag wurde sie zur ersten Ministerpräsidentin der Türkei gewählt. Viele Türken glaubten, sie würde für Liberalismus, Emanzipation und Marktwirtschaft eintreten. Weil sie sich gleichzeitig als Bastion gegen den Fundamentalismus anpries, stieß sie im Westen auf große Sympathien.

Wenige Jahre später ist sie eine Symbolfigur der tiefen Abgründe des politischen Systems der Türkei geworden. In ihrer Heimat war sie wegen ihres maßlosen Ehrgeizes, ihres unbedingten Willens zur Macht und ihrer Durchtriebenheit gefürchtet. »Tansu Ciller«, schreibt Wolfgang Koydl in der *Süddeutschen Zeitung*, »hat ein Selbstbewusstsein, das an Selbstgerechtigkeit reicht, ihr Ego reicht an Selbstherrlichkeit. Sie demonstriert es bis hinein in nebensächliche Anlässe. Anderen mag es lästig sein, keinen Schritt ohne Bewacher zu tun. Tansu Ciller indes scheint jede Minute zu genießen. Wenn sie verreist, dann wird sie von einer Entourage begleitet, die mitunter jene des Staatspräsidenten übertrifft. Deshalb gerät selbst der Aufbruch zu einem Lunch mit Freunden zum Staatsakt.« Dazu passt folgende Meldung vom 12. Dezember 1996. Da schreibt die Zeitung *Hürriyet*: »Die Bodyguards der Außenministerin Tansu Ciller sind bekannte Mafiamitglieder, die an illegalen Aktionen beteiligt waren.«

Ihren Mann, den neun Jahre älteren Özer Ucuran, heiratete sie mit 17 Jahren. Er nahm ihren Familiennamen an, aus Verehrung für die Braut, wie der galante Mann beteuerte. Özer Ciller gilt als Windhund, als Banker zweifelhaften Rufs seit dem Zusammenbruch seiner Istanbuler Bank. Schmiergeld soll er kassiert haben, sagte sein persönlicher Kurier gegenüber einem Gericht aus. Dieser Kurier des Özer Ciller kam 1995 durch eine Autobombe ums Leben.

Er tanzt auf den verschiedensten Hochzeiten. Am 26. Mai 1995 trafen sich im Hotel Bremer in Baden-Baden Aydin Dogan (Herausgeber der Tageszeitungen *Hürriyet* und *Milliyet*) und ein Mann namens Hüseyin Duman, der wegen Heroin- und Waffenschmuggels gesucht wurde. Mit dabei war Özer Ciller, der Gemahl der türkischen Außenministerin. Sie weilten zwei Tage lang in dem noblen Hotel und plauderten über das zur Nuklearwaffenherstellung notwendige Osmium sowie Goldhandelsgeschäfte mit dem Kaukasus. An diesem Treffen nahmen auch, zumindest behauptet das die Zeitung *Aydinlik*, der Mafiaboss Alaatin Cakici und der frühere MHP-Europakoordinator Enver Altayli teil. Enver Altayli spielt seit langem eine bedeutende Rolle in Deutschland, insbesondere im Zusammenhang mit den Grauen Wölfen. Darauf wird später noch ausführlicher eingegangen werden. Hier nur ein Beispiel: 1993 spendete die türkische Regierung drei Millionen Dollar für den afghanischen General Dostum, der den Norden von Afghanistan kontrolliert und, wie so üblich, tief in den Drogenhandel verwickelt ist. Der freundliche Geldbote war Enver Altayli. Vermutlich wusste er nichts von dessen Nebentätigkeit.

Der Osmiumhandel wurde über eine deutsche Firma namens »L. GmbH« abgewickelt, die eine Vielzahl von Filialen in Hongkong, China, den USA, Norwegen, Moskau und der Ukraine besitzt. Erfahren ist die Firma in Metallgeschäften mit Ländern der ehemaligen Sowjetunion. Laut einem handschriftlichen Vertrag sollte Hüseyin Duman dieses Osmium organisieren, welches dann über Aserbaidschan in die Türkei geschmuggelt und von dort über Özer Ciller in kaufwillige Länder weitergeleitet werden sollte. Man wollte das Osmium für 1,7 Millionen Dollar per 6,5 Milligramm aus Russland besorgen. Vermittler des Vertrags war der Ex-KGB-Agent Metin Selvi, der vom BND als wichtige Figur im Schmuggel radioaktiven Materials geführt wird. Hüseyin Duman und Metin Selvi lernten sich in Leipzig kennen, und Selvi führte ihn in die russische Geschäftswelt ein. Duman behauptete später, dass Selvi durch seine Verbindungen zum KGB radioaktives Material besorgen könne, das er über die Familie Ciller und andere große Familien vermarkten wollte. In einem Fax, das Interpol Wilnius an das BKA in Wiesbaden schickte, wird darauf hingewiesen, dass Metin Selvi als Geschäftsmann in Deutschland lebt. Auch die CIA wies die deutschen Behörden auf die Aktivitäten Selvis hin und berichtete, dass CIA-Agenten in Russland Kopien von Selvis Pass besäßen, mit dem er über Litauen und Russland radioaktives Material schmuggele. Der Pass wurde am 30. Juli 1992 ausgestellt und trägt die Nummer TR-F No 957763. Doch die deutschen Behörden reagierten nicht.

Wie resümierte doch der Drogenboss Hüseyin Baybasin: »Özer Ciller, der Ehemann der Regierungschefin Tansu Ciller, hat die Steuergelder der Türkei veruntreut und haarsträubende Phantasiegeschäfte betrieben, aber es wird gesagt, er sei ein ›guter und aufrichtiger Mensch‹. Solange man mit diesem System versöhnlich bleibt, gilt man als gut. Auch ich habe jahrelang schlechte Sachen gemacht und galt als gut. Doch sobald ich nicht mehr mitgespielt habe, war ich ›ein böser Mensch‹.«

Tansu Ciller wies nach dem Bekanntwerden der Existenz einer Allianz von Mafia und Polizei darauf hin, welch »gute Verdienste« diese für das Vaterland geleistet habe. Ist es daher verwunderlich, dass sie ihren »Freund Agar« vehement in Schutz genommen hat? »Agar ist seit Jahren mein Freund. Er hat mit mir gegen den Terror Schulter an Schulter gekämpft. Agar hat sehr große Dienste für den Staat geleistet, und er wird noch weitere leisten.«

Die Susurluk-Affäre war jedenfalls der Auslöser, dass nun zumindest Teile des türkischen Militärs Front gegen die mafiosen Verbindungen von Staat und Politik machten. Im Mittelpunkt stand der Nachrichtendienst MIT. Mehmet Eymür, eine der wichtigsten Figuren des MIT und Teilnehmer zweier Staatsstreiche –

vom 12. März 1971 und vom 12. September 1980 –, wurde nach der Affäre von seinem Posten in Washington zurückberufen und in den passiven Dienst versetzt, nachdem sich herausstellte, dass er enge Kontakte sowohl zu den Grauen Wölfen als auch zur Mafia unterhielt. Er wird nun beschuldigt, in »illegale Aktivitäten« verstrickt zu sein. Unter Ministerpräsidentin Tansu Ciller war ihm 1995 die Verantwortung für die Antiterroraktionen übertragen worden. Glaubt man Hanefi Avci, einem hohen Mitarbeiter des MIT, hat Eymür auch den berüchtigten Auftragsmörder Mehmat Yildirim alias Yesil eingesetzt. Vor der Susurluk-Kommission des Parlaments sagte er aus, dass es bei der Ermordung einzelner Personen zwischen dem damaligen Innenminister Agar und Eymür zu Unstimmigkeiten gekommen sei.

Zwar berichtete die türkische Presse in der Vergangenheit ausführlich über die Susurluk-Affäre. Aber häufig folgen Repressionen. Mitte Juni 1997 organisierte die Zeitschrift *Aydinlik* in Istanbul eine internationale Konferenz zur Susurluk-Affäre. Teilnehmer waren neben anderen ein ehemaliger türkischer Innenminister, verschiedene anerkannte Professoren und führende türkische und ausländische Publizisten. Am Morgen des Tagungsbeginns war das Gebäude der Gewerkschaft Petrol-Is, in dem die Veranstaltung stattfinden sollte, von über 100 Polizeibeamten umstellt, Panzerwagen standen in Bereitschaft. Die Veranstaltung wurde verboten. Das ist türkische Realität auch nach Susurluk.

Mehmet Elkatmis, Vorsitzender der parlamentarischen Untersuchungskommission zur Aufklärung der Vorfälle in Susurluk, ist daher skeptisch, was die wirkliche Aufarbeitung der Vorgänge angeht. Er glaubt nicht, dass die Verhaftung von Mafiabossen als Ausdruck des unerbittlichen Kampfes gegen die Mafia bezeichnet werden kann. »Es ist vielmehr so, dass die Schlüsselfiguren, deren Aktivitäten im Staat aufgedeckt wurden, wieder eingesetzt werden von denen, die sie bislang benutzt hatten.« Denn der parlamentarische Untersuchungsbericht zur Susurluk-Affäre beantwortete nicht alle brisanten Fragen. Zum einen wurden wichtige Ergebnisse aus Gründen des »Schutzes der nationalen Sicherheit« geheim gehalten, wie zum Beispiel die von der Regierung vor 1980 organisierten Mordkommandos gegen armenische Oppositionelle. Der Bericht beantwortete auch nicht die Frage, wer die Bildung von Banden innerhalb des Staates überhaupt in Auftrag gab und wer genau diese Banden schützte und warum. Yilmaz kündigte daraufhin zwar weitere Untersuchungen an, unter anderem, ob während der Amtszeit Cillers aus einem staatlichen Geheimfonds zehn Millionen US-Dollar zur Ermordung des PKK-Führers Öcalan und zur Vernichtung der Kurdenorganisationen bereitgestellt wurden. Es war dieselbe Tansu Ciller, die in ihrer Zeit als Premierministerin vollmundig davon sprach, dass sie die zwölf Millionen in der Türkei lebenden Kurden »wie eine Mutter liebt«.

Nicht gestellt wurde übrigens die durchaus spannende Frage nach illegalen Aktivitäten führender Parteimitglieder der ANAP, also der Partei von Mesut Yilmaz, in die sich in der Vergangenheit viele Graue Wölfe eingenistet hatten.

Ministerpräsident Mesut Yilmaz trat 1997 die Nachfolge der Regierung Erbakan/Ciller an. Die musste aufgeben, nachdem das türkische Militär einen Staatsstreich androhte, wenn der Führer der islamischen Heilspartei nicht politisch ausgeschaltet werde. Vorausschauend verbot daraufhin der türkische Verfassungsgerichtshof Anfang 1998 die islamische Wohlfahrtspartei »Refah« als »Hort fundamentalistischer Aktionen«. Necmettin Erbakan und seine »Heilspartei« hatten in der Vergangenheit erfolgreich eine Islamisierung der türkischen Gesellschaft forciert, einschließlich der Scharia, des islamischen Rechtswesens. Erst die massive Intervention der türkischen Generäle, die sich der kemalistischen Grundidee der Trennung von Religion und Staat plötzlich wieder verpflichtet fühlten, und der Bann des Verfassungsgerichts hielt ihn von seinem Vorhaben der Islamisierung der Gesellschaft ab, einem Vorhaben, bei dem ihn Tansu Ciller bereitwillig gestützt hatte.

Zu Beginn seiner Regierungszeit war Yilmaz hoffnungsvoll. Er versprach, den Morast von Susurluk schonungslos auszumisten, »selbst wenn es mich mein Regierungsamt kosten wird«. Was eher eine kluge Voraussage war. Sein Amt als Regierungschef wurde er los.

Am 25. November 1998 musste Mesut Yilmaz als Premierminister zurücktreten. An diesem Tag war die 55. türkische Regierung am Ende. Das Motiv für den Rücktritt Yilmaz'? Er geriet selbst in den Verdacht, mit dem Umfeld des Mafiabosses Cakici zu eng liiert gewesen zu sein. Yilmaz seinerseits beschuldigte »die Mafia«, den Sturz seiner Regierung herbeigeführt zu haben. Anscheinend ein Teufelskreis.

Nun sollte eine neue Regierung gebildet werden, die bis zu der nächsten Parlamentswahl Anfang 1999 für stabile Verhältnisse in der Türkei sorgen sollte. Es sollte eine Koalitionsregierung der Parteien werden, die sich in der Vergangenheit heftig bekämpft hatten, der Mutterlandspartei von Mesut Yilmaz und der Partei des rechten Weges von Tansu Ciller. Zuvor gelangten zwei parlamentarische Untersuchungskommissionen, die die Vermögen von Ciller und Yilmaz unter die Lupe genommen hatten, zu dem Resultat, dass keine Unregelmäßigkeiten nachgewiesen werden konnten. Dritter im Bunde wurde die sozialdemokratische Partei von Bülent Ecevit, jenem Mann, der sich inzwischen zu einem Hardliner gewandelt hat und der vieles von den Ideen des Rechtsextremisten Alparslan Türkes begrüßenswert findet. Er wurde von Staatspräsident Süleyman Demirel mit der Regierungsbildung beauftragt. Obwohl Ecevit der höchst umstrittenen Parteichefin Tansu Ciller die Regierungsbeteiligung anbot, lehnte diese erst einmal ab.

Dagegen bekräftigte sie ihren Vorschlag, unter der Führung von Bülent Ecevit eine Koalition aus allen im Parlament vertretenen Parteien zu bilden. Das hätte auch eine Regierungsbeteiligung der »Tugendpartei« (Fazilet Partisi) bedeutet, der Nachfolgerin der verbotenen »Refah«-Partei des früheren Regierungschefs Necmettin Erbakan. Schließlich ging sie jedoch mit Ecevit und ihrem Todfeind Yilmaz Anfang 1999 eine gemeinsame Koalition ein – eine Koalition der Vertuschung bis zur nächsten Parlamentswahl.

Wahrscheinlich wird diese islamistische Partei mit ihrer neuen Fassade aus den kommenden Wahlen als der große Sieger hervorgehen. Eines wird durch diese Bündnisse, gleichgültig aus welchen Gruppierungen sie sich zusammensetzen, sichergestellt: Die schmutzigen Geschäfte der vorhergehenden Regierungen werden wieder einmal unter den Tisch gekehrt. Nichts wird sich an den verkommenen Zuständen der Machtelite ändern. Ruhe, Friedhofsruhe wird wieder einkehren.

Eine andere Frage, die bislang nicht geklärt werden konnte, hängt mit diesen politischen Zuständen eng zusammen. Wer sind eigentlich die immer wieder erwähnten Grauen Wölfe, und welche Verbindungen haben sie innerhalb des Staates?

Bozkurtlar gelior – die Grauen Wölfe kommen. Ende der Siebzigerjahre und Anfang der Achtzigerjahre war das in der Türkei und in vielen europäischen Staaten, insbesondere in Deutschland, der gefürchtete Schlachtruf der MHP-Anhänger. Militant antikommunistisch eingestellt, kämpften sie für ein großtürkisches Reich, betreut und dirigiert von ihrem großen Führer Alparslan Türkes. MHP-Anhänger, die sich selbst Graue Wölfe nennen, bedrohten, erschossen, bombten in der Türkei, um ihre politischen Gegner auszuschalten. In Europa hingegen wird die Bezeichnung »Graue Wölfe« als Erfindung türkischer und kurdischer linker Oppositioneller als Synonym für nationalistische Türken heruntergespielt. So als wären die täglichen Enthüllungen aus der Türkei nie bis zu den europäischen Regierungen vorgedrungen. Man wollte wohl den Bündnispartner Türkei schonen, was zu einer geradezu kriminellen Verharmlosung der Ultranationalisten führte. Dies wiederum ist eine lange Geschichte.

Basbug (Führer) der Grauen Wölfe war der Politiker Alparslan Türkes. Als am Abend des 4. April 1997 gegen 22.30 Uhr die türkischen Fernsehkanäle die Nachricht verbreiteten, dass der Vorsitzende der rechtsradikalen Bewegung der Türkei (MHP = Partei der nationalistischen Bewegung), Ex-Oberst Alparslan Türkes, in kritischem Zustand ins Krankenhaus Bayindir in Ankara eingeliefert worden sei, eilten tausende seiner Anhänger dorthin und versammelten sich zum Gebet. Als dann die Nachricht vom Tod des 80-Jährigen verkündet wurde – er starb an den Folgen eines Herzversagens – da lagen sie schon auf dem Boden, brachen in

Tränen aus, sangen nationalistische Lieder und riefen im Chor: »Führer sterben nicht!«

Alparslan Türkes hatte es in den letzten Jahren verstanden, sich als besonnener Staatsmann zu präsentieren. Er stellte sich in Fernsehdiskussionen als der gütige Vatertyp dar. Sowohl in den türkischen als auch in den deutschen Medien wurde nur verhalten über die zahllosen Anschläge und Morde der MHP beziehungsweise ihrer militanten Sturmtruppe, der Grauen Wölfe, berichtet, für die Alparslan Türkes verantwortlich zeichnete. Umso mehr hörte und las man über die große Trauer der »Bevölkerung« und der türkischen Staatsführung.

Staatspräsident Süleyman Demirel sprach von einem »großen Verlust für das politische Leben«. Der damals regierende Ministerpräsident Necmetin Erbakan von der islamischen Wohlfahrtspartei meinte aus seiner Sicht sicher nicht zu Unrecht: »Türkes hat die jüngere Geschichte der Türkei entscheidend geprägt und für seine treuen Dienste großes Lob verdient.« Mesut Yilmaz, Vorsitzender der größten Oppositionspartei, bezeichnete ihn als »einen nationalistischen wie auch demokratischen Staatsmann«. Demonstrative Anbiederung war jedoch die Stellungnahme von Bülent Ecevit, dem Chef der »Demokratischen linken Partei« (DSP). Er betonte: »Es gab zwar zwischen uns einige Differenzen, aber wir hatten auch große Gemeinsamkeiten, so zum Beispiel die Liebe zum Volk, den Kemalismus und Laizismus.« Es ist ganz sicher nicht mehr derselbe Bülent Ecevit, der 20 Jahre zuvor über Türkes und dessen Graue Wölfe geklagt hatte, dass »ihr faschistischer Terror sich zum Massenterror ausgeweitet hat«. Tansu Ciller drückte ihre Nähe zu Alparslan Türkes noch bewundernswerter aus. »Er war eine historische Persönlichkeit. In unserer demokratischen Geschichte hatte er einen besonderen Platz. Wir werden alles daransetzen, um ihm unsere letzte Ehre zu erweisen. Ich verfügte stets über gute Kontakte zu ihm.«

Die als »Mutter der Grauen Wölfe« bekannte neu amtierende Innenministerin Meral Aksener drückte sich ähnlich aus: »Türkes hat ein großes Zeichen für das politische Leben der Türkei gesetzt. Er war eine prächtige Person.« Ex-Polizeichef Kemal Yazicioglu sah in ihm sogar sein großes Idol: »Ich habe alles von dir gelernt, mein Basbug.«

Was neben solchen offiziellen Bekundungen anlässlich seines Todes deutlich wird, ist, wie tief und einflussreich rechtsradikale nationalistische Ideen einen großen Teil des gesamten Parteienspektrums in der Türkei durchdrungen haben.

Alparslan Türkes ist zweifellos eine bemerkenswerte Figur der türkischen Geschichte. Bereits in den Vierzigerjahren spielte er eine entscheidende Rolle in einer extrem nationalistischen Gruppierung der Türkei, der panturanistischen Bewegung. Ziel war damals die Errichtung eines nationalistischen völkischen Staates mit dem Herrschaftsinstrument des Türkismus, der die Existenz aller anderen Völker negierte. Türkes, damals war er Offizier in der türkischen Armee, fiel sogar dem Chef der deutschen Sicherheitspolizei auf. Der berichtete 1944 äußerst positiv über das Wirken von Türkes als Verbindungsmann zwischen dem deutschen Außenministerium und dem Geheimdienst in der Türkei. Im selben Jahr brach die türkische Regierung ihre Beziehungen zu Nazi-Deutschland ab. Türkes wurde, neben anderen Panturanisten, zu zehn Jahren Gefängnis verurteilt. Die Begründung: Er habe versucht, die Türkei an der Seite der deutschen Nationalsozialisten aktiv in den Zweiten Weltkrieg zu ziehen. Damals verteidigte er sich mit den Worten: »Ich betrachte es als Ehre, wegen Turanismus und Rassismus verurteilt zu werden. Die Verwaltung des Staates durch Menschen türkischer Rasse ist lebensnotwendig.« Bereits im April 1945 wurde das Urteil aufgehoben und Türkes zusammen mit seinen Anhängern freigesprochen.

1958 wurde er zur türkischen Militärmission nach Washington delegiert. Zwei Jahre später war er einer jener 32 Offiziere, die den ersten Militärputsch in der Türkei gegen Regierungschef Menderez organisierten. Türkes wurde persönlicher Sekretär des Putschistengenerals Guersel. Als er für die neuen Machthaber zu gefährlich wurde, versetzte man ihn an die türkische Botschaft nach Neu-Delhi. 1965 wurde er Vorsitzender der »Republikanischen Nationalen Bauernpartei« (CKMP), aus der 1969 die »Milliyetci Hareket Partisi« (Partei der nationalistischen Bewegung,

MHP) hervorging. Bereits ein Jahr vor der Gründung der MHP baute er die Jugendorganisation »Graue Wölfe« auf, die bis heute für tausende Morde an Oppositionellen und Massaker im Osten der Türkei, in den kurdischen Regionen, verantwortlich ist. 1975 bis 1978 bildete der amtierende Staatspräsident Süleyman Demirel zusammen mit Alparslan Türkes eine »Regierung der Nationalen Front«. Türkes konnte in diesen Jahren aufgrund seiner Funktion als stellvertretender Ministerpräsident wichtige Ressorts im Staatsapparat (Polizei, Bildung und Verwaltung) mit seinen Anhängern, den Grauen Wölfen, besetzen. Besonders seit 1990, seit der Zunahme des kurdischen Widerstands in der Türkei, entpuppten sich Alparslan Türkes und seine MHP als Garant des türkischen Nationalismus.

Nach dem Tod des Leitwolfs Alparslan Türkes beschloss die MHP, in Zukunft die Ehrenbezeichnung Basbug (Führer) nicht mehr zu vergeben. Als Nachfolger Türkes' wurden viele bekannte MHPler vorgeschlagen, so zum Beispiel Ex-Innenminister Mehmet Agar und der Sohn von Alparslan Türkes, Tugrul Türkes, sowie der bekannte Mafiaboss Ibrahim Ciftci und etliche andere.

Am 17. und 18. Mai 1997 fand unter großen Sicherheitsmaßnahmen der außerordentliche Parteitag der MHP in Ankara statt. In der ersten Runde der Abstimmung erhielt keiner der angetretenen Kandidaten die erforderliche Mehrheit. Daraufhin sollte eine zweite Abstimmungsrunde durchgeführt werden. Gegen den Favoriten Tugrul Türkes kandidierte ein Mann namens Devlet Bahceli als einziger Mitbewerber. Die Folge war massiver Protest unter den Delegierten. Die Gegner von Tugrul Türkes in der MHP behaupteten, er habe sich für insgesamt zehn Millionen Dollar mit Özer Ciller darauf verständigt, die Koalitionsregierung zu schonen. Tugrul Türkes seinerseits behauptete das Gegenteil: Tansu Ciller habe seinen Gegnern vor dem Parteitag mehrere Millionen Dollar gegeben, um seine Position zu schwächen.[88] Das Ziel von Tugrul Türkes ist, die MHP mit der DYP und dem extrem nationalistischen Flügel der ANAP zu vereinen und somit in den alleinigen Besitz der politischen Macht zu gelangen.

Als der Vorsitzende der MHP-Jugendorganisation »Ülkücü Genclik« (Idealistische Jugend), Azmi Karamahmutoglu, am Rednerpult zum »Protest gegen dieses Komplott« aufrief, gingen die Delegierten mit Schlagstöcken aufeinander los, und einige ballerten mit ihren Pistolen wild um sich. Der eigentliche Grund dieser Auseinandersetzung war das Gerangel um den Führungsanspruch innerhalb der MHP. Bereits Ende 1980 hatte sich ein Teil der MHP abgespalten und die »Große Einheitspartei« (BBP) gegründet. Ein weiterer Flügel fand seine neue Heimat in den Regierungsparteien DYP (»Partei des rechten Weges«) und ANAP (»Mutterlandspartei«). Der Leitwolf Türkes hatte es zu seinen Lebzeiten geschafft, einen großen Teil der rechtsradikalen Bewegung nicht nur in seiner Partei zu organisieren, sondern sie auch in den anderen konservativen Parteien unterzubringen. Das alles ist ohne einen geschichtlichen Rückblick kaum zu verstehen, insbesondere was die Politik und die terroristischen Aktionen der Grauen Wölfe angeht, die anscheinend in den letzten Jahren aus dem Bewusstsein der Öffentlichkeit verschwunden sind.

Die Ideologie der Grauen Wölfe ist einfach gestrickt. Sie praktizieren einen Nationalismus, der mit einem ausgeprägten Rassismus gegen alle Nichttürken, insbesondere gegen die Minderheiten im eigenen Land gerichtet ist, gewürzt mit einer antidemokratischen Grundhaltung und dem fundamentalistischen Islam. Im Laufe der fast 30-jährigen Geschichte der MHP wurde die Frage der Religion in verschiedenen Phasen unterschiedlich bewertet. Zur Anfangszeit der Parteientwicklung stieß der islamische Fundamentalismus eher auf Ablehnung, spielt jedoch jetzt in der Politik der MHP eine große Rolle.

Necdet Sevinc, einer der führenden Ideologen der MHP, beschrieb in seinem Buch *Ülkücü Notlar* (Notizen an einen Idealisten) die wichtigsten Grundsätze der MHP zur Ideologie, Politik, Strategie, Taktik und Organisation. »Ein Idealist ist in der Regel nicht ein Mann des Denkens, sondern immer ein Mann der Aktion. Alle Denkweisen, alle Handlungen und alle Meinungen, die von Handlungs- und Denkweise der Idealisten abweichen, besitzen keine Gültigkeit. Eine Nation, die keine Größe anstrebt, ist zum Verkümmern und Aussterben verurteilt. Die türkische Außenpolitik muss vom Einfluss der Maxime ›Friede im Lande, Friede in der Welt‹ befreit werden, die nur Trägheit, Jämmerlichkeit, Feigheit und Schlaftrunkenheit prägt. Diese Losung muss unseren Ideen entsprechend umgewandelt werden. Man könnte zum Beispiel sagen: Wo immer auf der Welt es einen Türken gibt, dort fangen unsere natürlichen Grenzen an ... Unsere Bewegung fordert die Rückgabe unserer besetzten Territorien. Und weil sie weiß, dass dies nicht freiwillig geschehen wird, fühlt sie sich zur sofortigen Aufrüstung gezwungen. Der Krieg ist die einzige Bedingung des Lebens und der Weiterführung der nationalen Existenz.«

Und der Führer der MHP, Alparslan Türkes, verkündet in seinen *Milli Doktrin*, den nationalen Doktrinen: »Das Wesentliche ist das Bewusstsein, aus demselben Stamm zu kommen, derselben Nation anzugehören. Jeder, der in seinem Herzen den Stolz auf seine Rasse trägt, der sich selbst von Herzen als Türke fühlt und sich dem Türkentum verpflichtet, ist ein Türke.« Diese Ideologie sollte blutige Früchte tragen.

Ein Raster zeichnet sich ab. Am 15. Juni 1977 wurde Orhan Yavuz von Mitgliedern der Grauen Wölfe ermordet. Vor der Fakultät für Betriebswirtschaft warteten zwei Männer auf ihn und sagten: »Wir haben einiges mit dir zu besprechen.« Dann zerrten sie ihn in ein Gebüsch, wo er zusammengestochen wurde. Er starb kurz danach im Krankenhaus. Freunde von ihm berichteten später über ihren letzten Besuch bei ihm: »Ein Schulfreund sagte zu ihm: ›Du hast abgenommen, Orhan.‹ Seine Antwort klingt noch immer in unseren Ohren: ›Wir sind sowieso schon verloren, mein Freund. Wir nehmen wahrscheinlich ab, damit unsere Kinder gesund bleiben.‹« Mit diesen und weiteren Aktionen sorgten die Grauen Wölfe bereits Mitte der Siebzigerjahre für Negativschlagzeilen.

Diese Grauen Wölfe sind ein »Pfadfinderverband der türkischen Idealistenvereine«, konnte man in jener Zeit in der deutschen Presse lesen. »Den türkischen Kommunisten kann man das

Kompliment nicht versagen. Sie haben im Propagandakrieg gegen ihren gefährlichen innenpolitischen Gegner sowohl in der Türkei wie in Westeuropa beachtliche Erfolge erzielt. Von der Türkischen Kommunistischen Partei kommt die Behauptung, dass die nationale Aktionspartei faschistisch sei und durch politische Morde die Macht an sich zu reißen versucht.«[89]

Was sich hinter diesem »harmlosen Pfadfinderverband« verbarg, ist 20 Jahre später für keinen mehr hinwegzudiskutieren, insbesondere nachdem die Propagandaschlachten des Kalten Krieges nicht mehr geführt werden müssen. Die Grauen Wölfe sind Gangster mit einer tiefbraunen ideologischen Tünche.

Bereits Mitte der Siebzigerjahre existierte in der Türkei eine geheime Militärorganisation, die so genannte Konterguerilla. Ihre Aufgabe bestand darin, Sabotageaktionen durchzuführen, Bürgerkriegszustände zu provozieren, um die Militärs zu einem Putsch zu provozieren. Als Bülent Ecevit, einstiger sozialdemokratischer Ministerpräsident, auf diese illegale Untergrundorganisation innerhalb der Streitkräfte aufmerksam machte, warnte ihn Ex-General Faik Türün, ein Mitglied der Konterguerilla: »Mit den Angriffen gegen die Konterguerilla beginnt die Linke einen Krieg gegen die Streitkräfte und beleidigt die Armee. Das kann dazu führen, dass es den jetzigen Regierungsmitgliedern wie einst Allende geht.«

Ein kurzer Zeitsprung. 1991 wurde in Europa die Existenz einer geheimen militärischen Kommandostruktur aufgedeckt: Gladio. Die türkische Konterguerilla war ein Bestandteil dieser geheimen NATO-Organisation. Graue Wölfe und Konterguerilla sahen sich als wichtigste antikommunistische Kraft in der Türkei. Entsprechend große internationale Unterstützung erfuhren sie. Dass sie eine Bedrohung der Demokratie waren, interessierte in diesen Zeiten des Kalten Krieges nicht. Sie galten vielmehr als die bestorganisierte militante Oppositionsbewegung in der Türkei. Sie taten sich dadurch hervor, verbrämt mit dem ideologischen Ziel, »Kommunisten zu bekämpfen und die Reinheit der türkischen Rasse zu schützen«, anders denkende Personen zu liquidieren beziehungsweise blutige Massaker zu inszenieren.

Über ihr taktisches Vorgehen in der Türkei gibt ein geheimes Handbuch über »Aufgaben der Kaderorganisation der Grauen Wölfe in Turgutlu« (einer westtürkischen Kleinstadt) Aufschluss: »1. Die sozialen Tätigkeiten müssen schwerpunktmäßig intensiviert werden. 2. Es sind Solidaritätsabende zu organisieren, bei denen Wettbewerbe durchgeführt und nationalistische Gedichte und Erzählungen prämiert werden. Bei religiösen Zeremonien für unsere Toten ist es Pflicht der Idealisten, anwesend zu sein. 3. Mit den Kadern in den umliegenden Ortschaften muss eine ständige Verbindung hergestellt werden. 4. Es ist Pflicht, in den Dörfern für die nationale Sache zu werben. 5. Um die kommunistische Propaganda zu unterbinden, ist es notwendig, illegal zu arbeiten. 6. Bei Aktionen müssen unsere Mitglieder vorher durch einen kämpferischen Vortrag angestachelt werden. 7. Bei jedem Todestag eines unserer Freunde müssen mindestens 15 Kommunisten komareif geschlagen werden.«

Die vielen politischen Morde, die in den Siebzigerjahren von den Grauen Wölfen und ihren Nebenorganisationen verübt worden waren, wurden im Jahr 1978 gesühnt, als der Sozialdemokrat Bülent Ecevit kurzfristig die Regierung übernahm und die Rechtsradikalen unnachgiebig verfolgte. Von den 1978 verhafteten 2000 Extremisten zählten immerhin 1300 zu den Rechtsradikalen, hunderte davon wurden wegen Mordes angeklagt und verurteilt. Als ein Jahr später Alparslan Türkes mit Süleyman Demirel zusammen eine neue Regierung bildete, eskalierten die innenpolitischen Konflikte zwischen den Rechtsextremisten und einer zunehmend linken und linksextremen Bewegung. Tatsache ist, dass bereits damals, also 20 Jahre vor Susurluk, ein hoher Politiker, der heutige Staatspräsident und damalige Ministerpräsident Süleyman Demirel, die rechtsradikalen Killer schützte. Dazu erklärte Ecevit im Frühjahr 1980 in der mittelanatolischen Stadt Kayseri: »Die politische Krise ist zu einer Krise des Regimes geworden, Demirel hat während seiner Regierungszeit akzeptiert, dass die bewaffneten Banditen in Lagern ausgebildet werden, obwohl die staatlichen Stellen ihn gewarnt hatten. Die Türkei wird von einer faschistischen Macht besetzt, und diese Besetzung steigert sich.«[90] Gemeint war jener Alparslan Türkes, dessen Taten Ecevit knapp 20 Jahre später anlässlich seines Todes in so peinlicher Weise würdigte.

Die von den rechtsradikalen Killern benutzten Waffen beschaffte sich die MHP auf verschiedenen Wegen. Sie kamen teilweise aus Deutschland, teilweise aus Belgien, von einem Produzenten namens Herstall. »Teilweise bekommen die Faschisten auch Waffen von der Armee und der Gendarmerie, die mit oder ohne Billigung der Verantwortlichen aus den Waffendepots verschwinden. Da die MHP die Waffenfabrik in Kirikkale wie auch andere staatliche Betriebe kontrolliert, ist in der Türkei ebenfalls für Nachschub gesorgt. Und schließlich gibt es entlang des Schwarzen Meeres zahlreiche Familienbetriebe, in denen alle Arten von Feuerwaffen hergestellt werden.«[91]

Der Terror schien grenzenlos. Am 9. Oktober 1978 wurden in Ankara sieben Jugendliche, Mitglieder der türkischen Arbeiterpartei TIP, in einem Studentenwohnheim überfallen. Drei von ihnen hatte man erst die Hände zusammengebunden und dann in den Mund geschossen. Einer der jungen Männer wurde betäubt und dann erdrosselt, zwei weitere wurden aus dem Haus gebracht und auf einem freien Feld erschossen. Ein Einziger überlebte schwer verwundet. Im Krankenhaus erzählte er, dass er die Mörder erkannt habe: Graue Wölfe. Heute weiß man, dass einer der Verbrecher Abdullah Catli war.

Die folgende Szene soll das Schreckensbild des Terrors, der in der Regierungszeit von Türkes und Demirel gegen Oppositionelle ausgeübt wurde, ergänzen. In einem MHP-Vereinslokal in Gültepe wurden zwei MHPler wegen Mordverdachts festgenommen. Bei der Durchsuchung der Räume entdeckte die Polizei einen geheimen Tunnel, der das Lokal mit dem Haus eines als Waffenschmuggler verdächtigten MHP-Sympathisanten verband. Den besonderen Hass der türkischen Rechtsradikalen hatte sich der von Ecevit neu ernannte Polizeichef von Adana, Cevat Mirdakul, zugezogen. Sofort nach der Machtübernahme durch Süleyman Demirel, im Oktober 1979 wurde die von ihm gebildete Einsatztruppe gegen die rechten Terroristen vom neuen Innenminister aufgelöst. Der Polizeichef von Adana selbst wurde kurz zuvor, nachdem Graue Wölfe ihn mehrfach bedroht hatten, auf dem Weg zu seiner Dienststelle erschossen. Seine Maßnahmen zur Bekämpfung der rechtsradikalen Fanatiker hatten sogar zwei MHP-Abgeordnete veranlasst, dem Polizeichef offen damit zu drohen, dass man ihm selbst im Ausland keine Ruhe lassen wolle.

Solche Beispiele zeigen die neue Qualität des politischen Terrors *(Devlet-Terör)*, Staatsterror genannt. Geld hat übrigens bei den Mordaktionen schon immer eine große Rolle gespielt. Denn die Killer waren nicht nur aus reinem Idealismus zu Werke gegangen. Für ihre Aufträge erhielten sie von der Parteileitung ein »Honorar«, je nach der Bedeutung des Getöteten.

Die MHP setzte sich natürlich stets für ihre gefangenen »Idealisten« ein. Am 26. Juni 1979 erhielten zahlreiche verhaftete Mörder der MHP aus ihrer Zentrale in Ankara folgenden trostreichen Brief des MHP-Generalsekretärs und Abgeordneten Necati Gültekin: »Unsere Partei wächst im ganzen Vaterland stark an und nähert sich mit sicheren Schritten der Herrschaft. Wenn Allah es fügt und die Zuwendung unserer Volksgenossen anhält, werden wir an dem Tag, an dem wir mit einer starken Vertretung in die Regierung oder allein an die Macht kommen, ein umfassendes Amnestiegesetz erlassen, das außer ›kommunistischen Aktivitäten‹ alle Straftaten umfasst. Dann werden wir unseren Brüdern, die Opfer des Schicksals geworden sind, eine warme Heimstätte bereiten.«

Viele dieser »Schicksalsbrüder« wurden bereits am ersten Tag der Regierungsübernahme von Demirel und Türkes durch organisierte Aktionen aus den Gefängnissen befreit. Ein britischer Journalist schrieb am 21. Januar 1980 in der *Financial Times*, dass in den letzten beiden Jahren 3056 Häftlinge entkommen konnten. MHP-Mitglieder konnten sich hingegen, gerade in den Militärgefängnissen, unbehindert bewegen. Die bürgerkriegsähnlichen Auseinandersetzungen steigerten sich nun täglich – bis die Grauen Wölfe und Alparslan Türkes am 12. September 1980 ihre Aufgabe erfüllt hatten: Die Militärs putschten. Die MHP und die

Kommandos konnten sich zunächst einmal von der politischen Bühne zurückziehen. Nach dem Militärputsch wurden hunderte von Menschen ermordet, zehntausende verhaftet und gefoltert. Alle demokratischen Organisationen und Parteien sowie Zeitungen und Gewerkschaften wurden verboten, ihre Mitglieder verhaftet, gefoltert, umgebracht oder zu langen Gefängnisstrafen verurteilt. Auch Angehörige der Grauen Wölfe, sogar ihr Führer Alparslan Türkes, wurden verhaftet und wegen Mordes verurteilt. Doch Türkes wurde bereits nach drei Jahren Haft wieder freigelassen. Und damit begann ein neues Kapitel: das Zusammenspiel zwischen Mafia und den Grauen Wölfen.

Die rechtsradikalen Organisationen hatten natürlich ihr Standbein nicht nur in der Türkei. Nicht weniger wichtig war für sie Deutschland, und dies ist es heute noch. Warum hatte gerade Deutschland für sie eine solche Bedeutung?

Die politischen Kontakte der MHP zu bundesdeutschen Politikern gehen zurück auf die »türkisch-deutsche Waffenbrüderschaft« im Ersten Weltkrieg sowie auf die Zusammenarbeit während der Nazizeit und auf die im Kalten Krieg gemeinsame Überzeugung, dass man die in Deutschland lebenden Türken vor dem »roten Terror«, den Kommunisten, schützen müsse. Zahlreiche türkische und deutsche Persönlichkeiten, die bereits während des Zweiten Weltkriegs zusammengearbeitet hatten, um den gemeinsamen Feind Sowjetunion zu bekämpfen, agierten bis in die Achtzigerjahre hinein als Propagandisten der MHP in der Bundesrepublik. Ein Beispiel ist Professor Herbert Melzig, der 1937 ein Buch über den türkischen Staatsgründer Mustafa Kemal Atatürk mit dem Titel *»Untergang und Aufstieg der Türkei – Kemal Atatürk«* geschrieben hatte. 1980 verfasste er ein weiteres Werk, diesmal über *»Ideologie und Verbrechen«*. Darin heißt es: »Die in der Illegalität arbeitende kommunistische Partei in der Türkei ist im Gegensatz zu einigen kommunistischen Parteien in Westeuropa völlig an die Direktiven der KP der Sowjetunion gebunden. Darin würde sich auch bei ihrer Zulassung als legale Partei nichts ändern. Die Kremlführung ließe nichts unversucht, diese Partei an die

Macht zu bringen. Gelänge es ihr nicht, mit Hilfe einer kommunistischen Regierung ihre alten Gebietsforderungen durchzusetzen, so würde sie nicht zögern, wie im Falle Afghanistans zu verfahren. Aus ihrem ganzen Verhalten und ihrer Propaganda ist zu schließen, dass sie mit der Losreißung der Osttürkei als ›Kurdische Republik‹ und der Einverleibung einer Resttürkei als soundsovielte Sowjetrepublik in das russische Imperium einverstanden wäre.«

In den Jahren 1975 bis 1977 baute die MHP in Deutschland ihre Auslandsorganisation auf. Aber im Sommer 1977 musste diese infolge eines Urteils des türkischen Verfassungsgerichts wieder geschlossen werden. Türkischen Parteien ist es gemäß der Verfassung ihres Landes verboten, im Ausland Organisationen zu unterhalten. Wenig später gründeten MHP-Mitglieder erneut eine Auslandsorganisation. Gesteuert wurde sie von Enver Altayli, der zuvor Generalinspekteur der MHP in Europa, danach deren Pressechef in Ankara war. Er gründete so genannte »Idealistenvereine«, also genaue Kopien der MHP-Organisation in der Türkei. Deren Mitglieder nannten sich »Bozkurtlar«, Graue Wölfe.

Höchste politische Weihen erhielten sie am 28. April 1978. Franz Josef Strauß gewährte dem Vorsitzenden der MHP, Alparslan Türkes, eine Audienz in München. Der Inhalt des »freundschaftlichen Gesprächs«, wie es Teilnehmer später bekundeten: »Allgemeiner Überblick über die Weltlage. Übereinstimmung in der Beurteilung des Weltkommunismus, der den freien Westen bedroht, und schließlich die Bereitschaft, für die MHP in der Bundesrepublik ein günstiges Klima zu schaffen.«

Am 2. Mai 1978 bedankte sich Alparslan Türkes für den Empfang: »Wenn wir noch nicht alle Probleme, die unsere beiden Länder betreffen, besprechen konnten, so glaube ich doch, dass Ihnen mein zentrales Anliegen in einer Stunde großer Gefahr für mein Land deutlich geworden ist: Die Türkei befindet sich in einer akuten großen Gefahr. Diese Gefahr ist im Großen mit der Tatsache bezeichnet, dass zum ersten Mal in der Geschichte der Türkei der sowjetische Generalstabschef in die Türkei kommen konnte, und zwar nicht zu einem Höflichkeitsbesuch, sondern zur Einleitung einer Entwicklung, die das Ende der Türkei im westlichen Bündnis bedeuten kann.«[92] Da war sie wieder, die Angst vor der roten Gefahr aus dem Osten.

Nach diesem politischen Achtungserfolg traf sich Türkes zu Gesprächen mit deutschen Unternehmern. Er bot sich als Garant dafür an, dass sein Land im westlichen Bündnis bleiben und das deutsche Privatkapital in der Türkei geschützt werde. Trotzdem war es verwunderlich, dass der damalige bayerische Innenminister Gerold Tandler (CSU) im November 1980, obwohl inzwischen allgemein bekannt war, welche blutigen Aktionen die MHP und ihr Führer Türkes zu verantworten hatten, folgende Einschätzung von sich gab: »Die MHP und die Türk-Föderation setzen sich für die Interessen der türkischen Republik und Nation im Rahmen der Gesetze der Bundesrepublik Türkei ein.« Gemeint war die im Juni 1978 gegründete »Föderation Türkisch-Demokratischer Idealistenvereine« (Türk-Föderation).

In völligem Gegensatz dazu standen die Aussagen jener, die in dieser Organisation gearbeitet hatten. Zum Beispiel jene des ersten Vorsitzenden der »Türk-Föderation«, Lokman Kondaci, der gegenüber dem türkischen Geheimdienst MIT auspackte. Auszüge aus dem Tonbandmitschnitt vom 30. März 1979:

»Ich kam im Februar 1978 auf Befehl von Alparslan Türkes nach Deutschland.

Damals war für die Auslandsorganisation Enver Altayli zuständig, der jetzt Chefredakteur der Zeitung *Hergün* ist. Zu diesem Zeitpunkt hatte er 37 Vereine unter seiner Kontrolle. Danach kamen sehr viele in der Türkei gesuchte Militante nach Deutschland. Ich war bis zum 4. Februar 1979 Vorsitzender der Türk-Föderation in Europa. Als ich die Föderation dem neuen Vorstand übergab, hatten wir 108 Vereine. Wir waren eine sehr einflussreiche Organisation, die innerhalb der nationalistischen Bewegung einen wichtigen Platz einnahm.« Auf die Frage des vernehmenden Beamten, was mit dem Geld geschehen sei, das ihnen in Deutschland mehr oder weniger freiwillig gespendet worden sei, antwortete er: »Alparslan Türkes ist sehr viel daran gelegen. Das gesamte Vermögen der Partei betrachtet er als sein eigenes. Die MHP teilte uns mit, dass sie aus Deutschland Geld braucht. Wir haben 100 000 DM bei den Arbeitern gesammelt. Als Türkes dann in Deutschland war, brachte er alles auf die Bank und zahlte es auf sein Konto ein, mit einer sechsjährigen Sperrfrist. Er hat mehrere Konten auf deutschen Banken.«

Nicht weniger enthüllend ist seine Aussage – man bedenke, es ist das Jahr 1979 – in Bezug auf den Drogenhandel: »Da gibt es den MHP-Ortsverbandsvorsitzenden von Bakirköj-Istanbul. Er macht Drogengeschäfte.« – »Für die Partei oder für sich?« – »Nicht hundertprozentig für die Partei. Aber dieser Ortsverbandsvorsitzende sagte mir, dass wir als Föderation einem Mann in Berlin helfen sollten, der für die Partei Drogen schmuggelt.«

Dies ist ein Hinweis, der zur damaligen Zeit noch als Einzelfall gelten mochte, unter den heutigen Gegebenheiten aber in einem ganz anderen Licht gesehen werden kann.

Was die Angehörigen dieser »Türk-Föderation« in Deutschland mit Argumenten nicht durchsetzen konnten, erreichten sie durch Überfälle auf Andersdenkende, und zwar genau in der Weise, wie sie von ihnen in der Türkei erfolgreich praktiziert wurde. Die Bezirksleitung der IG Metall in Stuttgart listete einmal auf, wie die Aktivitäten der Grauen Wölfe in ihrem Bereich aussahen: »Neben einer allgemein verleumderischen Hetze gegen den DGB und seine Gewerkschaften werden unter anderem, unter massiver Bedrohung, durch Unterschriftenaktionen unsere ausländischen Kolleginnen und Kollegen zum Austritt aus der IG Metall veranlasst. Betriebsversammlungen werden gestört und Vertreter des DGB bei ihrer Arbeit behindert und bedroht. Gewerkschaftsinformationen und -zeitungen werden aus Angst nicht mehr verteilt (eine besondere Form von Pressezensur). Einrichtungen ausländischer Gewerkschaftsmitglieder werden über Nacht beschädigt oder zerstört. Es werden Rollkommandos eingesetzt, die zum Beispiel in Wohnheimen unsere ausländischen Kolleginnen und Kollegen terrorisieren, aktive Gwerkschaftskollegen nachhaltig einschüchtern.«

Das Ziel der von den Grauen Wölfen betriebenen Hetze war,

die vorhandenen Entfremdungstendenzen der ausländischen Arbeitnehmer zu ihren deutschen Institutionen, insbesondere den Gewerkschaften, zu verstärken und damit die Ausländerfeindlichkeit zu erhöhen, was letztlich den türkischen Rechtsextremisten ein weites Agitationsfeld eröffnete. Es hatte den Anschein, dass diese Entfremdung bewusst forciert wurde, um die in die Isolation abgedrängten ausländischen Arbeitnehmer leichter für die politischen Ziele der Rechtsextremisten gewinnen zu können.

Eine dubiose Rolle in der Beurteilung der türkischen Rechtsextremisten spielten und spielen auch deutsche Verfassungsschutzämter. Wenn in einem »Sonderbericht des niedersächsischen Verfassungsschutzes« aus dem Jahr 1988 geschrieben wurde, dass »die MHP und die Türk-Föderation harmlose demokratische Organisationen sind, die von den Kommunisten verleumdet werden«, so kann es sich nicht nur um Dummheit handeln. Im Verfassungsschutzbericht des Bundes, knapp zehn Jahre später, vom Jahr 1997, heißt es: »Die Grauen Wölfe sind lediglich ein Begriff, um konservative Türken durch türkische Linke zu diffamieren.« Könnte man die Berichte aus dem Jahr 1988 noch als Ausdruck einer Ideologie des Kalten Krieges interpretieren, so wird die fast gleiche Aussage in der heutigen Zeit vollkommen unverständlich. Und die Frage stellt sich, ob die neuen Erkenntnisse selbst aus der Türkei spurlos an einigen Verfassungsschützern vorbeigegangen sind.

Was die Abhängigkeit der deutschen Filiale der Grauen Wölfe von der MHP-Zentrale in Ankara betrifft, so wurde diese unterschiedlich bewertet. Der bayerische Verfassungsschutz bezeichnete die »Türk-Föderation« als Organisation, »die direkt von der MHP gegründet worden ist«, während der hessische Verfassungsschutz davon nichts wissen wollte. Der niedersächsische Innenminister erklärte noch Ende der Achtzigerjahre, dass es überhaupt keine Organisation mit dem Namen Graue Wölfe gebe. Was zwar richtig ist, wobei aber unterschlagen wird, dass sich die Anhänger der MHP selbst Graue Wölfe nennen. Das bayerische Innenministerium war sogar davon überzeugt, dass die »Gleichstellung von Grauen Wölfen mit den so genannten türkischen Idealistenvereinen unzutreffend ist«.

Eine Erklärung für derartige unbegreifliche Einschätzungen dürfte darin zu finden sein, dass die deutschen Verfassungsschützer ihre Informationen direkt vom türkischen Geheimdienst MIT und den Führungspersönlichkeiten der MHP erhalten haben und noch immer erhalten. Was die »Ehrenhaftigkeit« des türkischen Geheimdienstes MIT angeht, haben ja die Enthüllungen in der Susurluk-Affäre demonstriert, wie »seriös« dessen Arbeit war. Im Zusammenhang mit der Mafia, mit Todeskommandos und rechtsextremen Organisationen wurde in der Susurluk-Affäre der Name MIT immer wieder genannt. Was hat es mit diesem Dienst auf sich?

Der MIT wurde gegründet, um gegen »Spionage und Subversion« türkischer Feinde im In- und Ausland vorzugehen. Er ist Teil des türkischen Staatsapparats. In der Türkei wird grundsätzlich die Zahl der Geheimdienstmitarbeiter nicht bekannt gegeben. Ihre Zahl dürfte jedoch in die Hunderttausende gehen. Ein kurzer Blick in die Geschichte des türkischen Geheimdienstes: Seit Ende des Zweiten Weltkriegs, insbesondere im Kalten Krieg, war der Nachrichtendienst MIT wichtigster Partner der amerikanischen CIA. Mehr als vier Jahrzehnte spielte die Türkei eine wichtige strategische Rolle als das am weitesten vorgeschobene Bollwerk des Westens gegen den Ostblock. Den westlichen Diensten wie der CIA kamen die Anhänger des erklärten Antikommunisten Türkes und der MHP gerade recht. Sie waren die besten Verbündeten, um ein Aufbegehren der türkischen muslimischen Minderheiten in der Sowjetunion zu schüren. Teilweise wurde der türkische Dienst vollkommen von den amerikanischen Freunden kontrolliert. Ex-CIA-Agent Philip Agee: »Die CIA stand jahrelang in Kontakt zum MIT. Die CIA kümmerte sich in allen Bereichen um diese Organisation.« Heute ist der türkische Nachrichtendienst, neben dem Militär, die mächtigste und bestausgerüstete Organisation des Staates. Er besitzt eigene Flugzeuge und Hubschrauber. Ein Drittel des Personals sind Offiziere, ein anderer Teil pensionierte Offiziere. Das heißt, der militärische Einfluss ist außerordentlich stark.«

Vor dem Militärputsch im September 1980 begnügte sich der türkische Staat damit, seine geheimdienstlichen Informationen von Staatsbeamten und einigen professionellen Agenten, die unter diplomatischer Tarnung in Botschaften und Konsulaten arbeiteten, abzuschöpfen. Inzwischen ist es kein großes Geheimnis mehr, dass in türkischen Konsulaten und in der türkischen Botschaft in Berlin eine stetig wachsende Zahl von MIT-Agenten beschäftigt wird. Die ARD-Sendung Panorama berichtete bereits am 3. April 1990, dass sich in 13 türkischen Konsulaten und der türkischen Botschaft 30 MIT-Agenten, die als »Diplomaten« getarnt sind, aufhielten. Botschafter der Türkei in Deutschland bis 1998 war beispielsweise Volkan Vural. Er war lange Zeit Mitglied im Nationalen Sicherheitsrat der Türkei, einer vom Generalstab ausgerichteten Koordinierungsstelle, die de facto über dem Parlament steht. Kurz nachdem der Nationale Sicherheitsrat beschlossen hatte, die Aktivitäten von Todesschwadronen und Geheimdiensten gegen die Opposition im Ausland auszuweiten, wurde Vural zum neuen Botschafter in Bonn ernannt. Seit seinem Amtsantritt kam es zu den meisten Anschlägen gegen linke Türken, insbesondere gegen Kurden in Deutschland. Gern hielt sich der Botschafter bei den Grauen Wölfen in Deutschland auf, besuchte demonstrativ deren Veranstaltungen. Was insoweit passt, da die Grauen Wölfe in Deutschland, parallel zur Entwicklung in der Türkei, treue Helfer des MIT sind. Die meisten der in Deutschland tätigen Mitarbeiter des MIT haben sich inzwischen als Kleinstunternehmer etabliert.

Vielleicht hängt die Einschätzung deutscher Verfassungsschutzbehörden über die mehr oder weniger große Harmlosigkeit der Grauen Wölfe damit zusammen, dass die ideologischen Sturmspitzen der MHP nicht nur gute Beziehungen zum MIT, sondern auch zum deutschen Verfassungsschutz pflegen. Ein innenpolitischer Skandal, der sich bereits Mitte der Siebzigerjahre anbahnte.

Damals schrieb der hinlänglich bekannte Enver Altayli einen Brief an seinen großen Führer Alparslan Türkes. Das am 28. April 1976 verfasste achtseitige Schreiben hat unter anderem folgenden Wortlaut: »Was wir im Moment unternehmen müssen, ist die Lancierung von Berichten zu unseren Gunsten in verschiedenen Zeitungen und, was sehr schwer sein wird, im Fernsehen. Die Bücher, die Sie mir geschickt haben, werden mir bei dieser Arbeit sehr helfen. Am 4. Mai 1976 wird unser Freund Dr. Kanapin nach Köln kommen und mich mit dem Türkenreferenten des Nachrichtendienstes für das Inland bekannt machen. Nach Auskunft von Dr. Kanapin ist dieser Mann ein CDU-Mitglied und ehemaliger Offizier. Er soll ein eingeschworener Antikommunist sein. Ich fragte Dr. Kanapin, wie es denn möglich sei, dass so negativ über uns berichtet wird. Ich gebe seine Antwort im Wortlaut wieder: ›Unsere Leute erhalten zu diesem Thema Informationen vom MIT. In dieser Sache muss man nicht unseren Leuten, sondern denen vom MIT die Ohren lang ziehen. Wenn der MIT richtig informiert, wenn sie sagen, das sei alles gar nicht so, dann schreiben unsere Leute es auch richtig.‹« Seitdem scheint der MIT die »richtigen Informationen« geliefert zu haben, die mehr oder weniger kritiklos von deutschen Dienststellen übernommen wurden.

Die Verharmlosung durch deutsche Behörden führte jedenfalls zu gefährlichen Konsequenzen, weil sie wiederum türkischen Linksextremisten in die Hände spielte, die ihrerseits ihre rechten Gegner nicht weniger brutal bekämpften. In der Öffentlichkeit wurde damit der Eindruck geweckt, dass sich rivalisierende Türkenbanden bekämpften.

Erst in den Jahren 1996 und 1997 änderte sich bei bestimmten Verfassungsschutzämtern die verharmlosende Einschätzung der türkischen Rechtsextremisten. Im Verfassungsschutzbericht des Landes Nordrhein-Westfalen heißt es über die »Türk-Föderation«, die inzwischen in »Deutsch-Türkische Föderation«, ATF, umbenannt wurde: »Die ATF besteht in Nordrhein-Westfalen aus ca. 70 Ortsvereinen, sogenannten Kultur- und Idealistenvereinen. Sie strebt eine extrem nationalistische und zugleich strikt antikommunistische Ausrichtung des türkischen Staates an. Sie vertritt die politischen Ziele der Partei der Nationalistischen Bewegung (MHP) in der Türkei, die sich für ein großtürkisches Reich einsetzt.«

Ganz anders sah das die Bundesregierung, wenn man sich ihre Antwort auf eine parlamentarische Anfrage der PDS im Jahr 1996 anschaut. »Nationalistisch und rechtsextremistisch sind in der Türkei anders zu interpretieren als bei uns. Ein Rechtsextremismus, losgelöst vom Fundamentalismus, existiert in der Türkei nicht. Die ›rechtsextremistische‹ MHP wird in der Türkei nicht als ›extremistisch‹ eingestuft. Sie gilt als ›normale‹ koalitionsfähige Partei (deren Vorsitzender war Mitglied der Parlamentarierdelegation bei ihrer vorletzten USA-Reise).«

Es ist ein Unding, was sich die Verfasser dieser Zeilen mit dieser Antwort erlaubten, insbesondere im Hinblick auf die Mordaktionen der MHP und ihrer Anhänger, der Grauen Wölfe, in der Türkei. Nicht weniger haarsträubend ist die Einschätzung, dass es verschiedenartige Rechtsextremisten gebe – sozusagen einen türkischen und einen deutschen Flügel. Kein kritisches Wort gegenüber der türkischen Regierung – das dürfte das Motto dieser Antwort gewesen sein. Auf die Frage, ob die Bundesregierung wisse, dass sich Alparslan Türkes in seiner ideologischen Ausrichtung am Nationalsozialismus, der NSDAP und dem Führerprinzip orientiert, antwortete die Bundesregierung immerhin: »Es ist bekannt, dass Türkes Kompromisslosigkeit in der politischen Auseinandersetzung, Intoleranz gegenüber Andersdenkenden und Elitebewusstsein sowie irrationales völkisches Gedankengut erkennen lässt.« Aber das wiederum hat ja in den Augen der Bundesregierung nichts mit Rechtsextremismus zu tun.

In der Vergangenheit konnten die rechtsextremen Türken jedenfalls, ob in München, Hannover, Stuttgart oder Gelsenkirchen, ihre sogenannten Kulturveranstaltungen durchführen, meist in städtischen Räumen. Die wurden mit der fadenscheinigen Begründung an die türkischen Rechtsextremisten vergeben, dass man leider nicht wisse, wer hinter den Kulturvereinen stände, insbesondere sei nichts über die Grauen Wölfe bekannt.

Mit geradezu bewundernswerter Gleichgültigkeit setzten sich demnach die bundesdeutschen Sicherheitsbehörden über die Verstrickung der Grauen Wölfe in terroristische Aktivitäten und den florierenden Drogenhandel hinweg, eigentlich, muss man leider konstatieren, bis zum heutigen Tag.

Nach dem zeitweiligen Verbot der MHP in der Türkei, ausgelöst durch den Septemberputsch der Militärs im Jahr 1980, bis zur Mitte der Achtzigerjahre, hatten sich in Deutschland einige der MHP-nahen Vereine aufgelöst oder Mitglieder verloren. In den folgenden Jahren verlagerte sich die Organisation der MHP in Deutschland zum Teil aus den ehemaligen Vereinen heraus in eigene Sportvereine, Clubs, Kaffeehäuser und so genannte »Türkisch-Deutsche Freundschaftsvereine«. Auch Moscheen und »Solidaritätsvereine für Aserbaidschan« dienten ihnen nun als Rekrutierungsfeld und als Tarnorganisationen. Die Aufsplitterung ist Ausdruck einer Neuorientierung gewesen, wie sie auch die MHP in der Türkei vollzogen hat. Viele der heutigen MHP-Anhänger gehören zur so genannten dritten Generation, sind in Deutschland geboren, aufgewachsen und entsprechen in ihrem Äußeren kaum noch dem Bild der MHP der Siebzigerjahre. Die Neuzeit zeigt sich auch in der Beherrschung der neuen Medien. Im Internet kann man ein Elaborat mit »Briefen an die Idealisten« finden, in denen ideologische Handlungsanweisungen für die Grauen Wölfe in Deutschland erteilt werden. Ihren großen Einfluss verdanken die Grauen Wölfe jedoch der Tatsache, dass sie am radikalsten das vertreten, was von türkischer Presse, Fernsehen, Konsulaten und ihnen angeschlossenen Gruppen täglich an türkisch-nationalistischer Propaganda und Mobilisierung betrieben wird. Hierzu zählen die Spendenwerbung für die türkische Armee, Videoclips MHP-naher Sänger und Rapgruppen, die mit ihren Texten zur türkisch-nationalistischen Mobilisierung, mit sich steigernder islamisch-fundamentalistischer Tendenz, beitragen.

In diesem Zusammenhang warnte der Bielefelder Sozialforscher Wilhelm Heitmeyer vor einer zunehmenden türkisch-nationalistischen Einstellung unter türkischen Jugendlichen und vor der Tendenz, islamische Interessen auch mit Gewalt durchzusetzen. Nach einer Befragung, die der Pädagoge unter rund 600 türkischen Jugendlichen durchgeführt hatte, stimmten 41,1 Prozent der 15- bis 21-Jährigen der Aussage zu (19,2 Prozent) oder sogar »voll zu« (21,9 Prozent), sie seien »bereit, sich mit körperlicher Gewalt gegen Ungläubige durchzusetzen«. Und 28,1 Prozent stimmten dem Satz zu: »Wenn jemand gegen den Islam kämpft, muss man ihn töten.« Jeder zehnte befragte türkische Jugendliche schloss sich diesem Satz sogar »voll« an.[93]

Diese türkischen Jugendlichen, nicht immer, aber häufig Graue Wölfe, sieht man öffentlich mit roten Fahnen und den darauf abgebildeten drei seitenverkehrten Halbmonden (dem Parteisymbol der MHP) bei Fußballspielen, zum Beispiel als 1998 die türkische Nationalmannschaft gegen die deutsche Mannschaft gewonnen hatte. Mit einem Autokorso und wehenden Fahnen der MHP wurde der Sieg gefeiert. Oder man sieht sie bei Großdemonstrationen im Zusammenhang mit der Verhaftung des PKK-Führers Öcalan,wie Anfang 1998 in vielen großen deutschen Städten, so auch in Frankfurt am Main.

»Aus der Menge auf dem Bettinaplatz heraus warf eine kleine Gruppe teilweise vermummter rechtsradikaler Grauer Wölfe immer wieder mit Eisbrocken und Eiern, auch schon mal mit einer vollen Colabüchse auf Polizeibeamte, Kameraleute und Reporter… Immer wieder gelang es den Ordnern der Veranstalter in heftigen Wortgefechten bis hin zum Gerangel mit Mühe, die Extremen von Angriffen auf die Polizei abzuhalten.«[94]

Gleichzeitig versuchen sie in der deutschen Ausländerpolitik mitzumischen. Da ist es allenfalls eine Randnotiz wert, dass die Stadt Bremerhaven eine Veranstaltung der Grauen Wölfe mit 2650 Mark unterstützte. Ganz ungeniert operieren sie in den Ausländerbeiräten verschiedener Städte, zum Beispiel in der altehrwürdigen Bischofs- und Faschingsstadt Mainz. Auf der jährlich stattfindenden »Interkulturellen Woche« verteilen sie offen ihre rechtsradikale Propaganda und hetzen insbesondere gegen Kurden. Was nichts daran ändert, dass sie bei der Stadtverwaltung hohes Ansehen genießen, obwohl es in Mainz bereits 1996 heftige Auseinandersetzungen während einer Kundgebung gab. Sie wurde von Kurden und Deutschen organisiert, um zum Tourismusboykott gegen die Türkei aufzurufen, wegen anhaltender Unterdrückung der kurdischen Bevölkerung. Mit Totschlägern und Kampfhunden bewaffnet, stürmten die Grauen Wölfe die Veranstaltung. Es ist also nicht nur wortgewaltiges Getöse, wenn auf einer von den Grauen Wölfen vertriebenen Postkarte steht: »Wenn unsere Geduld zu Ende ist, werden wir unberechenbar.«

Erschreckend ist diese Verharmlosung der Grauen Wölfe in Deutschland als »unpolitische, deklassierte Jugendliche«. Damit wird die organisatorische und finanzielle Macht der MHP verkannt. Im Januar 1995 wurde in Frankfurt am Main der 18. Jahreskongress der MHP mit 25 000 Teilnehmern zelebriert. Stargäste waren Alparslan Türkes, der türkische Botschafter Volkan Vural und Yücel Aylasli, Generalkonsul der Türkei in Frankfurt am Main. Ein Jahr später, am 5. Oktober 1996, nahmen in der Essener Grugahalle über 10 000 MHP-Anhänger an der 19. Jahreshauptversammlung der »Türk-Föderation« teil. Gestützt von seinen Anhängern betrat der inzwischen greise Führer Alparslan Türkes die Halle, in der er mit Parolen wie »Führer befiehl, wir folgen« frenetisch gefeiert wurde. In seiner Rede betonte er die Größe und Stärke der türkischen Nation, die alle Feinde vernichten und die Fesseln der Sklaverei lösen werde. »Die Türken gehören einer freien Nation an, die nur Allah ergeben ist.« Und er gab seinen Grauen Wölfen den Rat, sich »kulturell und politisch zu engagieren, um Einfluss in deutschen Parteien und Gewerkschaften zu erlangen«. Bei der Essener Veranstaltung saß auf einem Ehrenplatz der türkische Botschafter Volkan Vural, Ministerpräsidentin Tansu Ciller schickte Glückwünsche. »Auf dieser Veranstaltung wurde dann die Gründung des Dachverbandes Konföderation der idealistischen Türken in Europa, ›Avrupa Ülkücü Türk Dernekleri‹ (AÜTDK), bekannt gegeben«, so der Verfassungsschutz von Nordrhein-Westfalen in seinem jährlichen Verfassungsschutzbericht.

Deutsche Minister sahen und sehen in dem munteren Treiben offensichtlich nichts Verwerfliches. Ex-Außenminister Kinkel fand während seiner Amtszeit keinen Grund, die »Türkei auszugrenzen«, und Ex-Innenminister Kanther hatte kein Interesse, »mit jedem Punkt, der in der türkischen Minderheit in unserem Staat unerfreulich ist«, die deutsch-türkischen Beziehungen zu belasten.

Immerhin haben die MHP und die Grauen Wölfe in der Zwischenzeit das erreicht, was sie in den Siebziger- und Achtzigerjahren angekündigt hatten: eine politische Machtstellung. Ihr Hauptziel war nun die kurdische Befreiungsbewegung. Rassismus und Kurdenfeindlichkeit wurden zum Motor der neuen alten Partei. »Das Gesundheitsministerium, das Bildungsministerium, das Zollministerium, BOTAS (halbstaatliches Unternehmen für den Bau und Betrieb von Erdölpipelines) und mehrere andere Institutionen wurden mit Kadern der MHP besetzt. Wer sich dagegen zur Wehr setzte, wurde seines Amtes enthoben oder ermordet, auf jeden Fall zum Schweigen gebracht.«[95]

Bei der Parlamentswahl vom Herbst 1991 war Türkes noch mit der fundamentalistisch islamischen Wohlfahrtspartei in einem Wahlbündnis angetreten. Die unheilige Allianz erhielt damals immerhin knapp 17 Prozent der Stimmen, hatte sich später aber wieder aufgelöst. Die MHP konnte unterdessen ihren Einfluss in allen Bereichen der Gesellschaft ausbauen, obwohl die Partei es nicht schaffte, bei der letzten Parlamentswahl Abgeordnetensitze zu erringen. 1992 spaltete sich die MHP. Als vordergründiges Motiv wurde die »armenierfreundliche Haltung und säkulare Haltung« der MHP genannt. In Wirklichkeit ging es nur um Konkurrenz bei der Aufteilung der Pfründe. Die neue Partei, die »Große Einheitspartei«, ist nicht weniger ultranationalistisch, hat sich jedoch stark den islamischen Fundamentalisten angenähert. Bei der letzten Parlamentswahl erreichte sie elf Abgeordnetensitze. Gleichzeitig stellte die MHP bei den Regionalwahlen im Frühjahr 1994 in mehreren Städten, zum Beispiel in einigen Stadtteilen von Ankara, den Bürgermeister oder wie in Izmir oder Batman den Oberbürgermeister.

Erfolgreich war außerdem die Infiltration der MHP-Anhänger

in andere Parteien. So war immerhin der Generalsekretär der nach dem Militärputsch 1980 neu gegründeten ANAP-Partei, Halil Sivgin, ein Mitglied der Grauen Wölfe. Diese hatten sich, zumal die MHP verboten war, die ANAP-Partei als Sprungbrett zur Macht auserkoren. Bereits am 3. Februar 1985 meldete die Wochenzeitung *Nokta*: »Sicherlich möchte Özal nicht, dass von den MHP-Leuten ein innerer Putsch durchgeführt wird. Auf der anderen Seite hat dieser Trend aber für so viele Abgeordnetensitze gesorgt, dass bei einem Rückzug der MHP die Mehrheit der ANAP gefährdet wäre.« Der Hintergrund: Die Auflösung der Sowjetunion und die Entstehung der jungen turksprachigen Republiken Zentralasiens hatten den rechtsextremen Turanisten Alparslan Türkes wieder ins Zentrum der politischen Ereignisse gestellt. »Der ehemalige Staatspräsident Turgut Özal, der den Einfluss der Türkei ›von der Adria bis hin zur chinesischen Mauer‹ ausdehnen wollte, ließ sich von Türkes beraten und willigte ein, dass bekannte MHP-Kaderleute wichtige Funktionen in den jungen Republiken des Kaukasus übernehmen.«[96]

Als Staat im Staat verfügt die MHP heute über mehrere zigtausend Bewaffnete im Staatsapparat, darunter 15 000 Mann Spezialeinheiten in Kurdistan sowie viele Sympathisanten unter den Mitgliedern der Antiterrorabteilungen der Polizei und im Gefängnispersonal. Mehrfach wurden insbesondere während der Regierungszeit von Tansu Ciller MHP-Führer mit Spezialmissionen betraut. So führte MHP-Chef Alparslan Türkes im Winter 1994 in Frankreich Verhandlungen mit einer armenischen Regierungsdelegation.

Vielleicht werden die Enthüllungen über die Staatsmafia in der Türkei und das Aufbegehren maßgeblicher Kräfte im Militär nun endlich dazu führen, dass der Einfluss der Grauen Wölfe ein Ende hat. Zweifel sind angebracht, da sie ja nicht nur politisch-ideologisch wirken, sondern auch tief im kriminellen Sumpf verstrickt sind. Und die tragenden Staatsparteien werden nicht zulassen, dass ihre Macht und ihr Einfluss eingeschränkt werden.

12. Drogenland Türkei?

Istanbul 1998: Das Direktorat für organisiertes Verbrechen in der nationalen Polizei erklärt in einer Pressemitteilung: »Die Anzahl der Verhafteten in Bezug auf den Heroinhandel ist 1998 erheblich angestiegen.« Selbst in Washington lassen sich die Alarmsignale nicht mehr hinwegreden. So heißt es in dem »International Narcotics Control Strategy Report« des amerikanischen Außenministeriums, der Ende Februar 1998 veröffentlicht wurde, dass sage und schreibe zirka 75 Prozent des in Europa sichergestellten Heroins in der Türkei produziert oder von dort eingeführt wurden und jeden Monat vier bis sechs Tonnen Heroin durch die Türkei in Richtung Westeuropa geschmuggelt werden. Außerdem seien auf türkischem Territorium zahlreiche Labors tätig, in denen das Opium zu Heroin verarbeitet werde. Nach Angaben des britischen Innenministeriums stammen 80 Prozent des in Großbritannien beschlagnahmten Heroins aus der Türkei. Gab es nun diesbezüglich entsprechende Aktionen der türkischen Behörden oder gar Interventionen der USA?

Konkrete Informationen, die von der britischen Polizei den türkischen Sicherheitsbehörden hinsichtlich der Hintermänner des Drogenhandels übermittelt wurden, seien immer wieder durchgesickert und hätten alle Operationen gegen diese Drahtzieher verhindert, beschwerte sich bitter die britische Polizei. Das ist angesichts der gegebenen Umständen sicher nicht verwunderlich.

Auch die Verbindung der Drogenmafia zur türkischen Regierung hat eine lange Geschichte, sie ist das Fundament, das die heutige Entwicklung der Türkei zum Drogenstaat überhaupt erst verständlich macht. Und damit ist man schon wieder bei den Grauen Wölfen.

Sie waren und sind nicht nur eine Partei, sondern auch eine Organisation, deren führende Mitglieder mit Drogen profitable Geschäfte machten – zum Wohle der Partei.

1978 baute die MHP in Europa ihre Auslandsorganisation auf. Die Zentrale war in Frankfurt am Main, die »Türk-Föderation«. Kurze Zeit später, also noch Ende der Siebzigerjahre, gab der damalige Führer der »Türk-Föderation«, Lokmann Kondaci, zu, dass die Organisation Heroin schmuggle. Ali Yurtaslan, das ehemalige Mitglied des Exekutivkomitees der türkischen MHP in Europa, erklärte auf die Frage, woher die Finanzmittel der MHP kamen: »Die Finanzmittel stammten zum größten Teil aus der Arbeit der MHP-Militanten, die ins Ausland geschickt wurden. Mit Hilfe dieser Personen wurden Heroin und andere Drogen ins Ausland geschmuggelt. Die Einkünfte aus dem Verkauf dieser Drogen bildeten die wichtigste Einnahmequelle unserer Partei.« Doch das ist alles lange her, Geschichte, die verblasst ist. Die Beteiligten sind verschwunden, spielen keine Rolle mehr, haben sich aufs Altenteil zurückgezogen – so dachten viele. Das Tragische der unendlichen Geschichte ist, dass sowohl der Fanatismus der Grauen Wölfe als auch ihre Beteiligung im Drogenhandel Ende der Neunzigerjahre wieder zum Leben erwacht ist – insbesondere bei der Organisation des Heroinschmuggels in Richtung Westeuropa.

Längs der Grenze von Pakistan und Afghanistan stehen die geheimen Labors zur Herstellung von Heroin, das aus dem in diesen beiden Ländern produzierten Opium gewonnen wird. Aus diesen Ländern, dem goldenen Halbmond, kommen über zwei Drittel des Heroins, das für den europäischen Markt bestimmt ist. Auch in Ostanatolien, dem Kurdengebiet, wird in Labors aus Morphinbase Heroin gewonnen. Die Organisatoren des Milliardengeschäfts mit der tödlichen Droge sitzen in Ankara und Istanbul. Hier decken sich die europäischen Weiterverkäufer ein, hier organisiert die Mafia das Geschäft für den gesamten europäischen Heroinmarkt. In Lastwagen versteckt wird das Heroin über Bulgarien, Jugoslawien – die Balkanroute – nach Europa transportiert. In Italien, Deutschland, Belgien oder Holland übernehmen wiederum türkische Banden die Endverteilung. Das war Ende der Siebzigerjahre so und hat sich bis zum heutigen Tag nicht geändert.

Claire Sterling schreibt, dass bereits im Herbst 1975 die Babas, das ist eine geradezu liebevolle Umschreibung für die Mafiapaten, Fühlung zur sizilianischen Mafia aufgenommen hatten, um über eine Zusammenarbeit zu verhandeln. »Die türkische Mafia bot ihren sizilianischen Gesprächspartnern ein unermessliches Vermögen an. Zusammen schickten sie sich an, einen breiten und sicheren Lieferweg für Heroin von Südostasien bis in das Herz Europas einzurichten. Es ist ein Bündnis entstanden, dem es innerhalb weniger Jahre gelang, den europäischen Markt mit Heroin zu überschwemmen.«

Einer der Ersten, der diese historische Verbindung zwischen türkischen Clans, Grauen Wölfen und in diesem Fall der sizilianischen Mafia brandmarkte, war der schmächtige Untersuchungsrichter Carlo Palermo im norditalienischen Trento. Seit 1979 ermittelte er gegen ein internationales Schmuggel- und Schiebernetz, in das 200 Personen eingebunden waren. Es ging um Drogen- und Waffengeschäfte gewaltigen Umfangs. Nach Carlo Palermos Erkenntnissen wurden mit Drogengeldern finanzierte Waffen über Italien, Jugoslawien, Bulgarien und die Türkei in den Nahen und Mittleren Osten gebracht. Auf den gleichen Wegen kamen die Drogen zurück. Ein Teil floss durch die Heroinpipeline nach Sizilien, zum Weitertransport in die USA. Ein anderer Teil ging in den Norden, nach Deutschland und Belgien. Damals wurde das als eher italienische Episode abgetan, als fantastische Konstruktion eines übereifrigen Ermittlungsrichters. Niemand ahnte, dass Carlo Palermo direkt ins Herz der sizilianischen und türkischen Mafia hinein ermittelte. In seinen Akten taucht auch Bekir Celenk auf, den Carlo Palermo als »einen der Großen in der türkischen Mafia« erachtete. Celenk gehörte zu jenem Zirkel, mit dem sowohl Abdullah Catli als auch der Papstattentäter Agca eng zusammengearbeitet hatten.

Es war schon eigenartig, auf welch andere Verbindungen Carlo

Palermo stieß – so etwa in Mailand auf den Waffenhändler Henry Arsan. Tonnenweise verschiffte er Kriegswaffen in den Nahen und Mittleren Osten. Gleichzeitig diente er als wichtiger V-Mann der amerikanischen DEA. »Wer deckt was?«, fragte sich Carlo Palermo. Antworten erhielt er nicht. 1984 musste er die heißen Akten schließen. Mächtiger Gegenwind aus Rom blies ihm ins Gesicht, als er aufdeckte, dass in die Waffen- und Drogengeschäfte auch führende italienische Politiker, zum Beispiel Bettino Craxi, verwickelt waren. Sie sollen hohe Bestechungsgelder von jenen Waffenhändlern kassiert haben, die ihrerseits mit der Mafia in Palermo zusammengearbeitet hatten. Eine andere Interpretation, warum die Akten in Trento geschlossen wurden, stammt dagegen von der auf dem Gebiet der Nachrichtendienste besonders kundigen Claire Sterling.

»Ein italienisches Gericht gelangte zu dem nahe liegenden Schluss, dass Richter Palermo der Raffinerie von Alcarno, der weltgrößten Heroinraffinerie in Italien, und ihren Geheimnissen zu nahe gekommen war. Man war der Meinung, dass Siziliens Mafiabosse nicht dulden konnten, dass ihre Nabelschnur zur türkischen Mafia angetastet würde.«

Bereits zu jener Zeit, also Anfang der Achtzigerjahre, schälte sich immer deutlicher heraus, dass die türkische Mafia mit den Grauen Wölfen kooperierte. Eine sprudelnde Informationsquelle über diese Waffen- und Drogentransaktionen der türkischen Rechtsradikalen ist das Buch *»Silah Kacakicilige ve Terör«* des später ermordeten türkischen Polizisten Ugur Mumcu, das 1982 in Istanbul erschien. In allen Einzelheiten werden darin die kriminellen Geschäfte und Verbindungen zwischen türkischer Mafia und Grauen Wölfen dokumentiert. Ein Name tauchte in diesem Buch besonders häufig auf, den Carlo Palermo bereits in seinen Ermittlungen erwähnt hatte: Bekir Celenk, ein steinreicher Mann, Eigner mehrerer Schiffe, Besitzer einer Hotelkette und mehrerer Handelsunternehmungen. Er lebte in Deutschland, gründete beispielsweise in München und im schweizerischen Biel Firmen. Niemand unternahm etwas gegen ihn. Einem türkischen Journalisten erklärte er: »Das Visum, die Genehmigung für meine

Geschäfte erhielt ich von der deutschen Regierung. Wussten denn die bundesdeutsche Polizei und die Behörden nicht, dass ich gesucht werde?«

Einer seiner Partner in Deutschland war ein Mann namens Atalay Saral. Er war nicht nur ein in Polizeikreisen bekannter Drogen- und Waffenhändler, sondern gleichzeitig V-Mann des Bundeskriminalamts. Merkwürdige Verbindungen, wieder einmal. Wichtigster Partner von Celenk war jedoch ein Mann in Istanbul – der damalige Kopf der türkischen Mafia, Abuzer Ugurlu. Der kaufte alles auf, was ihm im goldenen Halbmond an Morphinbase angeboten wurde, kaufte Polizisten und Politiker. Wer sich ihm in den Weg stellte, lebte nur noch kurze Zeit. Abuzer Ugurlu, ein Mann mit engen Verbindungen zu den Grauen Wölfen und Alparslan Türkes, organisierte bereits ab Mitte der Siebzigerjahre die wichtigsten Heroinlieferungen nach Europa. Seine europäische Filiale war bis 1983 ein Import-Export-Unternehmen in München. Waffen- und Drogenlieferungen managten die Abgesandten des mächtigen Mafiabosses von diesem Münchner Büro aus. Für die Polizei war sicher: Wo ein türkisches Mafiaunternehmen einen Stützpunkt in Deutschland errichtet hatte, da trieb sich auch Bekir Celenk herum. Und die Grauen Wölfe ebenfalls. Auf diese Weise kamen so manche »Idealisten« der Partei zu viel Geld, und nicht jeder Betrag, der eingenommen wurde, wanderte in die Parteikasse. Bekir Celenk ist inzwischen tot, gestorben in einem türkischen Gefängnis. Auch Abuzer Ugurlu lebt nicht mehr. Dafür blieben die logistischen Geschäftsstrukturen erhalten.

Denn die kriminellen Geschäfte, die damals aufgebaut wurden, entwickelten sich unaufhaltsam weiter. Bei den aktuellen Ereignissen in der Türkei stößt man deshalb immer wieder auf Namen, die bereits Mitte der Achtzigerjahre den Ermittlungsbehörden aufgefallen sind. Zwei Personen aus der Führungsriege der Grauen Wölfe tauchten damals in den Ermittlungsakten der Frankfurter Staatsanwaltschaft auf: Enver Altayli und Serdar C., Ex-Vorsitzender der »Türk-Föderation« in Frankfurt am Main, ein smarter Ideologe und wie Altayli ein guter Geschäftsmann. Nachdem er sich offiziell von der weiteren Aufbauarbeit der MHP in Europa verabschiedet hatte, zog er sich in den Jahren 1983 und 1984 in die Mainmetropole zurück und kaufte ein großes Lebensmittelgeschäft nahe dem Citybasar am Frankfurter Hauptbahnhof. In diesem türkischen Einkaufszentrum unterhielten die Grauen Wölfe einen ihrer wichtigsten bundesdeutschen Stützpunkte.

Und hier verwischt sich wieder die Grenze zwischen politischen Aktionen und kriminellen Taten. Die Frankfurter Polizei ermittelte Jahre wegen Schutzgelderpressung in diesem Citybasar. Der zuständige Beamte gegenüber dem Autor: »Im Verlauf meiner Recherchen bin ich unter anderem auf Schutzgelderpressungen türkischer Straftäter gestoßen. In den Jahren 1983 und 1985 erpresste diese Tätergruppe unter Anwendung brutaler Gewalt (Vandalismus, Körperverletzung, versuchte Tötungsdelikte) Landsleute. Ich fragte den zuständigen Staatsanwalt, ob ich Details aus der Anklageschrift erhalten könne, worauf dieser mir erklärte, dass noch nicht alle Täter rechtskräftig verurteilt seien. Auf meine Frage nach den bislang in dieser Sache ergangenen Urteilen antwortete er: ›Die meisten Zeugen sind umgekippt. Sie haben ihre Aussage entweder ganz zurückgenommen oder zumindest abgeschwächt.‹«

Seit 1990 war die Frankfurter Polizei wieder mit den gleichen Tätergruppen aus dem Jahr 1984 beschäftigt. Es waren Mitglieder der »Türk-Föderation«, von denen man glaubte, sie wäre zerschlagen oder in alle Winde zerstoben. Eine Gruppe um Rifat Yildirim und Üzeyir Bayrakli, ehemalige Graue Wölfe, fällt besonders auf. Die Bandenmitglieder waren so gefürchtet, dass ihnen Gastwirte bisweilen Haus, Speisen oder Geld überlassen hatten, um Ruhe vor ihnen zu haben. Um die Hintergründe dieser Bande zu beleuchten, wurde beim Regierungspräsidium Darmstadt die AG 710 ins Leben gerufen. Ihr Ziel sollte die Bekämpfung der organisierten Türkenkriminalität sein, die im Bereich Schutzgelderpressung, Drogen- und Waffenhandel im Rhein-Main-Gebiet agierte. Bayrakli und Yildirim wurden zwar wegen der Ereignisse im Citybasar 1985 zu Gefängnisstrafen verurteilt, doch ein gnädiges Gericht sorgte dafür, dass sie nicht zu lange Häftlingskost zu sich nehmen mussten: Beide waren schnell wieder frei. Die Palette ihrer Straftaten reichte nun erneut, wie einst Mitte der Achtzigerjahre, von Schutzgelderpressung über Körperverletzungen bis hin zu versuchtem Mord. »Die von den Mitgliedern begangenen Straftaten umfassen des Weiteren die Deliktsbereiche des Rauschgiftschmuggels und -handels und der räuberischen Erpressung«, so die Staatsanwaltschaft.

Wieder tappte die Polizei im Dunkeln: Wurden diese Taten nun aus politischen oder aus kriminellen Motiven begangen? Wie die Bande operierte, welches Gewaltpotenzial sie freisetzte, beleuchten folgende Beispiele: Im Juli 1990 fordert Bayrakli seinen Landsmann Vural auf, ins Café Merkez im Citybasar zu kommen. Dort wurde er unter Druck gesetzt. »Tritt unserer Organisation bei, bevor es zu spät ist und du eine Kugel im Kopf hast.« Am 24. Oktober 1990, Vural wollte trotz der Drohung nicht in die Organisation eintreten, ging er in die Melody-Bar, um Bayrakli zur Rede zu stellen. Er hatte erfahren, dass Bayrakli ihn »abknallen« wolle. Vural trat auf Bayrakli zu und fragte, was das mit der Drohung auf sich habe. Der diskutierte nicht lange, sondern feuerte mit einer Pistole auf sein Gegenüber. Vural konnte die Waffe gerade noch zur Seite drücken. Aber sofort stürzten sich Bayraklis Komplizen auf ihn, warfen ihn zu Boden. Bayrakli schoss erneut auf Vural, und wieder traf er nicht.

Am 22. März 1991 wurde wegen dieses Vorfalls vom Amtsgericht Frankfurt am Main gegen Bayrakli ein Haftbefehl erlassen. Lange blieb er nicht in Untersuchungshaft. Beim Haftprüfungstermin vor einem Frankfurter Schwurgericht behauptete er, in Notwehr gehandelt zu haben. Das waren Wildwestszenen, die Einblick in eine Welt geben, die vom normalen Bürger überhaupt nicht wahrgenommen wird, unter den türkischen Landsleuten jedoch ein Klima der Angst geschaffen haben. »Das sind Auseinandersetzungen auf dem niedrigsten Niveau«, kann man einwenden, »aber doch noch lange kein Beweis dafür, dass eine politische Organisation hinter alledem steckt.« So denkt vielleicht der wenig mit den Verhältnissen in der Türkei vertraute Zeitgenosse.

Bei alledem sollen »Querverbindungen zum Heroinhandel bestanden haben«, vermutete die Frankfurter Staatsanwaltschaft aufgrund ihrer Ermittlungen. Zwar fiel der Verdacht des Drogenhandels damals bereits auf politische Gruppen, denn die Polizei fand Kassiber, in denen Begriffe wie »gemeinsame Ziele« und »Sieg unserer Sache« standen. Mit politischen Institutionen wie den Grauen Wölfen wollte man das jedoch nicht so recht in Zusammenhang bringen, zumal doch einige Topleute der MHP sowohl für die Polizei als auch für den Verfassungsschutz als Spitzel arbeiteten. Tatsache ist, dass jene türkischen Grauen Wölfe, die einst allenfalls mittlere Heroindealer in Deutschland waren, sich von ihren illegalen Einkünften Lebensmittelgeschäfte und Restaurants zulegten, um als »normale Bürger« zu leben. Sie haben die Hände nicht vom Drogengeschäft gelassen, sondern vielmehr in der Organisation Karriere gemacht – und nicht nur in Frankfurt am Main.

Während der Recherchen über die Grauen Wölfe und den Drogenhandel meldete sich ein 30-jähriger Türke, der kurz zuvor einem Mordanschlag entgangen war. »Die wollen mich umbringen«, erzählte er. Ein hysterischer Typ? Doch dann präsentierte er entsprechende Unterlagen. Der Türke, nennen wir ihn Muzaffer, lebte seit 1980 auf Zypern, war dort für die Grauen Wölfe Karatetrainer. Mit denen wollte er nichts mehr zu tun haben und setzte sich deshalb zu Verwandten nach Deutschland ab. Aber die Rächer der »Organisation«, für die er gearbeitet hatte, spürten ihn auf. Und er berichtete, dass sowohl Enver A. als auch Abdullah Catli tief in das Heroingeschäft verwickelt seien. Beide hätten inzwischen eine bedeutende Position in der Hierarchie der Heroinschmuggler übernommen. Das war im Jahr 1995, als noch niemand in der Türkei über die Verbindungen von höchsten Regierungsstellen und sogar dem Militär zur Mafia zu diskutieren wagte.

Nach seiner Darstellung lief der Heroinschmuggel folgendermaßen ab: Mitglieder der »Konterguerilla« kauften das Heroin bei verschiedenen Familien in der Osttürkei ein. Dort sollte ein gewisser Mithat die Heroinlieferungen organisieren.

In Ostanatolien wurde das Heroin auf Lastwagen verladen und nach Famagusta auf Zypern transportiert, in ein Zollfreilager der Firma Meyna. Dort versteckte man die Drogen in Obstkisten. Die

Lastwagen wurden verplombt und mit der Fähre zurück nach Mersin transportiert. Von dort aus fuhren sie über Istanbul nach Deutschland und Großbritannien.

Graue Wölfe und die Konterguerilla, ein Teil des türkischen Militärs also, organisierten demnach in Nordzypern den Heroinhandel. »Die Leute von der Konterguerilla kontrollieren dort unten alles«, eine Erkenntnis, die sich im Licht der Ereignisse von Susurluk bestätigen sollte.

Wobei die in einen griechischen und einen türkischen Bevölkerungsteil getrennte Insel sozusagen arbeitsteilig im Drogenhandel in Europa eine bedeutende Rolle spielt. Während der türkische Nordteil das Zentrum für die logistischen Schmuggelaktivitäten ist, ist der südliche griechische Teil das Dorado für Geldwäsche sowohl aus dem Drogenhandel als auch anderen dubiosen Geschäften. Fairerweise muss man sagen, dass auch im türkischen Teil der Insel – in dem etwa 100 000 Menschen leben – über 65 Banken ihren Sitz haben, was für rege zwielichtige Geldgeschäfte spricht.

Die Kontakte zwischen den Heroinhändlern in Zypern und in Deutschland wurden und werden jedenfalls von Mitgliedern der Grauen Wölfe, freundlichen Geschäftsleuten, aufrechterhalten. »Die Grauen Wölfe sind tief in den Drogenhandel verwickelt, deren militante Angehörige in Zypern die Geschäfte dirigieren.«[97] Inzwischen arbeiten die Drogennetzwerke auf zwei Ebenen. Während Heroin aus der Türkei über Zypern in Richtung Westen geschmuggelt wird, wird Kokain aus Brasilien nach Zypern gebracht und dann in Richtung Mittlerer Osten oder nach England geschmuggelt. Die durch den Drogenhandel und Geldwäsche auf Zypern entstandenen Probleme wurden mittlerweile zu politischen Allzweckwaffen, sowohl für die griechische als auch für die türkische Gemeinde. Jeder beschuldigt jeden krimineller Aktivitäten. Gleichzeitig und gerade deshalb ist die Insel Bauernfigur auf dem Schachbrett des großen diplomatischen Spiels im Nahen und Mittleren Osten. So hat zum Beispiel das US-Außenministerium die Beziehungen zwischen Zypern und der Regierung in Belgrad heftig kritisiert, wegen der Verletzung der UN-Resolution, die ein

Embargo gegen Serbien ausgesprochen hatte. Aber es rührte sich keine Stimme aus den USA, die die Rolle der Grauen Wölfe und des Militärs im Drogenhandel beziehungsweise einflussreicher Politiker im türkischen Teil der Insel kritisieren würde.

Nicht unbedeutend für das große Drogengeschäft, das über den türkischen Teil von Zypern abgewickelt wird, war eine Firma in London. Und von dort führt eine weitere Spur direkt zum unrühmlich bekannten Ex-Innenminister Mehmet Agar.

Eigentümer der Firma war Asil Nadir, der als eine Art Finanzminister der Organisation galt. Polipec hieß die Holding, zu der etwa 20 Firmen gehörten, darunter auch die Firma M. Mit einem Teil des Geldes wurden Waffen gekauft, die in die Türkei geschmuggelt und dort weiterverkauft wurden. »Nadir war eine seltsame Person, die erst von der Konterguerilla aufgebaut, später wegen ihrer schmutzigen Geschäfte in England festgenommen, entführt und von der Konterguerilla mundtot gemacht worden ist. Celal Akbulut, ein hoher Beamter im Istanbuler Polizeipräsidium, erklärte, dass Asil Nadir für die Freilassung seiner Ehefrau Aysegül 300 000 Dollar an Mehmet Agar gezahlt hatte.«[98] Nach seiner Flucht aus einem britischen Gefängnis setzte sich Nadir mit Hilfe von Abdullah Catli in den türkischen Teil von Zypern ab. Organisiert wurde die Flucht von Deutschland aus.

Drogen- und Waffenhandel in den Händen rechtsextremer Organisationen – also kein Phantom? Decken sich diese Aussagen auch mit Erkenntnissen europäischer Justizbehörden?

In Belgien erzählte der Leiter der OK-Dienststelle Antwerpen Mitte der Neunzigerjahre, dass in das Geschäft mit Heroin »immer noch viele Graue Wölfe verwickelt sind«. Er wies darauf hin, dass viele dieser Leute in Hamburg leben. Und er bestätigte, »dass vor allem hochrangige türkische Militärs aus Istanbul im Heroinhandel stecken«. Der Leiter der OK-Dienststelle würde das heute wahrscheinlich so nicht mehr sagen. Inzwischen ist er verhaftet worden, weil er für ein kolumbianisches Drogenkartell gearbeitet hat, sozusagen als lukrative Nebenbeschäftigung.

Beim Landeskriminalamt in Düsseldorf konnte man demgegenüber nicht bestätigen, dass die Grauen Wölfe heute noch besonders stark im Heroingeschäft engagiert sind. »Wir haben hier mal ein Verfahren gehabt, da haben wir einen türkischen Parlamentarier festgenommen, der zur MHP gehörte. Der hat auch Aussagen gemacht. Wir mussten das Ermittlungsverfahren an das BKA abgeben, und dort wurde es als geheim eingestuft. Aus dem Verfahren ist natürlich nichts geworden.«

Das Landeskriminalamt in München sieht die Beziehungen zwischen Grauen Wölfen und dem Drogenhandel ähnlich. Demnach spielen sie »keine so große Rolle«. »Wir führten«, erzählt Josef Geißdörfer vom Landeskriminalamt Bayern, »1987 ein Rauschgiftverfahren gegen Türken. Und da kamen dann auch Hinweise, dass der Familienclan den Grauen Wölfen angehöre. Es gab da eine Leiche, die nach Bayern rübergelegt wurde.« Das spielte sich nach Frankfurt/Main ab und war übrigens bereits die vierte Leiche.« Es passierte am 15. Juni 1987: Ein Jagdpächter, der eine Wildschwein-Futterstelle im Staatsforst Alzenau/Mömbis aufsuchen wollte, bemerkte auf dem Boden Schleifspuren. Als er der Spur nachging, fand er eine Leiche. Es war die 25-jährige Türkin Selma Öztürk. Sie wurde durch mehrere Schüsse getötet. Im bayerischen Landeskriminalamt fanden die Ermittler schnell heraus, dass Selma Öztürk, nachdem ihr Mann ein paar Monate zuvor wegen eines Drogendelikts verhaftet worden war, dessen Geschäfte weiterführte. Es kann lebensgefährlich sein, wenn man zu viel weiß.

Laut den Ermittlungen der Polizei wurde sie nämlich Zeugin zweier Morde. In einem Fall wurde im November 1986 ein Türke nach einem Rauschgiftdeal durch 20 Messerstiche getötet. Am 2. Februar 1987 wurde in der Nähe von Amsterdam ein 46 Jahre alter Türke nach einem Heroin-Kokain-Geschäft durch einen Kopfschuss »hingerichtet«.

Einige Monate später fiel der Verdacht auf Memis Dündar, 26 Jahre alt. Er galt als Kopf eines türkischen Drogenrings mit Verbindungen nach Österreich, Holland und Deutschland. Dündar war derjenige, der in Amsterdam einen Landsmann umgebracht hatte, weil dieser seine Schulden nicht bezahlen wollte. Und er war es auch, der die Zeugin der Tat, Selma Öztürk, ermordet hatte. Das sei eine Auseinandersetzung unter Heroinhändlern, wie sie heute üblich ist, könnte man abwiegelnd einwenden. Was diesen Vorgang auszeichnet, ist etwas anderes. Dündar gehörte zu einer Drogenhändlerorganisation, in der Oral Celik lange Zeit das Sagen hatte. Und Oral Celik galt als maßgeblicher Kopf der Grauen Wölfe, Partner-»Bruder« von Abdullah Catli und Helfershelfer von Mehmet Ali Agca, dem Papstattentäter.

Oral Celik, so der römische Untersuchungsrichter Martella, habe ebenfalls auf den Papst geschossen. Doch er konnte im Lkw einer bulgarischen Firma nach Sofia entkommen. Gleichzeitig beschuldigte der Untersuchungsrichter den Drogen- und Waffenhändler Bekir Celenk, den Papstattentäter Agca bezahlt zu haben. Oral Celik hielt sich nur kurze Zeit in Sofia auf, reiste dann, unter falschem Namen, in die Schweiz. Dort organisierte er binnen kurzem erneut Heroingeschäfte, konnte jedoch nicht gefasst werden. Im November 1986 wurde er an der belgisch-französischen Grenze verhaftet. Mit Komplizen kam er aus Holland. In seinem Wagen fand man zwar kein Heroin, dafür aber in einem zweiten Auto, in dem ebenfalls Graue Wölfe saßen. »Ich bin nicht Oral Celik, sondern Bedri Ates«, log der international gesuchte Verbrecher, als er festgenommen wurde. Die Richter konnte er nicht überzeugen, sie verurteilten ihn wegen Drogenhandels zu acht Jahren Gefängnis. Obwohl Celik seinen wahren Namen nicht preisgeben wollte, wurde er am 17. September 1991, unter starkem Polizeischutz, nach Rom in die Zelle des Papstattentäters Mehmet Ali Agca zu einer Gegenüberstellung gebracht. »Ja, das ist Oral Celik.« Aber Celik blieb dabei: »Ihr verwechselt mich.«

Im Herbst 1996 wurde er nach seiner Entlassung aus der Haft auf eigenen Wunsch aus der Schweiz in die Türkei abgeschoben, wo er seit rund 17 Jahren von der Polizei gesucht wurde. In seiner Heimat wurde er von seinen MHP-Freunden unter großem Jubel wie ein König empfangen. Die gegen ihn eingeleiteten Ermittlungsverfahren in der Türkei endeten innerhalb kürzester Zeit mit Freisprüchen. Inzwischen lebt er als angesehener und reicher Mann in der Türkei.

So schließt sich der Kreis um eine der einflussreichsten politischen Organisationen der Türkei, die bis heute führend den Heroinschmuggel organisiert.

Die türkische Heroinmafia hat jedoch viele Köpfe, und viele Gruppen sind im Heroingeschäft aktiv – dies weiß sogar das BKA zu berichten. Aber auf die politischen Hintergründe will und wollte man nie eingehen – ein fataler Fehler. Für die Polizei bedeutet das geradezu zwangsläufig, dass die Heroinpipeline weiter bestens funktioniert und vom eingeschmuggelten Heroin nur ein kleiner Teil beschlagnahmt werden kann – zwischen einem und zehn Prozent, schätzen die Drogenfahnder. Wenn man davon ausgeht, dass es allein in Deutschland zirka 200 000 Heroinkonsumenten gibt, entspricht das einem Tagesbedarf von rund 30 Tonnen Heroin der Straßenqualität – ein Milliardengeschäft. Diese Drogengeschäfte kann eine Organisation allein nicht erfolgreich durchführen. Man ist zur Arbeitsteilung gezwungen. In München beispielsweise ist ein Türke Besitzer eines bekannten Reisebüros. Säckeweise, so Drogenfahnder, wurde dort Geld abgeliefert. Der Inhaber des Reisebüros organisierte dann die weiteren Geldtransaktionen.

»Wir glauben, dass das Geld überwiegend in die Türkei zurückfließt und dort in Urlaubszentren investiert wird«, sagt Josef Geißdörfer. Als eine der bekanntesten Heroinhändlerbanden gelten die Ünlüs, eine kurdische Großfamilie. Während die engeren Familienmitglieder für das Management und die Beschaffung zuständig sind, obliegt der »Vertrieb« eher entfernten Verwandten. Aber trotzdem bleibt alles im Familienclan vereint. Der Patriarch lebt in einem kleinen Dorf, während die anderen Familienmitglieder in Istanbul neben anderen Aktivitäten eine Autowerkstatt betreiben. Zwei weitere Ünlüs leben in Amsterdam, einer in Frankreich. Alles ist gut verteilt. Bekannt sind die Ünlüs für ihre Brutalität. Mutmaßliche Zeugen werden erschossen, Feinde der Ünlüs kaltblütig hingerichtet. Solange sie politisch gedeckt wurden – von Abdullah Catli bis 1996 –, führten sie ein sorgenfreies Leben. Das könnte sich nun ändern.

Nicht nur türkische Regierungsstellen sind tief ins Drogengeschäft verwickelt, sondern auch iranische Dienste, die wiederum eng mit den Türken kooperieren. Diese Erfahrung machte ein 50-jähriger Inhaber einer Wechselstube in Chiasso namens Corti. Für Schweizer Banken holte Corti Devisen aus dem Ausland. Das war wohl der Grund, dass die italienische Mafia auf ihn aufmerksam wurde. Man war sich bald handelseinig. Über ihn schleuste sie Drogengelder auf anonyme Nummernkonten. Im Februar 1986 besuchte ihn wieder einmal ein Vertreter der sizilianischen Mafia. Er wollte von Corti Hilfe, um Drogen in die Schweiz zu schmuggeln. Sein Kompagnon sei Haci Mirza, Chef eines großen türkischen Drogenhändlerrings. Corti ging auf das Angebot ein und anschließend zur Polizei. Es handelte sich immerhin um insgesamt 2000 Kilogramm Morphinbase. Der türkische Mafiaboss, so erinnert sich Corti, sei jedoch lediglich Vermittler gewesen. Die Auftraggeber des gesamten Geschäfts säßen in Teheran. Eine wichtige Erkenntnis schält sich angesichts dieses Deals heraus. An der türkischen und sizilianischen Mafia führte auch für die Iraner kein Weg vorbei. Im Tessiner Polizeiprotokoll sind Details des Supergeschäfts festgehalten. Demnach erklärte sich zuerst der türkische Mafiaboss bereit, eine Probe von 100 Gramm Heroin zu liefern, die er von den Iranern erhalten hatte. Das Heroin sollte in der iranischen Botschaft in Bern abgegeben werden. Eine weitere Probelieferung, 15 Kilogramm, brachten die Iraner per Diplomatengepäck von der iranischen Botschaft in Bonn nach Bern. Welche Beweggründe hatten die Iraner? Iranische Regierungsstellen wollten Waffen im Wert von zehn Millionen DM kaufen. 15 Prozent des Gegenwerts sollten mit iranischer Morphinbase bezahlt werden. Das waren 2000 Kilogramm. Um dieses Riesengeschäft zu organisieren, sollten die Abnehmer in der Schweiz eine Heroinküche installieren, in der die gelieferte Morphinbase zu Heroin umgewandelt werden konnte. Um den Drogenlieferanten ihre »seriösen« Absichten vor Augen zu führen, richteten sie in Roveredo, einem kleinen idyllischen Dorf im Tessin, tatsächlich ein funktionierendes Heroinlabor ein. Nachdem sich die Lieferanten von der Ernsthaftigkeit des Geschäfts überzeugt hatten, wurde von Istanbul aus die erste Lieferung avisiert. Sie traf pünktlich im Februar 1987 im Tessin ein. Aber anstatt abzuwarten, um weitere Lieferungen zu beschlagnahmen und die Hintermänner festnehmen zu können, wurde der Lastwagen von der Autobahnpolizei Bellinzona gestoppt und auf einem Parkplatz durchsucht. Wer das Geschäft zu einem solch verfrühten Zeitpunkt platzen ließ, weiß niemand so genau.

»Das waren politische Entscheidungen«, vermutete ein Drogenbekämpfer in der Berner Bundesanwaltschaft. Man musste jedenfalls nicht lange suchen, um das Versteck zu finden. Unter dem Laderaum stieß man auf Plastiksäcke voller Rauschgift, 80 Kilogramm Morphinbase und 20 Kilogramm Heroin. Ein Einzelfall?

Es ist verpönt, über die Rolle des Iran im Heroingeschäft zu reden. Tatsache ist jedenfalls, dass viele Iraner von Istanbul aus für ihre Ayatollahs in Teheran Heroingeschäfte organisieren und die iranischen Botschaften in Europa hilfreiche logistische Unterstützung gewähren. Eine andere Gruppe, die neben den Türken im Heroingeschäft tätig ist, darf dabei leider auch nicht unerwähnt bleiben: die Kurden und eine ihrer politischen Organisationen, die PKK, die Kurdische Arbeiterpartei. Sie soll mittels Heroinschmuggel Waffenkäufe für ihren Befreiungskampf finanzieren. Ein Vorwurf, der von der PKK immer nachdrücklich dementiert wurde. Trotzdem tauchen bei polizeilichen Ermittlungsverfahren, ob in München, Hamburg, Düsseldorf oder Frankfurt am Main, kurdische Gruppierungen auf. Das hängt einmal damit zusammen, dass sowohl die großen Heroinlabors als auch die Familien, die Morphinbase aus Pakistan, Afghanistan und dem Iran in Empfang nehmen, im Osten der Türkei, also im Kurdengebiet, ansässig sind. Viele dieser Heroinlabors befinden sich rund um Diyarbakir, der heimlichen Hauptstadt der Kurden. In den kleinen Dörfern um Diyarbakir, Gaziantep und Malatya haben Agas das Sagen, kurdische Großgrundbesitzer, die fast immer mit den türkischen Behörden zusammenarbeiten. Die Clans verbindet eines: Sie sind die wichtigsten Lieferanten für den europäischen Heroinmarkt. »Es sind in der Türkei etwa zehn bis zwölf Familien, die sich dem Heroinhandel hauptberuflich widmen. Da werden die traditionellen Verbindungen der Familien innerhalb der

Türkei genutzt, aber auch die Verbindungen aus der Türkei heraus nach Westeuropa«, hört man von Heroinexperten des BKA.

Mitte Januar 1992 hob die Hamburger Kripo mehrere kurdische Vertriebsorganisationen aus. Dabei ging es um den Handel von Heroin in einer Größenordnung von vier Tonnen. Nach den Festnahmen wurde das Angebot an Heroin in Hamburg erheblich knapper, was darauf schließen ließ, dass die kurdischen Verteilerringe das Heroingeschäft dominierten. »Beim Heroin«, bekundet das Landeskriminalamt Hamburg, »spielen die Kurden die zentrale Rolle, auch für den Transport nach Süddeutschland und ins benachbarte Ausland.« Die kurdische Szene unterscheidet sich in ihren Methoden kaum von anderen Heroindealern. Einem 13-jährigen kurdischen Kind, das seine Heroingeschäfte nicht korrekt abgerechnet hatte, stieß man zur Strafe ein Messer in den Kopf, einem anderen Kurden wurde ins Bein geschossen. Nicht geklärt ist dabei die Frage, ob und wie die PKK hinter diesem Drogenhandel steht. Das Hessische Landesamt für Verfassungsschutz ist davon überzeugt, dass die PKK als Organisation nichts mit solchen Aktivitäten zu tun hat. Andere Polizeidienststellen wiederum glauben, dass zumindest Angehörige der PKK bei den Geschäften mitmischen. Ob die Parteiführung davon weiß, entzieht sich der Kenntnis der Ermittler.

Für die türkische Regierung ist die Verstrickung der PKK in den Drogenhandel auf jeden Fall ein wichtiges Propagandainstrument. Immer wieder versucht sie, die PKK weitestgehend des Handels mit Drogen zu beschuldigen. Das ist nun nachweislich falsch, obwohl man im Gestrüpp von Desinformationen durch Nachrichtendienste und politische Interessengruppen nie genau weiß, wer sich wirklich hinter einem Drogendeal versteckt. Man ist also zwangsläufig auf Aussagen Betroffener oder von Staatsanwälten und Richtern in Europa angewiesen. So sagten etwa in Italien festgenommene Drogenkuriere bei ihrer Verhaftung zwar aus, sie seien Mitglieder der PKK. Dann erzählten sie jedoch dem zuständigen Mailänder Staatsanwalt, sie seien von der türkischen Regierung beauftragt, die PKK in Verbindung mit dem Drogenhandel zu bringen. Canan C. erklärte, dass er in Europa ein wichtiges Kadermitglied der MHP sei. Er wurde bei einem Besuch des in Rom in Haft sitzenden Papstattentäters Agca wegen des Besitzes falscher Papiere verhaftet. Bei der Durchsuchung seines Hotelzimmers wurden 17 Kilogramm Heroin sichergestellt. Canan sagte aus, dass er mit dem zweiten Direktorat des Polizeipräsidiums in Istanbul zusammenarbeite und beauftragt worden sei, bei seiner Festnahme anzugeben, er sei PKK-Angehöriger.

Ein Meilenstein in der weiteren Entwicklung der Türkei zum Drogenstaat war sicherlich jene Zeit, als Turgut Özal, der Ex-Vorsitzende der konservativen ANAP und spätere Präsident der Republik, regierte. Das war Mitte der Achtzigerjahre. Drogen und Schwarzgeld waren die sprudelnden Quellen, die politische Aktivitäten finanzierten. Fundamentalistische Parteien und religiöse Sekten, insbesondere nach der Revolution im Iran und der Invasion von Afghanistan, wurden wichtige Bündnispartner im Drogengeschäft. Und die Familie Turgut Özals profitierte mächtig. Wie die seiner Nachfolgerin Ciller kam sie während seiner Amtszeit zu großem Reichtum.

Nach dem überraschenden Tod von Staatspräsident Turgut Özal im April 1993 nahm der Drogenhandel schwunghaft zu. Der Grund dafür war nicht allein im steigenden Konsum Westeuropas zu suchen. Vielmehr bestand ein Zusammenhang mit dem Krieg gegen die Kurden im Osten der Türkei. Wie das türkische Innenministerium deutlich machte, kostete der Krieg in Ostanatolien den türkischen Staat jährlich etwa 12,5 Milliarden Dollar. Im Heroinhandel wurden 1994 etwa 25 Milliarden Dollar und 1995 sogar 37,5 Milliarden Dollar verdient. Kein Experte wird bezweifeln: Ein Drogenhandel, der solche Profite abwirft, funktioniert nur mit gut strukturierten Verbindungen, in die neben politischen Großorganisationen auch Polizei und Armee eingebunden sind. Das Bekenntnis von Drogenbaron Huseyin Baybasin gegenüber verschiedenen türkischen Fernsehsendern, demzufolge man unter dem Schutz und zum Wohle des Staates tätig sei, überrascht daher kaum. »Die Dealer reisen mit Diplomatenpässen«, sagte er öffentlich. Nach Aussagen von Militärangehörigen vor dem parlamentarischen Untersuchungsausschuss zur Susurluk-Affäre wurden die Drogen an der iranischen Grenze in Militärhubschrauber verladen. In einem Dokument, das die Tageszeitung *Aydinlik* während einer Pressekonferenz im September 1996 in Istanbul veröffentlichte, beschuldigte der Nachrichtendienst MIT seine Konkurrenzorganisation, die Generaldirektion für Staatssicherheit, dass »bestimmte Leute mit Polizeiausweisen und Diplomatenpässen ausgestattet wurden, die angeblich zwecks antiterroristischer Maßnahmen nach Deutschland, in die Niederlande, nach Belgien, Ungarn und Aserbaidschan reisten, um dort mit Drogen zu handeln«. Der MIT gab sogar die Namen derjenigen bekannt, die als Dealer für die Polizei operierten. Hanefi Avci, einer der Chefs der beschuldigten Generaldirektion, reagierte postwendend und rückte seinerseits mit einer Liste der Drogenhändler heraus, die im Dienst des MIT Drogengeschäfte organisiert hatten.

In dem am 28. Januar 1998 veröffentlichten Untersuchungsbericht zur Susurluk-Affäre ist nachzulesen, wie im rechtlichen Niemandsland des kurdischen Südostens die Spezialeinheiten der Armee nicht nur jeden umbrachten, der ihnen nicht passte. Gleichzeitig betätigten sich die Militäreinheiten mit Schutzgelderpressungen von Geschäftsleuten und insbesondere im Drogenhandel. Die Rede ist von der Spezialeinheit JITEM, die direkt der Generalkommandantur der türkischen Gendarmerie unterstellt ist. Diese Truppe wird von einem General geführt, dem wiederum die Kommandeure der einzelnen JITEM-Abteilungen untergeordnet sind. Mitglieder dieser Spezialeinheiten sind wie Guerillas gekleidet, benutzen zivile Fahrzeuge und agieren als kleine Trupps in den Bergen. Die Hauptaufgabe der Einheiten ist die Beschaffung von Informationen über aufständische Kurden – ein mühseliger Job. Schnell fanden sie heraus, wie ihre Arbeit ihnen ein paar einträgliche Nebenverdienste verschaffen könnte. Da die JITEM-Fahrzeuge unkontrolliert im kurdischen Kriegsgebiet operieren, ist es ein Leichtes, in ihnen das aus dem Iran, Irak und Syrien angelieferte Heroin weiterzubefördern. Das JITEM-Mitglied Ali Pinar erzählte am 23. November 1993 der Zeitschrift *Nokta*: »Der Major

Ersever war in den Drogenhandel verwickelt. Sein Wagen, der von niemandem durchsucht werden durfte, war ein stummer Zeuge vieler Drogentransporte.« Bei dem Major handelte es sich um den ersten Chef des »Anti-Terror-Nachrichtendienstes« der Militärpolizei, JITEM. Einer seiner engsten Mitarbeiter war der Graue Wolf Ahmet Demir alias »Yesil«. In den Siebzigerjahren war er Leibwächter und Fahrer von Alparslan Türkes. Anfang der Neunzigerjahre stieg er zum »Gebietskommandeur« der JITEM im kurdischen Dreieck Tunceli, Bingöl und Elazig auf. Nach Aussagen eines Mitglieds dieses »Teams« exekutierte er im Staatsinteresse unliebsame Bauern, die im Verdacht standen, mit den Einheiten der PKK zu sympathisieren beziehungsweise ihnen Nahrungsmittel zur Verfügung zu stellen, genauso wie er Menschenrechtler und Politiker der damaligen kurdisch-oppositionellen Partei DEP oder Gewerkschafter, Rechtsanwälte und Ärzte umbrachte.

Diese Aktionen sollten »belehrenden Charakter« haben, um den Bürgern zu zeigen, dass eine Unterstützung oppositioneller Gruppen, vor allem jedoch der PKK, meist den Tod zur Folge hat.

Beteiligt am Drogengeschäft sind auch – und das meist völlig freiwillig – viele kurdische Dorfwächter. Unter dem Schutz der Militärsondereinheiten können sie in den Heroinlaboratorien das Rohopium verarbeiten, das dann unbehindert in Richtung Westen geschmuggelt wird. Obwohl das Wort »schmuggeln« in diesem besonderen Fall wohl nicht angebracht ist, da der Drogenhandel höchst offiziell über militärische und polizeiliche Kanäle abgewickelt wird. Ebenso beteiligt war eine weitere »Spezialeinheit«, die in der türkischen Presse als Yüksekova-Bande bezeichnet wurde und die in dem ostanatolischen Ort gleichen Namens agierte. Sie setzte sich aus Dorfwächtern und Militärangehörigen zusammen. Das Gebiet um Yüksekova, Hakkara und Van im Osten der Türkei gilt als eine zentrale Drehscheibe im Drogenverkehr. Den Transport der Drogen übernahm diese Gruppe teilweise in Panzern. Angeführt wurde sie vom Kommandanten der in Yüksekova stationierten Bergkommandobrigade. Als die ersten Meldungen über die kriminellen Aktivitäten der Gruppe in den türkischen Medien bekannt wurden, reisten zwei Abgeordnete der republikanischen Volkspartei (CHP) in dieses unter Ausnahmezustand stehende kurdische Gebiet und verfassten einen erschütternden Bericht: »Es wird angenommen, dass alle bis heute in dieser Region verübten Morde, Raubüberfälle, Erpressungen usw. auf das Konto dieser Bande gehen. In Hakkari und Yüksekova gibt es nicht einen wohlhabenden Geschäftsmann, der kein Schutzgeld an diese Bande zahlt. Und es gibt keinen Zuständigen, der nicht weiß, dass Schutzgeld kassiert und von wem es erpresst wird. Der Hintergrund für viele Morde beruht auch darauf, dass die Bande für die Drogengeschäfte, die sie nicht selbst durchführte, Provisionen kassierte und die Zahlungsunwilligen bestrafte.«

Nach der Veröffentlichung des Berichts wurden die Bosse der Bande verhaftet und angeklagt. Doch Ende 1997 waren alle Beteiligten, die für dutzende Morde, Waffen- und Drogenhandel verantwortlich waren, wieder auf freiem Fuß. Lediglich der Kronzeuge musste in Haft bleiben.

In dem Susurluk-Bericht heißt es weiter, dass ein sogenannter »Terminator« mit vollem Wissen der Polizei und des Geheimdienstes MIT als »Papa« angesprochen wurde und in Ankara ein Bankkonto führte, das zur Transferierung riesiger Summen an Schutzgeldern und Erlösen aus dem Drogenhandel diente. Versehen mit Dokumenten des Premierministers habe der kriminelle Pate am 23. Oktober 1996 in Begleitung zweier MIT-Agenten, die mit Diplomatenpässen ausgestattet waren, die Türkei in Richtung Beirut verlassen, nachdem er sich zuvor in der dem Premierminister vorbehaltenen Ehrenlounge des Istanbuler Flughafens beköstigt worden sei. Das wiederum ist kein Einzelfall.

Der stellvertretende türkische Parlamentspräsident Gürkan äußerte ähnliche Vorwürfe: »Ich denke, einige Teile der Mafia und ihre Beziehungen zu politischen Führern in der Türkei stehen im Zusammenhang mit Drogengeschäften. Die Spezialeinheiten und auch einige Dorfschützer, die von den Clanführern kontrolliert werden und eng im politischen Zentrum der Türkei stehen, sind mit dem Drogengeschäft verbunden.«

Der Chef einer der größten türkischen Drogenringe sitzt seit 1997 in Holland in Haft. Er hatte mit dem zurückgetretenen Innenminister Agar eng zusammengearbeitet. Die Familie Baybasin, die in der Türkei in einschlägig bekannten Kreisen einen »guten Ruf« genießt, besitzt riesige Ländereien im Südosten der Türkei. Es gibt kaum ein Mitglied der Familie, das nicht im Drogenhandel verwickelt ist. Hüseyin Baybasin zählte jedoch zu den wenigen Clanangehörigen, die verhaftet wurden – in Holland und nicht in der Türkei. In der Heimat hätte ihm niemand etwas anhaben können – genoss er doch staatlichen Schutz, und das bereits seit Anfang der Achtzigerjahre. »Im Jahr 1982 ließ mich der Polizeidirektor Sükrü Balci rufen. Ich war wegen des Drogengeschäfts nach Lice gegangen und wohnte dort. Sükrü Balci sagte, geh nach Europa und organisiere dort den Drogenhandel. Wir werden dir mit staatlichen finanziellen Mitteln behilflich sein.«[99]

So sieht er sich auch nicht als kriminellen Paten der Drogenmafia. »Es wäre korrekt zu sagen, dass ich einer der höchstgestellten Beamten bin«, prahlte er in einem Fernsehinterview. Baybasin zeigte dabei Fotos, auf denen er zusammen mit dem Ex-Innenminister Mehmet Agar zu sehen ist. »Catli gehörte zu Mehmet Agars Kader.«

»Als ich in der Türkei einmal verhaftet wurde, hat Agar dafür gesorgt, dass ich freigelassen wurde. Er hat einen Onkel und einen Bruder, mit denen ich ebenfalls Drogengeschäfte machte, ins Gefängnis geschickt, um mich herauszuholen. Es waren auch Polizisten und ein Rechtsanwalt anwesend. Sie alle sind Zeugen, dass der Bruder von Agar mich in seinem Auftrag aus dem Gefängnis herausholte.« Diese Aussage machte Hüseyin Baybasin, der seit 1995 in Holland wegen Drogenschmuggels im Gefängnis sitzt. Glaubt man seinen Behauptungen, und in der Türkei tat das niemand, so transportierte er offiziell Öl aus Libyen, auf der Weiterfahrt durch die Türkei soll er Drogen an Bord genommen und diese dann nach Holland geschmuggelt haben. Während der Drogenübernahme in der Türkei im Hafen von Mersin oder in Istanbul standen sie ständig unter der Kontrolle der Polizei. Die wollte anscheinend genau wissen, wie viele Drogen der Mafiapate weitertransportierte. Ein lukratives Geschäft jedenfalls für ihren höchsten

Vorgesetzten. Nach Angaben von Baybasin »verdiente« Mehmet Agar auf diese Weise 500 000 Dollar im Monat, und dabei wundert er sich, wie denn Agar zu seinem Vermögen gekommen sei.

Von Baybasin kam übrigens der Hinweis, dass selbst Mitglieder des höchsten Militärgerichtshofs der Türkei in schmutzige Geschäfte eingebunden wurden. Demnach war ein Onkel von Baybasin verhaftet und zu einer lebenslänglichen Haftstrafe verurteilt worden. Daraufhin suchte Hüseyin Baybasin den Vorsitzenden des Militärgerichtshofs auf. »Ich ging zu diesem Ilhan Pasa und sagte: ›Mach, was du willst, aber gib mir meinen Onkel.‹ Zum Glück«, erinnert sich Hüseyin Baybasin, »wurde unser Wunsch nicht zurückgewiesen.« Das Geschäftsprinzip Leistung für Gegenleistung funktionierte. »Wir haben alle 25 Angehörigen des Militärgerichtshofs zufrieden gestellt. Dem einen kauften wir ein Auto, dem anderen ein Haus, wieder einem anderen haben wir ein Haus für seine Geliebte gebaut. Schließlich behandelten sie noch einmal den Fall meines Onkels, in dem es eigentlich kein Einspruchsrecht mehr gab, und sorgten dafür, dass mein Onkel entlassen wurde.« Besonders profitierte der Vorsitzende des Militärgerichtshofs. »Ich schenkte Ilhan Pasa ein fünfstöckiges Haus in Balikesir-Sogukoluk. Dieses Haus habe ich von meinem Namen auf den seiner Frau überschrieben. Wer es nicht glaubt, kann ja beim Grundbuchamt in den Unterlagen nachsehen. Danach bekam ich dann von ihm ständig Informationen. Er war dazu gezwungen, sonst wäre es zu seinem Schaden gewesen.«

Ein anderes Mitglied des Baybasin-Clans sitzt seit 1994 in Österreich in Haft. Da konnte Hüseyin Baybasin ausnahmsweise nicht helfen. Im November 1994 wurde der ehrenwerte Familienangehörige in Österreich festgenommen, zusammen mit anderen Drogenhändlern. Als Beruf gab Mehmit Serif Baybasin bei der Polizei »Bauer« an. Über sein Einkommen sagte er, dass dieses zwischen 150 000 und 200 000 DM betrage. Für einen Bauer in Ostanatolien ein Riesenvermögen, das nie durch normale Landwirtschaft zu verdienen ist. Serif gehörte zu einer Bande, die insgesamt 31 Kilogramm Heroin nach Österreich schmuggeln wollte. In der Anklageschrift der Staatsanwaltschaft Eisenstadt vom 18. April 1995 ist über ihn Folgendes nachzulesen: »Er ist in Österreich unbescholten, gilt jedoch als eines der führenden Mitglieder einer europaweit agierenden Organisation türkischer Drogenhändler. Er weist Vormerkungen hinsichtlich Waffen- und Drogenhandels auf. In Deutschland wurde er wegen Drogenhandels verurteilt.«

In der Zeit, als Hüseyin Baybasin im holländischen Gefängnis über seine Erfahrungen reflektierte, verfasste der niederländische Kriminologe Professor Frank Bovenkerk einen Bericht über den internationalen Drogenhandel für eine Untersuchungskommission des niederländischen Parlaments. Er kam zu dem Ergebnis, dass die türkische Regierung und Armee eine entscheidende Rolle im Drogenhandel spielen. »In Straftaten verwickelte Organisationen der Staatsbehörden und kriminelle Aktivitäten in der Geschäftswelt sind so miteinander verbunden, dass sie eine Gesamtheit darstellen. Wir wissen, dass in der Türkei auf der Ministerebene eine geregelte Beziehung zur Mafia besteht.«[100]

Den ersten massiven öffentlichen Vorwurf aus Deutschland gegen die Regierung in Ankara hinsichtlich deren aktiver Beteiligung am Drogenhandel äußerte nicht irgendeine Polizeidienststelle oder gar einer jener Politiker, die vehement das organisierte Verbrechen bekämpfen. Der Vorwurf wurde im Januar 1997 in einem Frankfurter Gerichtssaal laut ausgesprochen. In dem Urteil gegen drei Dealer und Kuriere verkündete der Vorsitzende der 17. Strafkammer, Richter Rolf Schwalbe, »der Großteil des Heroinhandels« nach Europa werde von »zwei in Istanbul ansässigen Familien beherrscht«. Während des seit Oktober 1996 dauernden Prozesses sei festgestellt worden, dass beide Familien »exzellente Verbindungen zur türkischen Regierung und insbesondere persönlichen Kontakt zu einer Ministerin dieser Regierung« unterhielten. Der unbequeme Frankfurter Richter zögerte nach der Urteilsverkündung nicht, die damalige türkische Außenministerin Tansu Ciller als die Kontaktperson der Drogenfamilien zu nennen. Die dementierte prompt und wütend diese »bösartige« Unterstellung.

Mitglieder ihrer Jugendorganisation marschierten in Ankara vor der deutschen Botschaft auf. Sie versuchten, mit dem Slogan »Die Hände, die nach der Türkei greifen, werden gebrochen werden« einen schwarzen Kranz und die türkische Flagge zu hissen. Der Sprecher des türkischen Außenministeriums bezeichnete die Äußerungen des Richters als »Beschädigung des nationalen Stolzes«. Das BKA machte gemäß Order aus dem Innenministerium einen Rückzieher, denn anders ist die folgende Aussage nicht zu verstehen: »Es gibt keine konkreten Anhaltspunkte für die Beteiligung, Verwicklung oder Duldung des Drogenhandels durch die türkische Regierung.« Und die Bundesregierung selbst hüllte sich in Schweigen, nicht ohne auf diplomatischem Schleichweg zu verstehen zu geben, dass sie voll hinter dem Bündnispartner und der Regierung in Ankara stehe.

Dabei steht ebenjener Frankfurter Richter nicht allein mit seinen Feststellungen. Anfang Februar 1997 erklärte Nichi Vendola, der stellvertretende Vorsitzende der Anti-Mafiakommission im italienischen Parlament: »Die italienische Regierung hat im Kampf gegen die Mafia Siege verzeichnet und auch den türkischen Drogenschmugglern in Italien ernsthafte Schläge zugefügt. Doch sie sind weiter aktiv. Die türkische Regierung ist eine Mafiaregierung, und wir werden die Entwicklungen in der Türkei genau untersuchen.«[101]

Langsam scheint man in Europa zu begreifen, dass einflussreichste Zirkel der türkischen Regierung den Drogenhandel als gewinnbringendes Geschäft für sich instrumentalisiert haben. Es ist eine Erkenntnis, die jedoch noch nicht zu den politischen Entscheidungsträgern in Europa vorgedrungen ist. Die sehen das Problem Türkei allenfalls als ein Problem der Menschenrechtsverletzungen, negieren aber die mafiosen Strukturen des gesamten Staatsapparats.

13. Ein Kartenhaus bricht zusammen

Zweifellos ist die Türkei als Mitglied der NATO ein bedeutendes regionales Bollwerk gegen die islamischen Staaten im Nahen Osten. Und zweifellos ist die Türkei von strategischem Interesse, insbesondere wegen des Transfers der gewaltigen Rohstoffvorkommen des Kaspischen Beckens auf dem Gebiet der früheren Sowjetrepubliken über die Türkei in Richtung Westen. Entschuldigt das die Blindheit der europäischen Regierungen? Das ist schon deshalb nicht zu akzeptieren, weil türkische und kurdische Bürger nicht nur unter dem Joch mafioser Politik leiden, sondern wegen der damit verbundenen massiven Menschenrechtsverletzungen wie Folter und Mord. Eine staatstreue Mafia und Menschenrechtsverletzungen sind, wie das Beispiel Türkei zeigt, eng miteinander verknüpft. Damit ist gleichzeitig eine neue Dimension der Verstaatlichung mafioser Systeme in westlichen Demokratien zu beobachten. Eine Entwicklung, die weit fortgeschritten ist und sowohl von Politikern als auch von Strafverfolgungsbehörden bis heute nicht erkannt wird.

Wie ist unter diesen Umständen zu erklären, dass hohe türkische Polizeibeamte in Deutschland ausgebildet wurden und wohl auch in Zukunft ausgebildet werden? Von der Bundesregierung wird diese Kooperation mit einem durchsichtigen Argument verteidigt. Demnach werde das bei den Seminaren und Lehrgängen den türkischen Teilnehmern vermittelte Wissen, die menschlichen Kontakte, das rechtsstaatliche Gedankengut dazu führen, dass sie als Multiplikatoren diese in Deutschland erworbenen Kenntnisse in der Türkei weitergeben. Das wird nun seit über 20 Jahren praktiziert, mit immerhin einer nachprüfbaren Folge: »Die rechtsstaatliche Wirkung der deutschen Polizeihilfe für das Regime in Ankara spürt die Bevölkerung dort in Kurdistan und der Türkei täglich.«[102] Nämlich durch massive Menschrechtsverletzungen.

Besonders engagieren sich deutsche Behörden seit langem im gemeinsamen Kampf gegen die Drogen. Nicht bekannt ist, ob der Verbindungsbeamte des Bundeskriminalamts in Istanbul jemals irgendeinen Bericht geschrieben hätte über die staatliche Verstrickung in den Drogenhandel. Von deutscher Seite ist wieder einmal vorgesehen, den türkischen Drogenbekämpfungsbehörden Foto- und Videoausstattungen, optisches Gerät und Funkausrüstungen für den Kampf gegen die Drogenmafia zur Verfügung zu stellen. Und immer noch werden Angehörige der Drogenbekämpfungseinheiten aus Ankara und Istanbul in Deutschland beim BKA trainiert. Wohl in der Hoffnung, dass sie ihre Kenntnisse tatsächlich im Krieg gegen die Drogenmafia einsetzen.

Am 8. Mai 1998 berichtete die Tageszeitung *Hürriyet* unter der Überschrift »Deutsche Taktiken für türkische Sondereinsatzeinheiten«: »Das türkische Polizeipräsidium wird die türkischen Sondereinsatzkommandos nach den Taktiken der deutschen Polizei ausbilden. Aus diesem Anlass werden der Vorsitzende der Sondereinsatzpolizei des Amtes für Ordnung und Sicherheit, Levent Caliskan, der Chef des Sondereinheitskommandos von Istanbul, Turan Tuna, und der stellvertretende Polizeipräsident von Izmir, Murat Kaplan, am 19. Mai nach Deutschland reisen.«

Im Polizeibezirk Izmir, für den Murat Kaplan verantwortlich ist, wurden am 31. März 1998 vier Oppositionelle festgenommen, darunter der Bauer Metin Andac. Dieser ist in Deutschland durch Fernsehsendungen bekannt geworden, weil er zusammen mit den Bewohnern der Gemeinden in Bergama bei Izmir gegen den Goldabbau mit dem Gift Zyanid in der Region protestierte. »Metin Andac«, so sein Anwalt, »ist der Polizei gut bekannt. Er und Personen aus seinem Umfeld wurden ständig mit dem Tod bedroht. Er hat zwei Kinder und ein Enkelkind.«

Es handelt sich um einen Goldabbau, an dem eine kanadische und eine australische Firma federführend beteiligt sind. Erst auf den nachdrücklichen Protest gegen die Verseuchung des Bodens wurde per Gerichtsbeschluss die Genehmigung zum Abbau zurückgezogen. Das hinderte das Unternehmen nicht, weiter in den Goldabbau zu investieren, was für die Bewohner der Region bedeutete, »dass der Kampf gegen den Abbau weitergeht«.

Obwohl die Festnahme der vier Oppositionellen durch die Polizei bestätigt wurde, gelten sie seit dem Tag ihrer Verhaftung als »verschwunden«. In einem Brief an die türkische Menschenrechtskommission haben die Anwälte der vier Vermissten ihre Erfahrungen geschildert: »Wir haben am 15. April 1998 bei der Staatsanwaltschaft des Staatssicherheitsgerichtes Izmir, dem Oberstaatsanwalt von Izmir, dem Polizeipräsidium und den Gendarmeriewachen der Region direkt dazu angefragt, ohne etwas über ihren Verbleib zu erfahren. Auch in den Registern der Gefängnisse Buca und Bergama wurden die Namen der genannten Personen nicht erfasst. Die politischen Ansichten unserer Mandanten lassen daher die Befürchtung aufkommen, dass diese verschwunden sind.« Sämtliche Polizeireviere und Gefängnisse der Region bestritten, dass irgendeiner der »Verhafteten« bei ihnen sei. Vergeblich waren Versuche von Menschenrechtsorganisationen, das Schicksal der »Verschwundenen« zu klären.

Auf militärischer Ebene hat die Kooperation deutscher Regierungsstellen und Firmen mit der türkischen Machtelite, unabhängig von dem, was in der Türkei an politischen Verwerfungen stattgefunden hat, jedenfalls seit langem funktioniert. Der Rüstungsexport deutscher Firmen in die Türkei ist trotz – oder gerade wegen der dortigen Ereignisse – nicht geringer geworden. Bereits am 29. Juli 1998 meldete die britische Fachzeitschrift *Jane's Defence Weekly*, »dass Vertreter des türkischen Verteidigungsministeriums mit der HDW-Werft in Kiel einen Vertrag über vier neue U-Boote unterzeichnet haben. Auftragswert 556 Millionen Dollar«.[103]

Geplant ist die Lieferung von 145 Kampfhubschraubern (Wert vier Milliarden Dollar) und von 1000 Panzern (Wert vier Milliarden Dollar). Für die Lieferung der Kampfhubschrauber bewarb sich der Konzern Eurocopter, an der zu 30 Prozent Daimler-Chrysler (DASA) beteiligt ist.

Am selben Tag, an dem der Bericht in einer Zeitschrift veröffentlicht wurde, räumte die Bundesregierung in einer Antwort auf eine Anfrage der Grünen-Abgeordneten Angelika Beer ein, dass ein erneuter Anstieg deutscher Waffenlieferungen in die Türkei zu verzeichnen sei. Allein im ersten Quartal des Jahres 1998 lag dieser bei 449,2 Millionen DM. Und in den Jahren 1994 bis 1998 summierten sich die Lieferungen deutscher Rüstungsfirmen an die türkische Regierung auf einen Betrag von 2,5 Milliarden DM. Das liest sich wie eine abstrakte Abhandlung, Zahlen, die wertneutral zu sein scheinen. Dabei zeigen sie eines ganz deutlich, dass der türkische Machtapparat trotz aller Menschenrechtsverletzungen bedingungslos gestützt wurde.

Am Anfang des Kapitels über die Zustände in der Türkei wurde es noch als Vermutung geäußert: »Sollte sich herausstellen, dass die Bundesregierung dieses mafiose System, einschließlich des florierenden Drogenhandels, politisch, wirtschaftlich und militärisch mitunterstützte, dann würde das zwangsläufig bedeuten, dass ohne diese Hilfe das türkische System auch nicht hätte funktionieren können.« Am Ende hat sich diese Vermutung bewahrheitet. Der Westen hat seit Jahrzehnten dieses politische System gestützt. Nachhaltige, eindrucksvolle Interventionen auf politischer Ebene sind nicht bekannt. Kann das wirklich mit geostrategischen Interessen, das heißt diplomatischen Rücksichtnahmen, entschuldigt werden?

Die Wahrnehmung der türkischen Realität könnte sich unter dem Druck der neuen Erkenntnisse ändern. In der Türkei haben diese Erkenntnisse zu einer Erschütterung des politischen Systems geführt. Es war ein banaler Auslöser, der Zufall hat Schicksal gespielt. Wurden in der Türkei Lehren aus alledem gezogen?

Ende November 1998 beschrieb Nazmi Gür vom türkischen Menschenrechtsverein IHD die neue beziehungsweise alte Situation in der Türkei, den anhaltenden Gleichklang von Unterdrückung und Aufbegehren: »In mehreren Städten im Westen und am Schwarzen Meer haben Bürgermeister kürzlich alle Kurden zu unerwünschten Personen erklärt und ihnen das Betreten der Gemeinden verboten. In den Gefängnissen im Westen des Landes werden Kurden, Oppositionelle und Menschenrechtler genauso misshandelt wie in anderen Landesteilen. Die Stimmung ist derzeit so aufgehetzt, dass Mitglieder von Menschenrechtsgruppen auf offener Straße von fanatischen Nationalisten aus dem Auto gezerrt und verprügelt werden. Die Polizei sieht dabei zu oder macht sogar mit. Das ganze System, der ganze türkische Staat ist korrupt. Alle großen Parteien sind eng mit dem organisierten Verbrechen verbunden, jede von ihnen unterhält Beziehungen zur Mafia.«[104]

Hätte Nazmi Gürt das vor fünf Jahren gesagt – in der Türkei wäre er von jedem für verrückt erklärt worden. In Europa hätte wahrscheinlich nicht einmal ein Kritiker des türkischen Systems ihn ernst genommen. Inzwischen ist seine Darstellung ein alltäglicher Erfahrungswert, der von niemandem bestritten wird. Nicht weniger zynisch ist, dass bei der letzten Parlamentswahl am 18. April 1999 die rechtsradikale Partei der Nationalistischen Bewegung MHP zweitstärkste Partei in der Türkei wurde. Ohne jeglichen Skrupel ist die MHP seitdem gemeinsam mit dem Sozialdemokraten Bülent Ecevit an der Regierungsarbeit beteiligt. Die Wölfe im Schafspelz sind nun ganz offiziell an den Schalthebeln der Macht. Niemanden in Europa scheint das besonders zu stören. Und in der Türkei selbst redet seitdem auch niemand mehr über die Verbindungen zwischen der Drogenmafia und Teilen des Regierungsapparats.

Der Eindruck drängt sich auf, als sei das, was in den letzten Jahren von einer kritischen Öffentlichkeit in der Türkei aufgedeckt wurde, heute nur noch ein böser Albtraum gewesen. Oder ist es so selbstverständlich geworden, dass niemand mehr darüber redet, weil sich doch nichts ändern wird?

14. Ein Schlusswort?

Die engen Beziehungsgeflechte zwischen Politik, Militär und Mafia in der Türkei sind typisch für die strukturelle Veränderung politischer Systeme im Zeichen der Globalisierung im neuen Jahrtausend. Es gilt, dass kriminelle Syndikate Teil eines globalen politischen Systems werden. Deshalb sprechen Wissenschaftler inzwischen von der Systemmafia. »Welche Rolle internationale Organisationen, ausländische Regierungen und Justizorgane bei der Auseinandersetzung mit Vertretern der Systemmafia und ihren Exponenten spielen, hängt wesentlich vom Selbstverständnis ihrer Leitungsorgane ab. Wer gute Beziehungen zu Russland um (fast) jeden Preis beibehalten will, wird eine konziliant-pragmatische Linie verfolgen; wer sich die Etablierung demokratischer und rechtsstaatlicher Verhältnisse wünscht, muss auf offensichtliche Missstände hinweisen, an den Prinzipien des eigenen Gesellschafts- und Staatsverständnisses festhalten und sich ein ausreichendes Instrumentarium zur Konfliktbewältigung schaffen.«[105]

Vielleicht wäre es ja eine Überlegung wert, dass der demokratische Westen seine Zusammenarbeit mit den betroffenen kriminellen Staaten, sei es Türkei oder Russland, auf jene demokratischen Organisationen und Parteien reduziert, die ein stabiler Garant für eine demokratische Zukunft sind. Doch die Realpolitik der Machergeneration kann so etwas nicht akzeptieren.

Das Fazit ist derart banal, dass man es auf die im Volksmund gängige Gleichung bringen kann: Die Kleinen hängt man – die Großen lässt man laufen. Gleichzeitig wird den ängstlichen Bürgern versprochen, dass der Staat die Kriminalität bekämpft und der Bürger deshalb auch bereit sein muss, Opfer zu bringen. Diese bestehen im Abbau verfassungsrechtlicher Prinzipien und dem Aufbau eines riesigen Überwachungssystems. Das heißt, die öffentlichen Plätze werden mit Videokameras überwacht, während die großen kriminellen Paten auf Empfängen die Champagnerflaschen köpfen und mit den von ihnen gekauften Politikern anstoßen. Gesichert ist damit, dass der normale Bürger nicht mehr von den kleinen Kriminellen, den Eierdieben in der Verbrecherwelt, belästigt wird. Denn es ist eine Farce, wenn man sich die Realität der Verbrechensbekämpfung vor Augen führt. Interessanterweise sind es ja gerade die noch demokratisch verfassten Staaten mit einem noch funktionierenden Rechtssystem, die mit spitzen Fingern auf jene autokratisch regierten Staaten zeigen, in denen Korruption und Kriminalität wuchern, Teil des staatlichen politischen Systems sind beziehungsweise die Kriminellen selbst repräsentieren. Wir sind die Guten – und die anderen die Schlechten, die unserer fürsorglichen Hilfe bedürfen. Die Doppelmoral feiert Triumphe. Klammheimlich haben sich die Mächtigen der demokratischen Staaten längst mit den mafiosen Organisationen arrangiert, benutzen sie. Sie kooperieren hemmungslos mit jenen Staaten und deren Entscheidungsträgern – die mehr oder weniger direkt tief im kriminellen Sumpf verstrickt sind –, wenn es denn ihren wirtschaftlichen und politischen Interessen entspricht. Sachzwänge nennt man das. Die Politik gegen das »organisierte Verbrechen«, dieser Eindruck drängt sich immer mehr auf, ist bei näherem Hinsehen eine Politik der Komplizenschaft mit jenen, die selbst am Tropf der Kriminalität hängen.

Blind müsste man sein, um nicht zu erkennen, dass im neuen Jahrtausend die großen kriminellen Bosse und ihre Helfershelfer in Politik und Justiz in der ehrenwerten Welt nicht mehr als Fremdkörper auftauchen. Denn diese ehrenwerte Welt im Westen, also in Europa und auch in Deutschland, entpuppt sich als wenig glamourös, was ihre moralischen und ethischen Werte angeht. Moralische Wertvorstellungen haben sich verflüchtigt, und die politischen Systeme kennen daher auch wenig Skrupel, Werte wie Rechtsstaatlichkeit, Menschenwürde oder Freihet noch ernst zu nehmen.

Es ist an der Zeit, sich damit auseinander zu setzen, dass es heute auch in Europa nicht mehr die bislang eindeutige Trennung von Legalität und Illegalität geben wird. Diese Grenzlinien, für den Normalbürger lange Zeit Orientierungshilfen, verschwinden. Aber unter Umständen war diese Trennung sowieso immer nur ein Traum romantischer Weltverbesserer.

Die Thematik, der sich dieses Buch gewidmet hat, ist eine Dokumentation dessen, wie skrupellose mafiose Praktiken von jenen Staaten in Kauf genommen werden, die von sich behaupten, Träger einer Rechtskultur zu sein, und in denen gnadenlos gegen Unrecht vorgegangen werde. Was aufgezeigt wurde, waren keine Einzelfälle, sondern Strukturen politischer Systeme, in denen die Mafia ein wesentlicher Machtfaktor geworden ist. Es wäre ein fataler Fehler zu glauben, dass das ja alles Geschichte sei, vor 20 oder zehn Jahren geschah – im Gegenteil. Weil in den letzten Jahrzehnten kriminelle Strukturen hofiert wurden, konnten sich diese Strukturen in unserem demokratischen System einnisten – insbesondere auch deshalb, weil sich kaum noch Widerstand gegen sie regt. Insofern ist das verbale und publizistische Trommelfeuer um den zu führenden Kampf gegen mafiose Strukturen und das organisierte Verbrechen in Wirklichkeit nicht mehr als eine Verhöhnung derjenigen, die bis heute davon überzeugt waren, genau diesen Kampf im Interesse einer intakten demokratischen Gesellschaft führen zu müssen. Aber die daran glaubten, sterben langsam aus. Sie resignieren und sagen: Es hat keinen Sinn mehr. Die neuen Jungen im Polizeiapparat machen ihren Job, nicht mehr und nicht weniger. Und sie lassen sich ohne Gegenwehr die Hände binden, wenn ihre Ermittlungen in die Spitzen der Gesellschaft führen sollten. Es gibt immer wieder Ausnahmen – aber das sind Ausnahmen, nicht mehr und nicht weniger. Schmutzige Hände, saubere Hände – wir werden uns wohl daran gewöhnen müssen, dass die Zeiten vorüber sind, in denen es noch möglich war, Dunkelmänner, Paten oder mafiose Konzerne an den Pranger zu stellen. Sie sind integrierter Teil unseres politischen Systems geworden. Und diejenigen, die lange Zeit glaubten, das nicht hinnehmen zu dürfen – sie werden in Zukunft schweigen.

Anmerkungen zu den Kapiteln

1 Prof. Craig Reinarman, Professor für Soziologie, in: *Het Parool*, Amsterdam, 30. 7. 1998
2 Peter Dale Scott, Jonathan Marshall: Cocain Politics, Oxford 1991, S. 192
3 *Handelsblatt*, 18. 5. 1998
4 Migge, Thomas: »Segen des Papstes empört den Staatsanwalt«, *Saarbrücker Zeitung*, 5. 5. 1999
5 Andreas von Bülow: Im Namen des Staates, München 1998, S. 9
6 Andreas von Bülow, ebda., S. 498
7 Jean Claude Vantroyen, *Le Soir*, Brüssel, 18. 6. 1998
8 *Village Voice*, New York, 20. 5. 1998
9 »Annual Report on Eastern European Organized Crime«; Criminal Intelligence Service, Ottawa 1995
10 Jürgen Roth: Die roten Bosse, München 1989, S. 146
11 Matthias Rüb: Auf der Liste, *Frankfurter Allgemeine Zeitung*, 3. 4. 1999
12 GUS-Barometer, Nr. XX, 1998, herausgegeben von der Körber-Arbeitsstelle Russland/GUS
13 Zit. nach Bernd Knabe: »Die System-Mafia als Faktor der sowjetisch-russischen Transformation«. Berichte des Bundesinstituts für ostwissenschaftliche und internationale Studien, Köln, 47/1998
14 Nationalratssitzung, 14. 5. 1998, FPÖ-Abgeordneter Karl Schweizer, stenografisches Protokoll
15 Stefan Krempl: Das Phänomen Berlusconi, Frankfurt/Main 1996
16 Werner Raith in Giuseppe D'Alema: Der aufhaltsame Aufstieg der Loge P2, Weinheim 1984, S. 3
17 Elmar Ruhlich in: Mafia Global, Berndt Georg Thamm, Konrad Freiberg, 1998, S. 325

18 Erich Hoorn, »Die Geschäfte der Ex-Politiker«, *Die Presse,* Wien, 17. 12. 1998
19 Zeitschrift *Basta*, Wien, Oktober 1990
20 Michael Stiller, in: *Süddeutsche Zeitung,* Nr. 221
21 *The Guardian,* London, 4. 6. 1977, S. 1
22 *Cambio 16,* Madrid, 20. 8. 1990
23 Publications of the Center for Security Policy, Washington, Nr. 92, 19. 8. 1992
24 Andreas von Bülow: Im Namen des Staates, München 1998, S. 83
25 *Der Spiegel,* Hamburg, Nr. 17/1989, S. 66
26 *Profil,* Wien, 21. 3. 1998
27 Manfred Morstein: Der Pate des Terrors, München 1989, S. 173
28 *El Pais,* Madrid, 7. 5. 1994
29 Manuel Cardan/Antonio Rubio, in: *El Mundo,* 21. 6. 1998
30 *La Tercera,* 16. 7. 1998
31 Thomas Scheuer, in: *Die Wochenpost,* 23. 11. 1993
32 *Jornal O Povo*, Buenos Aires, 1. 6. 1998
33 Romeo Rey: Trotziger »Ritter Bonsai«, *Tagesanzeiger,* Zürich, 24. 4. 1996
34 *Westdeutsche Zeitung,* 31. 1. 1995
35 *Cien dias*, Oktober 1991, Bogotá, S. 19
36 »Menschenrechte in Kolumbien«, Kerstin und Thomas Meinhardt, Nürtingen 1998
37 Salomón Kalmanovitz, in: Koka-Kokain, Hg. Ciro Krauthausen, München 1991, S. 118
38 *Semana*, Bogotá, 21. 8. 1988
39 Ciro Krauthausen, ebd., S. 88
40 *Semana,* Bogotá, 24. 3. 1987
41 Interpol-Bericht, Sektion Bogotá, vom 30. 10. 1991
42 Ciro Krauthausen (Hg.): Koka-Kokain, München 1991, S. 174. Dieses Buch ist das zur Kokainproblematik beste und eindrucksvollste.
43 *Der Spiegel,* 25/1991, S. 141
44 *Cambio 16,* Bogotá, 15. 4. 1996
45 »The Case of the Missing $ 13.5 Million«, *Dallas Times Herald,* 29. 6. 1986
46 Michael Levine: The Big White Lie: The CIA and the Cocaine/Crack Epidemic, 1993 Los Angeles, S. 178

47 Andreas von Bülow: Im Namen des Volkes, München 1998, S. 258
48 National Security Archive Documentation: The Contras, Cocaine and Cover Operations, Washington 1997
49 The Geopolitical Drug Dispatch, Paris, Nr. 20. Juni 1993
50 Stefan Wimmer: »Musik nach dem Geschmack der Mafia«, *Süddeutsche Zeitung*, 28. 3. 1998
51 La Depeche Internationale des Drogues, Paris, Nr. 43, Mai 1995
52 Reding, Andrew: »The Fall and Rise of the Drug Cartels«, *Washington Post*, 17. 9. 1995
53 »Barons of a Bloody War«, *Los Angeles Times*, 4. 6. 1993
54 Andrew A. Reding, Statement vor dem Senatskomitee für Auswärtige Beziehungen. Anhörung über »The Drug Trade in Mexico and U. S. Policy Implications«, 8. 8. 1995
55 »Pigione, los Arellanos, el Gobierno y Excélsior: los cuatro resortes del escandolo«, *Proceso* 926, Mexico City, 1. 8. 1994
56 *Proceso* 934, 26. 9. 1994
57 »Testimony Links Mexican Officials to Agent's Death«, *Los Angeles Times*, 9. 12. 1992
58 *The New York Times*, 23. 2. 1997
59 Jim Casoni: »Decepcionante, la corrupción de alte nivel en Mexico«, *La Jornada*, 20. 2. 1997
60 Miguel de la Vega: »Gutiérrez Rebollo insiste in ralcionar con el narco la familia presidencal y a los titulares de la SEDENA y de la Judicial Federal«, *Proceso*, 21. 9. 1997
61 »Contanminó dínero de la droga a la milicia«, *El Universal*, 20. 2. 1997
62 Carlos Ramirez, in: *El Universal*, 20. 2. 1997
63 Richard Lake: »Mexico – Dangerous Allies«, *The New York Times*, 29. 12. 1997
64 Richard Lake, in: *The New York Times*, 29. 12. 1997
65 Tom Golden, in: *The New York Times*, 11. 7. 1997
66 Carlos Fazio: »El tercer vincola. De la teoria del caos a la militarización de México«, *Planeta Mexico*, 1996
67 Mercedes Munoz Romero Rodia: »El Narcotrafico«. Parlamentarischer Untersuchungsbericht, San José 1993, S. 8
68 Public Prosecutors Investigation on »La Penca«, Case San José, Dezember 1989

69 Kerry Report, Senate Subcommittee on Terrorism, Narcotics, and International Operations, Washington 1989, Appendix B, Vol. 3, pp. 121–123.
70 Frederick P. Hitz vor dem Permanent Select Committee on Intelligence, United States House of Representatives, 16. 3. 1998
71 Christian Ultsch, in: *Die Presse*, Wien, 4. 12. 1998
72 Selahattin Celik: Verbrecher Staat, Frankfurt/Main 1998, S. 111
73 Birgit Cerha: »Eine ›unheilige Allianz‹ mit der Mafia«, *Die Weltwoche*, Zürich, 5. 12. 1996
74 Auszug aus Fernsehinterview im türkischen TV-Sender HBB, 21. 11. 1996
75 *Sabah*, Istanbul, 26. 5. 1997
76 *Zaman*, Ankara, 7. 11. 1996
77 Riza Dogan, in: Verbrecher Staat, Frankfurt/Main 1998, S. 139
78 *Hürriyet*; Istanbul, 20. 1. 1997
79 Frank Garbely, Pascal Auchlin: Das Umfeld eines Skandals, Zürich 1990, S. 135
80 Martin A. Lee: »Der lange Atem der Grauen Wölfe«, in: *Le Monde Diplomatique*, März 1997
81 Frank Garbely, Pascal Auchlin: ebd., S. 129
82 Andreas von Bülow: Im Namen des Staates, München 1998, S. 236
83 Zit. nach *Milliyet*, 7. 12. 1997
84 *Hürriyet*, Istanbul, 5. 11. 1996
85 Yeter Savas: Der Susurluk-Bericht des Ministerialinspektors Kutlu Savas, Int. Verein für Menschenrechte der Kurden, Berlin, Dezember 1988, S. IX
86 Horst Bacia: »Der lange Schatten der Korruption«, *Frankfurter Allgemeine Zeitung*, 8. 2. 1997
87 *Frankfurter Rundschau*, 18. 4. 1998
88 *Hürriyet*, 27. 5. 1997
89 Harald Vocke, in: *Frankfurter Allgemeine Zeitung*, 9. 8. 1979
90 *Demokrat*, Ankara, 22. 5. 1980
91 *Le Monde*, Paris, 7. 7. 1978
92 *Der Spiegel*, 25. 2. 1980, S. 29
93 *Frankfurter Rundschau*, 5. 2. 1996
94 *Frankfurter Rundschau*, 7. 12. 1998
95 Selahattin Celik: Verbrecher Staat, Frankfurt/Main 1998, S. 157
96 *Neue Zürcher Zeitung*, 7. 4. 1997

97 Observatoire Geopolitique de Drogues, Paris 1977

98 *Aydinlik*, Istanbul, 5. 1. 1997

99 *Radikal*, Ankara, 14. 11. 1996

100 *De Volkskraant*, Amsterdam, 25. 9. 1995

101 Zit. Özgür, *Politika*, 3. 2. 1997

102 Kurdistan-Rundbrief, Bern, 1. 7. 1998

103 *Jane's Defence Weekly*, London, 29. 7. 1998

104 *Junge Welt*, 26. 11. 1998

105 Bernd Knabe, Berichte des Bundesinstituts für ostwissenschaftliche und internationale Studien, 48/1998, S. 62

Personenregister

Orts- und Sachregister